A REVISTA NO BRASIL DO SÉCULO XIX

A história da formação das publicações, do leitor e da identidade do brasileiro

A REVISTA NO BRASIL DO SÉCULO XIX

A história da formação das publicações, do leitor e da identidade do brasileiro

CARLOS COSTA

alameda

Copyright © 2012 Carlos Costa

Grafia atualizada segundo o Acordo Ortográfico da Língua Portuguesa de 1990,
que entrou em vigor no Brasil em 2009

Publishers: Joana Monteleone/Haroldo Ceravolo Sereza/Roberto Cosso
Edição: Joana Monteleone
Editor assistente: Vitor Rodrigo Donofrio Arruda
Projeto gráfico, capa e diagramação: Gabriela Cavallari
Revisão: Juliana Pellegrini
Imagem da capa: caricatura de Angelo Agostini

Este livro foi publicado com o apoio da Fapesp

CIP-BRASIL. CATALOGAÇÃO-NA-FONTE
SINDICATO NACIONAL DOS EDITORES DE LIVROS, RJ

C871r

Costa, Carlos
A REVISTA NO BRASIL DO SÉCULO XIX: A HISTÓRIA DA FORMAÇÃO DAS PUBLICA-
ÇÕES, DO LEITOR E DA IDENTIDADE DO BRASILEIRO
Carlos Costa.
São Paulo: Alameda, 2012.
456p.

Inclui bibliografia
ISBN 978-85-7939-170-5

1. Periódicos brasileiros – História. 2. Comunicação e cultura – Brasil – História.
3. Interesses na leitura – Brasil – História. 4. Cultura – Periódicos. I. Título.

12-7659.   CDD: 079.81
                          CDU: 070(81)

                                              040032

ALAMEDA CASA EDITORIAL
Rua Conselheiro Ramalho, 694 – Bela Vista
CEP: 01325-000 – São Paulo, SP
Tel.: (11) 3012 2400
www.alamedaeditorial.com.br

A Izaura e José.

Às minhas netas, Letícia e Bárbara, com a esperança de que sejam leitoras fiéis de revistas – e ao Rafael e à Lucila, com a aposta de que as levem para este bom caminho.

*Ao jornalista Mario Joaquim Escobar de Andrade (*in memoriam*), o mestre que fez de mim um revisteiro e com quem aprendi quase tudo.*

Aos meus alunos de História de Comunicação do 1º ano de Jornalismo da Faculdade Cásper Líbero, nos cursos de 2004, 2005, 2006 e 2007: com eles fiz muitas descobertas bibliográficas registradas nessas páginas.

SUMÁRIO

PREFÁCIO 11

APRESENTAÇÃO 15

CAPÍTULO I 29
IGUALDADE E DIFERENÇA:
FORMAÇÃO DO LEITOR E DO BRASILEIRO

No século do progresso, o fascínio pelo outro 29
O olhar do outro na formação identitária 45
A gestação do sentimento nacional 56
Leitor, um público a ser criado 64
Um começo lento: traduções e compêndios 72

CAPÍTULO II 85
OS TROPEÇOS DE UM LENTO INÍCIO: 1812-1830

As Variedades: primeira revista – peça roubada 91
O Patriota: imprensa áulica ou periódico didádico? 97
Os periódicos incendiários e a afirmação nacional 103
Annaes e *Espelho Diamantino:* pioneirismo 111
O Espelho das Brasileiras e *L'Écho de l'Anérique du Sud* 121
O Beija-Flor, o folhetim e a primeira novela nacional 127
Perfil – A trajetória de uma pioneira 134

Capítulo III 137
A vitalidade de novos rebentos: 1831–1850

A indústria dá as cartas: os 60 anos de *O Auxiliador* 151

As revistas dos estudantes de Direito: *O Amigo das Letras* 156

Os impressores e o *Museo Universal* 159

Os livreiros, o *Almanak Laemmert* e o *Correio das Modas* 165

O fascínio da imagem: *A Lanterna Mágica* 176

Um novo passo: as *Marmotas* de Paula Brito 187

Capítulo IV 199
A mulher e a ilustração entram na redação: 1850–1865

A mulher na redação: *O Jornal das Senhoras* 210

Elas continuam com as cartas: *O Espelho* 222

A hora e a vez do traço: *A Illustração Brasileira* 226

A Semana Illustrada: enfim, a maturidade editorial 232

A fase paulistana de Agostini 249

Capítulo V 257
Os caricaturistas se apoderam das semanais: 1866–1875

Do *Bazar Volante* ao *Arlequim*. Agostini chega ao Rio 266

O palco da guera nas páginas de *A Vida Fluminense* 269

As divertidas ferroadas de *O Mosquito* 279

As *chinoiseries* do *Ba-ta-clan* e as diabruras do *Mephistopheles* 292

De Minas para a Corte: a saga de *O Sexo Feminino* 297

As ironias da nova turma de *O Mequetrefe* 302

CAPÍTULO VI 315
O AUGE DAS REVISTAS
SEMANAIS ILUSTRADAS: 1876-1878

A leve pegada intelectual de *O Figaro* 322

A Revista Illustrada: recordista de vendas na América Latina 329

As Illustrações Brasileira, do Brazil e Popular 348

Raphael Bordallo Pinheiro à frente de o *Psit!!!* e *O Besouro* 353

CAPÍTULO VII 365
AS PUBLICAÇÕES DO FINAL DE
UMA ÉPOCA: 1879-1900

O papel dos livreiros – e a revista *A Estação* 372

Nova geração de ilustradores: 384
Binoculo, Gryphus, A Vespa e *Rataplan*

A leitora e novas revistas femininas: *Mulher e A Família* 389

Nova fase de *A Vida Fluminense* e *O Album* 392

A Cigarra e *A Bruxa* 394

Uma paulista se firma: *A Mensageira* 402

A volta de Agostini: o *Don Quixote* 412

Rua do Ouvidor e a *Revista da Semana*: o século chega ao fim 423

CONCLUSÕES 427

BIBLIOGRAFIA 441

AGRADECIMENTOS 453

PREFÁCIO

A REVISTA E A CONSTRUÇÃO IDENTITÁRIA DO PAÍS

Por Dulcília Helena Schroeder Buitoni

Acompanhei a trajetória dessa pesquisa agora apresentada em livro, pois o jornalista e professor Carlos Costa foi meu orientando de mestrado na Escola de Comunicações e Artes da Universidade de São Paulo. No percurso do doutorado, ele buscou o olhar de uma grande reportagem sobre as revistas brasileiras em nosso primeiro século de vida independente, uma semente que germinara durante sua dissertação sobre a revista *Playboy*. E essa "reportagem", fruto de labor científico, merece a atenta leitura não apenas do público da academia, mas dos jovens interessados na área da comunicação.

A imprensa precisa hoje, mais do que nunca, refletir sobre sua história, para rever e aprender com o passado. E as revistas têm ainda muitas passagens a serem descobertas. Nesse sentido, este livro recupera páginas de ontem que ajudam a entender o que ocorre hoje com o mercado editorial. Certamente a maior qualidade deste trabalho é abrir caminhos para novos estudos e mostrar que antigas publicações podem contribuir com ideias para o cenário midiático contemporâneo. O valioso registro iconográfico mostrado aqui resulta de intensa e detalhada pesquisa que o jornalista realizou em bibliotecas e acervos públicos e particulares, revelando imagens inéditas do que se produzia no Brasil do século XIX, com fortes influências europeias. Afinal, naquele período os impressores, ilustradores e livreiros vieram da França, da Alemanha, da Suíça, da Bélgica e, claro, de Portugal.

O formato revista sempre teve grande relação com a ilustração: revista pressupõe imagem. As publicações aqui estudadas estiveram mais ligadas ao desenho e à caricatura, num tempo sem os recursos da fotografia nos impressos. Ao contrário do jornal, que saía das tipografias, a revista exigia o concurso de duas impressões: a da xilografia ou da litografia e a da tipografia. A revista sempre teve essa vinculação umbilical com a imagem, o que nunca foi prioridade do jornal naquele momento. Por isso ela, que já era relacionada com a literatura, entrou também em associação mais estreita com o entretenimento, com as paisagens estrangeiras, com a moda, com as variedades – e por consequência, com um novo modo de ver o mundo em que os horizontes geográficos se ampliavam. Espécie de almanaque, ela abria portas para outros cenários, não apenas o europeu, mas para as curiosidades da África e do Oriente, mostradas nas páginas de nossos periódicos ilustrados.

Outra associação que se impõe é entre as revistas e a vida nas cidades, que naquele século ganhavam dinamismo com a crescente urbanização, resultado das indústrias e do operariado criados pela Revolução Industrial. Tempo e espaço se transformavam: a importância do relógio e a mobilidade dos novos meios de transporte, dos navios a vapor e dos trens. As revistas, mais do que os jornais, foram os veículos desses novos arranjos civilizatórios. E abriram espaço para as novas formas de vida, para as atrações da cidade, para o entretenimento, para a cultura.

É possível generalizar que as revistas não se preocupavam tanto com o espaço público quanto os jornais; elas trabalhavam outra dimensão do cotidiano, dirigida para um certo individualismo. No século XX essa tendência irá se traduzir no consumo e as revistas estarão ligadas indissoluvelmente à publicidade. Mas as publicações do século XIX prepararam o caminho para isso, dando espaço para a cobertura crítica do teatro e da música, e mostrando imagens da vida social e intelectual. Já no novo século XX, as primeiras reportagens fotográficas apresentavam cidades, eventos e pessoas ilustres; logo a influência do cinema iria se fazer notar.

O termo "ilustração" tem não apenas a dimensão da imagem, mas também a de polimento cultural – resultado da ligação com a vida na cidade e suas ofertas sociais e culturais, e com o prazer de se sentir bem com essas atividades. Assim, as revistas também construíram o imaginário brasileiro, essa nação que então tomava corpo. Elas foram mediadoras na disseminação da noção de cidadania e do pertencimento a uma cultura. Muitas tinham engajamento crítico e político; porém, o papel mais importante foi propagar a convivência social em um clima urbano. Por mais elitizado que fosse o público devido à escassez de alfabetizados, elas desempenharam um papel democratizante ao colocar em pauta debates culturais e a vida em sociedade.

Por sua durabilidade, na contramão da dimensão efêmera do jornal, a revista desempenhou o papel de curadoria e de estímulo cultural na formação de uma identidade brasileira. Carlos Costa nos dá o prazer de acompanhar essa trajetória na apreciação de textos e imagens que sedimentam nossas histórias culturais e comunicacionais.

Dulcília Helena Schroeder Buitoni, livre-docente em Jornalismo (1986), doutora (1980) em Letras, graduada em Jornalismo (1970) pela USP, professora Titular de Jornalismo (1991) da ECA-USP, é coordenadora do Grupo de Pesquisa Comunicação e Cultura Visual do CNPq, vinculado ao Mestrado da Faculdade Cásper Líbero e Coordenadora do GP Fotografia da Intercom. É autora dos livros Mulher de papel *(Summus, 2009) e* Fotografia e jornalismo *(Saraiva, 2011).*

APRESENTAÇÃO

Consideremos apenas a solidão de Freud no seu tempo. Não falo da solidão humana, pois ele teve mestres e amigos, embora tenha conhecido a pobreza. Falo da sua solidão teórica. Pois quando ele quis pensar, ou seja, exprimir, sobre a forma de um sistema rigoroso de conceitos abstratos, a descoberta extraordinária com a qual deparava, a cada dia, nos encontros com sua prática, foi um trabalho vão procurar precedentes teóricos: ele quase não achou pais na teoria. Teve de sofrer e, ao mesmo tempo, arrumar a seguinte situação teórica: ser ele mesmo o seu próprio pai; construir, com suas mãos de artesão, o espaço teórico em que pudesse situar sua descoberta; tecer, com fios emprestados aqui e ali, por adivinhação, uma grande rede com a qual capturaria, nas profundezas da experiência cega, o peixe abundante do inconsciente, que os homens dizem mudo, porque ele fala mesmo quando dormem.

Louis Althusser, *Freud e Lacan, Marx e Freud.*
Rio de Janeiro: Edições Graal, 1985, p. 52.

Este levantamento histórico sobre as revistas que surgiram no Brasil no século XIX, nas primeiras nove décadas de funcionamento da imprensa entre nós, teve origem no curso realizado como aluno especial na Escola de Comunicações e Artes da Universidade de São Paulo, enquanto me preparava para concorrer a uma vaga no mestrado. Após 27 anos trabalhando com revistas na Editora Abril, buscava novos rumos. E foi nesse curso sobre imagens na imprensa, ministrado pela professora Drª Dulcília Helena Schroeder Buitoni, também com passagem pelas revistas da Editora Abril, que tive o primeiro contato com ilustradores e personagens do início da imprensa entre nós – notadamente Angelo Agostini. Após concluir o mestrado, dissertando sobre os motivos do sucesso da revista *Playboy* no Brasil e seu fracasso na Argentina, resolvi iniciar um mergulho nas revistas a que fui apresentado por Dulcília Buitoni.

Num momento de muita polêmica no curso de Jornalismo da Faculdade Cásper Líbero, onde lecionava a disciplina Design Gráfico e Jornalismo em Revistas, me candidatei a uma vaga de pesquisador bolsista do CIP – Centro Interdisciplinar de Pesquisa, da mesma instituição. O projeto era realizar uma pesquisa histórica sobre revistas brasileiras. Nos desdobramentos da crise que marcou o curso naquele ano de 2003, assumi também a disciplina História da Comunicação, da qual sou titular atualmente.

O andamento da pesquisa financiada pelo CIP e os desdobramentos das pesquisas para a disciplina de História da Comunicação criaram uma espécie de sinergia. Muitos trabalhos realizados na disciplina pelos alunos foram abrindo novas perspectivas e sugestões de leitura. Trimestralmente reservava um período para me deslocar até a Biblioteca Nacional, no Rio de Janeiro, para anotações e leituras de publicações que foram dando corpo à pesquisa – que finalmente se tornou minha proposta de doutoramento.

A professora Drª Mayra Rodrigues Gomes, que me recebeu como orientando do doutorado e aceitou que eu trocasse o projeto aprovado – um estudo sobre os discursos ambíguos a respeito da televisão, por meio da qual pretendia discutir por que todos falam mal da TV mas não resistem à sedução de acompanhar as novelas ou os *reality shows*. Durante dois anos havia reunido extensa bibliografia em distintas viagens, lido estudos, relatórios e pesquisas, mas a complexidade da proposta e a vontade de concluir a discussão sobre as revistas e seu papel na formação da identidade brasileira acabaram virando o jogo.

No início de 2004, como editor da revista *Libero,* do programa de mestrado da Faculdade Cásper Líbero, preparei um número especial sobre televisão. Aproveitando as férias de julho e uma viagem até Buenos Aires, entrevistei Beatriz Sarlo, dona de uma visão peculiar sobre televisão e cultura. Entre xícaras de chá e muito cigarro no seu escritório da calle Talcahuano, no centro de Buenos Aires, ela jogou um balde de água fria nas pretensões de analisar os discursos ambíguos da TV e em especial o mimetismo do *Big Brother Brasil.* Ao saber que tinha em mãos uma pesquisa parcialmente realizada sobre revistas brasileiras do século XIX, Beatriz ponderou que minha contribuição seria muito maior se resgatasse o que as revistas representaram para a formação do leitor e do público brasileiro num país que então se iniciava.

Autora de uma belíssima análise das publicações semanais de novelas sentimentais – *El imperio de los sentimientos: narraciones de circulación periódica en la Argentina (1917-1927)* –, Sarlo ponderou sobre o efêmero que seria trabalhar sobre um programa que talvez não resistisse a mais uma temporada na telinha (o que de fato não sucedeu). Voltei com dúvidas.

Ao planejar os grupos focais e dimensionar o tempo que levaria para organizar grupos de discussão sobre a televisão em distintos pontos do país com diferentes perfis de participantes (gênero, condição social, escolaridade), e com o apoio da minha orientadora, retomei a pesquisa sobre revistas iniciada em 2003.

A BUSCA DA METODOLOGIA: UMA GRANDE REPORTAGEM

Do material apresentado ao finalizar a pesquisa do CIP havia muito a rever. Ali a proposta inicial havia sido realizar um levantamento panorâmico da história da revista no Brasil – a partir da decepção que sentira ao ver o volume que a Editora Abril apresentara na comemoração de seus 50 anos, em 2000. Na época da entrega da proposta ao CIP, fui alertado sobre a excessiva abrangência da proposta: dar conta, numa pesquisa, de um período tão extenso, de dois séculos. Assim, decidi restringi-la ao século XIX. Agora havia a redefinição do *corpus* e da busca e consolidação de uma metodologia.

Nesse momento senti aquela solidão de Freud de que fala Althusser na epígrafe com que abro esta introdução. Qual seria a metodologia a ser empregada? Que modelo seguir? Que revistas destacar no quadro que se foi armando nas pesquisas realizadas na Biblioteca Nacional do Rio de Janeiro? A metodologia arquitetada para a abordagem da televisão era desenrolar o novelo das falas que seriam recolhidas em uma dezena de encontros em cinco cidades diferentes, com grupos de homens, mulheres, jovens, casados, solteiros, que falariam sobre televisão, tentando identificar e tecer os "discursos ambíguos". Agora não iria produzir o material, mas recolher textos, recuperar imagens, exemplares de revistas; faria leituras, cruzaria dados. Depois, que tipo de abordagem histórica, pois estaria construindo uma história das revistas? Repetiria os esquemas comparativos utilizados na análise realizada na dissertação de mestrado entre as edições brasileira e argentina da *Playboy?*

Formado em Filosofia e Teologia, nos tempos do convento eu cursara alguns semestres de Ciências Sociais na Universidade Católica do Paraná, mas a vida me levara para o ramo de revistas. Saindo do seminário, fui trabalhar como revisor na Abril Cultural e Industrial. Ali me diverti e aprendi lendo e corrigindo acentos, vírgulas, sintaxe de praticamente todas as publicações do Grupo Abril: revistas, fascículos, livros. De fofocas e programação de televisão, tabelas de jogos do campeonato brasileiro de futebol, receitas de culinária ou de tricô, a cobertura do golpe contra Salvador Allende no Chile, em revistas como *Contigo, Placar, Veja, Claudia, Nova, Manequim, Enciclopédia Abril, Conhecer;* coleções como "Os Cientistas: A Grande Aventura da Descoberta Científica"; livros como *Os mandarins,* de Simone de Beauvoir, para a coleção "Clássicos Modernos", *Os Pré-Socráticos,* para a coleção "Os Pensadores".

Fiz cursos de produção gráfica: como cortar texto para evitar estouro de pedaço de uma linha. Aprendi sobre técnicas de impressão, assisti à implantação do Photom, um computador maior que uma Kombi que gerava textos em filme e couchê, substituindo o linotipo. Fui chamado para participar do projeto de revista conhecido como *OH!,* e que deu origem à revista *Homem,* depois *Playboy.* Estava ali há três anos, no que se chamava "a cozinha da redação", quando a pressão do sindicato pela obrigatoriedade do registro e do diploma de jornalismo (não deixa de ser irônico com o final da obrigatoriedade deste documento decretada pelo Supremo Tribunal Federal) me levou a procurar uma faculdade de jornalismo. Fiz a Cásper Líbero nos três anos regulamentares da época – eliminando todas as matérias de formação cultural, com o aproveitamento de estudos realizados anteriormente. Nesses trinta anos trabalhando com revista, fiz corte e costura, cerzido e bordado, preguei botão, caseei. Aprendi que revisteiros não se aprontam comprando equipamentos. Há um longo aprendizado na elaboração de uma publicação que caia no gosto do público. Há a construção, número após número, daquilo que Eliseo Verón chama de "contrato de leitura" – e sobre o qual falarei mais adiante.

Demorei a sair à rua para o trabalho de reportagem. Meu formador e guia nos quinze primeiros anos de prática, o grande jornalista e revisteiro Mario Joaquim Escobar de Andrade me solicitava o tempo todo no trabalho fino da carpintaria do fechamento. O primeiro texto assinado que publiquei em *Playboy,* sobre a arte da negociação, teve sua abertura (os primeiros parágrafos) "reescrita" por Ruy Castro – meu discurso ainda ressentia o peso da formação em filosofia (tanto que o artigo saiu com nota de rodapé!).

Nessa grande escola que foi a redação da *Playboy* nos anos 1970 e 1980, acabei aprendendo a fazer reportagem. A ser os olhos do leitor, a anotar detalhe, a reproduzir o clima, a recriar a cena. E tive muitos mestres, além de Mario e Ruy.

Resolvi que meu trabalho de doutorado seria, então, uma grande reportagem. Iria contar ao leitor o que vi nos arquivos microfilmados da Biblioteca Nacional, o que senti folheando as revistas, o que descobri cruzando leituras e tomando notas. A abordagem é, portanto, a tradução de tudo aquilo que aprendi no ofício de reportar e de criar revistas. Este não é o trabalho de um historiador, de um sociólogo ou de um semiólogo, mas o relato de um repórter que foi a campo entender, refletir e contar para o leitor aquilo que, na situação privilegiada de mediador, viu e entendeu.

Esclareço de entrada: esta não é também uma pesquisa de análise do discurso numa vertente foucaultiana. Li Foucault e aqui ou ali, nesta tese, há alguma referência a essas leituras e aos dispositivos disciplinares, mas este não é um trabalho que utilize especificamente categorias de uma análise arqueológica do discurso. A leitura de Foucault contribuiu para pensar e problematizar esta reportagem jornalística sobre o desenvolvimento histórico das revistas no século XIX, mas não para dialogar com seus modelos de análise da arqueologia dos saberes e dos lugares do saber. Li Jules Deleuze e menciono sua expressão "palavras de ordem", mas não quero dizer com isso que essa análise seja tributária de uma reconstrução a partir das propostas do autor de *Mil Platôs*. Também li, nos tempos de teologia, com muito gosto, Lucien Febvre e Jacques Le Goff nos cursos de História da Igreja – e mais recentemente Peter Burke. Sobretudo li Roland Barthes e Beatriz Sarlo, num aprendizado de retirar conteúdos das entrelinhas.

Esses autores e essas leituras trouxeram luzes para comentários e anotações sobre a história das revistas, para entender o processo de formação de um público leitor, mas também do longo processo de formação e habilitação de escritores, redatores, impressores, caricaturistas, diagramadores: o quadro técnico que não veio junto com o prelo que jazia no porão do navio *Medusa*, que saiu de Lisboa naquela madrugada chuvosa de 29 de novembro de 1807, parte da esquadra que trouxe para os trópicos a família real portuguesa – e não se sabe se mais 15 mil cortesãos e funcionários.

Esta reportagem busca amarrar o papel que o jornalismo e em particular as revistas desempenharam na discussão dos caminhos que este país queria trilhar quando se viu alijado do Império Português. Nesse sentido, coloca-se o subtítulo do trabalho: a formação do leitor e do brasileiro, porque os dois processos se deram de mãos dadas.

OS MEIOS, O PÚBLICO E A PRODUÇÃO: OS CONTRATOS DE LEITURA

Os meios formam seu público. É um dado aceito que cada nova tecnologia introduzida nas comunicações modifica nosso modo de acesso ao saber – e, com isso, o próprio saber – e pauta a administração de nossa memória, modelando o espaço doméstico e o ambiente de trabalho, provocando resistências e desajustes, inércias e acelerações algumas vezes incontornáveis. Mais: provoca num primeiro momento divisões de opiniões entre os entusiastas do novo meio e os que demoram a se desprender de conhecimentos já adquiridos, apegados a uma atitude nostálgica. Lembro-me, enquanto escrevo esta apresentação, da novela pública que foi, quase na metade dos anos 1990, a migração pela então diretora da revista *Claudia* da máquina de escrever para o computador. Em três ou quatro números seguidos da publicação ela, na carta dirigida às leitoras (e essa conversa "desarmada" com a leitora é parte da construção do contrato de leitura), se queixava de quanto lhe custava deixar de lado sua velha Remington e lutar contra textos que teimavam em desaparecer da telinha de seu computador. Atitude semelhante de apego ao passado se revela em comentários de alguns professores que afirmam, por exemplo, que os estudantes de hoje leem pouco, quando o correto talvez fosse dizer que os discentes usam hoje outros suportes, além da leitura tradicional, para se apropriar de conhecimento. De fato, sei que meus alunos hoje lêem muito mais do que eu lia em meu tempo de estudante – e sempre fui leitor contumaz.

Como professor de História da Comunicação, uma série de leituras consolidou essa percepção, a de que os meios estabelecem uma relação dialogal não apenas com seus consumidores, mas com os produtores (como o escriba que aprende a técnica de esculpir em tábuas de argila ou a lancetar o couro do pergaminho com o estilete para registrar sua escrita). O meio educa seu público da mesma forma como exige do comunicador o domínio da tecnologia. No caso da televisão, ela educou o espectador, que hoje mostra desembaraço até ao ser entrevistado na rua: sabe que tem de ser econômico ou telegráfico em suas observações, pois sua fala passará pelo filtro da edição – ou não irá ao ar.

A televisão, objeto de estudos acadêmicos desde seu surgimento, contribuiu para o aprofundamento dessa discussão, a de que os veículos formam seu público. Em 1954, Theodor Adorno escrevia sobre o conhecimento prévio, por parte do espectador, que identificava de imediato os gêneros (comédia ligeira, *western*, policiais) e sabia que atitude de fruição adotar perante eles:

> Estes gêneros se desenvolveram em fórmulas que, até certo ponto, pre-estabeleceram o modelo de atitude do espectador, determinando em grande medida o modo como se perceberá qualquer conteúdo específico (ADORNO, 1954, p. 213).

Beatriz Sarlo acrescenta:

> Mimética e ultra-realista, a TV constrói seu público a fim de poder re-fleti-lo, e o reflete para poder construí-lo: no perímetro desse círculo, a televisão e o público estabelecem o pacto de um programa mínimo, tanto do ponto de vista estético quanto do ponto de vista ideológico (SARLO, 2000, p. 83).

Num passo adiante, nessa linha de reflexão, Mayra Rodrigues comenta:

> A polaridade emissor/receptor é falsa, pois na realidade o que temos é uma circularidade, numa comunicação que se desdobra em uma rede gigante na qual tanto emissor quanto receptor não têm autonomia alguma, funcionando conjuntamente: o sujeito emite aquilo que ele mesmo recebe. Meios de comunicação aparecem como lugar de redundância em que pessoas recebem informação, refratam informação e nenhum dos três elementos da concepção clássica tem poder (GOMES, 2001, p. 94).

A formação ou formatação do público se dá pelo processo de negociação que Eliseo Verón chama de "contratos de leitura" (VERÓN, 1989, p. 41-43). O contrato de leitura é o enunciado acertado entre o editor e o leitor. Essa negociação não é tácita, mas implícita, uma relação que se cria e alimenta no correr das edições, reforçando o pacto estabelecido entre quem produz a publicação e quem a consome:

> As regras dessa estratégia definem, em cada título de imprensa, o que chamamos de 'contrato de leitura'. E o leitor assíduo de uma publicação não é outro que o receptor que aceitou o lugar de destinatário que lhe é proposto nesse contrato (VERÓN, 1989, p. 43).

Ao longo dos meses, o editor tem a oportunidade de redirecionar ou reposicionar as estratégias, reforçando aquilo que pelo retorno recebido soube que foi do agrado do leitor. Esse diálogo é reiterado na "carta do editor", a página onde se apresentam as ofertas de cada edição; nas cartas que o editor seleciona para a publicação; na seleção de reportagens e textos; no visual da publicação.

No estudo que realizou sobre as imagens de capa da revista francesa *Paris Match,* Verón mostra o quanto a foto estampada na "vitrine" de uma publicação estabelece de imediato esse contrato de leitura. "É na capa que esse contrato deve ser mostrado o mais claramente possível", diz ele.

> Esse casal na capa, imagem dominante de *Paris Match*, é um operador destinado a constituir um coletivo ao mesmo tempo restrito e conhecido do leitor e, por consequência, próximo a ele. A capa estrutura, com o tempo, uma sociabilidade de proximidade (VERÓN, 1984).

AS LEITURAS E OS NÍVEIS DE LEITURA

Ao analisar as cópias xerográficas de páginas microfilmadas de revistas do século XIX, buscava descobrir esses "nós" da tríade a que se refere Mayra Gomes na rede ou roda-gigante que foram as revistas publicadas ao longo do primeiro século de nossa vida independente e impressa: do emissor sabemos alguma coisa, e pelo que ele seleciona e publica, podemos saber quem estaria do outro lado da emissão. Não apenas o leitor real, que algum dia folheou aqueles exemplares, mas o leitor projetado e procurado pelos editores.

Assim, num cruzamento de leituras, como recomenda Mortimer Adler (no caso, nos referimos ao terceiro e quarto níveis de leitura, o analítico e o comparativo; cf. ADLER & VAN DOREN, 1972), quando ficamos sabendo, por um estudo de Luiz Felipe de Alencastro, que na altura do ano 1857 houve um interesse elevado pela medicina homeopática (ALENCASTRO, 1999, p. 77) e logo adiante vemos que, em 1859, Francisco de Paula Brito lançou a *Revista Homeopathica,* posso entender ou deduzir que o pai das "Marmotas" era um editor antenado com o que o público queria. É certo que a *Revista Homeopathica* não foi duradoura (mensal, teve apenas 9 edições), mas seu criador não brincava em serviço.

Como veremos adiante, no capítulo 4 (e será ainda Luiz Felipe de Alencastro que nos contará), anos antes, aproveitando a ansiedade gerada pela epidemia de febre amarela, o mesmo Francisco de Paula Brito faz publicidade de sua revista médica nas páginas do *Jornal do Commercio*: "Febre amarela – a questão científica entre os srs. Drs. De Simoni, Carvalho e Pereira Rego continua nos *Annaes de Medicina Brasiliense"* (anúncio publicado no *Jornal do Commercio* de 08/11/1851).

Também sabemos, pela leitura do trabalho de Luiz Felipe de Alencastro "Vida privada e ordem privada no Império" (In: NOVAIS, *História da vida privada no Brasil),* da mania que tomou conta do país nessa mesma época: o piano. Toda família bem situada financeiramente tinha o instrumento com lugar de destaque em sua sala de visitas. Não é por acaso que o editor Francisco de Paula Brito é dos primeiros a dar partituras musicais como brinde – e compõe até o controvertido *Lundu da Marrequinha.*

Da mesma forma que um repórter se prepara lendo grandes reportagens, realizei outras leituras. De Beatriz Sarlo, o que teria sido sua tese de doutoramento, o já citado *El imperio de los sentimientos.* Dessa leitura tirei inspiração para a análise de alguns dos textos que destaco nos capítulos em que analiso as revistas. Dois outros livros fundamentais para o encaminhamento das análises foram *História da caricatura no Brasil,* de Herman Lima, e *Imagem e letra,* de Orlando da Costa Ferreira.

Resta ainda um crédito: o início e a cartografia básica desse levantamento, com o mapeamento de partida da pesquisa, são resultado do acesso que tive (por um favor especial da então responsável pelo Departamento de Documentação da Editora Abril, Suzana Camargo) à pesquisa original realizada para a feitura do livro *A revista no Brasil,* publicado pela Editora Abril na comemoração de seus

50 anos, em 2000. Essa pesquisa foi fundamental para a primeira etapa do trabalho, ainda como pesquisador do Centro Interdisciplinar de Pesquisas da Cásper Líbero. Tive acesso às duas versões da pesquisa, a entregue em 1991 (creditada para Iconographia Pesquisa de Texto, Imagem e Som S/C Ltda) e a de 1999 (creditada para Emporium Brasilis Memória e Produção Cultural). É a esta que nos referimos nas citações de texto.

Com esse material anotado, parti para a etapa intermediária do trabalho, a pesquisa e a leitura das revistas originais. Esse trabalho foi realizado em uma série de viagens até a Biblioteca Nacional do Rio de Janeiro – dias seguidos sentado a uma mesa com leitor de microfilme, tomando nota e, depois, relacionando páginas para serem digitalizadas e enviadas em CD. Houve tentativas de realizar a pesquisa em São Paulo – mas além das dificuldades que encontrei em algumas instituições, como a reforma da Biblioteca Municipal Mario de Andrade, e à Biblioteca Brasiliana Guita e José Mindlin (cuja encarregada insistia que não havia espaço e tempo para todos os pedidos que recebia), e o fato de na Biblioteca Nacional estar disponível praticamente todo o acervo que interessava, a decisão foi concentrar a pesquisa no Rio. Mesmo com duas greves de funcionários intermediando os trabalhos, e com a precariedade dos aparelhos de leitura de microfilme, sempre fui muito bem atendido e o resultado foi surpreendentemente bom.

Com as cópias, passei semanas lendo, anotando e transcrevendo. Em leituras cruzadas busquei contextualizar fatos (lendo livros de História, como a já citada *Historia da vida privada no Brasil,* ou obras como *A viagem incompleta,* do historiador Carlos Guilherme Mota).

Muita história e muitas anotações ficaram de fora no trabalho final de edição. Como critério de análise, escolhi dentre as revistas de um período aquelas que haviam inovado ou apresentavam alguma proposta diferente – para isso me servi das pesquisas realizadas por encomenda para a Editora Abril e das análises de Orlando Costa Ferreira, Herman Lima e Joaquim Marçal Ferreira de Andrade (pesquisador e funcionário da Biblioteca Nacional, Joaquim critica algumas informações do livro da Editora Abril com o conhecimento de quem checou e convive com o acervo da FBN). Sempre que possível, busquei analisar o número 1 da publicação e, aleatoriamente, algum número posterior – o sétimo ou vigésimo. O número 1 costuma ser o cartão de visitas, a proposta do que a revista pretende ser. Um número 7 ou 20 mostra o que esse periódico, passada a euforia do lançamento, conseguiu realmente ser.

O resultado dessas leituras está nos próximos capítulos, que podem ser lidos em qualquer sequência.

O capítulo 1 realiza uma discussão introdutória da formação do leitor e do brasileiro – imprensa e nacionalidade nascem juntas no nosso caso. Esse nascer se dá no século XIX, o século da ciência e do progresso. Discute-se ali o olhar do outro na formação da nossa identidade. Como ensinam István Jancsó e João Paulo Pimenta, nos descobrimos brasileiros, pois foi assim que a burocracia estatal portuguesa nos catalogou (JANCSÓ & PIMENTA, 2000, p. 136). O leitor é ainda hoje uma questão não completamente resolvida entre nós, é público a ser formado. E o começo se deu de forma lenta. Para criar revistas era preciso formar revisteiros e público que consumisse as publicações.

O capítulo 2 contextualiza brevemente o período que vai da primeira revista lançada na Bahia, *As Variedades* – e de que não restou um exemplar sequer, apenas alguma imagem em livro –, às publicações inaugurais, espécie de periódicos apostilados para a formação dos alunos das academias instaladas quando o príncipe regente João VI chegou ao Brasil. O início de trabalhos mais profissionais de impressão é abordado no perfil do francês Pierre René François Plancher de la Noé, o criador do *Jornal do Commercio*. As revistas *O Patriota*, os *Annaes*, *O Espelho Diamantino*, *O Beija-Flor* e trechos da primeira novela ou folhetim nacional, *A Periquita*, completam o capítulo.

No capítulo 3 se faz a análise das publicações surgidas entre 1830 e 1850 – com a abdicação de Pedro I (1831) o país vive o período das regências até a maioridade de Pedro II, o brasileiro. Vê surgir revistas de associações, como o *Auxiliador da Indústria Nacional*, a *Revista de História e Geografia*, as publicações das Academias de Direito (as verdadeiras escolas de jornalismo da época) e a introdução da imagem nas revistas (resultado dos desenhistas e ilustradores preparados pela Academia de Belas Artes, criada pela chamada "Missão Francesa"): *Lanterna Mágica*, de Araújo Porto-Alegre (aluno de Debret), *Museo Universal* e as *Marmotas*, de Paula Brito – o primeiro impressor e editor netamente brasileiro.

O capítulo 4 focaliza revistas do período de 1850 a 1865. Com a proibição do comércio de escravos, os navios que antes voltavam carregados de mão de obra africana agora trazem bens de consumo, como o piano – e revistas ilustradas inglesas. Impressor alemão, professor de desenho, Henrique Fleiuss lança uma publicação semanal ilustrada com um modelo gráfico que será seguido até o final do século: *A Semana Illustrada*. Surge também a primeira revista feminina escrita por jornalistas mulheres, *O Jornal das Senhoras*. Em São Paulo, um jovem italiano, Angelo Agostini, faz história com duas revistas ilustradas de curta duração: *Diabo Coxo* e o *Cabrião*.

O capítulo 5 se detém na análise das semanais ilustradas surgidas entre 1866 e 1875, nas pegadas do modelo do periódico criado por Henrique Fleiuss: *Bazar Volante, Vida Fluminense, O Mosquito, O Mequetrefe* – e a primeira geração de caricaturistas nacionais: Candido Aragonez Faria, Pinheiro Guimarães, Flumen Junius, além do português Raphael Bordallo Pinheiro e dos italianos Luigi Borgomainerio e Angelo Agostini.

O capítulo 6 analisa o auge da imprensa semanal ilustrada entre nós, focalizando a *Revista Illustrada*, de Angelo Agostini – maior sucesso editorial da época –, *O Besouro*, de Raphael Bordallo, com a primeira fotorreportagem da nossa imprensa. E o final da *Semana Illustrada*, de Fleiuss.

O capítulo 7 encerra a pesquisa com a análise das publicações que marcaram o final de uma época: *A Estação, A Mensageira, Don Quixote, A Cigarra, A Bruxa* e a *Revista da Semana*. Os tempos mudaram com a queda da monarquia e a chegada da república e do novo século:

> O público tem pressa. A vida de hoje, vertiginosa e febril, não admite leituras demoradas, nem reflexões profundas. [...] O século não tem tempo a perder. A eletricidade já suprimiu as distâncias: daqui a pouco quando um europeu espirrar, ouvirá incontinenti o "Deus te ajude" de um americano. E ainda a ciência humana há de achar o meio de simplificar e apressar a vida por forma tal que os homens já nascerão com dezoito anos, aptos e armados para todas as batalhas da existência (BILAC, 1996, p. 165).

Algumas reflexões marcam as conclusões. E segue-se a bibliografia – uma relação de livros ou artigos que contribuíram para a pesquisa.

Antes de passar para o primeiro capítulo, duas observações. A primeira é quanto à grafia dos textos de época: há citação de trechos, alguns longos, de artigos e editoriais. Era possível recriar ou fazer a transliteração para o português atual, mas decidi manter a grafia da época, pelo sabor da "descoberta". Claro, no começo causa estranhamento ler publicão por publicam, mãi por mãe, tinhão por tinham. Manter a grafia original abre também a possibilidade de acompanhar o desenvolver do uso do idioma (as citações das revistas ficam mais claras à medida que o século avança), além de perceber alguns vacilos: "literatura" se escrevia desse modo em 1812, no subtítulo da nossa primeira revista; depois passa a ser "litteratura". A palavra Brasileiras era grafada com "s" no título do *Espelho das Brasileiras,* de 1831, e na capa da *Illustração Brasileira,* de 1854, mas aparece como "brazileira" nas páginas internas. E *Illustração do Brazil,* noutra publicação.

Ainda no campo das grafias, o artista português Raphael Bordallo Pinheiro assinava assim o seu nome – que depois tem a grafia modernizada para Rafael Bordalo. Para não usar duas grafias neste trabalho, decidimos uniformizar para o modo como ele assinava: Raphael Bordallo, mesmo em citações de autores (como Herman Lima) que o fazem ao modo atual.

CAPÍTULO I

IGUALDADE E DIFERENÇA:
FORMAÇÃO DO LEITOR E DO BRASILEIRO

A interpretação, no século XVI, ia do mundo (coisas e textos ao mesmo tempo) à Palavra divina que nele se decifrava; a nossa, pelo menos a que se formou no século XIX, vai dos homens, de Deus, dos conhecimentos ou das quimeras às palavras que os tornam possíveis; e o que ela descobre não é a soberania de um discurso primeiro, é o fato de que nós somos, antes da mais íntima de nossas palavras, já dominados e perpassados pela linguagem.

Michel Foucault, *As palavras e as coisas.*
São Paulo: Martins Fontes, 1995, p. 315.

NO SÉCULO DO PROGRESSO, O FASCÍNIO PELO OUTRO

Se o século XVIII ficou conhecido como "o século das luzes", o que lhe seguiu é festejado como o "século das ciências". De fato, o século XIX viu-se a si próprio como um momento especial da história da humanidade. Um período em que os homens chegavam ao topo na longa caminhada pelo saber iniciada com o Renascimento. A visão de mundo do homem ilustrado dessa época, que já se reformulava desde os tempos de Copérnico, conheceu saltos consideráveis. Assim, os trabalhos de Charles Darwin (1809-1882), com a teoria da evolução das espécies, revolucionaram a biologia. O homem deixava de se ver criado à imagem e semelhança de Deus para se entender como o elo de uma cadeia em constante progresso. O mundo da Física já não era mais povoado por mitos religiosos, mas apresentava forte conteúdo humanista e tecnicista: o homem se entendia senhor e dono do seu próprio destino e responsável por seus atos, pensamentos e desejos.

Nesse marco em que o mundo assiste deslumbrado à sucessão de invenções e de novidades tecnológicas trazidas pelo progresso, Sigmund Freud (1856-1939) publica seus primeiros estudos sobre a psicanálise, mudando também a concepção que o homem tinha sobre si mesmo.

Contrariamente ao que regia o mundo pré-Copérnico, nesse novo período, marcado pela Revolução Industrial e herdeiro da Revolução Francesa de 1789, dominava a linguagem da Ciência. E esta seguia um *continuum* de descobertas e de transformações, tanto na Física e na Química, quanto na Mecânica, na Botânica, na Medicina, na Matemática – e sempre com o foco na aplicabilidade do conhecimento adquirido. O saber estava agora a serviço do homem e do bem-estar da humanidade: os avanços da Física, para ficar apenas em um exemplo, se traduziam na iluminação elétrica das ruas, proporcionando conforto e novas possibilidades de convivência e de aproveitamento do tempo.

Foi assim que se deu a concretização do antigo sonho da fotografia, tornado possível já na primeira metade do século XIX, graças ao desenvolvimento das pesquisas e experimentos aplicados na área da Química. Rapidamente, à heliografia de Niépce e à daguerreotipia de Daguerre se sucederam o calótipo de Talbot e as experiências de Hercule Florence. E o "lápis da natureza", algo imaginado desde a câmara obscura do Renascimento, se concretizava com a fotografia registrando o "real". Mais adiante, poucas décadas depois, o fenacistocópio, inventado pelo belga Joseph-Antoine Plateau em 1832, evoluía para o praxinoscópio do francês Émile Reynaud e para o cinetoscópio de Thomas Alva Edison, em 1890, chegando ao cinematógrafo dos irmãos Lumière, em 1895.

A invenção e o aperfeiçoamento da máquina a vapor, das ferrovias, dos correios, do telégrafo, vieram encurtar as distâncias e mudar o modo de ver o mundo. A sucessão de conquistas era vertiginosa. Assim, em 1814, o jornal londrino *The Times* adota a prensa a vapor patenteada por Friedrich Koenig, que permite imprimir mil exemplares por hora, alterando os horários de fechamento dos diários e proporcionando maior atualidade às notícias publicadas. Em 1830, é inaugurada a primeira linha ferroviária ligando Manchester a Liverpool. Em 1839, o navio *Sirius* completa a primeira viagem transatlântica impulsionada a vapor, completando o trecho Bristol – Nova York em 18 dias e 10 horas. Em 1835, é fundada a agência de notícias Havas, na França. Em 1838, Samuel Morse patenteia na Academia de Ciências de Paris o seu código de traços e pontos, que será a base das transmissões telegráficas, permitindo o envio de até 40 palavras por minuto. Em 1840, a Grã-Bretanha adota o selo postal, imprimindo nova vitalidade às comunicações por correio, mediante uma tarifa pré-paga.

Em 1849, o alemão Julius Reuters funda em Londres sua companhia de despachos noticiosos telegráficos. Em 1851, é feita a ligação telegráfica por cabo submarino no Canal da Mancha, ligando a Grã-Bretanha à França e ao continente europeu. No Brasil, em 1852, é inaugurada a primeira linha telegráfica, entre o Palácio Imperial na Quinta da Boa Vista e o Quartel General no Campo de Santana. Em 1866, após dez anos e quatro tentativas, é completada a ligação telegráfica submarina entre a Europa e os Estados Unidos. Em 10 de maio de 1869, é inaugurada a ligação ferroviária entre Nova York e São Francisco, com a primeira ferrovia transcontinental ligando a Costa Leste à Costa Oeste. No mesmo ano, com música composta por Giuseppe Verdi, é inaugurado o Canal de Suez, ligando o Mediterrâneo ao Mar Vermelho, revolucionando as comunicações marítimas entre o Ocidente e o Oriente.

Em 1876, durante a Exposição da Filadélfia, comemorando os cem anos da independência americana, o escocês-americano Graham Bell faz demonstrações do telefone. No Brasil, um padre jesuíta, o gaúcho Roberto Landell de Moura, conseguia, em 1894, transmitir sinais e sons por meio de ondas, num esboço do que seria o rádio patenteado anos depois por Marconi. (Quase todos esses dados são copilados do cap. 4, "Processos e padrões", escrito por Asa Briggs, no livro *Uma história social da mídia* (BRIGGS & BURKE, 2004).

Embora fossem as oportunidades de novos negócios o maior propulsor de muitas descobertas ou empreitadas como a epopeia, de uma década, do cabeamento submarino do Atlântico para as transmissões telegráficas (COSTELLA, 1978, p. 121-126), o certo é que as comunicações viviam e se beneficiavam desse momento. (Segundo Asa Briggs, no livro citado, p. 145, o mercado de ações respondia por metade do fluxo de informações transmitidas por telégrafo; os negócios familiares por 13%; a imprensa por 4% e o governo por 2%). Assim, a máquina a vapor, que permitia a mecanização da produção têxtil, também possibilitava a impressão de altas tiragens de periódicos. E a eletricidade, o telégrafo, o telefone, o rádio e a fotografia mudaram o modo e o patamar da comunicação humana. A dimensão desse otimismo pode ser conferida na irônica crônica, já citada na apresentação, que Olavo Bilac publicou na *Gazeta de Notícias,* do Rio de Janeiro, em 13 de janeiro de 1901, profetizando a supremacia da televisão:

> É provável que o jornal-modelo do século XX seja um imenso cinematógrafo, por cuja tela vasta passem reproduzidos, instantaneamente, todos os incidentes da vida cotidiana (BILAC, 1996, p. 166).

Nas palavras de Armand e Michèle Mattelart, centrada de início na questão das redes físicas, e projetada no núcleo da ideologia do progresso, a noção de comunicação englobou, no final do século XIX, a gestão das multidões humanas.

> O pensamento da sociedade como organismo, como conjunto de órgãos desincumbindo-se de funções determinadas, inspira as primeiras concepções de uma ciência da comunicação (MATTELART, 1999, p. 13).

Escrevem os autores:

> O final do século XIX é fértil em discursos utópicos. O imaginário de uma técnica salvadora ganha contornos mais específicos. O geógrafo anarquista russo Piotr Kropotkin e o sociólogo escocês Patrick Geddes vêem nas redes elétricas e suas propriedades descentralizadoras a promessa de uma nova vida comunitária, a reconciliação entre o trabalho e o lazer, o trabalho manual e o intelectual, a cidade e o campo. [...] A máquina estará presente para evitar à humanidade qualquer tipo de trabalho desagradável e penoso. Em 1888, Edward Bellamy imaginou uma sociedade em que as grandes indústrias fossem nacionalizadas e o rádio, "esse telefone coletivo" cuja invenção ele previu, posto a serviço de todos no "exército industrial" que conduzirá à sociedade de abundância comunitária (MATTELART, 1999, p. 27).

O mundo do século XIX celebra esses avanços, confiante nas bondades da ciência e aprofundando seu distanciamento do teocentrismo, a sistematização realizada pela Escolástica em que Deus ocupara o centro do Universo. Essa visão místico-religiosa que fundamentou a Idade Média acabou dando lugar a uma nova ordem, baseada em um panorama mecanicista e determinista em que a ciência parecia cada vez mais ser o ápice do saber e o caminho mais viável para o desenvolvimento humano. O lema positivista da ordem e progresso que borda a bandeira brasileira é tradução desse momento de confiança no lado bom do saber humano que marcou aquele século.

Tão grande foi essa crença, que ao chegar o final dos anos 1800 pensava-se que havia muito pouco ainda a ser descoberto, em termos de ciência. E que quase tudo o que se referisse à natureza poderia ser explicado com base nas ciências desenvolvidas até então. Afinal, novas áreas como a termodinâmica, o eletromagnetismo e a óptica encontravam-se desenvolvidas para explicar quase todos os fenômenos conhecidos até então, e o "pouco" que ainda não se dominava seria resolvido em um futuro próximo com base nas ideias centrais desenvolvidas até aí. Agora o homem ocupara o lugar do rei, como diz Foucault em *As palavras e as coisas*:

> Quando a história natural se torna biologia, quando a análise das riquezas se torna economia, quando sobretudo a reflexão sobre a linguagem se faz filologia e se desvanece esse *discurso* clássico onde o ser e a representação encontravam seu lugar comum, então, no movimento profundo de uma tal mutação arqueológica, o homem aparece com sua posição ambígua de objeto para um saber e de sujeito que reconhece: soberano submisso, espectador olhado, surge ele aí, nesse lugar do Rei que, antecipadamente, lhe designavam *Las meninas,* mas onde, durante longo tempo, sua presença real foi excluída (FOUCAULT, 1995, p. 328).

Ao chegar a seu final, o "século das ciências" preparou um marco para celebrar esse progresso. Esse marco foi a Exposição Universal de Paris, um encerramento em grande estilo. Essa mostra, realizada numa cidade já iluminada pela eletricidade, apresentava as novas e grandes conquistas tecnológicas trazidas pela ciência. Montada no Campo de Marte, ao lado da ainda controvertida Torre Eiffel,[1]

---

1   Roland Barthes escreve sobre o manifesto de repúdio à torre, assinado por artistas como Guy de Maupassant, Alexandre Dumas, filho, Charles Gounod, entre outros, em "La Torre Eiffel", in:

a Exposição de 1900 esteve aberta durante sete meses, sendo aplaudida por 47 milhões de visitantes curiosos por conferir tudo o que o século aportara para o progresso da humanidade. Como exemplo, numa quinta-feira, 19 de julho daquele ano, Paris inaugurava o sistema metropolitano, o "metrô", confirmando que definitivamente a ciência viera para melhorar a qualidade de vida das pessoas.[2]

Como consequência ou manifestação dessa vontade de ter o mundo sob controle, o homem queria esmiuçar e mapear todos os recantos da Terra, concretizando uma nova cartografia dos saberes. É nesse período que David Livingstone, entre tantos outros, escreve sua saga. Livingstone se embrenha no coração da África em busca das nascentes do rio Nilo e leva o título de primeiro europeu a ver o Lago Ngani (1841) e as cataratas de Vitória (1855). Há uma sede de conhecimento e de busca e descoberta pelos mais recônditos cantos do planeta. Como se fosse urgente colocar o carimbo "aqui pisou o homem", algo que faz lembrar a dança do astronauta americano ao pousar na Lua, um século depois.

De algum modo, essa busca por descobertas e conquistas que tomou conta do século das ciências e do progresso repete aquele outro momento febril, o das grandes navegações que haviam marcado a passagem do século XV para o XVI. E se antes se escreveram as sagas dos descobridores Cristóvão Colombo, Bartolomeu Dias, Vasco da Gama ou Pedro Álvares Cabral, agora é a vez dos viajantes cientistas, exploradores e pesquisadores. São estudiosos e artistas como Friedrich Heinrich Alexander von Humboldt, o barão Georg Heinrich von Langsdorff, Auguste de Saint-Hilaire, Richard Francis Burton, Johann Baptiste von Spix, Carl Friedrich Phillipp von Martius, Jean Baptiste Debret, Johann Moritz Rugendas, entre tantos outros, que percorreram os novos continentes com o desafio de pesquisar, cartografar, catalogar, aquarelar e registrar as imagens dos habitantes e seus costumes e colher amostras da fauna e da flora, definindo os contornos da geografia dos "novos mundos".

A descoberta de novos "mundos" já havia obrigado os europeus a repensarem, três séculos antes, sua própria cultura e rever as bases sobre as quais haviam erguido

---

La Torre Eiffel, textos sobre la imagen. Barcelona: Paidós, 2001, p. 55-79.

2   Os dados sobre a Exposição Universal são do catálogo da mostra Paris na Bela Época, do Museu Solar Mário Soares, Cortes, Leiria, Portugal, 2000.

sua visão de mundo, ensina a professora Ana Maria de Moraes Belluzzo. Nos três volumes da coleção *O Brasil dos viajantes,* ela e sua equipe registram preciosas amostras desse imaginário descoberto ou engendrado ao longo dos séculos que se seguiram aos descobrimentos. Assim, já em 1505 uma xilogravura aquarelada ilustra um trecho da carta *Novus mundus,* de Américo Vespúcio,[3] publicada em tradução alemã na cidade de Augsburg: um grupo de oito silvícolas, quatro homens e quatro mulheres, com duas crianças compondo a cena, vestidos com penas na cabeça, nos pés e nos braços, confraterniza numa festa canibalesca, devorando pedaços de pernas e de braços destroçados. Ao fundo, o mar e duas caravelas sugerem o olhar "do outro" (BELLUZZO, 1994, vol. 1, p. 19).

---

3   Como se sabe, Amerigo Vespucci (1454-1512), navegador e cosmógrafo genovês, realizou duas viagens ao continente americano, uma em 1499, integrando a expedição espanhola de Alonso de Hojeda, e outra, a serviço de Portugal, na expedição comandada por Nicolau Coelho. Hábil, Vespucci se apressou a escrever sobre o "novo mundo", pois foi o primeiro a intuir que as terras descobertas por Colombo não eram as Índias. Essa carta *Novus mundus,* dedicada a Lorenzo de Medici, em que fantasia até o número de suas viagens (que ele aumenta para quatro) e seu papel nas mesmas, foi um dos *best-sellers* da imprensa que, inventada por Gutenberg, então engatinhava. Traduzida para quase todos os idiomas europeus, a obra *Novus mundus* acabou fazendo com que o novo mundo ganhasse o nome de seu autor, América.

Nesse mesmo ano 1505, na Sé de Viseu, na Beira Alta portuguesa, a pintura *Adoração dos magos* mostrava a figura de um índio brasileiro, moreno, com cocar de penas à cabeça, contrastando com os reis a homenagear o Menino Deus da tradição cristã (BELLUZZO, 1994, vol. 1, p. 23). Ana Maria Belluzzo levanta hipóteses sobre essa tela, uma das dezesseis restantes das dezoito originais que compunham o retábulo da capela-mor da catedral, atualmente em exibição no Museu Grão Vasco, na cidade de Viseu. O índio no centro do quadro seria um quarto rei mago – após o reconhecimento dos quatro continentes pela Europa? Seria o índio um emissário que vem de longe, trazendo seu testemunho de fé na verdade cristã? Poderia o pintor pensar que estava congregando o habitante das terras distantes com os valores da cultura europeia?

> Se o recurso utilizado podia parecer-lhe *[refere-se ao pintor]* um procedimento *humanizante*, era efetivamente a completa negação da cultura indígena e a afirmação da necessidade de catequizar os selvagens, introduzindo-os no universo de valores do cristianismo. A acolhida e assimilação do novo personagem, nos termos de uma relação de identidade pela qual o índio é considerado igual, teriam sempre o efeito de descaracterizá-lo (BELLUZZO, 1994, vol. 1, p. 22).

A seguir, a autora analisa outro quadro, *O inferno,* de autor anônimo da escola portuguesa, também da primeira metade do século XVI. Nessa obra, exposta no Museu Nacional de Arte Antiga de Lisboa, na Rua das Janelas Verdes, e que faz lembrar as pinturas de Jerônimo Bosch, é mostrado um grupo (de umas dezessete pessoas) de homens e mulheres sofrendo os castigos por seus pecados. Assim, a mulher vaidosa tem seus cabelos queimados, o maledicente tem sua língua arrancada, e ao guloso uma estranha figura mete, goela abaixo, com a ajuda de um funil, excrementos de animais. Fica evidente que se punem os prazeres do corpo e da sexualidade – ainda que a plasticidade do nu exibido na tela seja em si uma contradição. Num caldeirão colocado no centro da pintura, cinco frades estão a arder sobre o fogo. No fundo do quadro, num plano mais elevado, um diabo sentado sobre um trono descortina toda a cena que nos é mostrada.

> Percebemos então que a figura diabólica, que impera no trono, possui um cocar indígena, da mesma maneira que outro capeta com tanga de penas, que carrega o corpo de um religioso pecador. [...] A mescla do demônio com o índio – ambas figuras do medo – indica que o temor do desconhecido também se misturou com a condenação dos costumes indígenas, de acordo com a pregação dos missionários portugueses. [A tela] ao mostrar o demônio com atributos do indígena americano, provoca inversão de sentido, fazendo com que o índio passe a ter os atributos do demônio. Da mesma forma, não se pode deixar de assinalar outras áreas de contaminação, aderências, transferências de sentido e empréstimos que ecoam no quadro. É o caso da punição dos corpos no inferno e as práticas canibais dos índios brasileiros (BELLUZZO, 1994, vol. I, p. 24-25).

Se na representação da adoração dos magos o índio aparecia como um príncipe que vem de longe, na tela do inferno ele se parece com o demônio. A autora lembra, citando Foucault em *As palavras e as coisas*, que as figuras de semelhança e dessemelhança, o mesmo e o outro, tiveram um papel construtivo e orientaram a interpretação no pensamento europeu a partir de então. As duas pinturas citadas apresentam o índio de fé cristã (o bom selvagem), à semelhança dos europeus, e os índios diabólicos e canibais, diante dos europeus pecadores – figuras derivadas dessa relação social de igualdade e de diferença.

Trezentos anos depois, já no século XIX, com os pesquisadores-exploradores e viajantes, há uma retomada de leituras e releituras por esse "olhar do outro". Esse olhar lançado por outra cultura sobre a terra e o índio os reconstrói enquanto objetos do desejo e da cobiça.

> Um misto de curiosidade e de conhecimento, que corresponde a intenções de posse e de conquistas, e um sentimento oscilando entre atração e repulsa, com relação ao índio americano, traduzem as ocorrências históricas em versões fantásticas (BELLUZZO, 1994, vol. I, p. 88).

Fomos vistos, olhados por esses "outros" que deixaram registros de cenas: a magnificência da floresta, o silvícola repousando na oca, o vendedor ambulante nas ruas do Rio de Janeiro, a mulata e o mestiço, imagens e situações de rua. É ainda Belluzzo que escreve:

> Não somos os autores e nem sempre os protagonistas. Fomos vistos, não nos fizemos visíveis. Não nos pensamos, mas fomos pensados. Ainda assim, a contribuição dos viajantes forjou uma possível memória do passado colonial e povoa nosso inconsciente (BELLUZZO, 1994, vol. I, p. 13).

Entre os muitos viajantes que deixaram esses registros, escreveram e desenharam sobre o Brasil, fiquemos com Richard Francis Burton e Auguste Saint-Hilaire. Um dos primeiros "orientalistas", Burton (1821-1890) representa bem esse momento do século em que viveu: falava 25 línguas ou dialetos, escreveu numerosos livros de viagens, tratados sobre esgrima e falcoaria, além de cometer a proeza de traduzir as *Mil e uma noites* e o tratado *Kama Sutra* para o inglês, trabalhos por muitos anos considerados clássicos (e hoje vistos como empreitadas um tanto superficiais). Em 1856, Burton fez parte da expedição de John H. Speke em busca da nascente do rio Nilo. E, enquanto Speke descobria o lago Vitória, Burton chegava ao lago

Tanganica. Depois, viajou para os Estados Unidos, para conhecer e escrever sobre os mórmons. Em 1864, foi nomeado cônsul britânico na cidade paulista de Santos. Inquieto, Burton passou o tempo que pôde viajando pelo país, e dessas andanças publicou os relatos *Viagem do Rio de Janeiro a Morro Velho* e *Viagem de canoa de Sabará ao Oceano Atlântico.*

Auguste Saint-Hilaire (1779-1853) foi um dos primeiros estudiosos europeus a percorrer os territórios do Brasil Colônia, graças à mudança da corte portuguesa, instalada no Rio de Janeiro desde 1808. Durante seis anos, de 1816 a 1822, visitou as regiões do Centro-Sul do Brasil, recolhendo pelo caminho um farto acervo botânico e registrando suas andanças num diário de viagem, publicado mais tarde na França em diversos volumes. Entre descrições pitorescas, comentários de profunda benevolência (o clima é sempre descrito como "doce", por exemplo, e as mulheres paulistanas são consideradas muito bonitas), vão-se destilando estereótipos, marcando as relações eu-outro, e os discursos da dominação são vieses que a leitura desses diários de Burton e de Saint-Hilaire nos mostra. Citemos alguns exemplos, tirados do livro *Viagem à província de São Paulo,* do viajante francês.

> À época da minha viagem, a compaixão pelos criminosos tinha sido levada ao último grau entre os brasileiros, cujos sentimentos são talvez mais vivos e mais passageiros que os nossos e cujos costumes, pelo menos no estado habitual, são geralmente mais relaxados. [...] Não há uma única pessoa, nas camadas inferiores da sociedade, que não seja capaz de ajudar de bom grado um criminoso a escapar das mãos da justiça. [...] Enquanto eu analisava as plantas e tomava notas, um homem entrou no rancho e passou várias horas a me observar sem dizer uma palavra. Desde Vila Boa até Rio das Pedras eu tive diante de mim uma centena de exemplos de homens indolentes e estúpidos como esse. Essa gente, embrutecida pela ignorância, pela ociosidade e pelo isolamento em que se acha de seus semelhantes e provavelmente pelo gozo de prazeres prematuros, não pensa em nada, apenas vegeta como as árvores ou o capim dos campos (SAINT-HILAIRE, 1976, p. 77 e 85).

A caminho de São Paulo, o viajante se hospeda nos paradores de beira de estrada, que existiam então, e frequentemente se queixa da sujeira e dos "bichos--do-pé" (SAINT-HILAIRE, 1976, p. 94). Logo para em Campinas, e anota:

O dia seguinte ao da minha chegada a Campinas era um domingo. Vi passar diante do rancho um grande número de agricultores, homens e mulheres, que chegavam a cavalo para a missa. A cidade se encheu de gente. Ali, como em todo o interior do Brasil, as mulheres montam a cavalo de modo semelhante ao dos homens. [...] Durante a missa, as mulheres de Campinas, como as do litoral, envolviam a cabeça e o corpo num longo manto de tecido preto (SAINT-HILAIRE, 1976, p. III).

Instalado finalmente na cidade de São Paulo, o viajante comenta a qualidade das moradas dos habitantes mais graduados, tão bonitas por fora quanto por dentro:

O visitante é geralmente recebido numa sala muito limpa, mobiliada com gosto. As paredes são pintadas de cores claras e as das casas antigas são ornadas com figuras e arabescos. [...] Comumente, também, as salas são ornadas de gravuras, as quais, entretanto, são constituídas pelo refugo das lojas europeias. Era tão pouca a noção de arte do povo do lugar, à época da minha viagem, que eles nunca deixavam de me chamar para admirar suas obras-primas (SAINT-HILAIRE, 1976, p. 128).

Compara favoravelmente a cidade com a capital da colônia, Rio de Janeiro. Mas o que começa com elogio termina com recriminação, quando a compara com Paris:

Em São Paulo não se vêem negros percorrendo as ruas, como no Rio de Janeiro, carregando mercadorias na cabeça. Os legumes e outros pequenos produtos são vendidos por mulheres negras numa rua chamada Rua da Quitanda [...] Não devemos esperar encontrar nessas lojas a limpeza e a ordem. São todas escuras e enfumaçadas. O toucinho, os cereais e as carnes ficam ali atirados de qualquer jeito, misturados uns com os outros, e os lojistas ainda estão muito longe de possuir a arte de nossos comerciantes de Paris, que sabem dar aparência apetitosa até aos mantimentos mais grosseiros (SAINT-HILAIRE, 1976, p. 133).

Ao olhar do visitante, se a natureza merece sempre o elogio, a conduta humana é reprovada. Como quando fala de médicos e de parteiras:

> Todos os que então praticavam a cirurgia na cidade de São Paulo e nas suas redondezas eram homens sem educação e sem estudo, sem falar nas parteiras, que eram ainda mais ignorantes [...] faziam com que a mulher se sentasse sobre uma medida quadrada denominada meio-alqueire. A mulher era segura por várias pessoas, que a sacudiam para facilitar a operação, enquanto a parteira se colocava embaixo e segurava a criança (SAINT-HILAIRE, 1976, p. 135).

Durante sua permanência na cidade, o visitante é convidado para jantares, festas e apresentações de teatro. Sobre os atores diz que "eram artesãos, em sua maioria mulatos, e as atrizes, prostitutas. O talento destas se harmonizava perfeitamente com seu grau de moralidade" (SAINT-HILAIRE, 1976, p. 144). Observador atento, ele nota a ausência da figura feminina nas reuniões a que compareceu, ambiente aparentemente reservado apenas aos homens:

> Durante minha permanência na cidade conversei com as principais autoridades locais, fiz e recebi muitas visitas. Afora isso, porém, não fui convidado para nenhuma reunião social, nenhum jantar e não conversei com nenhuma senhora. Em certa ocasião, ao visitar uma das pessoas mais importantes da cidade, cheguei à sua casa no momento em que ia sentar-se à mesa. O homem me convidou para partilhar a refeição, mas comemos sozinhos. Sua mulher não apareceu (SAINT-HILAIRE, 1976, p. 136).

Terminado seu périplo pelas terras paulistas, o viajante se prepara para seguir viagem para o Sul, mas seu estoque de dezoito malas não dava conta das amostras de plantas e minerais que coletara até então. A saga da construção de um par de canastras (jogos duplos de cestos para serem carregados por burros, um de cada lado) ocupa cinco páginas do livro:

> Todos nos responderam que havia em São Paulo bons artesãos, mas que nenhum deles trabalhava com rapidez e era homem de palavra [...] Parece que em nenhum outro lugar, a não ser em São Paulo, existem artesãos tão preguiçosos, tão incorretos e, talvez mesmo, tão pouco honestos. [...] Em sua maioria descendentes de mamelucos, eles haviam de resto conservado toda a inconstância da raça indígena, e todos os outros que iam chegando adotavam logo os mesmos costumes (SAINT-HILAIRE, 1976: 146).

O cientista, pesquisador, explorador ou desenhista europeu que nos visita, perscruta, toma nota – recolhendo amostras que irão enriquecer os acervos de muitos dos museus que se criavam então[4] – é a melhor prova de que, se o homem do século XIX queria conhecer os limites e os detalhes mínimos do mundo, também queria conhecer a si e ao outro. Não por acaso, foi também nos últimos anos desse século que se consolidaram muitas fronteiras territoriais (incluídas as brasileiras), e chegou ao final o longo processo de constituição de algumas nacionalidades europeias, com a unificação da Itália e da Alemanha. É justamente nesse "século das ciências" que se plasmam e ganham os últimos contornos as identidades nacionais e, sobretudo, que acontece a gestação da identidade brasileira.

É sobre esse olhar do outro, do viajante letrado europeu que nos visita e nos descreve com um misto de benevolência e surpresa, mas numa visada em que também transparecem os discursos encobertos do estigma e dos estereótipos,[5] que começamos a nos ver e a constituir as "nossas identidades", ou seja, a criar a visão sobre nós mesmos. E aqui o uso da palavra "identidades" no plural não é casual: adotamos a conceituação do historiador José Murilo de Carvalho de que é melhor falar em identidades para não usar a estereotipia da "identidade nacional":

---

4   Os museus são outras das criações do século XIX, e as expedições científicas às colônias alimentavam os acervos e os transformaram em instituições de pesquisa científica. O interesse de governantes em patrocinar expedições estava também ligado a essa busca de criar e ampliar o acervo dos museus que se formavam. O príncipe Maximilian von Alexander Philip von Wied-Neuwed, que visitou o Brasil entre 1815 e 1817, tinha o respaldo do recém-criado Museu de Berlim. A missão austríaca de 1817, de que fizeram parte Johann Baptiste Spix e Carl Friedrich von Martius, foi montada com o objetivo de coletar material para o acervo de um futuro museu brasileiro em Viena e para o jardim botânico do imperador austríaco. Georg Wilhelm Freyriss, que participou da expedição do barão de Langsdorff, vinha contratado para organizar coleções para o Museu de Estocolmo (BELLUZZO, 1994, vol. 2, p. 96 e 102).

5   Ana Maria de Moraes Belluzzo discorre sobre esse tópico quando fala do viés com que os viajantes europeus viam e retratavam o índio, quer do ponto de vista da técnica das artes plásticas e das convenções da representação (o índio idealizado, combatendo as forças da natureza), quer da própria visão de mundo daquela época, em que a etnologia ainda estava sob influência do pensamento da escola de Frederich Creuzer, que tomava os indígenas por degenerações dos povos superiores (BELLUZZO, 1994, vol. 2, p. 96, 99 e 138-139).

Escrevi diversos artigos sobre como foi construída nossa identidade.[6] O meu ponto principal era que isso é uma construção, formulação que é dada de cima para baixo. Mas confesso que acabei cada vez mais me desinteressando por essa visão. Eu acreditava que era importante, mas agora vejo de modo distinto. Em primeiro lugar, há uma imensa diversidade nessa identidade. Na verdade, não temos uma só identidade. O que é a imagem do brasileiro no exterior? É a imagem estereotipada do carioca, da boa vida etc. Basta sair do Rio que se desmonta essa ideia. Não existe uma única identidade brasileira. Há até um historiador inglês, Peter Burke, que prepara uma biografia do Gilberto Freyre, falando dele como um definidor da natureza da brasilidade. Calma. Aquele Brasil descrito por Gilberto Freyre, o da casa grande e dos mocambos, não tem nada a ver com o Brasil de Minas onde vivi, não tem nada a ver com o Brasil de São Paulo (CARVALHO, 2006, p. 19).

Nesse ponto de partida da nossa formação identitária fica uma lacuna. Como se sabe, os viajantes muitas vezes levavam de volta consigo alguns índios "entre as peças de coleção". Assim, o especialista em mineralogia Johann Emanuel Pohl levou para a Áustria, em 1821, juntamente com uma coleção mineralógica e botânica, um casal de índios botocudos, que despertou a atenção dos europeus, notadamente pela marca labial que caracteriza essa tribo (BELLUZZO, 1994, vol. 2, p. 109). Já o príncipe Maximilian von Alexander Philip von Wied-Neuwied quando retorna para a Alemanha leva em sua companhia Quack, um índio botocudo que o havia acompanhado durante a viagem pelo Brasil (BELLUZZO, 1994, vol. 2, p. 99). Por outro lado, nos relatos de viagem de John Mawe, Thomas Lindley e Henry Koster, há uma curiosa menção à estranheza causada por esses ingleses em meio à população indígena, não habituada a homens claros e louros. Ou seja, descobre-se que os viajantes europeus também excitam a curiosidade dos habitantes do Brasil. Mas sobre esse impacto causado no lado de cá não se deixou documentação.

---

6   Além de trabalhos clássicos como *Os bestializados* (1987), *Teatro de sombras* (1988) e *A Formação das almas* (1990), entre outros, Murilo de Carvalho é autor do belo ensaio "O motivo edênico no imaginário social brasileiro", sobre a formação identitária brasileira (Revista Brasileira de Ciências Sociais, 1998).

Desequipados para realizar registros do encontro com o homem branco, de acordo com critérios valorativos que pudessem facultar uma visão em contracampo – como se diz no jargão cinematográfico –, resta, como se sabe, um acervo de um único e exclusivo ponto de vista (BELLUZZO, 1994, vol. 2, p. 95).

Ou seja, jamais ficaremos sabendo o que Quack, o índio botocudo levado para a Europa pelo príncipe Maximilian, sentiu ou percebeu do entorno europeu, como se percebeu sendo exposto e exibido como peça viva do acervo desse intrépido viajante. Ou o que as tribos e as populações dos vilarejos visitados pelos estrangeiros entenderam ou observaram da passagem desses "outros" que os observavam e que sobre seus costumes deixaram tantos registros. O ponto de vista que ficou foi apenas o do estrangeiro. O nativo observado não teve meios de registrar como fora o seu olhar.

O OLHAR DO OUTRO NA FORMAÇÃO IDENTITÁRIA

O Brasil começa a caminhada em busca de suas identidades em 1808, bem no início do século XIX, com a chegada da família real portuguesa, em fuga das tropas napoleônicas. E mesmo a partir da data formal da independência, 1822, não existe ainda a consciência do que é "ser brasileiro". Muitos personagens de nossa história, como pode ser, a título de exemplo, o chamado "patriarca da independência", José Bonifácio de Andrada e Silva, não se viam como brasileiros, como ocorre hoje a qualquer um de nós. Comemorando um feito nacional, como pode ser uma partida de futebol num jogo de campeonato mundial, nenhum torcedor brasileiro se questiona, hoje, sobre sua nacionalidade, como na anedota dos pescadores portugueses de Póvoa do Varzim.[7]

---

7 Em seu livro *A identidade nacional,* em que discorre sobre a formação do sentimento nacional de Portugal, José Mattoso conta uma singela história: quando o rei Dom Luís, já chegando ao final do século XIX, num passeio pelo mar cruza com seu iate um barco de pescadores, pergunta-lhes, aos brados, se eram portugueses. "Nós outros? Não, meu senhor, somos de Póvoa do Varzim", foi o que obteve o rei em resposta. Ou seja, sete séculos de vivência da "nacionalidade" percorridos, e o sentimento de ser "local" era ainda o que mais pesava para aqueles pescadores do Norte de Portugal – apesar dos mitos fundadores e da lírica de Luís de Camões cantando a saga nacional (MATTOSO, 1998, p. 14).

Houve um período em que se gestou esse sentimento e, enquanto participavam dele, as pessoas não tinham consciência de que estavam constituindo o que viriam a ser as nossas identidades, o nosso jeito de ser brasileiros. Mesmo que, no caso de José Bonifácio, ele tivesse nascido na cidade litorânea de Santos, na Província de São Paulo. Mas deixemos em suspenso a história do patriarca da independência para realizar um mergulho na discussão da constituição social do eu, uma das bases para o estudo que se pretende realizar neste trabalho.

Em seu texto "Psicologia de grupo e análise do ego",[8] Sigmund Freud trata da identificação como a manifestação mais remota do relacionamento afetivo com outra pessoa, e que desempenha um importante papel na pré-história do complexo de Édipo – a começar pela identificação da criança com seus pais, processo que pode se dar por mecanismos como a imitação (capítulo VII, do livro). No desenvolvimento de sua história de vida, o indivíduo vai repetindo esses mecanismos de imitação, até encontrar algumas dessas características no líder. Escreve Freud:

> Um dos *eus* percebeu no outro uma importante analogia em um ponto determinado (em nosso exemplo trata-se de um grau de sentimentalismo igualmente pronunciado); imediatamente se produz uma identificação neste ponto e, sob a influência da situação patogênica, esta identificação se desloca para o sintoma produzido pelo *eu* imitado. A identificação por meio do sintoma assinala assim o ponto de contato entre os dois *eus,* ponto de encontro que deveria manter-se reprimido (FREUD, 1981, p. 2586).

Freud, num passo adiante, elabora o conceito do eu e do ideal do eu. E no final desse mesmo capítulo ele escreve:

> Já em outras ocasiões (com motivo do narcisismo, do sofrimento e da melancolia), tivemos de construir a hipótese de que no eu se desenvolve uma instância assim, capaz de isolar-se do outro eu e entrar em conflito com ele. A essa instância chamamos de ideal do eu *(Ichideal)* e, a título de funções, atribuímos-lhe a auto-observação, a consciência moral, a censura dos sonhos e a principal influência na repressão (FREUD, 1981, p. 2588).

---

8   Para todos os efeitos, nos remetemos ao texto espanhol da edição *Obras completas de Sigmund Freud,* T III. Madrid: Biblioteca Nueva, 1981.

Esse ideal do eu, ou *Ichideal,* vem a ser uma espécie de imagem projetada no espelho, algo que perseguiremos toda a vida, na busca de plasmar o nosso eu. Mas há a introdução do corte originário, pelo qual se instala o humano, como ensina Mayra Gomes em *Repetição e diferença nas reflexões sobre comunicação,* ao discorrer sobre a lição da psicanálise: ao mesmo tempo ser barrado e sujeito do inconsciente. E essa talvez represente a mais difícil tarefa com que Freud se defrontou, pois diz respeito à divisão do eu, ou melhor, à sua compreensão não como unidade estável, *locus* de razão.

> A lição freudiana nos entrega um sujeito instável, marcado por um "mal--estar" constitutivo, fragilizado no equilíbrio constantemente negociado e, sobretudo, múltiplo, precário. Estes, certamente, não são os atributos pensados para o sujeito do nosso "antropocentrismo", pelo qual se pautou toda construção de saber: esse "sujeito instável" não é o feito à imagem e semelhança de Deus e certamente não se organiza como "receptáculo" de uma razão imaculada a iluminar o mundo (GOMES, 2001, p. 45).

Ainda no contexto de sua investigação sobre a psicologia do grupo, Freud escreve, mais adiante, agora no capítulo XI:

> Bastará que o líder possua, com especial destaque, as qualidades típicas de tais indivíduos e que dê a impressão de uma força considerável e grande liberdade de libido para que a necessidade de um enérgico líder venha de encontro e o revista de uma onipotência que talvez não tivesse jamais aspirado. Os outros indivíduos do grupo, cujo ideal do *eu* não encontra na pessoa do chefe uma encarnação por completo satisfatória, são arrastados com os demais por "sugestão", isto é, por identificação (FREUD, 1981, p. 2600).

Ou seja, na constituição do eu, somos impulsionados pelo ideal do eu a buscar modelos no outro, seja no líder, seja em um outro em quem identificamos valores que supomos fundamentais para nos constituir como indivíduos. Buscamos modelos para nos identificar e para não nos sentirmos "fora de lugar".

A psicanalista Maria Rita Kehl, em seu trabalho "As máquinas falantes" (Kehl, 2003), discorre sobre o corpo-máquina em sua relação com o eu e de como esse corpo forma sua identidade no comércio com o outro: o corpo como objeto social. Nosso corpo pertence muito menos a nós mesmos do que imaginamos: pertence ao universo simbólico que habitamos. Formatado pela linguagem, ele pertence ao Outro e depende do lugar que lhe é atribuído para se constituir.[9] Escreve ela:

> Se os corpos não existem fora da linguagem, as práticas da linguagem determinam a aparência, a expressividade e até mesmo a saúde dos corpos. [...] Nossos corpos não são independentes da rede discursiva em que estamos inseridos, como não são independentes da rede de trocas – trocas de olhares, de toques, de palavras e de substâncias – que estabelecemos (KEHL, 2003, p. 245-246).

Mais adiante, a autora aprofunda a relação entre o eu e o Outro, na triangulação com o ideal do eu, essa imagem do espelho que se perseguirá por toda a vida, e conclui:

> Assim, o corpo de um homem está todo impregnado do Outro. Desde a organização da circulação pulsional pela linguagem, que barra o gozo absoluto da pulsão de morte, passando pelo olhar do Outro, que faz a função de espelho e permite a unificação da imagem de si necessária para a constituição do narcisismo que sustenta o Eu. O processo de constituição de um corpo próprio capaz de desenvolver habilidades e talentos prossegue então com as identificações com os corpos imperfeitos dos outros, os "semelhantes nas diferenças", mediante os quais o sujeito se liberta do espelho e inaugura a série de empreendimentos pelos quais tentará corresponder aos *ideais do eu*. Sem a entrada do Outro, o corpo biológico pode sobreviver, mas não se constitui como o corpo de um sujeito que se reconhece como tal entre seus semelhantes. Sem a entrada dos outros, o sujeito não se liberta da prisão especular e da exigência impossível de se tornar idêntico à sua imagem (KEHL, 2003, p. 251).

---

9   Stuart Hall trabalha esse tema da identidade inserida na linguagem em seu estudo "Significação, representação, ideologia. Althusser e os debates pós-estruturalistas". Diz ele que "também nós somos falados ou falam de nós nos discursos ideológicos que nos aguardam desde o nosso nascimento, dentro dos quais nascemos e encontramos nosso lugar." (HALL, 2003, p. 189).

Como pano de fundo desses textos, emerge a reflexão lacaniana do estádio do espelho:[10] fascinada com sua imagem no espelho (que no futuro será o olhar do Outro), a criança sucumbiria à impossibilidade de corresponder à perfeição do eu ideal se não pudesse contar com a possibilidade de se identificar com a imagem do corpo de seus semelhantes. E, a partir daí, seu corpo se impregnará do Outro, libertando-se do espelho e buscando corresponder e se moldar na identificação com os corpos imperfeitos dos outros, seja esse Outro um líder, seu grupo social, sua tribo. A identidade surgirá e se plasmará com essa identificação.

Lacan apresenta a subjetividade como uma topologia, um oco, um lugar vazio, que o indivíduo preenche porque simboliza e significa; a criança é um significante para seus pais, seus semelhantes, seus outros pequenos, ensina Concepción Fernández Villanueva. Escreve a autora:

> O desejo da criança é o desejo do outro. E esta é a marca mais social do sujeito desde o nascimento. O sujeito, que não é o eu mas o *sujeito do inconsciente,* está marcado pelo desejo de seus semelhantes de dupla maneira. Não só porque deseja o mesmo que esse semelhante, interioriza seu desejo, quer ser o que o outro lhe sinaliza, mas também porque (e isso é o mais importante) o sinaliza com algumas palavras, símbolos que o sujeito fará seus. Quer dizer, a criança capta o desejo do outro "ao pé da letra", sendo marcada por tal letra, que se converterá em sua primeira marca pulsional, marca do desejo, primeiro elo de sua subjetividade. O lugar que o outro lhe confere, em que o outro o posiciona com sua linguagem, é a raiz, a primeira base de sua subjetividade (VILLANUEVA, 2001, p. 192).

Ao chegar ao mundo, a criança encontra seu lugar no contato com o corpo de um outro, o da mãe, que o bebê de início confunde com o seu. É nesse contato que o novo ser organizará seus circuitos pulsionais, circuitos em que as necessidades

---

10 Essa experiência foi relatada por Lacan em 1936: ele observava como seu filho se reconhecera ao ver sua imagem no espelho. O "estádio do espelho" foi apresentado por ele no congresso de Marienbad, naquele ano, e reaparece na comunicação "O estádio do espelho como formador da função do eu", realizada no XVI Congresso Internacional de Psicanálise em Zurique, em 1949. Esse texto foi incluído em *Écrits,* de 1966. (LAMBOTTE, M. C., "Espelho, estádio do". In: Kaufmann, Pierre. *Dicionário enciclopédico de psicanálise. O legado de Freud e Lacan.* Rio de Janeiro: Zahar, 1998, p. 157-161).

vitais e biológicas se transformam em demandas de afeto, próprias do ser humano. A pulsão, essa mola ou força motriz e mobilizadora que emana da fronteira entre o biológico e o psíquico e se manifesta como uma exigência (premência) de satisfação, pode ser comparada ao instinto animal, diz Kehl. Mas, ao contrário do instinto, que no animal tem a função de adaptar o filhote ao seu meio, em nós a pulsão só se constitui no encontro com o significante: a pulsão é pura força desorganizada em busca de um objeto que a satisfaça. Só que esse objeto não existe. E o que a mãe oferece, pela intermediação da linguagem, são objetos parciais, que aplacam temporariamente a pulsão: a canção de ninar, a chupeta, o chocalho (KEHL, 2003, p. 249). O desejo não satisfeito permanecerá sempre como uma espécie de pano de fundo, algo a ser buscado ao longo de toda a vida.

A pulsão, diz Freud, justamente pela falta do objeto, é plástica: ela se adapta, se satisfaz setorialmente, se realiza com derivativos. A plasticidade da pulsão é que permite que a satisfação pulsional se adapte às possibilidades que a cultura oferece. Assim, cada cultura produz os sintomas que buscam dar conta do resto pulsional, impossível de satisfazer no corpo, a não ser com a aniquilação.

Como não é da nossa natureza buscar essa aniquilação, o objeto perdido da pulsão se transforma, pela linguagem, em objeto do desejo inconsciente (a pulsão vira o desejo de algo). E esse desejo, não podendo se realizar, se desloca ou desliza do corpo para o simbólico. E pode assim ser realizado num sonho, num chiste, num objeto equivalente ao corpo. E isso se dá pela linguagem.

Para Lacan e para a psicanálise, a palavra desborda as funções tradicionalmente a ela atribuídas para operar como condicionante, estruturar a memória, organizar as lembranças tanto na perspectiva individual como na perspectiva social ou do grupo. As palavras raramente são apenas "meras palavras". Muitas ações sociais se sustentam e se alimentam pelos discursos, se realizam por meio deles.

É ainda Concepción Fernández Villanueva quem conceitua: a linguagem de um indivíduo em uma situação concreta não apenas define sua posição como revela o lugar de onde esse sujeito fala. Ao falar, as pessoas estão implicadas de algum modo no que descrevem, estão tomando uma posição que vai além do que se afirma ou se conta.

> Neste sentido, os menores e mais despretensiosos fragmentos de conversa estão cheios de sentido, incluindo os que desde o ponto de vista da lógica não teriam sentido algum; os silêncios, as pausas e as palavras ou frases inconclusas também estão impregnados de significações. A linguagem estrutura a intersubjetividade, dá sentido às intervenções, estabelece turnos, dá entrada aos atores. As palavras não são simples informações, mas ações interativas (VILLANUEVA, 2001, p. 191).

Norbert Elias, citado por Kehl em seu ensaio sobre as máquinas falantes, estudou o longo processo que separou os homens de suas funções corporais, até produzir o que se chama "o corpo civilizado" (ELIAS, 1994). O corpo sob o controle da mente, separado do eu. Nesse processo houve uma busca por normas para a convivência em sociedade, pois as pessoas já não viviam isoladas em seu vilarejo longínquo, mas trafegavam e circulavam, convivendo diariamente com um número crescente de estranhos, de outras regiões e de outras classes sociais. Afinal, como vimos páginas antes, no decorrer do século XIX as distâncias foram encurtadas, os oceanos interligados, as grandes ferrovias intercontinentais aproximaram os extremos. E tal convivência só se fez suportável mediante a automatização de um número infindável de regras de controle corporal.

Como diz Renato Janine Ribeiro na apresentação do segundo volume de *O processo civilizador,* "a ideia-chave de Norbert Elias é a tese de que a condição humana é uma lenta e prolongada construção do próprio homem". Nesse estudo monumental, Elias aborda esse processo civilizador analisando manuais de comportamento, como o opúsculo de Erasmo de Rotterdam, *De civilitate morum puerilium/A civilidade pueril.* Esses manuais se copiavam e se glosavam uns aos outros, em sucessivas edições, dando a pauta de como se portar à mesa, de como usar garfos e facas, de como escarrar ou limpar as mãos, de como ter controle sobre a expressão do olhar, a ser cortês, enfim.

> Erasmo, quem sabe, podia conhecer um ou outro dos *Tischzuchten* rimados ou os escritos de sacerdotes que tratavam desses assuntos *[se refere aos manuais de boa conduta].* [...] Mas com toda certeza Erasmo não compilou simplesmente esse tratado à vista de outros livros. Tal como todos os que refletem sobre essas questões, ele tinha diante dos olhos um código social especial, um padrão especial de maneiras. Este tratado é,

na verdade, uma coletânea de observações feitas na vida e na sociedade. E seu sucesso, sua rápida disseminação e seu emprego como manual educativo para meninos mostram até que ponto atendia a uma necessidade social e como registrava os modelos de comportamento para os quais estavam maduros os tempos e que a sociedade – ou mais exatamente a classe alta, em primeiro lugar – exigia (ELIAS, 1994, p. 83).

Não limpar os dentes com as pontas das facas é algo que não precisa ser ensinado hoje: a sociedade não exige mais, pois a lição foi aprendida. E não foram apenas os manuais de boas maneiras que tiveram ampla disseminação. Peter Burke nos fala dos manuais de conversação, a partir da popularização do livro impresso:

> A arte da conversação foi influenciada, se não transformada, pela difusão do assunto em livros impressos, já disponíveis na Itália do século XVI, como *O cortesão* (1528), de Baldassare Castiglione; o *Galateo* (1558), de Giovanni Della Casa; e *La civil conversazione* (1574), de Stefano Guazzo. Tal influência continuou com uma série de tratados em francês, espanhol e alemão e com as reflexões de Swift, Fielding e lorde Chesterfield sobre o assunto. Esses tratados ofereciam a homens e mulheres de diferentes idades e grupos sociais instruções, aconselhando-os quando falar ou ficar em silêncio, para quem falar, sobre o quê e em que estilo. O número de edições, os destaques e as anotações em algumas cópias que restaram sugerem que esses conselhos eram levados a sério (BRIGGS & BURKE, 2004, p. 56).

Aprendemos a olhar respondendo a olhares que nos são dirigidos. Identificamo-nos e nos entendemos como somos por causa desse olhar do outro. Olhar em que nos espelhamos, que nos mostra e aponta o que devemos ser. Falamos da previsão do tempo e de alguns assuntos correntes da semana, em numa reunião social, e evitamos comentar sobre nossos achaques e doenças, dívidas e problemas de ordem pessoal, porque aprendemos que esses não são assuntos de conversas sociais. E aprendemos isso ouvindo os outros conversarem.

Hoje, os manuais, os impressos e as revistas foram substituídos por outro olhar, que é o olhar da TV. É ela, em seus seriados e peças de ficção, que funciona como elemento civilizador e como fornecedor de modelos a copiar, temas a conversar, frases e bordões a repetir. O que seria do jovem adolescente de hoje se não tivesse programas como o seriado *Malhação,* há mais de vinte anos dando a pauta de como se vestir, de como bater mão com mão ao encontrar os colegas, de que gírias repetir? É assistindo aos programas da televisão ou chateando na internet que o jovem se informa sobre o novo boné da moda, da bermuda caída na cintura.

Mas esse olhar do outro também nos indica o lugar que "devemos ocupar". No livro, *Os estabelecidos e os outsiders,* o mesmo Norbert Elias mostra como nas relações entre grupos ocupamos o lugar que nos é reservado ou prescrito pelo outro. Estudando as relações entre dois aglomerados sociais, de idêntica etnia e condição socioeconômica, numa pequena comunidade do interior inglês, Elias deixa clara a força do discurso da diferença e de como o grupo mais fraco (os *outsiders*) recém-chegado acaba aceitando as regras impostas pelos estabelecidos há mais tempo na localidade.

Esse poder determinante do outro chama especial atenção quando se lê a história, relatada nesse livro de Elias, do grupo *outsider* japonês, os *burakumin.* O mais notável nessa camada da população é que não há nenhuma diferença física essencial entre esses párias e os demais japoneses: apenas o fato de historicamente serem considerados e estigmatizados com a denominação "eta", que quer dizer "repletos de imundície". Normalmente vivem em casas piores, são menos instruídos, têm empregos mais árduos do que seus conterrâneos. Mas séculos de discriminação deixaram cicatrizes na mente dos *burakumin.* Cito um diálogo, recolhido por Mark Frankland e reproduzido por Elias em seu livro:

> Em uma entrevista feita com um burakumin anos atrás, perguntou-se ao homem se ele se sentia igual a um japonês comum. Resposta: "Não, nós matamos animais, somos sujos e algumas pessoas acham que não somos humanos". Pergunta: "Você acha que é humano?" Resposta (depois de uma longa pausa): "Não sei... Somos ruins e sujos" (ELIAS, 2000, p. 30).

Essa reflexão ecoa em alguns dos textos de Stuart Hall, sobretudo em dois vieses. O primeiro quando ele escreve que a identificação é um processo de costura e não uma substituição, pois não há uma troca simétrica. Há sempre algo "demasiado" ou "muito pouco", uma sobredeterminação ou uma falta, mas nunca um ajuste completo. O que faz com que a busca seja um *moto perpetuo,* nunca chegando a seu fim. Em segundo, essa busca pelo que falta também se dá em diferentes frentes: elas são incessantemente reconstituídas e, como tal, estão sujeitas à lógica volátil da iterabilidade – ou repetição. Vou me constituindo na soma e na amálgama dos diversos grupos a que pertenço, em que transito, em que me plasmo. Se as identidades são constituídas e construídas por meio da diferença e não fora dela, é apenas por meio da identificação com o Outro, da relação com aquilo que não se é, precisamente aquilo que me falta – aquilo que busco –, com aquilo que se tem chamado de "exterior construtivo", que a identidade pode ser construída.

Justamente por se sentir um *outsider* – além de caribenho, no seio de sua própria família um diferente na sua situação de bebê *coolie*[II] (HALL, 2003, p. 190), Stuart Hall escreve com propriedade sobre o conceito de hibridização e de sincretismo. E de como se deram as duplas inscrições dos tempos colonial e metropolitano, característicos das zonas de contato das cidades "colonizadas", muito antes de se tornarem tropos característicos das cidades dos "colonizadores", e as formas de tradução e transculturação que caracterizaram a relação colonial desde seus primórdios.

Nessa busca de identidade, escreve ele, chegamos a uma nova fase hoje, transnacional, que tem seu centro cultural em todo lugar e em lugar nenhum (HALL, 2003, p. 36). Mas não foi assim durante o longo processo de formação e gestação das nacionalidades. Nossas sociedades colonizadas e periféricas não são compostas – como os países europeus que dão o tom das análises identitárias – de um, mas de diversos povos, escreve ele, ao refletir sobre a formação das nacionalidades nos países "de fora" do primeiro mundo ocidental. Nossas origens não são únicas, mas diversas, diz. Aqueles aos quais originalmente a terra pertencia pereceram há muito tempo – dizimados pelo trabalho pesado e pela doença, quando não foram propositadamente exterminados. Na sequência dessa reflexão, ele escreve:

> A terra não pode ser "sagrada", pois foi "violada" – não vazia mas esvaziada. Todos que estão aqui pertenciam originalmente a outro lugar. Longe de constituir uma continuidade com os nossos passados, nossa relação com essa história está marcada pelas rupturas mais aterradoras, violentas e abruptas. Em vez de um pacto de associação civil lentamente desenvolvido, tão central ao discurso liberal da

---

II   Expressão depreciativa jamaicana para indiano pobre.

modernidade ocidental, nossa "associação civil" foi inaugurada por um ato de vontade imperial (HALL, 2003, p. 30).

Hall aponta para os transtornos de uma concepção fechada da noção identitária de tribo ou de pátria, pois possuir uma identidade cultural nesse sentido é estar "primordialmente em contato com um núcleo imutável e atemporal, ligando ao passado o futuro e o presente, numa linha ininterrupta".

Esse cordão umbilical é o que chamamos de "tradição", cujo teste é o de sua fidelidade às origens, sua presença consciente diante de si mesma, sua "autenticidade". É, claro, um mito – com todo o potencial real dos nossos mitos dominantes de moldar nossos imaginários, influenciar nossas ações, conferir significado à nossa vida e dar sentido à nossa história. Hall relembra no que tudo isso pode dar:

> É justamente essa concepção exclusiva de pátria que levou os sérvios a se recusarem a partilhar seu território – como têm feito há séculos – com seus vizinhos muçulmanos da Bósnia, e justificou a limpeza étnica em Kosovo. É uma versão dessa concepção da diáspora judia e de seu "retorno" a Israel que constitui a origem da disputa com seus vizinhos do Oriente Médio, pela qual o povo palestino tem pago um preço tão alto, paradoxalmente, com sua expulsão de uma terra que, afinal, também é sua (HALL, 2003, p. 29-30).

Contra isso ele diz que as alternativas não são apegar-se a conceitos e modelos fechados e unitários de pertencimento cultural, por se apoiarem sobre uma concepção binária da diferença. Ao contrário, sua proposta é abrir-se e buscar abranger os processos mais amplos do jogo de semelhança e diferença que estão transformando a cultura do mundo inteiro. Para isso ele adota a noção de *différance*, proposta por Derrida (num jogo com a palavra francesa homônima *différence)*:

> Uma diferença que não funciona através de binarismos, fronteiras veladas que não separam finalmente, mas são também *places de passage*, e significados que são posicionais e relacionais, sempre em deslize ao longo de um espectro sem começo nem fim. A diferença, sabemos, é essencial ao significado, e o significado é essencial à cultura. Mas num movimento profundamente contra-intuitivo, a linguística moderna

pós-saussuriana insiste que o significado não pode ser fixado definitivamente. Sempre há o "deslize" inevitável do significado na semiose aberta de uma cultura, enquanto que aquilo que parece fixo continua dialogicamente reapropriado (HALL, 2003, p. 33).

Estudar o papel formador das revistas brasileiras no século em que se dá o início de formação identitária de nosso país supõe um diálogo com essas visões. Foi por meio do impresso, como ensina Peter Burke, que se impôs o discurso do ser nacional. Se na visão do historiador os cafés e clubes inspiraram a criação de comunidades originais de comunicação oral e socialização, foram os impressos que desempenharam esse papel de modo ímpar. Foi por meio das páginas dos jornais e sobretudo das revistas que as populações dos países em formação e consolidação ao longo dos séculos XVIII e XIX aprenderam a se ver como diferentes, como possuidoras de uma nacionalidade – papel que hoje a televisão reforça com seus discursos e *sitcons*.

Assim, segundo ainda Peter Burke, o famoso jornal milanês *Il Caffè*, que circulou entre 1764 e 1766, teve importante papel no Iluminismo italiano. Ou da mesma maneira que alguns jornais do século XVIII ajudaram a criar comunidades locais, e da mesma forma – e Burke cita Benedict Anderson no livro *Imagined Communities*, de 1983 –

> que o jornal do século XIX contribuiu para a formação de uma consciência nacional, por tratar de seus leitores na condição de comunidade, um público nacional (BRIGGS & BURKE, 2004, p. 41).

É sobre essa formação da consciência nacional que nos deteremos a seguir.

A GESTAÇÃO DO SENTIMENTO NACIONAL

Voltemos, após esse mergulho, à história e ao exemplo do Andrada, José Bonifácio, o patriarca de nossa independência. Nascido em Santos, em 13 de junho de 1763, com 14 anos ele veio para São Paulo cursar humanidades, seguindo para o Rio de Janeiro e, depois, para a universidade de Coimbra, onde ingressou aos 20 anos, formando-se em Direito e Filosofia – no que apenas repetiu um percurso corriqueiro entre os jovens da elite colonial brasileira de então. Formado, foi residir em Lisboa, onde fez certa fama como literato, chegando a ser aceito como membro da Academia Real de Ciências com apenas 26 anos (mais tarde veio a ser secretário perpétuo dessa instituição).

Embora tenha recebido uma educação no estilo antigo da escola de Coimbra (universidade que ainda repetia os velhos modelos de ensino com ranço escolástico), José Bonifácio se interessou pelo que então se chamava "Filosofia Natural". Para se aprofundar nesses estudos, em 1790 viajou por outros países da Europa. Essa viagem científica, que se estendeu por dez anos, foi patrocinada pelo governo português (isso no reinado de D. Maria I, a mãe de João VI).

Esteve um ano em Paris, onde estudou mineralogia com René-Just Haüy, botânica com Antoine-Laurent de Jussieu, química com Jean-Antoine Chaptal e minas com J. P. Guillot-Duhamel. Ou seja, aprendeu com os maiores nomes de sua época. Elaborou e apresentou à Société d'Histoire Naturelle de Paris o trabalho "Mémoire sur les diamants du Brésil", que lhe valeu a admissão na Sociedade de História Natural francesa e que foi publicada nos *Annales de Chimie* em 1792. Seguiu depois para a Alemanha e estudou geognosia e minas na Universidade de Freyberg. Estudou matemática com Johann Friedrich Lempe (1757-1801), direito e legislação de minas com Köhler, química mineral com Klotzsch, química aplicada com Freisleben e metalurgia com Lampadius. Conheceu também Alexander von Humboldt, que viria a ser o grande reformador do ensino universitário. Visitou minas na Áustria, Estíria, Caríntia e Tirol. Viajou ainda pela Itália e ali conheceu Alessandro Volta e realizou estudos geológicos que deram origem a uma memória escrita em 1794, mas apenas publicada em 1812, "Viagem Geognóstica aos Montes Eugâneos".

Seguiu depois para a Suécia, Noruega e Dinamarca, onde frequentou cursos de mineralogia na Universidade de Upsala e em Copenhague. Visitou diversas minas e jazidas escandinavas, realizando pesquisas que deram origem à identificação de 12 novos minerais, quatro novas espécies e oito variedades de espécies conhecidas. Publicou o resultado desse estudo sob o título "Kurze Angabe der Eigenschaften und Kennzeichen einiger neuen fossilien aus Schweden und Norwegen, nebst einigen chemischen Bemerkungen über dieselben" no jornal alemão *Allgemeines Journal der Chemie* (1800) – trabalho depois traduzido e publicado no *Journal of Natural Philosophy, Chemistry and the Arts* (1801) e no *Journal de Physique, de*

Chimie, d'Histoire Naturelle et des Arts (1800). Esse estudo teve grande repercussão na Europa e revelou um trabalho rigoroso de determinação dos pesos específicos dos minerais, com repercussões na identificação de elementos químicos.

Bonifácio esteve ainda na Bélgica, Holanda, Hungria, Boêmia, Turquia e Inglaterra. Uma viagem que lhe proporcionou um conhecimento enciclopédico na nascente área das ciências da natureza, além de contatos criados nos ambientes acadêmicos.

De volta a Portugal, em 1801, lecionou Metalurgia na Universidade de Coimbra, fundando esta disciplina ali. Nos sete anos seguintes foi um ativo funcionário do governo, típico homem da elite portuguesa, ocupando onze cargos e funções (apenas três delas remuneradas): intendente-geral das Minas e Metais do Reino; desembargador da Relação e Casa do Porto; superintendente do rio Mondego e Obras Públicas de Coimbra; diretor hidráulico das obras de encanamento do Mondego, entre outros.

Em 1807, quando Portugal é invadido pelas tropas francesas, obrigando o traslado da família real portuguesa para o Brasil – início de nosso processo de independência – José Bonifácio se alistou no Corpo Voluntário Acadêmico, um batalhão de estudantes e professores de Coimbra, parte do movimento de resistência ao invasor. Chegou ao posto de comandante, destacando-se pela sua capacidade de liderança na luta contra as tropas napoleônicas que ocupavam o país.

Regressou ao Brasil apenas em 1819 e foi convidado por D. João VI para ser reitor do Instituto Acadêmico, cargo que não aceitou, preferindo realizar viagens científicas pelo país. Só dois anos depois deixa de lado as pesquisas científicas para ingressar na política, iniciando carreira como vice-presidente da Junta Governativa de São Paulo.[12]

Essa longa digressão sobre a biografia do "patriarca" tem apenas o sentido de refletir o que deveria ter se passado com esse acadêmico netamente português, embora nascido na colônia, na cidade de Santos. Para a historiografia portuguesa ele é um cidadão português, como outros dois "santistas", o padre e inventor Bartolomeu

---

12 De onde se tirou todas essas informações? De fontes portuguesas e brasileiras: coletadas do site do Instituto Camões (http://www.instituto-camoes.pt/cvc/ciencia/p18.html) de Portugal, e do Novo Milênio (http://www.novomilenio.inf.br/santos/h0184e.htm), jornal eletrônico da cidade de Santos. Todas corroboradas em *Os juristas na formação do Estado-Nação brasileiro*, de Carlos Guilherme Mota (2006).

de Gusmão e o diplomata Alexandre de Gusmão – este o mentor do vantajoso tratado de Madri, pelo qual Portugal ganhou todo o terreno das Sete Missões, o que é hoje Rio Grande do Sul e Santa Catarina, em troca da cessão à Espanha da Província de Sacramento ou Cisplatina. Foi ali na cidade de Colônia, que nasceu um outro português, Hipólito José da Costa Pereira Furtado de Mendonça, que ninguém diria hoje que é uruguaio, como tampouco ele se via como um brasileiro. Naquele tempo, nascido em Santos ou em Colônia do Sacramento, atual Uruguai, era-se um cidadão português, e ponto.

E José Bonifácio de Andrada e Silva, que se queixava da falta de equipamentos para dar aulas em Coimbra e da precariedade dos laboratórios para suas aulas práticas, não era exceção. Ser brasileiro ou português não era uma questão em que investiria seu tempo.[13]

Há nesse período de nossa formação, que vai de 1808 até 1840, uma falta de clareza e perspectiva histórica sobre o momento que se estava vivendo. Esses anos compõem as três décadas que vão da chegada da família real, com o país deixando a seguir a condição de colônia, ao ano em que Pedro II é considerado maior e assume o trono. A clareza sobre o "ser brasileiro" é uma constatação *a posteriori*, e isso é normal na formação histórica de qualquer país. Nesses trinta anos que separam a vinda de Dom João VI à coroação de seu neto, nascido no Brasil, convivem aqui os portugueses de alma lusa, os portugueses de alma brasileira e os brasileiros com a consciência portuguesa ou com consciência de que havia algo diferente a ser gestado.

É preciso entender como pensava o homem do século XIX, ainda afeito à ideia de que ter um rei e soberano era um dos núcleos essenciais de uma visão de mundo. Tanto foi assim que na Argentina, país que levou quase cinco décadas até se dar conta de que formava uma nação,[14] no início de sua vida independente andou-se à

---

13   Carlos Guilherme Mota cita carta escrita por José Bonifácio ao Conde de Funchal, onde se define como "português castiço" – mas observa que ele sentiu na pele o lugar que o "outro" lhe reservava, pois sendo "uma das personalidades mais prestigiosas do mundo português, não foi convidado a vir participar do ministério de João VI no Brasil, pelo simples argumento, nunca explicitado, de que era 'brasileiro'" (MOTA, 2000, p. 218-220).

14   A independência argentina se iniciou com o levante de 25 de maio de 1810, mas o país se consolidou como tal apenas em 1862, quando Urquiza se deixou vencer na batalha de Pavón e Bartolomeu Mitre assumiu a Presidência do que passou a se chamar República Argentina (COSTA, 2003, p. 78-80).

busca de um rei. E a princesa Carlota Joaquina, esposa de Dom João VI, vivendo então no Rio de Janeiro, chegou a ser sondada para ocupar um hipotético trono como soberana rioplatense. Afinal, ela era irmã de Fernando VII, o rei de Espanha. Um dos pais da pátria Argentina, Manuel Belgrano, sugeriu que se escolhesse um "rei inca" para presidir o novo país (COSTA, 2003, p. 78) – ideia que hoje pode nos parecer tão bizarra quantos os "incas venusianos" do velho seriado televisivo japonês *Nacional Kid*. Mas não era assim naquelas primeiras décadas do século das independências e da consolidação das nacionalidades. A busca de um rei fazia parte da visão de mundo de um homem da primeira metade do século XIX. Tanto era assim que até os gregos, quando se independentizaram da dominação turca em 1829, foram em busca de um rei. No caso, o príncipe Otto da Baviera aceitou ocupar o trono grego.

A busca por uma identidade é algo bastante específico da realidade dos países colonizados da América Latina. Como bem pontuou Kenneth Maxwell, o movimento ocorrido aqui na primeira metade do século XIX foi único:

> A persistência colonial das nações da América Latina era diferente daquela herdada pelos Estados pós-coloniais que emergiram dos impérios europeus na Ásia e na África a partir de meados do século XX. O impacto provocado pela Espanha e Portugal nas Américas havia sido muito mais profundo e, portanto, mais permanente do que o impacto dos europeus que se impuseram, temporariamente, sobre outras sociedades mais antigas do Oriente Médio até a China, onde as populações, as religiões e as estruturas sociais e os padrões de comportamento nunca foram desenraizados ou destruídos da maneira catastrófica como foram nas antigas civilizações da América pré-colombiana. [...] Africanos e asiáticos alcançaram a independência formal negociando a retirada ou tomando em armas e expulsando um punhado de soldados, capatazes e administradores brancos. Na América Latina foram precisamente os soldados, capatazes e administradores europeus que expulsaram os representantes das coroas de Espanha e Portugal e a uma só vez usurparam a soberania de uma grande massa de população indígena e de escravos africanos (MAXWELL, 2000, p. 182).

Naqueles primeiros anos de gestação do sentimento da nossa nacionalidade, na confusão do "calor da hora", havia no país correntes diversas e conviviam diferentes concepções identitárias. De um lado estavam os portugueses-portugueses e de outro os portugueses-brasileiros. Alinhados com os primeiros, os brasileiros-portugueses; e na outra ponta os brasileiros-brasileiros. E depois os excluídos de toda sorte (os negros, os mamelucos, aquela parte da população a que o jornalista Elio Gasperi chama de "a turma do andar de baixo", os que não "escrevem" a História).

Os primeiros, os portugueses-portugueses, eram os que nascidos na metrópole, se viam como portugueses e eram contra a formação de uma nova nação – sobretudo os funcionários do Estado, membros da nobreza, militares e burocratas, padres e capelães, bibliotecários, escreventes, que corriam o risco de, com a nova ordem, perder soldo e condição social.[15] Esses, em algum momento, desejaram que o país agora independente voltasse à condição de colônia, e sem dúvida o jornalista Luís Augusto May, o criador de *A Malagueta* (1821-1832), pertenceu a esse grupo, apesar dos elogios que a ele dedica o historiador Nelson Werneck Sodré.

Os segundos, os portugueses-brasileiros, eram os que, embora nascidos em Portugal, aqui viviam e aqui queriam escrever sua história, longe das contradições e mesquinharias de um dos governos considerados mais retrógrados da Europa.[16] O jornalista João Soares Lisboa, redator do *Correio do Rio de Janeiro*, que circulou entre 1822 e 1823, foi um típico português-brasileiro. Considerado o primeiro jornalista a ser processado por "abuso de liberdade de imprensa",[17] é chamado pelo

---

15   Soldo e posição que muitos deles haviam perdido, quase duas décadas antes, quando a corte se trasladou ao Brasil, como narra muito bem Patrick Wilcken em *Império à deriva: a corte portuguesa no Rio de Janeiro, 1808-1821*. Rio: Objetiva, 2005.

16   É interessante o comentário que escreve Marcus Cheke a respeito da monarquia portuguesa no contexto desse início do século XIX e da folclórica esposa de Dom João VI, a hispano--italiana Carlota Joaquina, em seu livro *Carlota Joaquina, a rainha intrigante*. Rio de Janeiro: José Olympio Editora, 1949.

17   João Soares Lisboa teve ativa participação no debate que se estabelecia na imprensa no período da independência. Condenado por enfrentar em seus artigos a autoridade do imperador, foi anistiado por Pedro I com a condição de deixar o país. Em março de 1824, Soares Lisboa embarca para a Europa, mas, na parada que o navio faz em Pernambuco, desce e adere à Confederação do Equador, lutando ao lado de Frei Caneca. Ali edita seis números de um periódico de cunho republicano, o *Desengano dos Brasileiros*. Morre em plena luta em 29 de novembro desse mesmo ano de 1824.

historiador Nelson Werneck Sodré de "a maior figura da imprensa brasileira de seu tempo" (SODRÉ, 1999, p. 73).

No terceiro grupo, composto pelos brasileiros-portugueses, ficavam os cidadãos nascidos aqui nos tempos do Brasil Colônia, como os já citados Hipólito José da Costa ou Alexandre Gusmão – Hipólito, nascido na então província Cisplatina, era funcionário de carreira do governo português. O próprio padre Antônio Vieira, mesmo nascido em Lisboa, fora considerado um "brasileiro" por haver sido educado na Bahia, antes de se tornar orador na metrópole e um dos protegidos do Papa. Mas, nesse período da formação da nacionalidade, a expressão brasileiros-portugueses designa os membros da elite conservadora, que demoraram a adotar a causa nacional, como o funcionário, economista e jornalista José da Silva Lisboa, depois conhecido como Visconde de Cairu. Nascido em Salvador, José da Silva Lisboa era um baiano que se considerava e era cidadão português – e Werneck Sodré não dissimula o mau humor com que menciona o polêmico editor do *Conciliador do Reino Unido* (1821), de *Reclamação do Brasil* (1822) e da *Atalaia* (1823), entre outros periódicos criados pelo prolífico periodista e intelectual. Até que, pela independência de 1822, se torna um brasileiro, embora se alinhasse com o grupo que desejava que o reino continuasse unido.

Já o quarto grupo, o dos nascidos aqui e que abraçaram a causa nacional de primeira hora, seriam os brasileiros-brasileiros. Nascidos no Brasil Colônia, eles nutriam a forte convicção de que havia um país e uma identidade a serem criados, como brasileiros. O baiano Cipriano José Barata de Almeida, autor das *Sentinelas da Liberdade,* foi, sem dúvida, um legítimo brasileiro-brasileiro. Mas o mais notável dentre esses brasileiros de primeira hora foi o frade carmelita pernambucano Joaquim do Amor Divino Caneca, o "frei Caneca", jornalista e editor do *Tífis Pernambucano* (1823). Personagem original e imaginando um país que até os dias de hoje não conseguimos plasmar, o frade pernambucano chegou a ser um nome pensado quando se buscou um herói para simbolizar os ideais da república, com a abolição da monarquia. Os mentores do movimento republicano precisavam criar símbolos e alimentar o "imaginário" do novo tempo. Mas, por causa do viés separatista e por seu caráter demasiado revolucionário, o frade pernambucano teve de ceder lugar a um outro "Joaquim", o José da Silva Xavier, Tiradentes. O mineiro atendia mais ao modelo de herói quando os pais da República saíram à busca de um nome para o panteão simbólico do país – como conta o historiador José Murilo de Carvalho em seu livro *A formação das almas*. A partir dessa escolha se construiu a iconografia e a própria história ou "lenda" do mártir Tiradentes, retratado de modo a lembrar outro mártir, o do Gólgota. A semelhança da iconografia criada para o mineiro com o nazareno não é uma mera coincidência.

O fato é que nos primeiros anos do Brasil independente houve um forte sentimento de brasilidade, que se traduziu na valorização da variedade racial, na exaltação da beleza e das riquezas naturais e da grandeza territorial do país. Na criação desse imaginário houve a contribuição das imagens e relatos que iam sendo publicados pelos viajantes que visitaram o país na primeira metade do século, aos quais nos referimos no começo deste capítulo. Acabamos adotando a imagem que desenharam de nós.

A historiadora Isabel Lustosa conta que até José Bonifácio, no discurso de despedida da Real Academia de Ciências de Lisboa, em 1819, ano em que regressou ao Brasil, revelava que o ufanismo dos brasileiros já se construía com base nas dimensões continentais do país e em suas supostas ou evidentes riquezas naturais. Mesmo que Bonifácio se referisse ao país como "Nova Lusitânia":

> Que terra para um grande e vasto império! Riquíssimo nos três reinos da natureza, com o andar dos tempos, nenhum outro país poderá correr parelhas com a nova Lusitânia

Discursou o secretário perpétuo da Real Academia de Ciências de Lisboa (LUSTOSA, 2000, p. 51).

A exaltação das peculiaridades nativas se refletiu em um dado bastante concreto: as pessoas adotaram a prática de trocar de nome. Abandonavam os patronímicos lusitanos como Souza, Ferreira ou Muniz para adotar nomes de árvores ou de animais nativos. Nessa época, por exemplo, um jovem pintor gaúcho e futuro ilustrador de que se falará em capítulos adiante resolveu mudar seu nome de Manuel José de Araújo para Manuel de Araújo Porto-alegre (com hífen seguido de letra minúscula), após um breve período em que se fez chamar por Manuel José Pitangueira. Isabel Lustosa é quem nos conta:

> Muito significativamente, um grande número de pessoas tiraria de seus nomes os patronímicos portugueses e adotaria, em seu lugar, nomes indígenas de árvores e animais silvestres brasileiros. Em outubro de 1822, o jornal *O Volantim* publicava uma série de anúncios onde pessoas afirmavam ter trocado o nome. [...] O cirurgião Francisco de Sousa Muniz, num sábado, dia 18 de outubro de 1822, anunciou, por meio daquele jornal, que "querendo imitar honradamente a seus patrícios e possuído de igual patriotismo", declarava que seu nome daquele dia em diante seria "Francisco Paulo de Sousa Malagueta" (LUSTOSA, 2000, p. 54).

É assim que José Maria Migués se tornou Migués Bentevi, Pedro Antonio de Souza passa a se chamar Pedro Antonio Cabra-Bode, e José Caetano de Mendonça vira José Caetano Mendonça Jararaca (LUSTOSA, 2000, p. 55-56). Esse viés patriota durou décadas. Tanto que, passados mais de trinta anos, outro ilustre personagem, Quintino Antonio Ferreira de Sousa, aos 15 anos, em 1857, mudou seu nome para Quintino Bocaiúva. E da amálgama desses elementos – imagem idealizada do índio, mestiçagem, orgulho pelas riquezas naturais, brios intelectuais feridos – ia se concretizando, no dizer de Isabel Lustosa, um esboço de identidade nacional, combustível onde se cozia o processo político.

O que chama atenção é o fato de as pessoas recorrerem à imprensa para avalizar essa troca identitária, como a reiterar que "vale o impresso". Ocupemos-nos, então, da imprensa e da formação do leitorado nesse momento de gestação da nacionalidade.

LEITOR, UM PÚBLICO A SER CRIADO

Em seu livro *A cultura popular na idade moderna* (1989, capítulo "A vitória da quaresma: a reforma da cultura popular", p. 231-265), o historiador Peter Burke desenvolve uma concisa reflexão a respeito da relação quase causal entre a invenção da imprensa (cerca de 1450), a Reforma Luterana (1517 foi o ano em que Martinho Lutero fixou, na porta da catedral de Wittenberg, suas famosas 95 teses), e a formação do público leitor nos países europeus do Norte. Consideradas como "religião do livro" (tanto que ainda hoje, no Rio de Janeiro, o termo "Bíblia" é um designativo para o fiel de uma igreja "crente"), as denominações protestantes marcaram sua diferença na adoção da livre leitura e interpretação dos livros sagrados. Assim, tornar-se seguidor de uma das igrejas reformadas implicava (e implica), como primeiro passo, alfabetizar-se.[18] Tanto que, ao chegar ao final do século XVII, quase toda a população da Suécia, para citar apenas num exemplo, estava alfabetizada e em 1 em cada 5 lares havia um exemplar da Bíblia ou do Catecismo com o Hinário. Escreve Burke:

> Na Suécia, faziam-se sermões sobre o catecismo e leituras dele durante o ofício. No século XVII, o clero começou a percorrer casa por casa, para testar os leigos sobre sua capacidade de leitura e conhecimento do catecismo, visita conhecida como *husförhör*. Em outros lugares, a capacidade de responder corretamente as perguntas do catecismo por vezes constituía pré-requisito para a admissão à Ceia do Senhor, o principal ritual litúrgico das igrejas protestantes (BURKE, 1989, p. 248).

Em contraponto aos países do norte europeu, ainda hoje é possível encontrar, em alguns bolsões da Itália, da Espanha ou de Portugal, pessoas analfabetas. Esses países europeus mediterrâneos, de população quase totalmente católica, não contaram com o estímulo da religião para aprender a ler. Ao contrário, a Igreja Católica criou os entraves possíveis para deter o acesso da população a livros e publicações, pelo temor, sempre presente, dos "desvios da heresia". Paradigmaticamente, enquanto os países do Norte aderiam à leitura, a hierarquia católica impunha as severas penas e processos da Inquisição aos fiéis que se aventurassem pelos caminhos dos livros e da reflexão. Dois trabalhos desenvolvem muito bem esse viés e ambos estudam processos inquisitoriais contra leitores rebeldes à diretriz católica.

Em *O queijo e os vermes,* o historiador Carlo Ginzburg narra a história do moleiro Menocchio, que ao reunir uma dezena de livros sente-se confiante de enfrentar de igual para igual o inquisidor da diocese de Udine, no Norte da Itália,

---

18   A revista *Educação,* da Editora Segmento, publicou, em fevereiro de 2002, uma entrevista com o pedreiro Evando dos Santos. Migrante sergipano, Evando "veio tentar a sorte no Rio de Janeiro. Como muitos migrantes em condições iguais à dele". Evando começou a trabalhar como pedreiro na construção civil e se converteu à Igreja Batista, se alfabetizando e sendo incentivado à leitura por um pastor. Seu amor pelos livros o levou a criar a Biblioteca Comunitária Josias Barreto, na Vila da Penha. Os primeiros 50 livros foram adquiridos em 1998. Na época da reportagem, o acervo era de 19 mil exemplares.

e defender sua teoria de que o mundo tinha sua origem na putrefação. Terminou executado pela Inquisição em 1601 (GINZBURG, 1998).

No livro *Confissão, poesia e inquisição,* o professor Luiz Roberto Alves resgata a história de Bento Teixeira (1561-1600), poeta morto poucos meses antes de Menocchio, também nas mãos da Inquisição – com a diferença de que o escritor luso-brasileiro não chegou à fogueira, como o moleiro italiano, morrendo de pneumonia pelas más condições do cárcere lisboeta (ALVES, 1983).

Cristão-novo formado pelos jesuítas nas escolas do Rio e de Salvador, Bento Teixeira vivia deambulando de fazenda em fazenda, ensinando os rudimentos da gramática a membros da nascente elite açucareira que iriam depois tirar o bacharelado em ciências jurídicas em Coimbra. Autor do primeiro poema épico brasileiro, *A prosopopeia,* Bento Teixeira deixou, nos relatos de seu processo inquisitorial, visões e vieses desse Brasil em que livros proibidos circulavam às escondidas, outros eram encomendados e chegavam de além-mar, camuflados entre sacos de farinha.[19] Havia uma sede de conhecimento, coibida pela sanha do colonizador, e isso fica patente entre as muitas pistas que nos dá o livro de Luiz Roberto Alves.

Repetindo crenças eclesiásticas sobre perigos da leitura e da livre interpretação, a metrópole portuguesa não apenas colocava entraves para a criação de cursos e para a formação de uma elite local, como proibia e perseguia tentativas de implantar aqui equipamentos de impressão.

Em artigo publicado na *Folha de S. Paulo* em setembro de 1999, o sociólogo Boaventura de Sousa Santos discorre sobre as diferentes visões do processo colonizador – estávamos às vésperas das comemorações dos 500 anos do Descobrimento. E ele se perguntava: teria sido o colonizador português, como queria Gilberto Freyre, menos truculento? – como se houvesse uma categoria ética do "menos mau"? E o próprio Sousa Santos conclui: "Todo o colonialismo foi mau e só uma ideologia histórica dominada pela ideia do progresso permite justificá-lo nos termos dúbios de que os fins justificam os meios" (Sousa Santos, 1999). Nenhum colonizador foi bom, como no mundo globalizado em que vivemos nenhum país "faz o bem sem

---

19 Manuel Mujica Lainez (1999), brilhante escritor argentino, relata, em um dos contos de seu *Misteriosa Buenos Aires,* como teria chegado à capital portenha um exemplar da primeira edição de *Don Quijote de la Mancha,* de Cervantes: escondido numa caixa, em meio a mantimentos e utensílios, num carregamento aportado à cidade no ano de 1605.

olhar a quem". O que Sousa Santos não aprofunda é a insistência católico-romana de Portugal em manter suas colônias num obscurantismo quase total, sem cuidar da formação das elites locais – algo que, de resto, aconteceu também em suas antigas "províncias ultramarinas" de Angola ou Moçambique, para citar apenas as maiores. Também naquelas paragens Portugal não se preocupou em criar escolas e formar um público leitor. O colonizador, como se sabe, não estava ali para isso.

Convém lembrar: na América espanhola, universidades foram criadas nas décadas seguintes ao Descobrimento. E "talleres" de impressão funcionaram ainda nos primeiros séculos da colonização, tanto no México como na Argentina. A primeira impressora da América espanhola foi instalada na Nova Espanha (México) em 1539, durante o governo de Antonio de Mendoza, com a colaboração do primeiro bispo do México, Frei Juan de Zumárraga (MENDOZA, 1997). Uma das primeiras gráficas do Cone Sul teria funcionado nas missões jesuíticas, a segunda no colégio da Companhia de Jesus na cidade de Córdoba, em 1658.[20] Antes disso, em 1583, a Real Audiência de Lima, em nome do rei de Espanha, autorizava o funcionamento da primeira casa impressora da América do Sul – e ali se iniciou a publicação dos primeiros livros de doutrina da Igreja Católica, os Catecismos e livros de devoção. Além das cartilhas, de considerável tiragem, e de papel selado para documentos oficiais e avisos soltos (MENDOZA, 1997, p. 58). Mais tarde surgiam as relações e os noticiários (espécie de *clipping*), e nos primeiros anos do século XIX os periódicos propriamente ditos.

Em contraponto, os trezentos anos do período colonial brasileiro foram anos de escuridão. Não apenas era proibida a impressão de textos, livros, publicações, como não houve uma política de formação e de ensino por parte dos governantes. As poucas escolas existentes em volta das igrejas e dos conventos levaram o rude golpe com a expulsão dos jesuítas, em 1759. Diferentemente da América inglesa onde os "peregrinos" chegavam com o objetivo de construir uma pátria futura,

---

20 A gráfica da cidade de Córdoba recebeu autorização oficial apenas em 1761, mas há obras catalogadas na Biblioteca da Universidade de Córdoba com data de 1733 (a própria universidade local obteve autorização do papa Gregório XV para, a partir de 1622, conferir graus). Após a expulsão dos jesuítas das colônias espanholas em 1767, o centro impressor de Córdoba ficou um tempo abandonado até que, em 1780, o vice-rei Vértiz y Salcedo a trasladou para a Casa de los Niños Expósitos de Buenos Aires, onde seguiu ativa por muitas décadas e foi peça fundamental para a impressão dos primeiros jornais argentinos.

criando instituições sólidas, como foi o caso da própria imprensa (alguns dos pais fundadores da democracia americana, como Benjamim Franklin, eram tipógrafos), à América ibérica se vinha para buscar a fortuna fácil e retornar, depois, aos povoados de origem.[21] Era o famoso desafio de "fazer a América", que tanta fantasia criou entre os deserdados da Península Ibérica.[22]

A metrópole portuguesa nunca vira com bons olhos a disseminação dos livros e jornais, considerados perigosos agentes de subversão. Desde o século XVI, a censura se abatera sobre Portugal e seus domínios, tendo como principal instrumento a Santa Inquisição, que começou a censurar livros em 1539, três anos depois de instalada. Obras escritas sobre o Brasil enfrentavam severo controle, fosse como forma de impedir qualquer movimento autonomista que ameaçasse a perda da próspera colônia, fosse para evitar a cobiça de outras nações. Por esse motivo, o livro do jesuíta italiano André João Andreoni, o Antonil, *Cultura e opulência do Brasil por suas drogas, e minas, com várias notícias curiosas do modo de fazer o açúcar; plantar e beneficiar tabaco; tirar o ouro das minas; e descobrir as de prata; e dos grandes emolumentos, que esta conquista da América Meridional dá ao Reino de Portugal com estes, e outros gêneros, e contratos reais,* publicado em 1711, teve sua edição apreendida e destruída, por detalhar nossas riquezas. A obra só foi reimpressa um século depois, em 1837, no Rio de Janeiro.

Mesmo sob esse crivo rigoroso, sucediam-se as iniciativas para implementação de tipografias no Brasil, algumas até sob a proteção dos governadores. A primeira de que se tem registro instalou-se em 1706 no Recife, para imprimir papéis comerciais e orações religiosas. Uma Carta Régia, porém, determinou o seu sequestro, a 8 de junho do mesmo ano. Em 1747, uma nova Carta Régia poria fim a outra tentativa. No dia 6 de junho o governo português ordenou ao Conde de Bobadela, governador da Capitania do Rio de Janeiro, que sequestrasse e remetesse a Portugal

---

21 Um desses povoados, a cidade de Trujillo, na Extremadura espanhola, é uma boa amostra. Ali se pode ver os imponentes palacetes construídos por alguns desses "conquistadores" que fizeram a América, como Francisco Pizarro (1475-1541), um guardador de porcos que saqueou o Peru, conquistando Cuzco em 1533. Ou Francisco de Orellana, o descobridor do rio Amazonas.

22 A diferença do enfoque e da perspectiva entre a migração ibérica e a anglo-saxônica foi devidamente abordada por Viana Moog em seu livro clássico *Bandeirantes e pioneiros, paralelo entre duas culturas* (Rio de Janeiro: Civilização Brasileira, 1969).

A REVISTA NO BRASIL DO SÉCULO XIX

a oficina tipográfica de Antonio Isidoro da Fonseca. O tipógrafo não seria nenhum panfletário problemático, apenas um pacato cidadão empreendedor. A mais citada das obras que ele editou foi a *Relação de Entrada,* do bispo D. Antonio do Desterro Malheyro, redigida por Antonio Rosado da Cunha. Considerada a primeira obra impressa no Brasil, a "relação",[23] de 24 páginas, descrevia as festas e cerimônias por ocasião da chegada do bispo à cidade e fora escrita sob licença do próprio bispo.

Historiadores como Carlos Rizzini e Antonio Costella mencionam outra tentativa de instalação da imprensa ocorrida ainda na primeira metade do século XVII, durante o período do domínio holandês no Nordeste. O príncipe Maurício de Nassau haveria tentado implantar uma tipografia no Recife, mas o projeto não foi adiante por falta de um tipógrafo para substituir o artesão holandês que morrera em viagem antes de chegar ao Brasil. Citam ainda outra ocorrência, nos lados das Minas Gerais (RIZZINI, 1946; COSTELLA, 1978).

Ali, em 1806, dois anos antes da criação da Impressão Régia, um padre mineiro, José Joaquim Viegas de Menezes, publicou na cidade de Vila Rica (atual Ouro Preto) um folheto de 18 páginas, com um texto em louvor a Pedro Maria Xavier de Ataíde e Melo, governador da Capitania de Minas Gerais. Mas sua impressão não foi realizada em uma tipografia nos moldes da invenção de Gutenberg, com tipos móveis. O padre Viegas de Menezes utilizou a experiência adquirida no tempo em que trabalhara na Oficina Tipográfica, Calcográfica e Literária do Arco do Cego, em Lisboa, gravando em metal, letra por letra, a poesia – num processo semelhante ao da fabricação das cartas de baralho. Supõe-se que, para esse fim, tenha utilizado os equipamentos da Casa da Moeda de Vila Rica (COSTELLA, 1978, p. 88-92).

Apenas com a transferência da corte portuguesa para o Brasil, em 1808, esse panorama começaria a mudar. De fato, essa data é vista, por alguns historiadores, como a da verdadeira independência do país, muito mais do que o grito do Ipiranga, de 7 de setembro de 1822. Foi a partir da vinda da corte que

---

23 Como explica a historiadora peruana María Mendoza Michilot, as "relações" eram relatos em que se contavam, em folhas soltas e sem periodicidade, fatos, acontecimentos, sucessos – da chegada de um membro da nobreza à tragédia de um naufrágio. A primeira relação redigida na América Latina foi a "Relación del espantable terremoto que agora nuevamente ha acontecido en la ciudad de Guatemala", publicada em 1541 na cidade do México (MENDOZA, 1999, p. 24).

a Colônia passaria a Reino Unido sete anos depois, ingressando num outro período de sua história. Diz o cronista:

> A agitação tomou conta da cidade que, transformada em sede da monarquia de um dia para o outro, viu-se na contingência de abrigar cerca de 15.000 fidalgos e funcionários vindos da Metrópole. Surpresas ainda maiores aguardavam a outrora pacata colônia. No dia 1º de abril, um alvará de D. João liberou a instalação de manufaturas, suspendendo proibição datada de 1785. Aos poucos, a vida da cidade começou a mudar. Foram criados o Horto Real, a Academia Militar e a Marinha, o Hospital e Arquivo Militar, e a Fábrica de Pólvora. Fundaram-se, ainda, a Junta do Comércio, o Banco do Brasil, a Escola Médico-Cirúrgica e a Biblioteca Real, a princípio aberta apenas a estudiosos e depois ao público, com um rico acervo de preciosidades reunidas na Europa, constituindo, posteriormente, o fundo da Biblioteca Nacional (Emporium Brasilis, 1999, p. 6-7).

O Brasil, desde a Restauração Portuguesa (com o fim da União Ibérica, em que Portugal fez parte do reino espanhol, de 1580 a 1640), ganhara maior destaque nos interesses da metrópole, que ia perdendo suas possessões asiáticas e algumas da África para a Holanda, Inglaterra e outros países europeus.[24] Além disso, era mais fácil para Portugal contar com a proximidade do Brasil. O sucesso do cultivo da cana e da produção do açúcar, do tabaco e, finalmente, a descoberta das minas de ouro vieram reforçar esse interesse, ausente nos primeiros anos da colonização. Foi no período que vai de 1777 a 1808, chamado pelo historiador Ciro Flamarion Santana Cardoso de "a última fase verdadeiramente colonial", que o Brasil passa por um processo real de ocupação e de povoamento. Escreve o historiador:

> Em vinculação, primeiro, com a extração do ouro, mais tarde com uma economia agrícola revitalizada e em função, também, do empobrecimento da metrópole, a maior colônia portuguesa recebeu, no final do século

---

24 Portugal foi perdendo terreno em seu projeto de globalização por causa da baixa densidade demográfica: houve momentos, conta Gilberto Dupas, em que os navios lusitanos tinham um comandante e um ajudante de ordem portugueses, todos os demais tripulantes eram contratados em algum canto, incluindo escravos (DUPAS, 2003, p. 17).

XVIII, uma verdadeira invasão de pessoas – homens, sobretudo – vindas de Entre Douro e Minho, Trás-os-Montes, Beira, Açores, Madeira. Paralelamente, intensificavam-se a imigração forçada de africanos e os processos internos de crescimento, sendo impressionante o rápido aumento da população mestiça livre. A população passou de um milhão e meio em 1754 para dois milhões e meio em 1808 (CARDOSO, 2000, p. 120).

É nesse ano de 1808 que o país ganha, de uma cartada, 15 mil novos habitantes, toda a corte que se traslada para o Rio de Janeiro, fugindo da invasão das tropas napoleônicas. E nos porões de uma das naus da frota, a *Medusa,* veio de Lisboa um jogo de prelo com seus pertences. Era uma tipografia completa encomendada na Inglaterra por D. Rodrigo de Sousa Coutinho, futuro conde de Linhares, para servir a Secretaria de Estado dos Negócios Estrangeiros e da Guerra. Não tendo sido usada, encontrava-se ainda encaixotada na ocasião do embarque para o Rio de Janeiro (MORAIS, 1993). Era o fim do longo período de escuridão, como escreveu laudatoriamente o cronista Luiz Gonçalves dos Santos, conhecido como o Padre Perereca (por sua baixa estatura e olhos esbugalhados):

> O Brasil, até ao feliz dia 13 de maio de 1808 não conhecia o que era tipografia: foi necessário que a brilhante face do Príncipe Regente Nosso Senhor, bem como o refulgente sol, viesse vivificar esse país, não só quanto à sua agricultura, comércio e indústria, mas também quanto às artes e ciências, dissipando as trevas da ignorância [...]. Sua Alteza Real foi servido mandar que se estabelecesse nesta Corte a Impressão Régia, para nela se imprimirem exclusivamente toda a legislação, e papeis diplomáticos, que emanarem de qualquer repartição do real serviço, e também todas, e quaisquer obras. Concedendo a faculdade a seus administradores para admitirem aprendizes de compositor, impressor, batedor, abridor e demais ofícios que lhe sejam pertencentes (SANTOS, L. G. *Memórias para servir à história do Reino do Brasil, apud* LAJOLO & ZILBERMAN, 1996, p. 124).

Ou seja, mesmo com todo o entusiasmo do cronista Luiz Gonçalves Santos, a imprensa chegava ao Rio de Janeiro exatamente 225 anos depois de haver sido instalada na capital peruana. Também o missionário americano Robert Walsh, de passagem pelo Brasil no final dos anos 1820, escreveu:

Naquele primeiro ano também foi introduzida essa poderosa máquina de conhecimento e poder, a impressora. Durante três séculos esse instrumento estivera proibido no Brasil por causa de seus efeitos supostamente perigosos, e só em 1808, segundo fui informado, é que esse grande país teve permissão de imprimir a página de um livro. Talvez nada possa ser mais indicativo do deplorável estado de ignorância em que esse lindo país se encontrava, ou do rápido progresso que o povo fez desde a difusão do conhecimento, que esse fato (WALSH, 1985, p. 81-82).

Esse medo dos possíveis danos provocados pela imprensa já havia estabelecido políticas rígidas de controle sobre importação de livros e papéis – o pouco que chegava vinha escondido em sacos de farinha e outras mercadorias, como já se referiu dos relatos deixados por Bento Teixeira em seu processo na Inquisição.

UM COMEÇO LENTO: TRADUÇÕES E COMPÊNDIOS

A tipografia, no entanto, era naqueles primeiros anos uma exclusividade do governo, que detinha o poder de censura: só se publicaria o permitido e aprovado, visto que particulares não tinham acesso à imprensa. Assim, a segunda impressora a funcionar no país, na Bahia, abriu suas oficinas em 1811, tendo à frente o patrício Manuel Antonio da Silva Serva, indicado para essas funções pelo governador e pelo bispo diocesano. Silva Serva criará no mesmo ano o jornal *Idade d'Ouro do Brazil* e de suas oficinas gráficas sairá, em 1812, a que se considera a primeira revista do Brasil, *As Variedades ou Ensaios de Literatura*.

Essa censura oficial a que a imprensa esteve submetida em seus primeiros anos será abolida em 1821, por decorrência da Constituição imposta a Dom João VI após a Revolução do Porto, de 1820. Com o final da censura, foi abolido também o monopólio estatal, possibilitando o funcionamento de outras tipografias, que aos poucos vão se abrindo em distintas províncias do Império. Mas esse processo seria lento, sobretudo se comparado com o que ocorria nos Estados Unidos. Segundo Peter Burke, em 1775 já havia em circulação nos Estados Unidos 42 jornais diferentes. Por volta de 1800, chegavam a 178 semanários e 24 jornais diários (BRIGGS & BURKE, 2004, p. 104-105).

A REVISTA NO BRASIL DO SÉCULO XIX

Nem mesmo o fator da novidade mudou as perspectivas: a tipografia não se revelou de entrada um negócio rentável entre nós. Afinal, num país de analfabetos não havia demanda por obras impressas, periódicos ou livros, pois a leitura não fazia parte do cotidiano do brasileiro. Não se formara, como ainda não se formou até hoje, um público leitor estável. A leitura é um hábito que se cultiva no marco de outros hábitos. O filho lê porque viu o pai lendo, por ser estimulado no ambiente familiar e escolar – e como se daria isso num país sem escolas? A leitura, como se sabe, gera novas leituras. Como diz Ítalo Calvino:

> Os clássicos são livros que chegam até nós trazendo consigo as marcas das leituras que precederam a nossa e atrás de si os traços que deixaram na cultura ou nas culturas que atravessaram [...] Se leio a *Odisseia*, leio o texto de Homero, mas não posso esquecer tudo aquilo que as aventuras de Ulisses passaram a significar durante os séculos e não posso deixar de perguntar-me se tais significados estavam implícitos no texto ou se são incrustações, deformações ou dilatações (CALVINO, 1994, p. 11).

Também por causa desses fatores, a Impressão Régia sempre se debateu com problemas financeiros, tanto que para aliviar o orçamento e proporcionar alguma renda extra o governo anexou-lhe, em 1811, a Fábrica de Cartas de Jogar, contando com um lucro mais certo e seguro com a venda de baralhos. E nisso a História se repete: não por acaso na origem das impressoras, nos tempos pré-Gutenberg, estava justamente a demanda por baralhos como a parte rentável do negócio.

Mas, ainda que nascida à sombra do governo e dependendo de *nihil obstat* e de *imprimatur*[25] não apenas de censores governamentais como dos eclesiásticos, a Impressão Régia não se limitou a publicar os atos e as proclamações do Estado, tornando-se um centro impressor de relativo peso. No mesmo ano de sua criação, em 1808, foi lançada a *Gazeta do Rio de Janeiro,* uma espécie de diário oficial, o primeiro periódico brasileiro. Era editado por um funcionário do corpo diplomático, Frei Tibúrcio José da Rocha, de quem pouco se sabe. Falam-se muitas generalidades sobre essa publicação, quase sempre citando informações de terceira mão, nos

---

25 Expressões latinas (que significam "nada em contra" e "imprima-se") com que os censores eclesiásticos aprovavam e permitiam a impressão de textos, livros e folhetos.

manuais de história da imprensa, mas o periódico seguia grosso modo o que era o padrão dos periódicos de sua época: um *clipping* de notícias. Esse era o formato dos jornais em quase todo o mundo, dar conta das notícias que chegavam por navio, de outros jornais, da correspondência, diplomática ou não.[26]

A Impressão Régia também patrocinou a publicação de livros didáticos – esses uma espécie de apostila e de traduções condensadas de livros didáticos franceses, sobretudo nas áreas das ciências exatas –, além de compêndios de gramática e até um livro infantil, o *Leituras para meninos,* de autoria de José Saturnino da Costa Pereira (irmão de Hipólito José da Costa). Publicado em 1818, o livro terá diversas reimpressões até 1824 e é considerado o primeiro exemplar brasileiro de literatura infantil. A preocupação com leitura infantil também pode ser documentada pela publicação, em 1814, pela mesma Impressão Régia, das *Aventuras pasmosas do célebre Barão de Munchausen.*

Segundo Belo Oliveira, em seu levantamento *Imprensa Nacional, 1808-1908,* entre 1808, quando é implantada, e a data da Independência do Brasil, a Impressão Régia publicou 1.173 títulos, sendo que 532 obras apareceram entre os anos de 1821 e 1822 (LAJOLO & ZILBERMAN, 1996, p. 126). Uma espécie de resenha, publicada no primeiro número da revista *O Patriota,* em 1813, relaciona alguns desses livros: "Obras publicadas no Rio de Janeiro no presente mês de janeiro" é o título da seção. A resenha começa com o comentário do *"Tratado elementar de mechanica,* por Mr. Francoeur, por ordem de S.A.R., traduzida em portuguez, e augmentadas de doutrinas extrahidas das obras de Prony, Bossut, Marie &c.: para uso dos alumnos da Real Academia Militar desta Corte; por José Saturnino da Costa Pereira, Cavaleiro da Ordem de Christo, Bacharel formado em Mathematica, Capitão Real do Corpo de Engenheiros, e lente do 3º anno da mesma Academia. 4ª parte, Hydrodynamica" (segue uma breve resenha elogiosa, de 13 linhas). O livro seguinte a ser comentado é o *Tratado Elementar de Physica,* de R. J. Hany, traduzido para uso da Academia Militar.

---

26 Não cabe neste estudo alongar comentários sobre a *Gazeta do Rio de Janeiro.* Tampouco nos deteremos em análises sobre o *Correio Braziliense* – considerado por quase todos os historiadores o primeiro jornal nacional, quando nem era editado aqui, não refletia acontecimentos locais, e nem era jornal (o formato e a extensão de mais de 100 páginas por exemplar, contra as quatro da *Gazeta,* além do tom didático e doutrinário de suas longas matérias, remete o *Correio* a uma revista, que de fato era).

A REVISTA NO BRASIL DO SÉCULO XIX

Não tem seu tradutor nomeado, como no caso anterior, mas o comentarista diz que "pronunciar o nome do author he fazer o elogio da obra".[27]

O leitor é um vitorioso dizem, otimistas, Marisa Lajolo e Regina Zilberman no livro *A formação da leitura no Brasil*. Nessa obra em quatro eixos, as autoras mapeiam a) as etapas da construção do leitorado brasileiro, esse leitor rarefeito e aprendiz; b) a formação do escritor e do cronista/jornalista, o autor que impulsiona e alimenta a atividade da leitura; c) a produção do livro escolar e das cartilhas, porta de entrada para o mundo do leitor (e é notável constatar o verdadeiro parto que foi o país tomar conta da instrução básica), e a formação dos professores e a criação das bibliotecas; e d) a leitora no banco dos réus: pois, sabidamente, é a mulher a força do leitorado que faz a diferença.

Mas as autoras, otimistas, não se iludem, pois sabem:

> Não que a leitura seja uma prática sólida no Brasil; nem que as instituições culturais e pedagógicas encarregadas de sua difusão tenham a consistência ou estejam a salvo das críticas que, desde o século XIX, a elas são dirigidas. Desde a separação de Portugal, reclama-se (e com razão) uma atuação mais positiva e competente do Estado, no sentido de melhorar a educação e a cultura do país; nada indica que hoje essas reivindicações tenham perdido legitimidade e razão de ser (LAJOLO & ZILBERMAN, 1996, p. 10).

Estudo realizado por Maria Beatriz Nizza da Silva, e citado pelas pesquisadoras Lajolo e Zilberman, reproduz anúncios de livreiros cariocas que ofereciam no século XIX as obras estrangeiras mais modernas de seu tempo: as traduções de Bocage de *O consórcio das flores*, epístola de Lacroix, *Os jardins*, poema de Dellile, e *As plantas*, poema de René-Louis Richard; as *Fábulas escolhidas*, de La Fontaine; *Os mártires, ou o triunfo da religião*, poema de Chateaubriand, traduzido e impresso em Paris, em 1816. Bernardin de Saint-Pierre, criador de *Paulo e Virgínia* e de *A choupana indiana*, era o grande preferido, objeto de publicação tanto em Portugal como no Brasil, aqui por intermédio da Impressão Régia (LAJOLO & ZILBERMAN, 1996, p. 132).[28]

---

27 Anotações realizadas pelo autor desta pesquisa, sobre cópia microfilmada de *O Patriota*, na Biblioteca Nacional: PR-SOR 24.

28 A popularidade do romance *Paulo e Virgínia* não é exclusiva do Brasil. Mujica Lainez, no já citado livro *Misteriosa Buenos Aires*, faz a própria edição castelhana do livro, exemplar impresso

Como foi dito, a pouca e incipiente rede de ensino que chegou a existir nos tempos da colônia entrou em colapso com a expulsão dos jesuítas em 1759 e a chamada Reforma Pombalina apenas desmantelou o que poderia ter sido um princípio de educação de base. Apenas bem entrado no século XIX é que algumas iniciativas serão tomadas, como a criação em 1837, no antigo Seminário de São Joaquim, no Rio de Janeiro, do Imperial Colégio de Pedro II. Amigo de literatos, o próprio monarca se considerava um intelectual, mas pouco fez de concreto para a formação das massas. Ao menos nada que se compare à cruzada de alfabetização nacional implantada pelo presidente Domingo Sarmiento na Argentina, formando as bases da escola nacional daquele país.[29]

Carência docente, precariedade da formação do magistério e improvisação presidiram por todos esses anos o ensino da língua materna, no interior da qual começa a ocorrer a familiaridade do estudante com a leitura.[30] Mesmo assim, entre

---

em 1816, contar sua história nos momentos de agonia, quando está sendo destruído pelas traças num bordel portenho, em 1852. O conto revela as peripécias por que poderia passar um livro naquela época. Não é só: Emma Bovary, personagem de Flaubert, era leitora de *Paulo e Virgínia*. E Lúcia, protagonista de *Lucíola,* de José de Alencar, também havia lido o romance de Bernardin de Saint-Pierre. Machado de Assis também menciona o romance em sua obra *Helena*.

29 Escritor e presidente da Argentina, Domingo Sarmiento (1811-1888) foi contemporâneo de D. Pedro II. Exilado político no Chile, organizou, em 1842, o primeiro centro de formação de professores da América Latina, a Escuela Normal de Preceptores de Santiago de Chile. Como presidente da Argentina, pôs em prática muitas das propostas que viu durante o tempo em que fora embaixador nos EUA: foi de lá que importou 50 professoras para formar novos docentes para o ensino básico da Argentina. Cf: Edmundo Lafforgue. *La escuela popular.* Buenos Aires: Eudeba, 1980. Dessa base histórica vem o comentário com que a *Folha de S. Paulo* abria seu editorial de 4 de março de 2001: "Desgraçadamente, o brasileiro quase não lê. Segundo o Anuário Editorial Brasileiro, existe no país uma livraria para cada 84,4 mil habitantes. A vizinha Argentina tem uma para cada 6.200".

30 Lajolo e Zilberman realizam um panorâmico levantamento do livro e da escola, vasculhando os modelos de estabelecimentos de ensino retratados na literatura e as atitudes do leitor que se espelham nas obras de escritores como Machado de Assis, José de Alencar ou de Raul Pompéia – e seu *Ateneu*, que tem como cenário justamente uma escola. As autoras nos introduzem no mundo do livro didático e dos centros de estudos: ficamos sabendo que Raul Pompéia satiriza e retrata um educador famoso da época e seu colégio. O educador, Abílio César Borges, que fora diretor de Instrução Pública na Bahia em 1856, publicava manuais de ensino e dirigia o Colégio Abílio, matriz de *O Ateneu* da ficção.

1808 e 1816, o número de livrarias no Rio de Janeiro subiu de 2 para 12, e elas se abasteciam sobretudo em Lisboa, além de comercializar as obras fornecidas pela Impressão Régia (o papel dos livreiros será amplamente abordado no capítulo 7).

Essa caminhada foi lenta. Lajolo e Zilberman relatam que em 1855 o português Emilio Zaluar, proprietário de uma escola localizada em Botafogo, no Rio, realizou um levantamento no interior de São Paulo. Seu relato mostra resultados magros. Na cidade de Guaratinguetá, por exemplo, encontrou duas escolas primárias, frequentadas por 115 alunos. E mais duas escolas particulares, uma com 48 estudantes e a outra, para meninas, com 30 assistentes, mais colégios particulares de latim e francês, totalizando 225 estudantes em toda a cidade. Ali perto, em Pindamonhangaba, depois em Sorocaba, os números recolhidos pelo pedagogo carioca repetem essa média de duas escolas por cidade, com uma centena de alunos em cada uma. E duas ou três pequenas escolas secundárias, com duas dezenas de estudantes. Outro dado apontado pelas autoras: em todo o atual Estado do Rio Grande do Sul, na altura do ano de 1847, apenas 1.860 meninos e 749 meninas seguiam os estudos primários. Em 1877, havia 14 mil alunos em todo o Rio Grande, que contava na época com uma população em idade escolar de 52 mil crianças. Ou seja, em uma das províncias mais alfabetizadas do país, apenas 26% da população em idade escolar era atendida. Daria para projetar uma massa de mais de 80% de analfabetos na população total do país. Diante desse quadro, é quase inevitável a pergunta: para quem os romancistas escreviam? E a que público leitor eles se dirigiam? Que motivação teria um livreiro para levar adiante o seu negócio?

A tomada de consciência da real situação de analfabetismo crônico em que o país estava mergulhado foi um choque. Esse tema, do susto provocado quando se descobriu o estado real iletrado em que se encontrava o povo brasileiro, já bem entrada a segunda metade do século XIX, é um dos melhores momentos de um trabalho recente, *Os leitores de Machado de Assis – o romance e o público de literatura no século 19*, resultado da tese de doutoramento de Hélio de Seixas Guimarães.

A obra aponta o constante interesse do escritor Machado de Assis na recepção e aceitação de sua obra – o que se nota nas advertências, prefácios e diálogos que ele estabelece com o leitor, além dos jogos que arma para este, passando-lhe tarefas de imaginar cenas e tirar conclusões. Machado chega a pedir licença para interromper a história ou deixar a cena em suspenso e discutir algum detalhe, no que é uma de suas características mais notáveis. Com que leitor dialogava ele?

O autor mostra ainda como os romances da época, de Joaquim Manoel de Macedo, José de Alencar ou do próprio Machado em sua primeira fase, refletem e espelham esse suposto público leitor, tendo como personagens jovens estudantes e mulheres leitoras – espelhamento já apontado por Werneck Sodré e Antonio Candido.

De Antonio Candido, Hélio de Seixas Guimarães resgata e comenta certo tom de oralidade que permeia a prosa ficcional brasileira, resquício das leituras realizadas em voz alta em saraus e reuniões, "o que constituía estratégia importante para aumentar o alcance da produção literária numa sociedade de analfabetos" – e isso faz lembrar o clássico texto em que José de Alencar, ao escrever sobre o que o levou a ser romancista, rememora sua própria experiência como leitor, nessas reuniões familiares.

Seixas Guimarães analisa as condições de circulação e recepção da produção literária no Brasil oitocentista, em que o autor pagava a impressão da obra e depois enviava à venda porta a porta, por meio dos escravos de ganho ou de serventia, que os levava em balaios sobre a cabeça.[31] Mas façamos o corte sobre o "susto" provocado pelo Recenseamento Geral do Império, de 1872.

Uma conjunção de fatores marcou esse período da história brasileira, a década de 70 do século XIX. Esse primeiro recenseamento geral do Império, ocorrido em 1872, foi um desses fatores. Os outros são constituídos pela progressiva abolição da escravidão (pela implantação das leis do tipo "ventre livre", votada em 1871 pelo governo conservador do visconde do Rio Branco), pelo final da guerra do Paraguai, em 1870, com a batalha de Cerro Corá, em que morria Solano López. Terminava um conflito desgastante e que ninguém previra tão longo, deixando um pesado saldo de mortos: estima-se que morreram 50 mil brasileiros, 35 mil argentinos e 80 mil paraguaios. Mas o que mais interessa ao nosso estudo foram mesmo as surpresas do Recenseamento Geral do Império, primeiro censo demográfico realizado no Brasil.

Por um lado os números mostravam que os escravos, que um dia haviam sido maioria, agora constituíam apenas 15% do total da população (o país contava com 8.419.672 homens livres e 1.510.806 escravos, somando uma população de

---

31 Nota-se em muitas gravuras feitas pelos viajantes a presença do negro carregando o cesto com livros, como nos desenhos de Henry Chamberlain – mostrado no livro de Seixas Guimarães (p. 58).

A REVISTA NO BRASIL DO SÉCULO XIX

9.930.478 pessoas).[32] Em compensação, destes, apenas 54,4% eram de cor branca. O segundo grupo mais populoso era o dos pardos (16,5%), seguidos dos pretos (14,6%) e dos caboclos, mestiços de brancos e índios (14,5%). Mas isso não era tudo: o censo havia introduzido outras categorias a serem mensuradas, como o grau de instrução e de alfabetização. Quem conta é Seixas Guimarães:

> Há muito se sabia da restrição e precariedade da instrução no país, mas os dados do recenseamento caíram como uma bomba sobre o Brasil letrado. O recenseamento geral, iniciado em agosto de 1872, teve os trabalhos concluídos quatro anos mais tarde, quando tiveram ampla divulgação na imprensa. Todos os principais jornais da corte trouxeram na edição de 5 de agosto de 1876 o texto do ofício [...] com os dados coletados. No dia 14 do mesmo mês, *O Globo,* jornal mais progressista em circulação e sem vínculo direto com qualquer partido político, reproduziu em sua primeira página texto originalmente publicado em *A Província de S. Paulo,* intitulado "Algarismos eloquentes", que apresentavam alguns dados sobre o índice de analfabetismo, seguidos da constatação inexorável: "Somos um povo de analfabetos!" (GUIMARÃES, 2004, p. 88).

Em resumo, os números desmistificavam a visão romântica e nacionalista vigente até então. Uma parcela muito pequena da população sabia realmente ler. "Os analfabetos correspondiam a 84% do total apurado pelo censo, que dava uma população de 9.930.478 pessoas, somando livres e escravos", conta Seixas Guimarães (2004, p. 103).

Os números e dados são escassos, mas pelos comentários que se pode ler aqui e ali, dá para criar algumas cifras. A revista *O Mosquito,* citada por Seixas Guimarães, afirma que apenas 550.981 mulheres sabiam ler. Como os dados do censo apontaram uma população feminina de 4.806.609 mulheres, pode-se concluir que apenas 11,46% do público feminino tinham acesso à leitura. Pior, da população em idade escolar, apenas 17% estavam assistindo às aulas, o que permitia projetar uma taxa de analfabetismo que passava da casa dos 84%. Isso prevendo que todas as crianças em idade escolar que assistiam às aulas estariam de fato aprendendo e não engrossando o percentual dos

---

32 "Em 1818, de seus 3.817.900 habitantes, 1.887.900 eram livres (sendo 1.043.000 brancos, 585.500 mestiços e 259.400 índios) e 1.930.000 escravos" (CARDOSO, 2000, p. 125).

analfabetos funcionais – ainda hoje uma praga nacional, cravando praticamente os mesmos percentuais de analfabetos da década dos 70 do século XIX.

Nada muito discrepante, também, do tema da palestra proferida pelo republicano Olavo Bilac, conforme citado no estudo de Lajolo e Zilberman:

> Em todo o Brasil, de 1.000 habitantes em idade de cursar escolas primárias, em 1907 somente 137 estavam matriculados e somente 96 frequentavam as aulas; para 10.000 de todas as idades, havia somente 6 escolas com 7 professores, com 294 alunos de todas as idades – o que quer dizer que englobadamente, estimando-se toda a população, a relação de todos os alunos era de 20 por 1.000 (LAJOLO & ZILBERMAN, 1996, p. 155).

O ensino se torna obrigatório no Brasil em decorrência do Decreto de 19 de abril de 1879, data da última reforma educacional do Império. Seguramente esse decreto é consequência do amplo debate ocorrido entre os letrados a partir da divulgação dos números do censo, e reflexo do susto e da dura descoberta de que o país não era tão dourado como se quisera acreditar. Mas sabe-se que decretos não têm eficácia na solução de problemas. E essa marca analfabeta nos perseguirá até praticamente a segunda metade do século XX, com os resquícios do analfabetismo funcional que é ainda preocupante.

Mas o acesso à informação e à reflexão e debate de ideias nem sempre passou apenas pela leitura direta. No livro *Uma história social da mídia,* Peter Burke faz um contraponto entre o público letrado e o que ele chama de "letramento mediado" – o uso do letramento em benefício dos iletrados. Algo que ocorre ainda hoje, aponta ele, em cidades como Istambul ou México, em que o escrevinhador, em seu escritório na rua, escreve cartas, faz petições a serem entregues à Justiça, para aqueles que não sabem escrever. Uma realidade também brasileira, retratada no filme *Central do Brasil.*

Considerando o público leitor a que se destinavam os romances, folhetins e revistas do Brasil do século XIX, cabe lembrar ainda, como parte desse letramento mediado, as sessões de leitura em grupo, como se refere Dulcília Buitoni. Era comum as "senhoras" se reunirem para a execução de trabalhos manuais enquanto uma delas lia trechos de livro ou reportagem de revistas. Como era também costume nos países europeus, como nos dá conta Peter Burke:

A prática medieval de ler alto durante as refeições, nos monastérios ou nas cortes, persistiu nos séculos XVI e XVII. Ler alto em família era comum no século XIX, pelo menos como ideal, como atestam muitas imagens. É provável que os textos da Biblioteca Azul,[33] que circularam em regiões onde o analfabetismo era alto, fossem lidos em voz alta nas *villées*, ocasião em que vizinhos se encontravam para passar parte da noite trabalhando ou ouvindo esses textos (BRIGGS & BURKE, 2004, p. 74).

Ao lado dessas sessões de leitura coletiva houve ainda a convivência e superposição das tradições orais, das narrativas que se transmitiam de boca em boca, com a leitura dos textos escritos – esta alimentando aquela, no que o mesmo Burke denomina como "comunicação multimídia". A senhora que na reunião de leitura ouvia um conto ou tomava conhecimento de uma nova prática ou ensinamento contaria mais tarde para as comadres e vizinhas a novidade ou as peripécias do herói. Provavelmente muitas das proezas narradas nos folhetins se disseminavam entre o público e se tornavam populares nesse recontar, em que a oralidade ainda contava com um peso específico. Sem dúvida essa será uma das explicações para a grande popularidade que gozaram as revistas ilustradas do último quartil do século XIX. O próprio Monteiro Lobato, ao fazer o elogio de Angelo Agostini, reporta que seus desenhos circulavam de mão em mão e deliciavam os leitores, na cidade e no campo, do chefe de família à petizada:

> Era de ver o magote de guris em redor da folha desdobrada no assoalho, à noite, à luz do lampião de querosene, o mais taludote explicando a um crioulinho, filho da mucama, como é que o Zé Caipora escapou das unhas da onça (LOBATO, 1956, p. 19).

Foi nesse contexto e para esse rarefeito público leitor que surgiram as nossas revistas. A começar pela efêmera experiência do periódico pioneiro, *As Variedades ou Ensaios de Literatura,* na Bahia de 1812. E, no ano seguinte, *O Patriota,* publicado entre janeiro de 1813 e dezembro de 1814, pela Impressão Régia do Rio de Janeiro

---

33 Biblioteca Azul é o termo utilizado para designar as brochuras populares, vendidas por ambulantes no interior dos países europeus. O nome vem da encadernação, em um papel áspero azul. Essas brochuras circularam até o final do século XIX e, em alguns lugares, até o início do século XX.

– as primeiras revistas brasileiras.[34] A partir do próximo capítulo passaremos a analisar seus conteúdos e discursos – e o quanto elas foram fundamentais no processo da criação das identidades nacionais. Mas, antes de nos lançar a essa tarefa, cabe ainda uma reflexão.

Discorrendo sobre a etnologia religiosa e a estrutura dos mitos, Claude Lévi-Strauss escreve em seu trabalho "Magia e religião: a estrutura dos mitos", que Saussurre, ao distinguir entre *língua* e *palavra,* mostrou que a linguagem oferecia dois aspectos complementares: um estrutural e o outro estatístico. A língua pertence ao domínio de um tempo reversível – e a palavra ao do tempo irreversível. Assim também o mito se define por um sistema temporal que combina as propriedades dos dois. Um mito sempre se refere ao passado ("antes da criação do mundo"... "no começo dos tempos"), mas seu valor intrínseco provém de que esses acontecimentos formam uma estrutura permanente que se articula simultaneamente com o passado, o presente e o futuro.

Lévi-Strauss exemplifica essa ambiguidade fundamental comparando o mito com a ideologia política: hoje, quando o historiador evoca a Revolução Francesa, se refere a uma sequência de fatos passados que impactam ainda uma série não reversível de acontecimentos. Para o político, a Revolução Francesa é uma realidade de outra ordem. É uma sequência de fatos do passado mas com um esquema dotado de eficácia permanente, permitindo interpretar a estrutura social da França atual, com seus antagonismos e suas discussões sobre direitos de trabalhadores e previdência social, e prever desdobramentos futuros. Lévi-Strauss cita o historiador francês Jules Michelet: "Naquele dia, tudo era possível... o futuro esteve presente... ou seja, mais tempo, um relâmpago de eternidade" (LÉVI-STRAUSS, 1989, p. 241).

---

34 A palavra "revista" foi utilizada pela primeira vez no título de uma publicação nacional em 1828: a *Revista Semanária dos Trabalhos Legislativos Câmara dos Senhores Deputados,* lançada naquele ano no Rio de Janeiro. Mas coube aos ingleses o pioneirismo do uso do termo "revista", com o periódico criado por Daniel Defoe em 1704, chamado *A Weekly Review of the Affairs of France,* rebatizado três anos mais tarde como *A Review of the State of British Nation.* Jornalista panfletário, o autor do clássico *Robinson Crusoé* registrava na *Review* as suas opiniões políticas, ao lado de artigos enfocando temas amenos, como bodas e jogos. Escrita quase que somente por Defoe, a publicação queria "pôr o leitor em contato com o conhecimento do mundo", que de outra forma "se contentaria com sua própria ignorância, sem nada fazer para erradicá-la".

Essa dupla estrutura, diz Lévi-Strauss, ao mesmo tempo histórica e não histórica, explica que o mito pode pertencer, simultaneamente, ao domínio da palavra (e ser analisado como tal) e ao domínio da língua (na qual é formulado) e ainda oferecer, num terceiro nível, o mesmo caráter de objeto absoluto. A partir dessas premissas, o pensador desenvolve uma grande reflexão (LÉVI-STRAUSS, 1989, p. 245-251) sobre o mito de Édipo, decupando suas muitas versões em quatro colunas que deixam expostas as relações e invariâncias – como podem ser as relações (incestuosas ou de afeto) entre parentes próximos (coluna a); as relações de conflito (incluindo assassinato) entre esses parentes próximos (coluna b); o extermínio do inimigo ou adversário (coluna c); e até a incidência vocabular revelando dificuldades de locomoção (Laio quer dizer "torto" ou "coxo", Édipo quer dizer "pé inchado"). Analisar um mito propõe desafios, escreve Lévi-Strauss, e ele objeta: as distintas e inúmeras versões de um mito poderiam tornar impraticável a tarefa de analisar seu conteúdo: "O que aconteceria se uma nova versão desordenasse os resultados obtidos?", pergunta. Pelo contrário, garante, a dificuldade existe realmente quando se dispõe de poucas, não de muitas versões:

> Ao contrário, não se insistirá jamais demasiado sobre a absoluta necessidade de não omitir nenhuma das variantes que tenham sido recolhidas. Se os comentários de Freud sobre o complexo de Édipo fazem – como o cremos – parte integrante do mito de Édipo, a questão de saber se a transcrição feita por Cushing do mito de origem dos Zuni é bastante fiel para ser conservada, não tem mais sentido. Não existe versão "verdadeira", da qual todas as outras seriam cópias ou ecos deformados. Todas as versões pertencem ao mito (LÉVI-STRAUSS, 1989, p. 252).

O antropólogo conclui: muitos estudos sobre os mitos fracassaram porque os comparatistas quiseram selecionar versões privilegiadas em vez de considerar todas elas. Sem querer parafrasear ou comparar, as análises e descrições que serão realizadas pelo autor deste trabalho nos capítulos a seguir serão novas versões que se somarão a uma visão panorâmica da história da comunicação no Brasil do século XIX.

CAPÍTULO II

OS TROPEÇOS DE UM LENTO INÍCIO: **1812-1830**

A idéia contemporânea de Brasil se funda quando se consolida na historiografia uma idéia de nação. Nação que, na construção de seu imaginário, teve seu "embrião" na colônia, depois uma origem precisa entre 1817 e 1824, uma guerra (em verdade duas: contra os portugueses de Avilez e Madeira, e a Cisplatina), um lugar de nascimento (no riacho do Ipiranga; depois, o "berço esplêndido"), mais os traumas de nascimento, uma família com o avô liberal (d. João VI), um pai jovem e impulsivo (o príncipe d. Pedro), uma mãe austríaca e sábia (d. Leopoldina), um inimigo conspirador na família (d. Miguel, lembrando a velha estória dos irmãos inimigos), um hino com uma letra fantástica, o padrinho velho e sábio José Bonifácio, o Patriarca, que em época de crise volta a ser chamado para cuidar do neto-menino Pedro II. E, complementando o quadro, Domitila, a marquesa de Santos, além do amigo boêmio Chalaça. Claro que existem problemas, sobretudo com a tutela estrangeira (inglesa) e com a escravidão (de negros africanos), reforçando o paternalismo duro de Pedro e a "bondade" do avô Andrada... Imaginário que se sustenta com a continuidade bragantina, suavizada com o segundo Pedro, jovem, sábio e – sobretudo – já brasileiro.

Carlos Guilherme Mota, *A viagem incompleta.*
São Paulo: Senac, 2000, p. 233.

1813

O Patriota: jornal litterario, politico, mercantil, do Rio de Janeiro
Rio de Janeiro, RJ: Impressão Régia
Redator: Manuel Ferreira de Araújo Guimarães, José Bonifácio,
Mariano José Pereira da Fonseca, Silvestre Pinheiro Ferreira,
Borges de Barros, 1813-1814 (18 números)

1821

O Espelho
Rio de Janeiro, RJ: Imprensa Nacional, 1821-1823 (168 números)

1822

Annaes Fluminenses de Sciencias, Artes e Litteratura.
Rio de Janeiro, RJ: Typographia de Santos e Sousa, 1822 (1 único número)
Redator: José Vitorino dos Santos e Sousa

1823

O Mosquito Brasileiro
Rio de Janeiro, RJ: Imprensa Nacional, 1823 (2 números)

1826

Jornal Scientifico, Economico e Litterario
Rio de Janeiro, RJ: Typographia de Torres, 1826 (3 números)
Redatores: José Vitorino dos Santos e Sousa e
Felisberto Inácio Januário Cordeiro.

1827

O Espelho Diamantino: periódico de política, litteratura, bellas artes, theatro e modas
Rio de Janeiro, RJ: Typographia de Plancher-Seignot, 1827-1828 (13 números)
Editor responsável: Chevalier
Redator: Julio Floro das Palmeiras
O Propagador das Sciencias Medicas
Rio de Janeiro, RJ: Typographia de Plancher-Seignot, 1827-1828 (12 números)
Redator: J. F. Sigaud

1828

Revista Semanária dos Trabalhos Legislativos da Câmara dos Senhores Deputados
Rio de Janeiro, RJ: Typographia do Diario, 1828 (19 números)

1830

O Beija-Flor: annaes brasileiros de sciencia, política, litteratura etc
Rio de Janeiro, RJ: Typographia de Gueffier e C., 1830-1831 (8 números)
O Amigo das Letras
São Paulo, SP: Typographia do Farol Paulistano, 1830 (24 números)
Redator: Josino do Nascimento Silva e outros

AS VARIEDADES. O PATRIOTA. OS PASQUINS. OS ANNAES. O ESPELHO DIAMANTINO. O ESPELHO DAS BRASILEIRAS. O AMIGO DAS LETRAS. L'ÉCHO DE L'AMÉRIQUE DU SUD. ANNAES DE MEDICINA. O BEIJA-FLOR E A PRIMEIRA NOVELA NACIONAL: A PERIQUITA.

Os inícios do Brasil independente foram tempos conturbados, pois não houve um projeto ou esboço claro de nação, aquele acordo plebiscitário de que fala Ernest Renan na famosa conferência ministrada na Sorbonne em 11 de março de 1882, "O que é uma nação", hoje um texto clássico (RENAN, 1990). Os interesses e as visões eram diferentes e muitas vezes antagônicos e em conflito quando o país dava seus primeiros passos. Por isso, aclamado imperador e defensor perpétuo do país, Dom Pedro I passa rapidamente a ocupar o *locus* de inimigo público número 1, como se lerá adiante, numa inflamada página do periódico recifense *Espelho das Brasileiras*. E a imprensa será, por sua vez, a arena privilegiada onde se travam muitas dessas pelejas.

É nas páginas dos jornais e pasquins que se discutia então os diferentes projetos de país, como era pela imprensa que se sabia das discussões e insucessos dos representantes ou deputados das províncias do Brasil nas Cortes portuguesas de 1821, que debatiam sobre a Carta Magna que deveria ser também a nossa. Nesse sentido, o jornalismo foi um amarrador e um detonador dessas reflexões e tomadas de consciência que estão na origem de nossas identidades.

As primeiras revistas brasileiras foram surgindo aos poucos, após a liberação do uso da imprensa com a chegada da família real portuguesa em 1808 e a elevação, sete anos depois, do Brasil à condição de Reino Unido. Durante muitos anos *O Patriota*, periódico mensal de cunho didático e cultural lançado pela Impressão Régia do Rio de Janeiro no início de 1813, foi considerada a nossa primeira revista. Mas a pioneira havia sido a publicação baiana *As Variedades ou Ensaios de Literatura*.

Já se abordou, no capítulo anterior, sobre a imprecisão ou anacronismo em utilizar o termo "revista" para esse período, pois ainda não estava delimitado o que era constitutivo de uma revista ou de um jornal, tanto que algumas revistas se referiam a si mesmas como jornal. A melhor palavra para nomear as publicações dessa época seria "periódico", deixando os termos "revista" e "jornal" para designar impressos surgidos no último quartil do século XIX. Foi a partir de 1870, quando o telégrafo, o telefone, a fotografia e a prensa a vapor haviam sido implantados, que se delimitou muito bem o campo das publicações. A partir desse período, com a rapidez da chegada das notícias, cabe ao jornal e à imprensa diária dedicar-se ao que se convencionou chamar de *hard news:* a tragédia, a catástrofe, o fato ocorrido na véspera. E às revistas, sobretudo as ilustradas, estariam reservadas a informação em profundidade, a análise, a crítica, o entretenimento.[1]

No começo do século XIX essa delimitação de competências não é clara. Tanto é assim que o periódico *Correio Braziliense ou Armazem Literario,* lançado em Londres por Hipólito José da Costa Pereira Furtado de Mendonça, em 1808, impresso por W. Lewis, Paternoster Row, considerado pela maioria dos historiadores como "nosso" primeiro jornal, era na realidade uma revista de periodicidade mensal. Seu primeiro número, aparecido em junho de 1808, teve 80 páginas, o número 2, de julho, é composto por 72 páginas (indo, na numeração crescente comum no período, da página 81 à 152); e o 3, de agosto, subiu para 102 páginas (ia da página 153 até a 254). Como se sabe, os "jornais" da época tinham em média 4 páginas, com periodicidade de duas edições por semana, como foi o caso da *Gazeta do Rio de Janeiro.*

Por não ser editado ou publicado no Brasil, o *Correio* não será objeto de nossa análise.[2] Já foi, ademais, objeto de exaustivos estudos. Assim, neste capítulo,

---

1   Essa divisão de campo estabilizou os meios de comunicação ao longo de quase todo o século XX. O papel do jornal de relatar os fatos deu origem, nos anos 30 e 40 do século passado, às edições matutinas, vespertinas e até noturnas (os "Diários da Noite"). Na segunda metade do século XX, os jornais noturnos desapareceram, substituídos pelos telejornais das emissoras de TV; e os vespertinos se transformaram em matutinos (como foi o caso de *O Globo,* do Rio de Janeiro, para ficar num exemplo). Mas, a partir dos anos 1990, com a consolidação da internet e dos meios eletrônicos, esse panorama muda ainda mais rapidamente, provocando a crise dos meios: o jornal perde a vocação de relatar os fatos da véspera, que o leitor já conhece pelo noticiário online da internet. Aos poucos o jornal vai ocupando o lugar das revistas semanais de interpretação, sem saber ao certo se deve continuar dando manchetes sobre a morte de um papa ou a ocorrência de um tufão, nesse caso apenas para um registro histórico, não mais informativo.

2   No entanto, cabe o registro: há um anacronismo na posição ufanista de acadêmicos e jornalistas como José Marques de Mello ou Alberto Dines, ao apresentarem Hipólito da Costa como o primeiro jornalista brasileiro, o que acabou influenciando (em 1999, no governo Fernando Henrique, e sob iniciativa do deputado gaúcho Nelson Marchesan) a troca do dia da imprensa,

além do periódico baiano *As Variedades,* e do carioca *O Patriota,* analisaremos o período da efervescência dos pasquins e nos deteremos numa análise dos *Annaes Fluminenses,* publicação de um único número, e da que teria sido a primeira revista feminina, *O Espelho Diamantino,* editado no Rio de Janeiro e que circulou entre 1827 e 1828. Faremos, ainda, uma rápida análise de uma publicação surgida na capital do império e que circulou no idioma francês, o *L'Écho de l'Amérique du Sud.* O capítulo se encerra com a abordagem da revista *O Beija-Flor* e o início dos folhetins na imprensa nacional, com um detalhado comentário sobre a primeira "novela brasileira", a história de Olaya e Julio ou "A Periquita".

AS VARIEDADES: PRIMEIRA REVISTA – PEÇA ROUBADA

Nascida como um filhote do jornal *Idade d'Ouro do Brazil,* na cidade de São Salvador, o primeiro número da revista *As Variedades ou Ensaios de Literatura* apareceu em janeiro de 1812. A *Idade d'Ouro* foi o segundo jornal a ser publicado no Brasil, fundado e publicado pelo tipógrafo português Manuel Antônio da Silva Serva, sob o patrocínio do governador da Bahia, Dom Marcos de Noronha e Brito, o oitavo Conde dos Arcos.[3] O primeiro número do *Idade d'Ouro do Brazil* apareceu a 14 de maio de 1811, e o periódico foi editado por mais de uma década: o último número circulou em 24 de junho 1823 (segundo consta na ficha catalográfica da Biblioteca Nacional). Entre os redatores desse primeiro jornal baiano estiveram o

---

de 10 de setembro (data de aparecimento da *Gazeta do Rio de Janeiro,* em 1808) para 1º junho (lançamento do *Correio Braziliense,* no mesmo ano). Como já se disse no capítulo anterior: nem Hipólito da Costa era "brasileiro" nem o *Correio* era jornal, e nem editado aqui para brasileiros. Era uma revista editada em Londres por um funcionário português de carreira (nascido na Cisplatina), sob patrocínio da maçonaria inglesa para doutrinar as elites do império português.

3 Marcos de Noronha e Brito, nobre com longa carreira administrativa no governo português, foi um empreendedor. Veio ao Brasil como governador do Grão Pará, sendo promovido em 1806 para o cargo de vice-rei, no Rio de Janeiro. Com a chegada da família real, dois anos depois, é transferido para a Bahia, como governador. Ali, além de abrir a primeira tipografia fora da corte, com os serviços do tipógrafo português Silva Serva, cria uma biblioteca pública, urbaniza a cidade, constrói o teatro São João, conclui as obras do cais do porto. Volta anos depois ao Rio, como ministro da Marinha e Ultramar.

padre e funcionário Ignácio José de Macedo e logo depois o bacharel desterrado Diogo Soares da Silva Bivar, o responsável por nossa primeira revista.

O português Manuel Antônio Silva Serva chegara à Bahia no final do século XVIII, estabelecendo-se como comerciante. Protegido do governador da capitania, o Conde dos Arcos, ele conseguiu, em fevereiro de 1811, autorização para a instalação, em Salvador, de uma tipografia. Três meses mais tarde, a 14 de maio, saía o primeiro número do jornal *A Idade d'Ouro do Brazil*. Além do jornal, a tipografia chegou a editar alguns livros, que eram vendidos sobretudo em Salvador e no Rio de Janeiro.[4] Sua pequena empresa editorial continuou ativa, mesmo após sua morte, ocorrida em 1819, sobrevivendo até a década seguinte, quando o jornal termina logo após a independência do Brasil e num período em que muitos outros prelos começavam a funcionar.

O periódico de Silva Serva se encarregou de fazer propaganda da nova publicação de sua casa tipográfica, avisando os leitores: "Saiu à luz o primeiro folheto do periódico pertencente ao mês de janeiro, que se denomina *As Variedades ou Ensaios de Literatura*". Vendida por assinatura, como serão vendidas quase todas as revistas brasileiras do século XIX, a publicação conclamava seus leitores a "concorrer para a subscrição que há de se abrir na Loja da Gazeta", já que "sem a antecipada certeza de uma pronta saída, não é possível que semelhante empresa se leve avante".

O periódico *As Variedades* se propunha, segundo informava o jornal *A Idade d'Ouro do Brazil*, a publicar

> discursos sobre costumes e as virtudes morais e sociais; algumas novelas de escolhido gosto e moral; extratos de história antiga e moderna, nacional ou estrangeira; resumos de viagens; pedaços de autores clássicos portugueses – quer em prosa, quer em verso – cuja leitura tenda a formar gosto e pureza na linguagem; algumas anedotas e (...) algumas vezes oferecerá artigos que tenham relação com os estudos científicos propriamente ditos e que possam habilitar os leitores a fazer-lhes sentir a importância das novas descobertas filosóficas (VIANA, 1945, p. 13-14).

Com a aparência de um livro, a revista trazia, numa massa densa de texto, artigos como: "Sobre a Felicidade Doméstica", "Costumes e usos no México", "Instrução

---

4 Até 1810 Salvador foi a maior cidade brasileira, com quase 100.000 habitantes. Em 1819, o Rio de Janeiro já contabilizava 113.000 habitantes (CARDOSO, 2000, p. 125).

Militar"; "Quadro Demonstrativo ou Cronologia da Filosofia Antiga"; "Teoria Nova e Curiosa sobre a Origem dos Gregos"; "Da Ciência e das Belas Artes"; "Anedotas e Bons Ditos". Segundo Inocêncio Francisco da Silva, citado por Hélio Viana em sua *Contribuição à história da imprensa brasileira (1812-1869)*, "As Variedades – Bahia. Na Tipografia de Manuel Antônio da Silva, 1872 *(sic, quis dizer 1812)*. O número 1 compreende 30 páginas, e os números 2 e 3, reunidos, continham 67.[5] Com artigos políticos, históricos e morais, anedotas, etc." (VIANA, 1945, p. 11).

Garantem alguns historiadores: todas essas matérias publicadas teriam saído da pena de Diogo Soares da Silva e Bivar, um dos raros homens cultos da Bahia no início do século XIX. Para Bivar não era fácil editar a revista em virtude das circunstâncias "difíceis e espinhosas" em que o fazia – um eufemismo para dizer que o redator escrevia e editava a revista em uma cela da Fortaleza de São Pedro, onde se encontrava preso, cumprindo parcialmente a pena de degredo.

Diogo Soares da Silva e Bivar era filho do Dr. Rodrigo Soares da Silva Bivar (1722-1809), médico formado em Coimbra. Nascido em Portugal no dia 6 de fevereiro de 1785, na vila de Abrantes, próximo à fronteira com a Espanha, Diogo diplomou-se em Direito também em Coimbra e se estabeleceu na sua Abrantes natal, onde exerceu cargos públicos, como inspetor de plantação de amoreiras, diretor da fiação de bichos de seda da cidade e administrador de tabacos.

Durante a ocupação francesa, hospedou o general Andoche Junot, o chefe das tropas invasoras de Napoleão. Dele aceitou o cargo de juiz-de-fora na vila de Abrantes. Foi por isso processado e condenado como traidor quando terminou a ocupação francesa. Assim, Bivar saíra de seu país aos 24 anos, a caminho do exílio em Moçambique, onde deveria cumprir pena de degredo perpétuo por haver colaborado com as tropas napoleônicas durante a invasão a Portugal. Acabou aportando na Bahia, numa das costumeiras escalas que faziam os navios para renovar suprimentos e seguir viagem para o outro lado da África.

Na passagem pela Bahia, durante a escala do navio, o jovem bacharel despertou a atenção do tipógrafo Silva Serva, que, com o beneplácito do governador da capitania, Dom Marcos de Noronha e Brito, consegue que Diogo Bivar permaneça na cidade, passando a redigir com o padre Ignácio José de Macedo o jornal *Idade d'Ouro*

---

5   Como se sabe, nenhuma revista poderia ter 67 páginas, por ser um número ímpar. Provavelmente o autor se referia a uma estrutura de 2 cadernos de 32 mais as quatro capas, o que soma 68.

do Brazil. Bivar trabalhava e escrevia no cárcere, e só viria a ser anistiado em 1821, por um decreto de Dom João VI, recuperando todas as "suas honras e direitos" (LUSTOSA, 2000, p. 302-303) e transferindo-o para o Rio de Janeiro. A empreitada de editar a revista *As Variedades ou Ensaios de Literatura* ficou praticamente por sua conta.

A revista foi anunciada na edição de *Idade d'Ouro do Brazil* de 7 de fevereiro de 1812 com este texto:

> Até 10 do corrente há-de sair do prelo e pôr-se em venda ao público o 1º folheto, pertencente ao mês de janeiro, do periódico denominado *As Variedades, ou Ensaios de Literatura.* As pessoas que quiserem subscrever para a sua compra podem dirigir-se à Loja da Gazeta (VIANA, 1945, p. 13-14).

> A 11 de fevereiro o jornal voltava à carga: "Saiu à luz o 1º folheto do periódico pertencente ao mês de Janeiro, que se denomina As Variedades, ou Ensaios de Literatura. Vende-se na Loja da Gazeta pelo preço de 500 Réis.

A revista deveria aparecer mensalmente, mas já em março o jornal alertava:

> O redator do periódico denominado *As Variedades, ou Ensaios de Literatura* previne o respeitável público desta cidade e em especial os senhores assinantes, que benignamente teem prestado para a compra do mesmo periódico, que tendo sido atacado de grave enfermidade, que por ora o tolhe da menor aplicação e cuidado literário, há-de por tal sofrer alguma demora a publicação dos folhetos pertencentes aos meses de fevereiro e março, que contudo se acham redigidos e acabados. No entretanto que o redator se restabeleça completamente, espera ele que o número de assinaturas, até aqui muito limitado, se aumentará consideravelmente, a fim de que se indenize ao menos as despesas de impressão (VIANA, 1945, p. 14).

Em 28 de julho de 1812 a *Idade d'Ouro* irá anunciar o aparecimento simultâneo dos fascículos de fevereiro e março, ao preço de 1$120. Com esse número duplo a publicação encerrava sua trajetória. Os baianos, ao que parece, não se entusiasmaram com a novidade, certamente porque o editor da publicação utilizava uma linguagem séria demais.[6] Em sua alentada *História da imprensa no Brasil,* Nelson Werneck Sodré faz o seguinte comentário:

> *As Variedades* tirou dois números, no início de fevereiro e nos fins de julho de 1812, este duplo. Propunha-se a divulgar discursos, extratos de história antiga e moderna, viagens, trechos de autores clássicos, anedotas, etc. Suas características de jornal, assim, eram muito vagas. Foi ensaio frustrado de periodismo de cultura – destinava-se a mensário – que o meio não comportava. Tanto assim que, apesar de todos os esforços, durou dois anos[7] apenas (SODRÉ, 1999, p. 30).

Não restam exemplares de *As Variedades ou Ensaios de Literatura* – segundo depoimento do pesquisador Vladimir Sacchetta, da Casa da Memória, que realizou o levantamento sobre a história das revistas para a Editora Abril (base do livro *A Revista no Brasil,* edição comemorativa dos 50 anos da editora). Vladimir recebera a incumbência expressa de fotografar o número 1 de nossa primeira revista. Missão impossível, conta ele. O último exemplar teria sido roubado do Museu onde se encontrava, na Bahia.

---

6   Além de suas atividades ligadas à imprensa, Diogo exerceu advocacia na capital baiana. Casou-se com D. Violante de Lima, moça de uma família tradicional de Salvador, com a qual teve filhos. Alguns deles, de certa forma, herdaram o dom que o pai tinha com a escrita. O mais velho, Rodrigo Soares Cid de Bivar, era médico e escreveu tratados sobre medicina. O segundo, Luiz Garcia Soares de Bivar, tornou-se jornalista e escreveu para vários jornais do Rio de Janeiro. Já sua filha Violante Atabalipa Ximenes de Bivar e Velasco é considerada a primeira mulher a exercer funções de direção na imprensa brasileira. Na Bahia ainda, ao ser imposta a censura à imprensa, Diogo foi nomeado censor. Em 1821, muda-se para o Rio de Janeiro, aderindo à campanha pela independência. A partir de 1828, exerceu funções em diversas comissões e instituições, como o Conservatório Dramático Brasileiro, de que foi um dos criadores em 1843. Cabia a este órgão a aprovação de composições dramáticas destinadas à representação em teatros do Rio – ficou famosa a polêmica criada por ele ao censurar uma peça de Gonçalves Dias, que foi classificada como "imoral". Condecorado com as Ordens de Cristo e da Rosa, recebeu ainda o título de Conselheiro do Império. Diogo Soares da Silva de Bivar morreu no dia 10 de outubro de 1865, aos 80 anos de idade, deixando um importante legado para a imprensa brasileira, de que foi um dos precursores.

7   Na realidade, a publicação durou dois números, não dois anos.

Reprodução das capas de *As Variedades,* publicadas no livro *Contribuição à história da imprensa brasileira (1812-1869),* de Hélio Viana. Rio de Janeiro: Imprensa Nacional, 1945.

O PATRIOTA: IMPRENSA ÁULICA OU PERIÓDICO DIDÁTICO?

Criada por Manuel Ferreira de Araújo Guimarães, que substituíra Frei Tibúrcio da Rocha na redação de *A Gazeta do Rio de Janeiro* (o primeiro jornal brasileiro), a revista *O Patriota* circulou de 1813 a 1814, sendo mensal no primeiro ano e bimestral no segundo. Foi considerada, por muito tempo e por muitos autores, a primeira revista brasileira, até o resgate da existência de *As Variedades,* a publicação pioneira da Bahia.

Espécie de revista cultural, em seus dezoito números de circulação *O Patriota* contou com colaboradores ilustres. Segundo Carlos Rizzini, escreviam para a revista os mais distintos literatos do tempo, como Domingos Borges de Barros, que veio a ser o Visconde da Pedra Branca; Mariano José Pereira da Fonseca, futuro Marquês de Maricá; Saldanha da Gama; Manuel Inácio da Silva Alvarenga. Além de funcionários ilustres da administração imperial, como José Bonifácio de Andrada e Silva, Alexandre de Gusmão, José Saturnino da Costa Pereira, este o irmão de outro editor, Hipólito José da Costa (RIZZINI, 1946).

O redator da revista, o baiano Manuel Ferreira de Araújo Guimarães (1777-1838), era matemático e latinista, lecionara na Academia de Marinha de Lisboa, tornando-se professor nas Academias Militar e da Marinha com a transferência da corte para o Rio de Janeiro. Além de criar *O Patriota,* ele lançou, anos depois, em 1822, o controvertido periódico *O Espelho.*

Em sua *História da Imprensa no Brasil,* Nelson Werneck Sodré destina apenas duas citações a *O Patriota.* A primeira delas aparece sob a rubrica "imprensa áulica", e é também nesse contexto que faz sua segunda citação. Escreve Werneck Sodré:

> *O Patriota,* do mesmo gênero *[que Ensaios de Literatura, apareceu]* – entre janeiro de 1813 e dezembro de 1814 – fundado por Manuel Ferreira de Araújo Guimarães, que sucedera frei Tibúrcio na redação da *Gazeta do Rio de Janeiro,* nela permanecendo até 1821. Foi mensário em 1812, passando a bimestral em 1813, vendido o número avulso a 800 e depois a 1200 réis, ascendendo a assinatura de 4$000 a 6$000 o semestre. Ostentava por epígrafe os versos de Ferreira: "Eu desta glória só fico contente,/Que a minha terra amei e a minha gente". [...] Não foram estes os únicos exemplos da imprensa áulica que o governo joanino forjou ou amparou aqui e fora daqui (SODRÉ, 1999, p. 30).

98   CARLOS COSTA

Werneck Sodré reforça que os principais colaboradores, já citados acima por Rizzini, eram funcionários do governo de Dom João VI. O autor, ao criticar a periodicidade da publicação, não percebe que a proposta era justamente de ser o que hoje chamamos de revista. E o esforço da Impressão Régia em formar um público leitor é notável, fosse a publicação áulica ou não. Afinal, onde Werneck Sodré queria que o diretor de uma publicação daquele período fosse buscar colaboradores, se não entre os pouquíssimos cidadãos letrados com que contava o país? Centros formadores como será a escola de Direito de São Paulo, com sua agitada produção de panfletos e revistas, só surgirão na segunda metade do século – e mesmo por seus bancos passarão apenas os membros da elite. Falar em imprensa áulica, como faz Werneck Sodré, é apenas um anacronismo fruto de uma visão simplista e simplificadora da história.[8]

Não deixa de ser sintomático que o nome desse periodico seja *O Patriota*. Um reflexo desse momento de afirmação de uma identidade nacional, sem dúvida, num Brasil que vive seus primeiros passos após o período colonial. Mais um reforço à ideia de que a imprensa e o jornalismo foram espaços amarradores das discussões identitárias. Mas analisemos o conteúdo do primeiro número dessa publicação pioneira.

A revista *O Patriota* tem apenas um cabeçalho com o seu nome a título de "capa" e, logo abaixo desse logotipo, vêm as "informações técnicas":

> O Patriota: Jornal litterario, político, mercantil, &tc. do Rio de Janeiro./ Eu desta gloria so fico contente, Que a minha terra amei, e a minha gente. Ferreira./nº 1 – Janeiro./Rio de Janeiro. Na Impressão Regia. 1813. Com licença.
> Vende-se na Loja de Paulo Martin, filho, na Rua da Quitanda, nº 34, por 800 reis. Na mesma loja se faz a subscripção a 4000 Reis por semestre.

---

8   O uso do "áulico" é recorrente no texto ideologicamente engajado de Werneck Sodré e faz parte das teses que pretende demonstrar como historiador marxista. Como diz Carlos Guilherme Mota, as "análises de Sodré respondem sempre a um *a priori* ideológico que as contamina". Quanto à confusão entre jornal e revista, de algum modo é um anacronismo querer que as coisas fossem diferentes na época, pois como já se disse acima, a estrita delimitação entre o que é uma revista e um jornal só ficará suficientemente clara após a introdução do telégrafo e do telefone na prática jornalística, o que ocorrerá no final do século XIX. Será apenas a partir de 1880 que o "jornal" passará a dar conta das notícias, e as "revistas" ficarão com as informações ilustradas, sem o compromisso com o fato "de ontem".

O PATRIOTA,

JORNAL LITTERARIO, POLITICO, MERCANTIL, &c.

DO RIO DE JANEIRO.

Eu desta gloria só fico contente,
Que a minha terra amei, e a minha gente.
                                            Ferreira.

N. 5.º
MAIO.

RIO DE JANEIRO.
NA IMPRESSÃO REGIA.
1813.
Com Licença.

Vende-se na Loja de Paulo Martin, filho, na rua da Quitanda, n.º 34, por 800 reis.

Acima, imagem da capa do número 5 de *O Patriota*. À esquerda, ilustração utilizada no número 1: desenho de um alambique.

Esses são os dizeres da capa. No miolo da publicação, no formato 18 x 13 cm, o texto segue o padrão de livro, ocupando uma única coluna, criando uma mancha tipográfica forte. A revista começa diretamente com um artigo. No primeiro número esse texto é o de apresentação com a proposta da publicação. A revista coloca sua missão e suas ambições para os meses seguintes. "Sem as letras, o progresso seria pífio", diz, lembrando as vantagens de se poder ler, nos dias atuais, autores como Arquimedes, Homero, Cícero, entre outros clássicos. O redator reconhece que o primeiro número não será abrangente, mas uma publicação se faz completa em sua coleção.

Essa introdução é longa, uma carta de princípios, e ocupa 6 páginas do periódico. Nas páginas seguintes vão desfilando outros textos. Na página 9, sobre "Artes", é apresentado o artigo "Memória sobre o emprego do assucar combinado com a pólvora, extrahida do Repertorio das Artes, Manufacturas e Agricultura". No final desse texto há o crédito da publicação de onde se copiou o artigo: *Repertory of Arts,* &c nº 125.

Ainda na rubrica "Artes", o periódico publica o ensaio "Novo methodo para refinar assucar, por Luiz Honoré Henry Germain Constant, premiado à 27 de Fevereiro de 1812". Esse longo tratado começa na página 10 e termina na página 21.

A seguir, sob a rubrica "Agricultura", a revista publica dois textos, o artigo "Memoria sobre a cultura do Algodoeiro" (página 22), a que se segue "Memoria sobre a plantação e fabrico do urucú" (páginas 34 a 39).

Sob a rubrica "Hydrografia" aparece na continuação o artigo "Methodo, que se seguio no trabalho Hydrografico da Planta do Porto do Rio de Janeiro, no anno de 1810" (páginas 40 a 59).

A retranca Medicina, que vem a seguir, traz "Proposta da Camara desta cidade sobre as doenças endemicas e epidemicas, e meios de remedia-las. Resposta do Doutor Manoel Joaquim Marreiros" (página 60).

A seção "Litteratura", página 68, abre com uma "Ode á partida de S.A.R.[9] de Portugal para o Brasil, por B.". E lhe segue a "Ode do Dr. Antonio Ribeiro dos Santos", à página 74. Na seguinte aparece uma "Resposta de Francisco de Borjão Garção de Stockler", a que se segue uma "Ode de Diniz a Affonso de Albuquerque" (página 79).

---

9   S.A.R. é a sigla, de uso corrente então, para Sua Alteza Real.

A revista, então, dá um refresco ao leitor, com um singelo "epigrama" (p. 88):

> Essa feliz abelha, que imprudente
> Tua boca mordeu tão cruelmente,
> Digna de perdão, lilia formosa,
> Pois ao vê-la julgou que era uma rosa

A esse epigrama se segue, na mesma página 88, a "Lyra inédita de T. A. Gonzaga, Author da celebre *Marilia de Dirceo*". (Cabe lembrar que Tomás Antônio Gonzaga havia sido um dos inconfidentes mineiros, algo a se destacar numa publicação sob censura do príncipe real).

Ainda sob a rubrica "Litteratura", temos na página 91 as "Máximas, pensamentos e reflexões moraes por hum brasileiro", a que se segue a "Questão grammatical sobre as Syllabas, por S. P.". Na página 95, a correspondência.

Sob a rubrica "História", um texto de viagem pelo sertão de Angola é apresentado na página 97: "Extrato da viagem, que fez ao sertão de Benguela o Bach. Joaquim José da Silva". Bach, como se sabe, é a abreviatura de bacharel, não o compositor das cantatas.

Um texto sobre "Política" segue na página 101: "Calculo sobre a perda de dinheiro no Reino, por Alexandre de Gusmão".

O tratado de paz entre o rei da Suécia e o da Inglaterra é a análise apresentada a partir da página 108. Na página 110 começa um texto sobre o "Tratado de amizade entre a Rússia e a Espanha". Um "Balanço sobre a situação da Europa" abre a página 112. E, finalmente, na página 124 há uma relação com resenha das publicações da Impressão Régia: "Obras publicadas no Rio de Janeiro no presente mês de janeiro".

A primeira obra a ser resenhada é o "*Tratado Elementar de Mechanica,* por M. Francoeur, por Ordem de S.A.R., traduzido em Portuguez, e augmentado de doutrinas extrahidas das Obras de Prony, Bossut, Marie &co: para uso dos Alumnos da Real Academia Militar desta Corte; por José Saturnino da Costa Pereira, Cavalheiro na Ordem de Christo, Bacharel formado em Mathematica, Capitão do Real Corpo de Engenheiros, e lente do 3º anno da mesma Academia, 4ª parte, Hydrodynamica".

Segue uma breve resenha encomiástica, de treze linhas, sobre esse texto, espécie de apostila acadêmica, traduzida por José Saturnino da Costa Pereira, com alguns acréscimos de textos de outros autores. A necessidade de prover de livros didáticos as academias criadas pelo príncipe regente é uma das missões da Impressão Régia.

O livro seguinte a ser resenhado, "Tratado Elementar de Physica, por R-J Havy, traduzido para uso da Academia Militar", não tem seu tradutor nomeado e apenas se diz que "pronunciar o nome do author he fazer o elogio da obra".

A revista *O Patriota* termina seu primeiro número com a seção "Commercio" (p. 125), com o mapa das embarcações portuguesas e espanholas chegando ao Rio e dali partindo para os portos ibéricos, com a relação de mercadorias (algodão, tabaco, açúcar). O índice geral, na página 127, fecha o volume, de 128 páginas.

Nota-se, na leitura dos textos publicados em *O Patriota* e sobretudo na montagem da grade ou do "espelho" de suas edições, a genuína preocupação do editor com o ritmo e com a variedade das informações. Há artigos (longos) que podem interessar a estudantes e profissionais de medicina, de engenharia, de agronomia. Há ainda informação de fundo sobre diplomacia e história. Além disso, o texto do periódico é de fácil leitura, numa linguagem que surpreende ainda hoje por não cometer construções rebuscadas e preciosismos, sobretudo nos artigos de formação (como nos ensaios sobre o novo modo de refinar açúcar ou no artigo didático sobre a plantação do urucum). Não há os floreios e divagações que veremos adiante na análise de algumas publicações. A revista transparece uma proposta de formação e didatismo, e do ponto de vista da linguagem pode ser comparada ao *Correio Braziliense* em seus artigos doutrinários e formadores. Não é difícil supor que os leitores das duas publicações se sobrepusessem, ou seja, que fossem mais ou menos os mesmos. Com a diferença de que *O Patriota* seria com segurança leitura recomendada nas escolas que estavam sendo então implantadas por João VI na nova capital do Reino.

Há uma outra reflexão possível sobre o público leitor dessa publicação, que é a escassa elite letrada dessa época – público que em nosso país continuará escasso por todo esse século XIX. A lista de nomes de assinantes, publicada mais adiante pela revista, em seu número de junho de 1813, abre com a "sereníssima senhora princeza do Brasil, dona Carlota Joaquina, e a sereníssima senhora infanta D. Maria Izabel". Muitos nobres que vieram com a corte, funcionários, professores das academias que começavam a funcionar, como a Academia Militar, e os alunos dessas escolas, recheiam essa lista de assinantes publicada pela revista.

A resenha das obras editadas pela Impressão Régia leva a pensar no esforço de municiar os estudantes dessas escolas com apostilas e publicações técnicas, num país ainda sem um mercado editorial formado. Tanto que o *Tratado Elementar de Mechanica,* de M. Francoeur, fora traduzido e aumentado com outros conceitos tirados de obras de distintos autores, num trabalho realizado por José Saturnino da Costa Pereira – que, já se disse, era irmão de Hipólito da Costa, o criador do *Correio Braziliense.* Daí o papel da Impressão Régia em editar manuais para os alunos desses novos cursos. E a divulgação – chapa branca ou não – que o redator de *O Patriota* faz desse incipiente movimento editorial não deixa de ser um incentivo à leitura.

Escrevem Marco Morel e Mariana Monteiro de Barros: "Voltado para a divulgação das ciências e das letras, *O Patriota* reserva um espaço maior para a manifestação de uma vida intelectual brasileira. Nele encontramos publicadas obras de Cláudio Manuel da Costa e Tomás Antônio Gonzaga" (MOREL & BARROS, 2003, p. 52). Sem dúvida, esse periódico foi mais do que um "simples representante da imprensa áulica".

OS PERIÓDICOS INCENDIÁRIOS E A AFIRMAÇÃO NACIONAL

Por contraditório que possa parecer, os anos anteriores à Independência foram mais efervescentes e criativos para a nascente imprensa brasileira do que o período em que já éramos uma nação com a independência consolidada, após o 1822. O movimento liberal conhecido como a "revolução do Porto" (que buscava modernizar a metrópole, convocar uma assembleia constituinte e criar uma constituição para o Império, levando de volta para Portugal a família real) acabou tendo muitas repercussões na antiga colônia. Mas a modernização pleiteada pelos "revolucionários" portugueses, se saberia depois, não incluía o Brasil, que eles queriam ter novamente na condição de colônia. A intenção era não apenas levar de volta a capital do Império, transferindo a corte do Rio de Janeiro para Lisboa, mas de recolonizar o país.

O que interessa é que o fim da censura prévia de publicações, em 1820, uma das decisões aprovadas pela Junta de Governo da revolução constitucional portuguesa,[10] teve vigência também para o Brasil. E aqui gerou seus frutos, pois esse

---

10   O Decreto estabelecendo a liberdade de imprensa é datado de 21 de setembro de 1820 (MOREL & BARROS, 2003, p. 23).

foi um período rico em discussões políticas e no que seria a gestação da consciência de nacionalidade da antiga colônia.

Como já se disse, com o retorno da família real haviam ficado aqui os funcionários portugueses, identificados em tudo com a metrópole. Havia ainda os brasileiros, filhos de portugueses aqui nascidos, que se beneficiaram com a vinda da família real, e também identificados com a metrópole, pensando em um Brasil integrante do Reino Unido. Havia os portugueses que adotaram o país e queriam a sua independência. E havia finalmente os brasileiros que defendiam a total emancipação dos laços com a metrópole, com posições claramente republicanas, como fora a ideia dos rebeldes mineiros da Inconfidência.[11]

Nesse contexto de discussão e de debates que se seguiu ao momento histórico da volta da corte para Portugal, e no marco da liberdade de imprensa, há o aparecimento de muitas publicações em todo o país, mas notavelmente no Rio de Janeiro. Como escrevem Morel e Barros (2003, p. 23),

> O momento crucial para a emergência de uma opinião pública começa nos anos 1820 e 1821, contexto que antecede a independência do Brasil e marca mudanças significativas na estrutura política da Península Ibérica e de seus domínios na América.[12]

Afinal, tanto Espanha como Portugal, a reboque das transformações provocadas pelas invasões napoleônicas, debutarão no mundo dos países regidos por uma Constituição.

Em tal contexto de efervescência política apareceram, só no Rio de Janeiro, em 1821, os jornais *O Amigo do Rei e da Nação* (de Ovídio Saraiva de Carvalho e

---

11 Como ensina o historiador mineiro José Murilo de Carvalho, convém ter uma visão crítica do que dizem os manuais escolares sobre o ideário da Inconfidência Mineira, na medida em que esse movimento passou por um processo de releitura "republicana" pelos pais do movimento de 1889, na busca da criação de um acervo de "bens simbólicos" e antecedentes para a República.

12 Na defesa de doutorado em que se apresentou esta pesquisa, um dos participantes da banca, Dr. Gilberto Maringoni, problematizou essa afirmação, afirmando que "Não tenho elementos para avaliar se de fato existiu uma opinião pública logo após a Independência. Onde considero mais certo afirmar que algo dessa natureza se fez notar – inclusive com essa denominação pelos cronistas da época – foi na campanha abolicionista, que mobilizou a imprensa, houve comícios nas ruas e formou-se uma corrente de opinião favorável à libertação dos escravos". Fica o registro de seu comentário.

Silva, circulou entre março e junho de 1821), *O Bem da Ordem* (redigido pelo cônego Francisco Vieira Goulart, entre março e dezembro de 1821), *O Conciliador do Reino Unido* (criado por José da Silva Lisboa, depois Visconde de Cairu, circulou de 1º de março a 28 de abril de 1821), *O Despertador Brasiliense* (pasquim do mesmo José da Silva Lisboa, publicado em dezembro), o *Diário do Rio de Janeiro* (que será comentado dois parágrafos a seguir), *O Espelho* (fundado por Manuel Ferreira de Araújo Guimarães, o segundo editor da *Gazeta do Rio de Janeiro* e criador de *O Patriota*, e que circulou de 1º de outubro de 1821 até 27 de junho de 1823), o *Jornal de Anúncios* (5 de maio a 16 de junho de 1921), *A Malagueta* (de Luís Augusto May, periódico publicado de 18 de dezembro de 1821 a junho de 1822, com posteriores edições "extraordinárias"),[13] *O Reverbero Constitucional Fluminense* (periódico de Joaquim Gonçalves Ledo e Januário da Cunha Barbosa, que circulou entre 15 de setembro de 1821 e 8 de outubro de 1822, exercendo grande influência no movimento pela independência), *A Sabatina Familiar dos Amigos de Bem Comum* (redigido por José da Silva Lisboa, o Cairu, entre 8 de dezembro de 1821 e 5 de janeiro de 1822).

No ano seguinte, o da proclamação da independência, surgiram outras publicações, como *Compilador Constitucional Político e Literário Brasiliense* (de Joaquim Gaspar do Nascimento e João Batista de Queirós, teve 15 números, circulando de 5 de janeiro a 26 de abril de 1822), *Annaes Fluminenses de Sciencias, Artes e Litteratura* (resenhado à parte, no final deste capítulo), *O Constitucional* (de José Joaquim da Rocha e do padre Belchior Pinheiro de Oliveira, foi editado entre 5 de julho e 31 de setembro de 1822), *Correio do Rio de Janeiro* (redigido pelo português-brasileiro João Soares Lisboa, circulou entre 10 de abril e 21 de outubro de 1822, retornando de 1º de agosto a 24 de novembro de 1823), *A Heroicidade Brasileira* (pasquim editado por Cairu em 14 de janeiro de 1822), *O Macaco Brasileiro* (redigido por Manuel Zuarte e Pedro da Silva Porto entre junho e agosto de 1822), *O Papagaio* (de Luís Moutinho Alves e Silva, apareceu de 4 de maio a 8 de agosto), *Reclamação do Brasil* (outra criação de José da Silva Lisboa, o Cairu, publicada entre 9 de janeiro e 22

---

13 Apontado por Nelson Werneck Sodré como um paladino da imprensa, primeiro jornalista a sofrer "na carne" a repressão, o português Luís Augusto May teria sido, segundo a historiadora Isabel Lustosa, um jornalista menos comprometido com a boa causa e mais interessado em promoções e sinecuras. E suas "Malaguetas" tiveram muitas edições extraordinárias, dependendo das disputas e dos pleitos desse controvertido editor.

de maio de 1822), *O Regulador Brasílico-luso,* que depois mudaria o nome para *Regulador Brasileiro* (escrito por frei Francisco de Sampaio e Antônio José da Silva Loureiro, apareceu entre 29 de julho de 1822 e 12 de março de 1823), *O Republicano Liberal, A Verdade Constitucional* e *O Volantim* (1º de setembro a 31 de outubro, com 52 números).[14]

Mas tal profusão de títulos não era sinal de longevidade. De todos esses periódicos, somente o *Diário do Rio de Janeiro* teria uma longa trajetória, sendo publicado por 57 anos, de 1º de junho de 1821 até 31 de outubro de 1878, e passando por diversas fases. Criado pelo português Zeferino Vito de Meireles, formado nas oficinas da Impressão Régia, onde fez carreira, ascendendo de impressor a vice--administrador (SODRÉ, 1999, p. 50), o número 1 desse que foi o primeiro jornal realmente informativo do país circulou em 1º de junho de 1821. Buscava fornecer ao leitor o máximo de informações e de notícias locais. Três décadas depois teve como redator chefe José de Alencar, que publicou sob a forma de folhetim seu romance *O Guarani* (1857), grande incentivador de vendas da publicação. Em 1859 o jornal, até então conservador, sai de circulação, sendo relançado no ano seguinte com uma postura mais liberal. Sob a direção de Saldanha Marinho e de Quintino Bocaiúva, o *Diário do Rio de Janeiro* entra então numa fase mais empresarial, que dará o tom a ser seguido por quase todos os periódicos: a imprensa aos poucos passará a ser vista como um negócio, não como uma causa. Nessa fase, Machado de Assis é convidado a redigir o noticiário, responsabilizando-se também pela cobertura política como repórter do Senado. O *Diário do Rio de Janeiro* deixa de circular em 31 de outubro de 1878 (LUSTOSA, 2000, p. 485).

Das outras publicações acima nomeadas, poucas chegariam ao ano de 1823. Como ensina Dulcília Buitoni (2009), essas eram publicações de vida curta, quase sempre projetos voluntaristas, sem nenhum planejamento econômico. Em muitos casos, o próprio dono da pequena empresa tipográfica tinha de vender os equipamentos comprados para saldar as dívidas contraídas com seu projeto, geralmente doutrinário. Outro entusiasta herdava o negócio para, na maior parte dos casos, passá-lo adiante e saldar as dívidas, e assim sucessivamente.

---

14   Dados compilados de LUSTOSA, Isabel. *Insultos impressos.* São Paulo, Companhia. das Letras, 2000, p. 483-485. Há também elementos retirados da pesquisa *História da revista no Brasil (1812-1999),* da Emporium Brasilis, 1999, p. 1-14.

A curta duração dessas publicações, no entanto, não diminui a importância desses jornais no processo de proclamação e de consolidação da independência brasileira, além de criar novos espaços e hábitos de leitura. Muitas dessas folhas eram lidas em voz alta, em reuniões, dando lugar a animadas discussões, como se viu no capítulo anterior.

Como escreve Joaquim Marçal Ferreira Andrade em seu estudo *História da Fotorreportagem no Brasil*,

> só a partir da campanha da independência é que os jornais proliferam e se alcança a liberdade de imprensa, iniciando-se o verdadeiro processo de desenvolvimento da imprensa periódica local, com a criação de inúmeros jornais por todo o país (ANDRADE, 2004, p. 31).

Atrás de todos esses jornais consolidavam-se as condições para a formação de um incipiente público leitor. Os frutos virão com o tempo.

Por causa dessa expansão e desse momento de discussões e debates, outras tipografias são instaladas fora da Corte, abrindo novas frentes nas províncias. Entre 1821 e 1822, são lançados periódicos no Pará, Maranhão e Pernambuco, além dos já existentes na Bahia. Anos depois, Ceará, Paraíba, Minas Gerais e Rio Grande do Sul inauguraram suas publicações locais. São Paulo demorará a entrar nesse clube. O primeiro diário a circular na província, *O Paulista*, fundado por Antônio Mariano de Azevedo Marques em 1823, era manuscrito. Teve vida curta, apenas 3 meses, e nenhum exemplar sobreviveu. Em 1827 surgiu na capital paulista *O Farol Paulistano*, primeiro jornal impresso (SODRÉ, 1999, p. 87). Seu organizador foi José da Costa Carvalho, diretor da Faculdade de Direito do Largo São Francisco. Em 23 de outubro de 1829 o italiano Giovanni Baptista de Líbero Badaró criava *O Observador Constitucional*.

Havia nesse período uma circulação significativa de impressos da corte e das províncias pelo território brasileiro, criando uma espécie de rede que interligava os círculos letrados. Por meio desses folhetos as pessoas se aliavam, se insultavam e se conheciam, manifestando-se publicamente. A imprensa foi um elemento constitutivo do novo espaço público que se construía na nação recém-independizada. Alguns órgãos na corte colocaram-se à frente da luta pela oficialização da independência nos anos 1821 e 1822. Nessa linha militavam o *Revérbero Constitucional Fluminense*, de

Gonçalves Ledo e do cônego Januário da Cunha Barbosa; o *Correio do Rio de Janeiro*, de João Soares Lisboa, um dos que morreriam à frente das guerrilhas na Confederação do Equador e cujo jornal fazia longas e elogiosas transcrições do periódico *Sentinela da Liberdade,* do baiano residente em Pernambuco Cipriano José Barata de Almeida; e ainda *A Malagueta,* do já comentado Luís Augusto May.

É nessa época, meados dos anos 20 e primeira metade da década de 30 do século XIX, que surgem os pasquins. Considerado pela historiografia oficial como de certo caos, esse período das regências é visto por autores como Werneck Sodré como de caminhada de afirmação dos valores nacionais, com uma imprensa peculiar em que se aprendia a exercer o direito à opinião (SODRÉ, 1999, p. 85). Foi o caso do *Simplicio,* de 1831, marco inicial de uma "família" numerosa, da qual fizeram parte outros periódicos, como *O Neto do Simplicio, papeluxo de bom gosto* (1831); *A filha unica da mulher do Simplicio* (1832); *O Simplicio da Roça; Verdadeira Mai do Simplício, A Infeliz Viuva Peregrina* (1831); *A Mulher do Simplício ou A Fluminense Exaltada* – este de duração mais longa (editado pelo jovem Francisco de Paula Brito, de que se falará no próximo capítulo, circula de março de 1832 a abril de 1846).

A eles vão se juntando muitos outros, no calor das disputas em torno do jovem e irrequieto imperador Pedro I,[15] que finalmente se vê forçado a abdicar e deixar o país no episódio de 7 de abril de 1831. Pode-se nomear, entre pasquins famosos, *Enfermeiro dos Doidos, Médico dos Malucos, Velho Casamenteiro, A Cegarrega, O Ferrabraz, A Bobaza, O Burro Magro, O Caolho, O Esbarra, O Maçado ou Palhaço da Oposição, O Par de Tetas, O Rusguentinho, A Mutuca Picante* (Emporium Brasilis, 1999, p. 14).

O pasquim era redigido por uma pessoa que compunha o original em um texto manuscrito e o enviava à tipografia, que servia não só como impressora mas quase sempre como ponto de venda, assim como as boticas, já que as livrarias eram raras nessa época. Werneck Sodré dedica ao pasquim o mais longo capítulo de sua *História da imprensa no Brasil,* um ensaio primoroso em que estabelece algumas das características desse tipo de publicação que proliferou pelo país com a disseminação das

---

15 Personagem fascinante, Pedro I do Brasil e IV de Portugal consegue a proeza de, em menos de uma década, passar de herói e defensor perpétuo do Brasil a figura abominada. Sobre isso é interessante ler a citação que faremos a seguir do que publica sobre ele o *Espelho das Brasileiras,* revista pernambucana, em sua edição 28, de 6 de maio de 1831. Mas sobretudo é de leitura altamente recomendável o livro de Isabel Lustosa, *D. Pedro I, um herói sem nenhum caráter.*

A REVISTA NO BRASIL DO SÉCULO XIX

tipografias nas décadas de 20 a 50 do século XIX. O estilo panfletário dava a tônica dessas publicações, algumas de duas páginas (frente e verso), outras de quatro páginas (uma lâmina dobrada) e que muitas vezes não passavam do primeiro número.

Segundo Nelson Werneck Sodré, uma das marcas dos pasquins era serem compostos de um só artigo ou tema, geralmente uma discussão de ideias ou uma diatribe contra alguma atitude do governo ou do grupo adversário. Como se disse, era um texto autoral, quase sempre de caráter doutrinário. Mesmo assim, frequentemente o autor se ocultava ou no anonimato ou no uso de um pseudônimo, embora recheasse o texto de referências para ser facilmente identificado. O uso da epígrafe é outra característica dessas publicações de nosso nascente "mercado editorial".

> Não havia pequeno jornal que fugisse ao gosto de estampar, em prosa ou em verso, um motivo qualquer com relação ao programa ou princípio ou propósito a que obedecia (SODRÉ, 1999, p. 160).

Exemplos dessas epígrafes, algumas em francês, outras em latim, ou mesmo em linguagem corrente, como a do pasquim *O Enfermeiro dos Doidos*: "Não cabem no hospício os que conheço. Que remédio senão curá-los fora?" Ou esta, de *O Precursor das Eleições*, de Ouro Preto, 1828: "De quelque manière, les citoyens s'occupent de leurs interêts, la chose important c'est qu'ils s'en occupent"; "Fragil fez-me a Natureza, mas, com firme opiniao. He justo que a Patria escute a voz do meo coraçao" *(A Mulher do Simplicio)*; "Valle a mentira, em quanto não apparece a verdade" *(Verdadeira Mai do Simplicio)*; "A ignorancia he Mai do atrevimento" *(O Burro Magro)*; Ainda que os caes ladrem a lua, sempre ella resplandece *(O Caolho)*.

Outra característica dos pasquins e dessa primeira fase da imprensa brasileira era a veemência da linguagem, beirando muitas vezes o viés ofensivo, com invasão da vida particular e íntima. Nas suas disputas com o jornalista português Luís Augusto May, o príncipe Dom Pedro I teria escrito uma famosa diatribe, "O calmante da e no Malagueta", publicada em *O Espelho* de 10 de janeiro de 1823. Por sua linguagem quase escatológica em que retrata maldosamente o desafeto e se refere a suas preferências sexuais menos ortodoxas com termos chulos, é considerada por Isabel Lustosa como notável peça jornalística, talvez única em seu estilo publicada no Brasil, atribuída por muitos historiadores a D. Pedro I. E, de fato, quem ousaria escrever de maneira tão desabrida num cenário onde as leis ainda estavam por se fazer e onde jornalistas estavam sendo julgados por abuso da liberdade de imprensa? O príncipe se abalançaria a tanto. É bem seu estilo, presente em suas cartas, nos outros artigos que publicou e no anedotário que se criou em torno dele (LUSTOSA, 2000, p. 305).

Outra das características foi a vida efêmera de quase todos os pasquins: "a maior parte deles ficou mesmo na edição inicial, que se tornou única" (SODRÉ, 1999, p. 164).

Eram, enfim, o produto de equipamentos artesanais, empregando prensas tipográficas rudimentares. E foi assim que a imprensa deu seus passos iniciais entre nós, e muitos artesãos iam aprendendo o ofício. O público se acostuma a comprar o periódico – ou a se reunir para ouvir alguém que o lê – e o editor vai aprendendo o que cai no gosto de seu leitor, realimentando um ciclo.

Fugindo a esse modelo de provocação e pouco fôlego, foram lançados nessa mesma época os dois diários de maior duração na historia da imprensa brasileira: *O Diário de Pernambuco* (1825), no Recife, e o *Jornal do Commercio* (1827), no Rio de Janeiro. Ambos circulam ainda hoje. O diário carioca foi criado pelo tipógrafo francês Pierre François René Plancher de la Noé. Dono de uma impressora, Plancher tinha relações amistosas com o Imperador. Havia lançado em 1824 *O Spectador Brasileiro,* e por emitir opiniões políticas, acabou tendo problemas com Pedro I. Comprou então o título do *Diário Mercantil* e o transformou no inventivo *Jornal do Commercio,* um periódico alheio às coisas da política. Teve um lado inovador, como a circulação da primeira folha solta com caricaturas e sátiras (a estreia dessa modalidade de suplemento ocorreu em 14 de dezembro de 1837: as provocações eram contra o jornalista Justiniano José da Rocha).

Como na época ainda não havia se desenvolvido e introduzido aqui a técnica da impressão simultânea de texto e de imagem (tipografia e litografia, esta sendo o desenho realizado com um lápis de cera em uma base de pedra), muitos periódicos, sobretudo as revistas, optavam por apresentar as imagens encartadas com o texto, gravadas geralmente em talho doce ou então litográficas (ANDRADE, 2004, p. 37). Só já adiantada a segunda metade do século se descobrirá e se aperfeiçoará não apenas a impressão simultânea de imagem e texto, como a técnica do meio-tom ou fototipia, que permitirá a impressão de fotografia diretamente nos periódicos, sem o recurso do clichê:

> Nesse processo, a gravura de folha solta transforma-se numa arte popular, vendida em feiras e negociada nas ruas, não só pelos comerciantes de arte, mas também pelos próprios artistas. Havia a estampa de crítica social, a religiosa, a de feitos históricos e heróicos, a de comemorações, os retratos, as edições especiais referentes às festas, etc. Além da venda popular, o editor era muitas vezes patrocinado pelo governo e pelos grandes senhores (ANDRADE, 2004, p. 44).

O certo é que uma cultura da imagem também se criará aos poucos, entre o público leitor, desenvolvendo uma forte demanda pela informação visual. A estampa de moda, brinde das publicações femininas, será valorizada pela informação visual que fornece e se constituirá num dos sucessos de publicações como *O Jornal das Senhoras* e sobretudo, décadas depois, com *A Estação,* como veremos nos capítulos 4 e 7.

ANNAES E *ESPELHO DIAMANTINO:* PIONEIRISMO

Foi nesse marco de interesse por novas ideias que surgiu os *Annaes Fluminenses de Sciencias, Artes e Literatura,* periódico lançado no Rio de Janeiro em janeiro de 1822, e que se anunciava como editado por uma Sociedade Philo-Technica. Publicação de um único número, *Annaes* foi redigida por José Victorino dos Santos e Souza, professor da Real Academia Militar. O exemplar em arquivo no acervo da Biblioteca Nacional tem em sua página de rosto uma dedicatória manuscrita, do próprio redator, oferecendo o exemplar à "Biblioteca Imperial e Publica". De algum modo inspirada em *O Patriota,* a publicação era de tamanho maior (23 x 17 cm, contra os 18 x 13 cm de seu predecessor), embora com alentado número de páginas, chegando às 120.

Esse número único dos *Annaes* tinha uma proposta editorial bastante ampla, ao tentar mapear diversos campos do conhecimento, como as ciências naturais, tecnologia, agricultura, metalurgia, indústria e comércio, além da política, filosofia e das artes em geral – seguindo, de algum modo, a receita do já comentado *O Patriota.* Não por acaso, a idealização dessa nova publicação é atribuída a José

Bonifácio de Andrada e Silva, um dos colaboradores de *O Patriota*. Segundo o levantamento realizado pela equipe de pesquisadores de Vladimir Sacchetta:

> A extensa relação de temas procurava abarcar vários campos do conhecimento humano. Era um sinal dos novos tempos. De um lado, refletia os movimentos modernizantes que floresciam na Europa desde o século XVIII. De outro, espelhava as novidades que a Corte portuguesa havia transplantado de além-mar quando se transferiu para o Brasil. A Corte precisava de médicos, engenheiros, militares e cientistas. Para tanto criara instituições de ensino e pesquisa, como a Academia Militar, a Academia da Marinha, a escola Médico-Cirúrgica, o Museu Real e o Horto Real. *Annaes Fluminenses* pretendia suprir as necessidades da incipiente vida intelectual com artigos que dessem respaldo a esse reduzido grupo de homens empenhados em construir o arcabouço econômico, científico e cultural para um novo Brasil (Emporium Brasilis, 1999, p. 21-22).

Com essa pauta ampla, a revista, com vinhetas adornando as páginas 18, 20, 48 e 115, trouxe ricos documentos para eventuais pesquisas sobre o que pensava a elite de então. Um artigo fala do pioneiro estabelecimento financeiro, o Banco do Brasil; outro, comentando uma nova divisão eclesiástica, efetua um dos raros levantamentos estatísticos da população brasileira da época. Outro ensaio traz o resumo de documentos espanhóis, explicando a incorporação de Montevidéu e da Província Cisplatina ao Reino Unido de Portugal, Brasil e Algarves. A última parte da revista, que vai da página 57 à 114, publica o extenso trabalho de Antonio Rodrigues Veloso de Oliveira "A igreja do Brasil ou Informação para servir de baze". O periódico vinha acompanhado por oito mapas desdobrados no final do volume (PR-SOR 000272).[16]

Nos anos seguintes aparecerão diversas revistas, quase todas repetindo o mote já apontado por Dulcília Buitoni: tentativas amadoras e de vida curta. Entre elas podem ser citadas o *Jornal Scientífico* (1826), o *Espelho Diamantino* (1827), *O Propagador das Sciencias Medicas* (1827), *a Revista Semanaria dos Trabalhos Legislativos da Camara dos Senhores Deputados* (1828).

---

16 PR-SOR é o código de catálogo dos microfilmes de Periódicos Raros da Biblioteca Nacional. O número se refere ao rolo do microfilme.

O *Jornal Scientifico, Economico e Litterario – ou Colleçao de Varias Peças, Memorias, Relaçoens, Viagens, Poesias, Anedotas,* era publicado pela Typographia de Torres, no formato de 23 x 16 cm, e circulou três números nos meses de maio, junho e julho de 1826. Tinha como epígrafe a frase: "Em nenhum estudo pode haver vício. As artes entre si". Era ligado à maçonaria e tinha como redatores o mesmo José Vitorino dos Santos e Sousa, que capitaneara os *Annaes Fluminenses de Sciencias, Artes e Litteratura,* e Felisberto Inácio Januário Cordeiro.

Já o *O Espelho Diamantino: periodico de política, litteratura, bellas artes, theatro e modas, dedicado as senhoras brasileiras,* teve periodicidade quinzenal, circulando entre 20 de setembro de 1827 e 28 de abril de 1828, num total de 14 números. Saía das prensas da moderna Imperial Typographia de Plancher-Seignot, montada pelo francês Pierre-René François Plancher de la Noé.

Famoso impressor de Paris que desembarcara nos trópicos fugindo de perseguições após a reviravolta política ocorrida na França, Plancher de la Noé nasceu em Le Mans, em 19 de janeiro de 1764. Mestre em artes gráficas, consolidou-se em Paris como editor de autores consagrados, como Voltaire e Benjamin Constant, entre outros nomes de destaque. Com um histórico liberal, se viu em maus lençóis na época da restauração da monarquia, com a França sob comando de Luís XVIII. Sofrendo a perseguição política por causa dos autores que publicara, se viu obrigado a sair do país. Depois de uma passagem por Madri, vem para o Brasil, desembarcando no Rio de Janeiro em 1824, com um bom estoque de livros e equipamentos. Conta-se que, ao desembarcar na alfândega carioca, foi preso. Não é informação segura, pois se sabe que sua esposa, Jeanne Seignot, era detentora de uma licença para exercer a função de livreiro. Tanto que no mesmo ano de sua chegada Plancher de la Noé instalou a oficina tipográfica, a Seignot-Plancher & C.º, em que passaria a imprimir folhetins, leis, papéis avulsos, e a vender livros e calendários.

Certamente seus planos não eram publicar folhetos e encomendas de terceiros. Ele pensara em se instalar como editor, pois trouxera modernos equipamentos de impressão e operários especializados para montar uma casa tipográfica. Pôs sua oficina em funcionamento na Rua da Alfândega, 47, e soube tirar partido da amizade com o jovem imperador Pedro I. Logo sua empresa ganhava o privilégio de usar o nome de Imperial Tipografia, sendo a escolhida para imprimir a Constituição de 1824.

Além do acervo de autores que representava como editor, com obras de D'Alembert, Diderot e Montesquieu, Plancher publicou livros como o *Guia da conversação brasileira e francesa*, de G. Harmonière, o *Anuário Histórico Brasiliense* e o *Almanaque Plancher*, espécie de anuário que organizava as informações sobre vendas de mercadorias e meios de transporte – e que abrirá um filão em que depois brilhará o famoso *Almanak Laemmert*. Também lançou as chamadas "folhinhas", calendários de bolso e de parede que foram um dos seus sucessos de vendas (VAINFAS, 2002, p. 420).

Mas os planos de Plancher apontavam para novos alvos. E ele partiu para a publicação de seus próprios títulos e revistas. Seu primeiro periódico foi *O Spectador Brasileiro,* que circulou de 1824 até maio de 1827. Escrevia no jornal sob o pseudônimo de "Hum francês brasileiro". Em outubro de 1827, adquiriu o *Diário Mercantil,* que pertencia a Francisco Manuel Ferreira & Cia., e relançou-o com o nome de *Jornal do Commercio.* Menos voltado para as discussões identitárias do período (quase todas as publicações discutiam o que se deveria fazer, que rumo e feições dar ao novo país), e mais voltado para a informação de negócios, a ideia de Plancher, inspirada nos moldes de uma folha homônima parisiense, era criar um veículo que superasse o monopólio exercido até então pelo *Diário do Rio de Janeiro,* ainda um "jornal à moda antiga", espécie de *clipping* de outras publicações estrangeiras, algumas charadas e epigramas, recheados de anúncios de compra e venda, o que era uma espécie de padrão. O periódico de Plancher inovava ao apresentar um número maior de "editorias" com seções de interesse econômico, como "Preços Correntes" e "Movimentos de Importação e Exportação", além de notas sobre política e comércio. A proposta deu bons resultados e, a partir de meados do século, o jornal será um dos periódicos de maior circulação no país (VAINFAS, 2002, p. 419-421).

Na primeira página do número 1 do *Jornal do Commercio* (encontrada na seção de raridades da Biblioteca Nacional) é possível ler o seguinte editorial:

> De hoje por diante, continuar-se-há a publicação deste JORNAL DO COMMERCIO. Esta folha exclusivamente dedicada aos senhores Negociantes conterá diariamente tudo o que diz respeito ao Commercio, tanto em Anúncios como em preços correntes exactos de Importação e Exportação, entrada e sahida de Embarcações, etc., etc. Os proprietários bem ao facto de todos os ramos mercantis desta Capital não pouparão

nem despezas nem zelo para tornar esta empreza digna da aceitação pública, e rogão para melhor desempenho dos seus deveres a proteção e assistência do honrado Corpo do Commercio. As Assignaturas se fazem na Rua d'Alfandega, n° 47, onde igualmente se recebem, antes do meio dia, todos os Annuncios mercantis, que devem sem falta ser inseridos no dia seguinte. O preço da Assignatura he de 64 réis por mês, pagos adiantados.

Os primeiros redatores do *Jornal do Commercio*, além do próprio Plancher, foram Émile Seignot, João Francisco Sigaud, Júlio César Muzzi, Luís Sebastião Fabregas Surigué e Francisco de Paula Brito – Paula Brito aprende com esses franceses muito do que depois aplicará na condição de primeiro e maior editor e *publisher* brasileiro (veja adiante no capítulo 3 o comentário sobre *A Marmota).*

Mas voltemos a *O Espelho Diamantino.* O periódico tem texto em uma coluna. Antes da publicação do primeiro número o editor lançou um "prospecto", com a aclaração sobre o que o periódico tratará e a que ele se dedicará. Assim inicia essa peroração:

A influencia das mulheres sobre as vontades, as acções, e a felicidade dos homens, abrange todos os momentos, e todas as circunstancias da existencia, e quanto mais adiantada a civilisação, tanto mais influente se mostra este innato poder...*[...]* Mas querer celebrar os merecimentos das mulheres seria huma tarefa tão árdua como inútil (PR SOR 00299).

Segundo a ficha catalográfica da Biblioteca Nacional, *O Espelho Diamantino* era redigido por Julio Floro das Palmeiras, tendo como editor responsável Chevalier. Cada número tinha na capa e na contracapa ornamentos visuais, as "cercaduras". Apresentava numeração de páginas continuada (ou seja, o número 2 inicia com a página 17 e assim por diante, o que faria supor uma publicação de 16 páginas, mas esse número é variável). O terceiro número tem a capa emoldurada com motivos florais. Inicialmente, *O Espelho Diamantino* teve periodicidade quinzenal, assim, foram dois os números publicados em outubro (os números 2 e 3) e outros dois em novembro (os 4 e 5, lançados nas quintas-feiras 1 e 15 desse mês). Mas em dezembro aparece apenas uma edição, a de número 6. O número 7 circula com data de sábado, 5 de janeiro de 1828. Faremos, a seguir, uma análise desse número 7 (a Biblioteca Nacional não tem em seu acervo o número 1).

Após a introdução (página 117), esse número 7 de *O Espelho Diamantino* sumariza seu conteúdo (na página 118):

> Noticias políticas (isto he huma mui succinta relação dos factos principaes e mais dignos da publica attenção). Depois Negócios Nacionaes (n'esta divisão encontrará o leitor resumos imparciaes das sessões legislativas; das leis mais importantes. De tudo quanto em fim póde mais especialmente interessar os leitores brasileiros); Litteratura e Theatro (basta o titulo para indicar as matérias que pertencem á esta divisão). Em fim: Chronica e Anecdotas (n'esta derradeira divisão procurarão os redactores offerecer ao leitor alguma coisa que o possa alegrar, fazendo compensação ao serio das materias políticas) (PR SOR 00299).

Reprodução da capa dos *Annaes Fluminenses de Sciencias, Artes e Litteratura*, de janeiro de 1822 – edição única.

O ESPELHO DIAMANTINO,

PERIODICO

DE POLITICA, LITTERATURA, BELLAS ARTES, THEATRO,
E MODAS.

DEDICADO

AS SENHORAS BRASILEIRAS.

PROSPECTO.

A influencia das mulheres sobre as vontades, as acções, e a felicidade dos homens, abrange todos os momentos, e todas as circunstancias da existencia, e quanto mais adiantada a civilisação, tanto mais influente se mostra este innato poder, de forma que, se a companheira do homem inda salvagem, cultiva as terras, carrega os fardos, orna, e tinge o corpo do consorte, não deixando de lhe dar conselhos para a guerra, para a paz, é para a caça, a esposa do homem civilisado, não satisfeita com o tomar sobre si todo o peso do governo interior da familia, e estes innumeraveis trabalhos que a industria tem tornado indispensaveis para as commodidades, e regalos da vida, está tambem pronta a repartir os cuidados do marido involvido nos lances, e tormentas dos negocios privados, ou publicos, a sugerir-lhe expedientes mais delicados, e appropriados do que as suas mais intensas meditações, a sustentar seu animo na adversidade, a inclina-lo á moderação e suaves sentimentos, quando o orgulho dos successos lhe inspiraria egoismo, ou insolencia.

Reprodução da capa do número 7 de *O Espelho Diamantino*, tirada da cópia microfilmada da coleção da Biblioteca Nacional – PR SOR 00299-1.

Embora a publicação se apresente como dirigida às senhoras brasileiras, não há na revista um cuidado de linguagem ou uma escolha temática que revele essa preocupação por parte do senhor Chevalier, que se apresenta após o sumário como o editor do periódico, em criar uma revista feminina. A seção (ou divisão, como se refere o periódico) de "Notícias políticas" começa com um longo artigo, "Memórias históricas", que ocupa o rodapé da página 118 e as duas páginas seguintes, historiando a libertação da Grécia do domínio turco e narrando as marchas e contramarchas da batalha naval de Navarinos, um dos marcos da guerra da independência grega. O artigo seguinte, ainda da seção de notícias políticas, "Negócios do Oriente", continua com o tema da aliança entre Inglaterra e Rússia para combater o império turco otomano na campanha de independência da Grécia. Mais quatro páginas confusas dão conta das peripécias de personagens ingleses, como o mercenário Lorde Cochrane, que também vendeu seus serviços na América Latina.

A seguir, as "Notícias Nacionais", na metade inferior da página 125 (a nona das 16 páginas desse exemplar), comenta um edital do Thesouro Nacional, que tomará empréstimo de mil contos de réis

> para occorrer ao déficit do próximo quartel do anno seguinte, e que no dia 8 de janeiro próximo futuro ás 10 horas da manhã receberá no Thesouro as propostas de todos e qualquer capitalista nacionaes ou estrangeiros, que quizerem emprestar dinheiro.

O referido edital leva data de 29 de dezembro de 1827 e tem assinatura do escrivão José Procópio de Castro.

Na página seguinte segue um comentário não assinado, de meia página, criticando o edital do governo e da legislação vigente por não seguir o modelo de captação de recursos adotado em outros países:

> Sentimos muito que não tenha a Câmara dos Deputados refletido melhor n'aquella importantíssima matéria, nem querido conformar-se com o exemplo das grandes Nações financeiras como a Inglaterra e a França.

A metade inferior da mesma página 126 (a décima deste número) publica um artigo sobre "Falta de cobre":

A REVISTA NO BRASIL DO SÉCULO XIX

> Não ha trocos, tal he a voz geral que o povo escuta nas loges de commercio; nos armazéns; nas vendas; nas padarias, nos açougues &c. &c. &c. quando leva notas do Banco para remir suas necessidades. Onde vão pois parar tantos contos de réis em cobre, que sahem diariamente da caza da moeda? [...] Nas mãos dos cambistas, verdugos da pobreza; assassínios dos commerciantes; verdadeiros flagellos da sociedade Brasileira.

A arenga contra os guardadores de moedas se prolonga na página 127 e termina no 1/3 superior da página 128. A revista então passa à seção de "Litteratura e Theatro", dando notícia do sucesso da atriz Madame Barbieri nos palcos do Rio de Janeiro. No final da página seguinte começa a seção de notas curtas, sob o título de "Chronica e Anedoctas" (que no sumário fora chamada de anecdotas), que ocupa as quatro páginas seguintes, até a 135, que encerra o número, com o anúncio de algumas atrações da próxima edição, como uma obra intitulada "Instrucções secretas dos jesuítas".

A tônica das crônicas é relatar os acontecimentos do mês anterior: "O mez de dezembro foi fecundo em successos de todo o genero; nós vamos contar algumas das espertezas, que tiverão lugar na secena escandaloza", avisa o redator, na introdução.

É a história de um larápio que aplica o golpe em diversas firmas do Rio de Janeiro e escapa para Minas Gerais. Mas a Justiça entra em ação para "metter o passaro na gaiolla" e finalmente o prende. Outra nota curta comenta a publicação de uma nova peça de poesia sobre a morte do judicioso e prudente macaco que "tem feito tanta bulha na Corte e nas circunvisinhanças. De certo este macaco mereceria huma analise digna da pena do grande Buffon. O ourang–outang que dava partidas de chá no seu gabinete não foi tão celebre". Outra nota curta dá conta de que

> Hum desgraçado suspirante, ou suspirador de certa Senhora B*** recebeu ha dias huma carta fexada com obrêa preta contendo estas palavras – se continuares á namorar a Mad.*** receberás hum tiro de pistolla. Não há um laconismo mais expressivo. D. Quixote não foi tão resumido em desafios.

Outra dessas notas, de 5 linhas: "Falla-se de grandes reformas na Typografia Nacional: que serão demitidos dois directores: hum terá mais tempo para consultar os astros; não sabemos quando cahirá o raio [...]". Um cidadão inglês que na noite de réveillon, a caminho de sua casa em Mata Porcos, foi assaltado por dois negros armados com facas: "O Inglez não tendo mais que hum pequeno xicote, sérvio-se com tudo desta arma com tanta dextreza que conseguio lançar por terra hum dos assassinos e segurar o outro, que elle conduzio ao corpo da guarda mais próximo".

Novamente a Madame Barbieri é destaque: por causa de uma disputa, a soprano se recusou a se apresentar no espetáculo lírico e os oficiais da Marinha, em polvorosa, pedem que ela retorne aos palcos. Um jovem da alta sociedade do Rio de Janeiro, ao se preparar para ir à caça nas montanhas, no período natalino, acidentalmente disparou a espingarda e matou um colega, indo entregar-se espontaneamente à Justiça. A publicação (que não dá o nome dos personagens) conclui: "O Publico espera com impaciencia e com o mais vivo interesse a decizão dos juizes, que não poderá deixar de ser favorável a hum moço que goza do maior conceito e estima".

Mas, antes de encerrar esse exemplar, o editor coloca uma nota estratégica: "No nomento de hir este numero ao prelo, somos informados que as pequenas desavenças que tem havido á respeito da Mad. Barbieri desvenecérão, com mutual satisfação d'aquella excellente cantora e do illustrissimo sr. Empresário do Imperial Theatro" (PR SOR, 00299: 133). Os oficiais da Marinha devem ter respirado aliviados.

São típicas fofocas, notícias do mundo do teatro e da própria imprensa que prenunciam um gênero jornalístico que florescerá e dará lugar ao chamado colunismo social, chegando às publicações que tão bem conhecemos, do tipo *Tititi* ou *Contigo!*.

Como se disse, a não ser por essas quatro últimas páginas da publicação, pouco há de revista feminina na proposta de *O Espelho Diamantino,* que se apresentava como o periódico dedicado às senhoras brasileiras. Mesmo supondo que apenas as mulheres da elite tinham acesso à leitura, é difícil imaginá-las tão interessadas na independência grega ou no sistema de captação financeira praticado pelo Tesouro Nacional.

Chama atenção, no entanto, a atualidade e o frescor da linguagem. Quer no uso de expressões como "matéria", em alguns ditados, quer na grafia de algumas palavras (typografia e não typographia).

O ESPELHO DAS BRASILEIRAS E *L' ÉCHO DE L'AMÉRIQUE DU SUD*

Diferentemente de *O Espelho Diamantino* (que era quinzenal), outra revista, lançada fora da Corte, chegou a se aproximar mais do que hoje consideramos a linguagem de uma publicação feminina. Foi *O Espelho das Brasileiras.*[17] Editada no Recife em 1831, era de propriedade do tipógrafo Adolphe Garin, da Impressora Fidedigna. Esse periódico, ao contrário de tantos outros que devem ter aparecido na época nas províncias, ganhou fama por nele haver estreado nas letras a batalhadora Nísia Floresta Brasileira Augusta, considerada a nossa "protojornalista", escrevendo artigos sobre as mulheres e sua condição nos trinta números da publicação (leia perfil no final deste capítulo).

A análise de uma edição completa de *O Espelho das Brasileiras* (a Biblioteca Nacional dispõe em seus arquivos de apenas três edições, as de 27 a 30, justamente os três últimos números da revista), mostra uma linguagem não muito diferente da apresentada por seu antecessor carioca, *O Espelho Diamantino*. Mas há um tom mais dirigido a uma provável leitora (a publicação era escrita por homens). Vamos nos deter rapidamente no número 28, publicado na sexta-feira, 6 de maio de 1831.

A revista é diagramada em apenas uma coluna, no formato 18 x 25 cm, em quatro páginas (esse exemplar número 28 segue a numeração 109 a 112, o que coincide: 28 números multiplicado por 4 páginas dá como resultado 112). Um formato mais de "jornal" do que de "revista", portanto.[18] A capa tem o título em maiúsculo, três linhas

---

17 Chama atenção a grafia de algumas palavras, nesses anos iniciais da imprensa brasileira. É o caso, visto no item anterior, de Typografia e não Typographia. É o caso também de Brasileiras, e não Brazileiras, como seria de se esperar.

18 Como já se falou anteriormente, é um tanto movediça a nomenclatura entre revista e jornal antes de 1880 e da disseminação do uso do telégrafo. O autor prefere o designativo periódico para as publicações desse tempo anterior ao telégrafo. Nessa primeira parte do século XIX, no entanto, vão se criando alguns padrões: a) o pasquim ou o panfleto se publica em 2 páginas (frente e verso); b) o jornal em 4 páginas (uma lâmina frente e verso, dobrada); c) a revista semanal, sobretudo a ilustrada, em 8 páginas, uma lâmina impressa em tipografia de um lado e em litografia no outro, e duplamente dobrada, formando a sequência de página 1 ilustrada, páginas 2/3 com texto; páginas 4/5, centrais, ilustradas, páginas 6/7 com texto e, finalmente, a 8ª página com ilustração. Será assim com os grandes clássicos como *A Semana Illustrada,* de Fleiuss, ou a *Revista Illustrada,* de Angelo Agostini. As revistas doutrinárias, não ilustradas, em formato brochura, chegarão a 80 ou 100 páginas, como foi o caso de *O Patriota.*

centralizadas em tipografia serifada entre fios duplos. Abaixo do título, a epígrafe: "A virtude, os talentos, e não a vaidade, te guiarão, Perilla", retirada da Elegia VII de *Para Perilla*, de Ovídio. Sob o fio, a aclaração: Na Typ. Fidedigna. R. das Flores, nº 18. 1831.

A seguir, sem título ou preâmbulo, a revista inicia um texto que ocupará metade de suas páginas. É um discurso comemorando a abdicação de Dom Pedro I ao Trono, em favor de seu filho Pedro de Alcântara, o futuro Pedro II. O tom é veemente, inflamado.

> Parabens, Brasileiras em geral! Parabens, parabens, Pernambucanas! Quem intentava perder-nos ja naó existe em nosso territorio, ja naó respira o ar de nossa athmosfera. Pedro Iº, esse homem caviloso, cuja maldade tanto abusou da nossa paciencia, cessou para sempre de ser nosso Imperador, ou antes nosso Oppressor. No dia 7 de abril deste venturoso anno elle abdicou a coroa em seo filho D. Pedro 2.º. [...] Ja podemos hombrear com os mais Americanos: ja podemos dizer que somos livres: o Chefe da naçaó é um Brasileiro nato: parabens Brasileiras em geral.

O texto segue nesse ritmo, e faz um resumo crítico da história recente do país, da chegada de Dom João VI ("esse monarca voluvel, perjuro, froxo e hypocrita") à esperteza de Pedro I em proclamar a independência para não perder contra as aspirações republicanas. Critica acidamente o jovem imperador renunciante ("queria ser divino; e era um homem corrupto: todos sabem que a morte de sua virtuosa esposa foi causada por elle: o esposo que por concubinas espanca sua consorte prova a malvadeza de seo coração")[19] e conclama as leitoras à eterna vigilância, para que alguns "momentos de descuido não venham a perder o bem que nos tem custado tantos sacrifícios, oppressóes e tyrannias". Esse libelo termina com um "Viva a Liberdade!"

Seguem-se três notas curtas, duas das quais repetem o tema da abdicação do imperador, e a revista finaliza com um poema, enviado por uma leitora, professora de "primeiras letras" na cidade de Olinda. O poema se chama "Quadrinhas dedicadas ás brasileiras", e a autora não é citada, permanecendo no anonimato. É um poema longo, de 25 quadras de nove sílabas, que rimam ciúmes com queixumes, razáo/consolação; corações/grilhões; deveres/prazeres; sorte/consorte. De algum modo, retomam

---

19 Isabel Lustosa reproduz e deixa em aberto o tema de que Leopoldina morreu como consequência do espancamento de que foi vítima, por haver se recusado a entrar numa recepção acompanhada da dama de honra, Domitila de Castro, a marquesa de Santos (LUSTOSA, 2006, p. 237-243).

o tema da epígrafe: "Saô própria do vosso[20] sexo/Os enfeites e os ornatos;/Porem d'alma os ornamentos/Estimaô mais os Sensatos [...] O varaô sàbio e cordato/Foge com razao' de ser/Espozo d'uma Senhora,/Que poem no luxo o prazer".

Sem tampouco haver conseguido uma linguagem nitidamente feminina, o fato é que esse periódico foi um dos pioneiros na imprensa feminina, ainda que fundado e dirigido por homens, como fica patente na referência ao "vosso sexo", numa poesia pretensamente escrita por uma professora.

Como veremos a seguir, esse final dos anos 1820 marcou o surgimento de uma série de publicações. Caberia mencionar ainda uma delas. A *L'Écho de l'Amérique du Sud, Journal Politique, Commercial et Litteraire* – um periódico publicado em francês pela L'Imprimerie de R. Ogier, Rue d'Ouvidor, nº 156, Rio de Janeiro (embora a ficha catalográfica da Biblioteca Nacional cite como casa publicadora a L'Imprimerie Imperiale de Plancher-Seignot, o que se lê no exemplar é R. Ogier, que no número 74, o último da publicação, está instalada na Rua da Quitanda nº 63).

L'Écho é uma entre tantas publicações em francês que circularam nos primeiros anos do nascente Império. O primeiro número circula no sábado (Samedi, 30 juin, 1827). Ocupa 4 páginas e traz como epígrafe "Il n'y a qu'un echo en Amerique, lorsqu'on prononce les mots de Patrie et de Liberte", frase atribuída ao General Foy, militar liberal francês da época napoleônica. O primeiro número abre com notas locais (chamadas de "Intérieur"), segue as internacionais ("Extérieur"), com notícias sobre Espanha, Grécia (ali está em andamento o processo da independência do domínio turco, já mencionado), França, seguidas de notas sobre variedades e teatros e os "avis". É assim que na edição do "samedi, 23 septembre 1827" ficamos sabendo que Monsieur M. Blanc, farmacêutico formado pela Faculdade de Montpellier, autorizado pela aprovação legal do médico-chefe do Império brasileiro após se submeter ao exame determinado pela lei, "vient d'ouvrir une pharmacie dans la rue d'Ouvidor, nº 217, à cote du magazin de M. César" (anúncio publicado na página 4).[21]

O número 2 do periódico abre com um aviso ao público, dando conta de que após acerto realizado entre o impressor M. P. Plancher e o editor, o *L'Independant*

---

20   É curioso notar que uma professora falasse do próprio sexo como "vosso", poder-se-ia suspeitar que as quadrinhas fossem de autoria do próprio redator, que a atribui a uma professora.

21   Tradução das frases: Só há um eco na América, quando se pronunciam as palavras Pátria e Liberdade; O Sr. Blanc acaba de inaugurar uma farmácia na Rua do Ouvidor, ao lado da loja de M. César.

deixa de aparecer e que os assinantes receberão em troca os dois primeiros números do *Écho*, para completar o primeiro trimestre da assinatura. E os novos assinantes que queiram receber os dez números do *L'Independant* podem encontrá-los com o Sr. Plancher. E deixa claro: "Je saisis cette occasion pour déclarer que M. Plancher est entièrement étranger à la rédaction de l'Écho de l'Amerique du Sud, qui paraîtra lês Mercredi et Samedi de chaque Semaine, et dont je suis Editeur-Proprietarie et Rédacteur seul Responsable".[22] E assina: E. Sevene.

NUMERO 28.   6.ª FEIRA 6 DE MAIO.   ANNO DE 1831.

ESPELHO
DAS
BRASILEIRAS.

A virtude, os talentos, — E usá a vaidade
Te guiarão, Perilla, — A immortalidade.
Tradus. de Ovid. ad Perillam. Eleg VII

NA TYP. FIDEDIGNA R. DAS FLORES N.º 18.   1831.

PARABENS, Brasileiras em geral! Parabens, parabens, Pernambucanas! Quem intenta perder-nos ja naõ existe em nosso territorio, ja naõ respira o ar de nossa athmosfera. Pedro 1.º, esse homem caviloso, cuja maldade tanto abusou da nossa paciencia, cessou para sempre de ser nosso Imperador, ou antes nosso Oppressor. No dia 7 d'Abril deste venturoso anno elle abdicou a coroa em seo filho D. Pedro 2.º

Completou-se o triunfo da liberdade, seo estendarte victorioso está arvorado por todos os pontos do hemisferio sul. Ja podemos hombrear com os mais Americanos: ja podemos dizer que somos livres: o Chefe da Naçaõ é um Brasileiro nato: parabens, parabens Brasileiras em geral. O desastroso futuro que nos guardava trouco-se em dias de paz e ventura: essa mudança, ha tanto tempo desejada, data de 7 d'Abril, desse dia memorando, que nos fastos da historia deve assignalar á epocha de nossa verdadeira emancipaçaõ. A independencia, e liberdade com que tanto se vangloriava o nosso ex-imperador de nos ter mimoseado, era uma independencia palliativa, uma liberdade quimerica.

D. Joaõ 6.º, esse monarca voluvel, perjuro, froxo e hypocrita, depois de ter comprometido sua naçaõ, corrido pelos Francezes, relugiou-se entre nós. Circunstancias politicas o forçaraõ á tornar para Portugal, com penna de perder o reino, se o naõ fizesse. Ja entaõ o espirito de independencia reinava no Brasil. Conta, e é de crer que antes de sua partida, o monarca portuguez a conselhara seo primogenito, á quem deixará como seo lugar-tenente, que se pozesse á testa do partido da independencia, quando de outra sorte naõ podesse conservar o Brasil sujeito á metropole. Os Brasileiros em 1827 decididos á se resgatarem á custa de suas vidas, tentaraõ sacudir o jugo lusitano: — Independencia, ou morte foi o grito geral — Entaõ o principe regente proclamou contra as

SAMEDI 30 JUIN 1827.   NUMÉRO 1.ᵉʳ

L'ÉCHO DE L'AMÉRIQUE DU SUD,
JOURNAL POLITIQUE, COMMERCIAL ET LITTÉRAIRE.

Prix de l'Abonnement : 9$600 Réis pour trois mois, 4$800 Réis pour six mois, et 9$600 Réis pour l'année.
Ce Journal paraît les Mercredi et Samedi. — Le Bureau est Rue Dance, N.º 11.

Il n'y a qu'un écho en *Amérique*, lorsqu'on
prononce les mots de Patrie et de Liberté.
(*Génthal Fey.*)

AVIS.

Par suite des Conventions faites entre M. P. Plancher et l'Editeur, l'Independant cesse de paroître. MM. les Abonnés recevront les deux premiers Numeros de l'Écho pour compléter le premier trimestre de l'Abonnement, et ainsi de suite.

E. SEVENE.

PROSPECTUS.

Depuis que l'Indépendance a été unanimement proclamée sur le vaste continent de l'Amérique du Sud [...]

Reprodução das capas do número 28 de *O Espelho das Brasileiras* e do número 1 de *l'Écho de l'Amérique du Sud,* realizada a partir da cópia microfilmada da coleção da Biblioteca Nacional – PR SOR 4848-1 e PR SOR 298.

---

22 Tradução: Aproveito a oportunidade para esclarecer que o Sr. Plancher é totalmente alheio à redação de *L'Écho de l'Amerique du Sud*, que circulará às quartas e sábados de cada semana, e da qual eu sou o editor proprietário e redator responsável.

Muitas outras publicações surgiram no período, como *O Propagador das Sciencias Medicas – Annaes de Medicina, Cirurgia e Pharmacia para o Imperio do Brasil,* lançado pela Imperial Typographia de Plancher-Seignot, em 1827. Editado por João Francisco Sigaud, era bimensal e circulou por dois anos, de janeiro de 1827 a dezembro de 1828, num total de 12 fascículos no formato 23 x 14, de numeração continuada (como já se disse, os números de página do fascículo 2 não começavam pelo 1, mas continuavam a numeração do anterior, algo comum na época: o que importava era a numeração do "volume", com as edições de um ano inteiro formando uma espécie de livro ou anuário).

Plancher lançou ainda outros periódicos em francês, além do *Independant* acima citado. Quase uma década depois, em maio de 1839, aparecerá uma *Revue Française,* que trazia entre outros atrativos uma imagem sobre o logotipo, onde se destacam uma arpa, duas serpentes, símbolo da medicina, e elementos de agricultura para justificar o subtítulo de *Littérature, Sciences, Beaux-Arts, Politique, Commerce.* A revista, anunciada ao preço de 2$000 réis a subscrição por quatro meses, 600 réis o exemplar avulso, oferecia como atração extra uma gravura, veiculada na primeira edição de cada mês. O número 1 tinha, entre seus assuntos, uma poesia de Lord Byron, "Zuleika", tema da gravura que circulou com o periódico.

Houve ainda uma série de publicações de colorido feminino (mas poucos com uma visão feminista), de títulos que sugeriam a fragilidade, segundo Maria Luiza Martins em *Revistas em Revista,* e Dulcília Buitoni, em *Mulher de Papel.* Entre eles, *A Camélia, A Borboleta, A Crisálida, O Lírio, A Grinalda, O Leque, O Recreio das Bellas, O Brinco das Damas, A Grinalda.* Foi justamente por essa época, no final da década de 1820, que apareceu a *Beija-Flor: Annaes brasileiros de sciencia, politica, litteratura,* &c. Curiosamente, como recolhe Werneck, a própria *Beija-Flor* em seu quarto número, realizava um balanço sobre a imprensa brasileira. Escrevia o redator dessa revista:

> Se os progressos da imprensa fossem os degraus certos de um termômetro para o adiantamento da civilização, podíamos nos felicitar de nosso avançamento, pois que de quatro anos para cá o número de publicações periódicas tem quadruplicado no Brasil. Em 1827, apenas se contavam 12 ou 13 e hoje, conforme a conta tirada do *Aurora* de sexta-feira, 26 do corrente [ou seja, 1830], 54 saem à luz do Império. Destas, 16 pertencem

à Corte. Em 1827, apenas haviam 8, portanto o número dobrou" (SODRÉ, 1999, p. 116).

Ou seja, devagar se estava indo longe. Analisemos, então, *O Beija-Flor*.

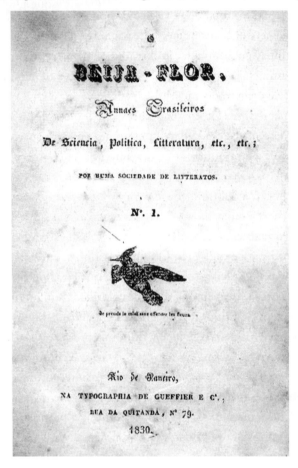

Reprodução da capa do número 1 de *O Beija-Flor: annaes brasileiros de sciencia, política, litteratura, etc., etc.*, de 1830.

O *BEIJA-FLOR,* O FOLHETIM E A PRIMEIRA NOVELA NACIONAL

Os editores, de revistas ou de publicações diversas, sabem que a mulher sempre foi leitora mais fiel do que o homem. "A mulher leitora, desde o Império, fora presença assídua no contexto do impresso", diz a pesquisadora Maria Luiza Martins (2003, p. 371). Como observa a própria autora, essa presença foi limitada em número, além de circunscrita às classes sociais mais abastadas. De leitora a colaboradora ou a produtora de publicações, o passo foi dado aos poucos pelas mulheres. Um desses passos importantes foi o aparecimento da revista *O Beija-Flor.* Há certa confusão sobre essa publicação nos livros que historiam as publicações do século XIX. Nelson Werneck Sodré afirma que a revista circulou dos fins de 1830 a princípios de 1831 e foram tirados oito números. Mais adiante, o mesmo autor se refere à revista como tendo circulado entre 1849 e 1852 (SODRÉ, 1999, p. 116 e 183). Em MOREL & BARROS (2003, p. 39) se lê que o periódico encerrou suas atividades no oitavo número, em 1840, acusando a falta de compreensão de seus compatriotas. De fato, os arquivos da Biblioteca Nacional (PR SOR 83) esclarecem que a revista teve oito edições, todas circulando no ano de 1830.

Seguramente as discrepâncias quanto às datas se devem ao fato de que existiram diversas publicações com o nome de *O Beija-Flor,* e a Biblioteca Nacional tem em seu acervo a coleção de dez diferentes periódicos que adotaram esse nome. Há *O Beija-Flor,* "jornal de instrucção e recreio", semanário publicado pela Typografia de J. Villeneuve, de abril de 1849 a 1852, do qual a BN possui em acervo 77 números. Há ainda *O Beija-Flor* de Recife (lançado em 1883), o de Campos-RJ (lançado em 1881), o de Goiás (lançado em 1886), o de Caçapava-SP (1914), entre outros.

Mas o que nos interessa aqui é o primeiro deles, *O Beija-Flor: Annaes brasileiros de sciencia, politica, litteratura, etc., etc.,* lançado pela Typografia de Gueffier e C., da Rua da Quitanda, nº 79, em janeiro de 1830. Dele, sim, foram publicados oito números no formato 19 x 13 centímetros. Paginado em uma coluna, com uma mancha tipográfica que sugere mais um livro do que um periódico, trazia notas soltas sobre ciência política, generalidades, extratos de outras publicações estrangeiras e literatura. E é nesse campo, o da literatura, que *O Beija-Flor* merece destaque, por haver publicado o primeiro folhetim brasileiro, ou "novella nacional", como a revista se refere ao texto, em sua seção "Litteratura". Assim, em seu número 4, sem maiores preâmbulos, a revista inicia a história de *Olaya e Julio* ou *A periquita,* que segue pelas páginas seguintes, ficando a conclusão para o número 5. E nesse número 5, no meio da página 170 (a numeração era contínua), terminada uma nota retirada do *Correio Mercantil,* aparece a retranca "Litteratura", e na linha seguinte inicia-se a segunda parte da novela nacional, que se estende por treze páginas, até chegar ao final desse quinto número (p. 184). No total a novela ocupa 35 páginas. Faltou o trabalho do editor, de explicar ao leitor que ali concluía a narrativa iniciada no número anterior. Esse aprendizado virá com o tempo.

Mas *O Beija-Flor* trouxe novidades para os leitores já a partir do número 2. Em meio a artigos sérios, os assinantes puderam se entreter, no segundo e terceiro números, com a leitura da novela *O Colar de Pérolas,* ou *Clorinda,* texto de ficção de autoria do escocês Walter Scott (1771-1832), o autor de *Ivanhoe.* Na época, Scott era um dos grandes nomes do folhetim, o *hit* literário da Europa. De origem francesa, esse tipo de texto romanesco, publicado em capítulos, ou "entregas", se transformaria rapidamente em moda também no Brasil. Mas isso acontecerá a partir da década de 1840, ou seja, dez anos depois dessa ousadia inicial de *O Beija-Flor.* Falemos do folhetim.

Chegando à metade do século XIX, a literatura ganha prestígio e cai no gosto do público. Valorizada e apreciada, sua contribuição foi decisiva para a formação da nacionalidade, afirmam os pesquisadores Marco Morel e Mariana Monteiro de Barros. Essa influência vai se encorpando por meio dos folhetins, dos livros e das poesias recitadas em público, consolidando a tíbia indústria editorial. Há um crescendo no número de exemplares de periódicos vendidos anualmente: de uma média de 5.000 exemplares em 1840, se passa a 20.000 duas décadas depois, alcançando 30 mil exemplares vendidos na década de 1870, segundo o pesquisador Reinaldo Carlos Montoro (MOREL & BARRROS, 2003, p. 54). São números um tanto questionáveis, caso se leve em conta a informação corrente de que a *Revista Illustrada*, de Angelo Agostini, chegava a tiragens de 4.000 exemplares por edição (mesmo que se calculasse uma tiragem média de apenas 2 mil cópias semanais, o resultado seria cerca de 100 mil exemplares anuais apenas dessa publicação).

Sem dúvida um dos fatores que fizeram com que as tiragens e o número de periódicos aumentassem significativamente foi o folhetim, termo que designava o largo rodapé da primeira página do jornal: espaço nobre destinado a piadas, charadas, receitas, novidades, historietas e cartas. O tamanho e o formato dos rodapés sofreram transmutações sucessivas (MOREL & BARROS, 2003, p. 55), até que passou a comportar trechos de uma narrativa fatiada, obra publicada aos pedaços, em progresso, fazendo com que o leitor, instigado pela curiosidade e pelo suspense das histórias, adquirisse diariamente o jornal ou acompanhasse as peripécias dos personagens nas edições semanais ou quinzenais de sua revista preferida.

Marco Morel e Mariana Barros relatam que, entre 1830 e 1854, foram publicadas em periódicos brasileiros 74 traduções de obras de ficção. Importava-se literatura sem qualquer autorização dos autores. Foi assim que obras como *O conde de Monte Cristo,* de Alexandre Dumas, ou *Os trabalhadores do mar,* de Victor Hugo (esta com tradução de Machado de Assis para publicação no *Diário do Rio de Janeiro)* apareceram aqui quase ao mesmo tempo em que eram publicadas em Paris. Foi tal o sucesso de *O conde de Monte Cristo* que o diretor do *Jornal do Commercio* encomendou uma versão com novas peripécias do personagem, contratando para isso o escritor português Alfredo Passolo Hogan. "No papel de ghost-writer de Alexandre Dumas, ele escreveu *A mão do finado"* (MOREL & BARROS, 2003: 56). Em outubro de 1853, o próprio Alexandre Dumas, que conheceu a versão francesa dessa "continuação de sua obra", enviou uma veemente carta de protesto ao jornal, que não lhe deu caso, continuando a publicação da saga de Edmond Dantès.[23]

---

23   Escrito em 1853 pelo português Alfredo Hogan a pedido do editor Luiz Correia da Cunha, que queria explorar o sucesso da obra de Dumas, o folhetim *A mão do finado* se revelou outro sucesso, aumentando as vendas do jornal. Para estabelecer deliberadamente a ambiguidade, publicou-se o folhetim sem nome do autor – o leitor deduziria que, sendo o personagem o mesmo Edmond Dantès, o conde de Monte Cristo, seria obra do mesmo autor. Rapidamente a obra foi traduzida para o francês e publicada em 1854 sob o título de *La main du défunt,* atribuída a um tal F. Leprince, e muitos acreditaram que esse seria o pseudônimo do escritor francês. Na realidade, Leprince nunca existiu; o autor da obra é mesmo Alfredo Hogan. O livro conheceu numerosas traduções: a italiana *La mano del defunto,* atribuída a A. Le Prince; a espanhola *La mano del muerto.* A edição argentina em livro traz na capa o nome de Alejandro Dumas. Houve ainda uma versão teatral: a alemã *Die totenhand.* Dumas conheceu o livro e fez o possível para refutar a ideia de que fosse ele o autor. Desde finais de 1853 escreveu ao *Jornal do Commercio* para explicar que "Je n'ai jamais fait et, bien qu'on me le demande souvent, je ne ferai probablement jamais de suite du *Comte de Monte-Cristo*" (Nunca fiz e jamais farei, ainda que tenham me pedido muito, uma continuação para o *Conde de Monte Cristo*). Dumas exigia a retratação por parte do jornal, desmentindo sua autoria do texto. Mas seus apelos foram em vão. Sobre essa história, há um rico material no site: http://www.pastichesdumas.com/pages/FichesMC/MaoFinado.html

Sensibilizados pelo sucesso do folhetim na conquista de novos leitores, que acompanhavam avidamente as histórias, os jornais e as revistas daqui adotaram o modismo europeu. E os escritores nacionais, igualmente convencidos, ingressaram no elenco de autores de folhetins, até ali dominado por nomes estrangeiros como Eugène Sue, Chateaubriand, Fenimore Cooper e Walter Scott, além de Alexandre Dumas. Assim, na década de 1850, os autores nacionais começam a exercitar-se no gênero. Um dos grandes sucessos dessa ficção fasciculada foi *O guarani,* de José de Alencar, publicado no *Diário do Rio de Janeiro* entre fevereiro e abril de 1857. A propaganda boca a boca fez não apenas subir as tiragens do jornal, como a história passou a ser republicada em diversos periódicos das províncias, para delírio dos leitores que acompanhavam o desenrolar das histórias como hoje muitos seguem as peripécias da novela das 8. Após esse sucesso, José de Alencar, que era redator-chefe do *Diário do Rio de Janeiro,* publicou no mesmo jornal *A viuvinha* (1860). Sem dúvida, um caso de "contrato de leitura" pactuado entre editor e leitor.

Outros clássicos surgiram como folhetim, escritos em capítulos para alavancar a leitura das publicações. *Memórias de um sargento de milícias*, de Manuel Antônio de Almeida, foi publicado entre 27 de junho de 1852 e 31 de julho de 1853 no *Jornal do Commercio.* Machado de Assis publicou o seu *Quincas Borba* entre 15 de junho de 1886 e 15 de setembro de 1891 na revista quinzenal *A Estação.* E assim nomes como Joaquim Manuel de Macedo, Aluísio Azevedo e Raul Pompéia se popularizaram e lançaram histórias fasciculadas que depois, reunidas em livro, se tornaram obras-primas de nossa literatura.

Pegando carona nessa vertente, dada a demanda dos periódicos pelas histórias seriadas, imprensa e literatura passaram a caminhar juntas, e não raro os escritores publicavam suas obras primeiro em folhetins. Além dos autores já citados, outros se iniciaram na literatura pelas portas da imprensa diária. Transitando com desenvoltura pelo gênero, aos poucos os folhetinistas passaram a cultivar também a crônica. Machado de Assis escreve em uma delas, em 1859, *O Folhetinista*:

> O folhetinista é a fusão admirável do útil e do fútil, o parto curioso e singular do sério, consorciado com o frívolo. [...] O folhetinista, na sociedade, ocupa o lugar do colibri na esfera vegetal; salta, esvoaça, brinca, tremula, paira e espaneja-se sobre todos os caules suculentos, sobre todas as seivas vigorosas. Todo o mundo lhe pertence, até mesmo a política

> [...] Assim aquinhoado pode dizer-se que não há entidade mais feliz neste mundo, exceções feitas. Tem a sociedade diante de sua pena, o público para lê-lo, os ociosos para admirá-lo e a *bas-bleus*[24] para aplaudi-lo. *O Espelho,* 30/10/1859 (ASSIS, 2004, p. 3-959).

Por tudo isso, fica evidente a importância da primeira novela escrita no país, *A periquita,* uma das atrações dos números 4 e 5 da revista *O Beija-Flor.* De autoria atribuída a Charles Auguste Taunay,[25] a história da rica menina Olaya e do pobre garoto Julio se passa no Nordeste brasileiro. Um folhetim curto, *Olaya e Julio,* ou *A Periquita,* se divide em duas partes. Na primeira o leitor é apresentado aos personagens, que se conhecem na infância. Olaya é uma menina bem-nascida. Julio é um dos "deserdados da sorte". De passagem pela fazenda dos pais de Olaya, o garoto é maltratado pelos irmãos da menina e alguns outros rapazes. Com pena do garoto, Olaya afugenta os agressores e dá de comer ao pobre Julio. Ao se despedir, ela lhe entrega uma pequena quantia em dinheiro e uma periquita. A pequena ave será a lembrança que Julio leva da menina Olaya, por quem se apaixonara. Quando a periquita morre, ela a manda empalhar, para manter a recordação.

Na segunda parte da história, Julio, agora um comerciante rico e bem sucedido, retorna ao seu Ceará natal, devastado pela seca, e vai até a antiga fazenda, ver se reencontra a amada. Chega e encontra a mãe da amada num catre. Pouco resta do brilho da mulher rica de outrora, que envelhecida e recolhida num pobre casebre, não reconhece no comerciante próspero aquele menino a quem atendera.

Destacamos a seguir a cena em que Olaya volta da roça ao casebre e Julio se revela (para facilitar a leitura, foi realizada a transcrição para o português atual):

> A mulher *[a mãe],* cuja fisionomia estava alterada pelo sofrimento e o cuidado, dava de quando em quando alguns ais e gemidos. Dirigindo-se à cafuza disse em tom d'agonia. "Tão tarde e ainda não voltou!" "Já

---

24   Bas-bleus, segundo o *Petit Larousse,* é uma mulher pedante, com pretensões literárias.

25   Segundo a professora Sandra Guardini, "Marlyse Meyer denomina essa novela de 'franco-brasileira' e atribui a autoria de Charles Auguste Taunay". Ver "Uma Novela Franco-brasileira de 1830" in *As mil faces de um herói canalha e outros ensaios.* Rio de Janeiro: Editora da UFRJ, 1998, p. 333-347. Conferir Guardini T. Vasconcelos Sandra. *Formação do Romance Brasileiro: 1808-1860 (Vertentes Inglesas).* http://www.unicamp.br/iel/memoria/Ensaios/

vem", respondeu a boa da cafuza, que ficara na porta a vigiar. Com efeito, uma moça branca, com um pote d'água à cabeça, e um embrulho de roupa molhada debaixo do braço, apareceu no solar da porta.

Julio, num indizível estado d'ânsia, fitou os olhos nela, e apesar da mudança que os anos, a infelicidade e a doença tinham feito, reconheceu Olaya... Eram ainda os mesmos olhos azuis, com sobrancelhas e cabelos pretos; embora a fome, e as sezões [febres] tinham à porfia apagado as rosas da boca e das faces, e emagrecido as feições!

Talvez a expressão da fisionomia se tivesse tornado ainda mais tocante. Ela era esbelta, mas tão direita e engraçada como a cana do brejo, e seu andar e movimentos eram suaves como os balanços da Angélica ao sopro das virações. Uma simples camisa de algodão e uma saia de chita cor de rosa compunham todo o traje, mas a maior limpeza e asseio o realçavam. O cordelzinho de cabelos e o coraçãozinho de coralina eram o seu único enfeite. Ela entrou na cozinha para depositar o pote que certamente fazia um peso grande para as diminutas forças, e voltou a tomar bênção à mãe, que com tom assaz áspero lhe disse:

"Quanto tardaste!" "Ah! Mãe", respondeu ela, "a fonte está tão longe e tão escassa". E apresentando-lhe uma cuiazinha com siris e camarões: "Eu procurei isto para fazer um quitutezinho, e ver se tira o fastio de minha mãe".

Esta não respondeu, mas demorou sobre a filha piedosa um olhar no qual a ternura, a ansiedade maternal, a antiga severidade e o remorso se podiam divisar há um tempo.

Olaya dirigiu-se logo à criança doente: "Chiquinha, minha vida, como te sentes? Toma este cajuzinho para refrescar a boca".

E sem mais demora, ela, saudando o estrangeiro sem levantar os olhos, pegou da almofada e se sentou a fazer renda.

"Olaya, meu bem", disse a boa cafuza, "tu te queres matar. Chegas tão cansada; não comestes nada hoje, e pegas na renda. Vá tomar um caldinho da minha pobre panela".

"Jesus!", respondeu Olaya, "é bem preciso trabalhar: já lhe devo mais de quatro meses da casa, e a renda vende-se tão mal e tão barata! Há por aqui tanta pobreza a viver disto!"

"Nunca fales no que me deves, criança", respondeu a mulher, "estamos nesta vida para nos socorrer uns aos outros. Enquanto eu tiver um bocado havemos de reparti-lo. Vá tomar um caldo e dar outro à tua mãe".

Julio olhava imóvel e silencioso, escutando qual um réu escuta as disposições dos juízes. Cada prova da miséria em que uma família, outrora tão opulenta, estava abismada, traspassava-lhe a alma. Mas de cada prova destas, surgia um testemunho da bondade, da piedade filial, da resignação de Olaya. Aliás, uma dúvida, a mais terrível, ficava a resolver. E o jovem fez violência para esperar alguns instantes mais.

Olaya tinha por fim cedido às instâncias da boa mulher, e esta, virando-se para Julio:

"Meu bom Senhor, isto é um angu! Coitadinha! Ela nasceu para grandezas e hoje não tem uma escrava para servi-la, e de mais a mais tem a seu cargo a mãe e a mana doentes! Ela faz todo o serviço de casa, e de dia e de noite trabalha na almofada. E assim mesmo está achacada de sezões! Entretanto, jamais se lhe ouve uma queixa! É dócil como um cordeirinho; até acha meio de fazer benefícios às nossas vizinhas ainda mais pobres do que nós! E tão galante que é, se quisesse, não estaria nesta pobreza, teria achado um bom arranjo. Mas é donzela e tão esquiva e honradinha!"

Cada expressão da boa mulher ia retumbar no coração de Julio. Parecia-lhe que uma mão de ferro lhe apertava a garganta. Ele já queria falar e não podia. Por fim, ao ouvir a última revelação, o choque de satisfação que findava tantas emoções e ânsias foi acima das suas forças. Ele perdeu a vista dos olhos, e não fosse o costado da cadeira cairia no chão.

"Maria! Jesus! que tendes, meu rico senhor da minha alma! Santo nome de Jesus! As mãos estão frias! Quer alguma coisa?"

Julio voltado a si, com voz esmorecida, respondeu:

"Um copo daquela água que aquela moça trouxe".

Olaya, que chegava às exclamações da velha, ouviu a resposta de Julio. Trouxe um coco cheio dessa água. E oferecendo-a com pressa, mas não sem pejo, disse:

"O senhor deve perdoar, não temos copo".

Julio bebeu algumas bochechas d'água e, fitando os olhos sobre a linda cara toda animada por um sentimento de compaixão e de simpatia que qualquer ente que sofria excitava nela, já não pôde se conter. A paixão transbordou:

"Olaya!", gritou ele, "minha Olaya! Sou eu. Sou teu Julio, teu esposo! Não me conheces?"

E puxando do seio a periquita: "Eis a nossa periquita, Olaya".

A pobre donzela, fora de si com o assombro, não se pôde ter em pé, e toda trêmula e convulsa foi cair em cima da cama da mãe.

PERFIL

A TRAJETÓRIA DE UMA PIONEIRA

Nascida em 12 de outubro de 1810, em Papari, Rio Grande do Norte, filha do português Dionísio Gonçalves Pinto com a brasileira Antônia Clara Freire, Dionísia Gonçalves Pinto ficou conhecida pelo pseudônimo de Nísia Floresta Brasileira Augusta – com que rendia homenagens: Floresta, o nome do sítio onde nasceu; Brasileira, por seu ufanismo, típico de quem viveu quase três décadas na Europa; Augusta, recordação do segundo marido, Manuel Augusto de Faria Rocha, com quem se casou em 1828. Nísia teve dois filhos, Lívia Augusta, nascida em 1830, e Augusto Américo, nascido em 1833, mesmo ano em que Nísia fica viúva. Sua atuação foi pioneira: a primeira jornalista e militante feminista, não só por seus livros, que retratavam de maneira corajosa e precisa a situação da mulher na sociedade, mas também por sua vida e suas ideias. Seu primeiro livro, lançado em 1832, *Direitos das mulheres e injustiça dos homens*, era uma livre tradução de *Vindications of the rights of woman*, obra de Mary Wollstonecraft, feminista inglesa, em que Nísia contextualizou as teses da autora com os problemas brasileiros, principalmente as posturas contra seu sexo. Com um texto fluido, ela identifica as causas desse preconceito, ao mesmo tempo em que desmistifica a ideia dominante da superioridade masculina. Com o livro, Nísia torna-se precursora, porém não chegou a colher resultados. A consciência feminina, ainda tão submissa, não assimilou suas teses – sem esquecer que a mulher de seu tempo era ainda majoritariamente analfabeta. Educadora, Nísia fundou no Rio de Janeiro o Colégio Augusto, nome que homenageia seu falecido companheiro. Também essa empreitada não obteve sucesso: o viés progressista e revolucionário do colégio, inaugurado em 1838, não atraiu clientela e fechou as portas em 1847. Nísia viveu em diversos estados brasileiros, como Pernambuco (onde colaborou com *O Espelho das Brasileiras*), Rio de Janeiro e Rio Grande do Sul (mudando-se devido ao clima tenso que a Revolução Farroupilha causou na capital gaúcha). Jornalista atuante, colaborou com *O Liberal, O Brasil Illustrado,* e se destacou na imprensa do Rio, escrevendo para o *Correio Mercantil, Jornal do Commercio* e *Diário do Rio de Janeiro*. Em 1849, após um acidente de cavalo ocorrido com sua filha, resolve ir para a Europa com os dois filhos. Para muitos o acidente fora apenas um pretexto para sua mudança, uma vez que os jornais nacionais apenas difamavam suas obras. Outros livros de Nísia, defendendo o mesmo ideário, questionando a situação social, econômica e política das mulheres, foram *Conselhos à minha filha* (1842); *Opúsculo humanitário* (1853); *A mulher* (1859). Na França, participou do círculo de Augusto Comte, o filósofo criador do positivismo, que admirou suas ideias e com quem teve curta amizade. Nísia faleceu, em consequência de pneumonia, em Rouen, na França, aos 75 anos, no dia 24 de abril de 1885. Em agosto de 1954, quase 70 anos depois, seus despojos foram transladados para o Rio Grande do Norte e levados para sua cidade natal, Papari, que em sua homenagem hoje se chama Nísia Floresta.

CAPÍTULO III

A VITALIDADE DE NOVOS REBENTOS: 1831-1850

Entretanto, cada sujeito falante é, ao mesmo tempo, o destinador e o destinatário dessa mensagem, uma vez que ele é capaz de emitir a mensagem e decifrá-la concomitantemente, e em princípio ele não emite nada que não possa decifrar. Nesse sentido, a mensagem endereçada a outro é, de certo modo, endereçada ao que está falando: donde se segue que falar é falar para si mesmo.

Julia Kristeva. *Language, the unknow. An initiation into linguistics.* Nova York: Columbia University Press, 1989, p. 8.

Todo discurso político supõe ao menos dois destinatários: o pró-destinatário, com quem o enunciador comparte um mesmo coletivo de identificação, e o contra-destinatário, a quem se dirige na ordem da polêmica.

Eliseo Verón. "La palabra adversativa: observaciones sobre la enunciación política". In: *El discurso político. Lenguajes y acontecimientos.* Buenos Aires: Hachette, 1987, p. 68.

1831

Espelho das Brasileiras
Pernambuco: Typ. Fidedigna, 1831 (30 números)
Semanário de Saúde Pública: pela sociedade de medicina do Rio de Janeiro
Rio de Janeiro, RJ: Typ. Imperial, de E. Seignot-Plancher, 1831-1833 (125 números)

1832

A Mulher do Simplício
Rio de Janeiro, RJ: Typ. Thomaz B. Hunt, 1832-1846 (83 números)
Jornal da Sociedade de Agricultura, Commercio e Indústria da Província da Bahia
Bahia, BA: Typ. de Moreira, 1832-1836 (38 números)
O Carapuceiro: periodico sempre moral, e so por accidens político
Recife, PE. Sua publicação teve início em 7 abril de 1832 e circulou até 1842,
somando 329 números
Redator: Padre Miguel Sacramento Lopes Gama,
conhecido como "Padre Carapuceiro"
Segundo o próprio Lopes Gama, que era seu único redator, o periódico criticava
com humor os costumes brasileiros e tinha um cunho moral. Era, como estava
escrito em seu frontispício, um "periódico sempre moral, e só per accidens político"

1833

A Marmota
Rio de Janeiro, RJ: Typ. do Diario, 1833 (7 números)
Redator: Pascoal Bailão
O Auxiliador da Indústria Nacional
Rio de Janeiro, RJ: Typ. de I. F. Torres, 1833-1892 (696 números)

Redatores: Januário da Cunha Barbosa, Pedro de Alcântara Lisboa, Miguel Joaquim Pereira de Sá, M. de Oliveira Fausto

O Burro Magro
Rio de Janeiro, RJ: Typ. de Lessa e Pereira, 1833-1834 (3 números)

O Cabrito
Rio de Janeiro, RJ: Typ. de Miranda e Carneiro, 1833 (2 números)

O Esbarra
Rio de Janeiro, RJ: Typ. Paraguassu (6 números)

Revista da Sociedade Philomathica
São Paulo, SP: Typ. do Novo Farol Paulistano, 1833 (6 números)
Redatores: C. Carneiro de Campos, F. Bernardino Ribeiro, J. I. Silveira da Mota

1834

A Mutuca Picante
Rio de Janeiro, RJ: Typ. Thomaz B. Hunt, 1834-1835 (37 números)
Redator: Januário da Cunha Barbosa

1836

Nitheroy: revista brasiliense, sciencias, lettras e artes
Paris, França: Imprimerie de Beaule et Jubin, 1836 (2 números)
Editor: Dauvin et Fontaine, Libraires
Redatores: Gonçalves de Magalhães, Torres Homem, Manuel de Araújo Porto Alegre (Barão de Santo Ângelo), Eugenio de Monglave

Diabo Coxo: jornal miscelânico para os domingos
Niterói, RJ: Nictheroy de Rego e Comp, 1836 (3 números)

1837

Gabinete de Leitura, Seroes das Famílias Brasileiras: jornal para todas as classes, sexos e idades
Rio de Janeiro, RJ: Typ. Commercial de J. de N. Silva, 1837-38 (35 números)
Museo Universal: jornal das famílias brazileiras
Rio de Janeiro, RJ: Typ. Imperial e Constitucional de J. Villeneuve e C.,
1837-1840 (282 números)

1839

Correio das Modas: jornal crítico e litterario das modas, bailes, theatros...
Rio de Janeiro, RJ: Typ. de Laemmert, 1839-1840 (131 números)
Revista Nacional e Estrangeira
Rio de Janeiro, RJ: Typ. de J. E. S. Cabral, 1839-1840 (20 números)
Revista Trimensal de História e Geografia
Rio de Janeiro, RJ: Typographia da Ass. do Despertador, continua sendo editada
até hoje (400 números). Foi anual até 1862, a partir de então se tornou semestral
até 1942. A partir de 1943 (número 178) se converte em trimestral

1841

Revista Médica Brasileira
Rio de Janeiro, RJ: Typ. Imparcial, de Francisco de Paula Brito,
1841-1845 (24 números)
Redatores: Emilio Joaquim da Silva Maia, Francisco de Paula Menezes e outros

1842

O Ramalhete de Damas
Rio de Janeiro, Litographia de Heaton & Rensburg
(revista de música que circulará até 1850)

1843

Minerva Brasiliense: jornal de sciencias, lettras e artes
Rio de Janeiro, RJ: Typ. de J. E. S. Cabral, 1843-1845 (32 números)

1844

A Lanterna Mágica: periodico plastico-philosophico
Rio de Janeiro, RJ: Typ. Franceza, 1844-45 (23 números)
Diretor: Manoel de Araújo Porto-alegre.
Ilustrador: Lopes Cabral e Rafael Mendes de Carvalho

1845

Annaes de Medicina Brasiliense: jornal da Academia Imperial de Medicina do Rio de Janeiro
Rio de Janeiro, RJ: Typ. Imparcial, de Francisco de Paula Brito, 1845-1849.
(48 números)
Redator: Francisco de Paula Cândido
Ostensor Brasileiro: jornal litterario pictorial
Rio de Janeiro, RJ: Typ. do Ostensor Brasileiro, 1845 (52 números)
Publicado por: Vicente Pereira de Carvalho Guimarães e João José Moreira
O Recreador Mineiro: periódico litterario
Ouro Preto, MG: Typ. Imparcial, de Bernardo Xavier Pinto de Souza,
1845-1848. (84 fascículos)
Fundador-redator: Bernardo Xavier Pinto de Souza

1848

Iris: periódico de religião, bellas-artes, sciencias, letras, historia, poesia...
Rio de Janeiro, RJ: Typ. do Iris, 1848-1849 (27 números)
Diretor: Ricardo Augusto da Costa Leiro
Redator: Jose Feliciano de Castilho Barreto e Noronha
Colaboradores: Porto-alegre, Gonçalves Dias, Macedo Joaquim Noberto
Museo Pittoresco Historico e Litterario
Rio de Janeiro, RJ: Typ. Universal de Laemmert, 1848 (53 números)

1849

A Marmota na Corte
Rio de Janeiro, RJ: Typ. de Paula Brito, 1849-1852 (257 números)
Redatores: Prospero Ribeiro Diniz e Francisco de Paula Brito

1850

Guanabara: revista mensal artística, scientifica e litteraria
Rio de Janeiro, RJ: Typ. Guanabarense, de L. A. F. de Menezes, 1850-1855
(5 números)
Fundadores-diretores: Manoel de Araújo Porto-Alegre, Antonio Gonçalves Dias,
Joaquim Manoel de Macedo, circulou até 1852
O Bello Sexo: periodico litterario e recreativo
PE: Typ. de M. F. de Faria, 1850-1851 (8 números)
Redatores: Antonio Witruvio Pinto Bandeira e Accioly Vasconcellos
Redator-chefe: João Climaco Lobato

O Médico do Povo em Pernambuco: jornal de propaganda homeopathica
Recife, PE: Typ. da Viúva Roma & Filhos, 1850 (21 números)
Redator-proprietário: Sabino Olegário Ludgero Pinho, Alexandre José de Mello
Moraes e João Vicente Martins
Periódico dos pobres
Rio de Janeiro, RJ: [s.n.], 1850-1857 (747 números)
Proprietário: Antônio Maximiniano Morando
Revista Commercial: monitor dos negociantes santistas
Santos, SP: Typographia Commercial, 1850-1852 (98 números)
Redator-proprietário: Guilherme Delius

AS ASSOCIAÇÕES DE CLASSE, O AUXILIADOR DA INDÚSTRIA NACIONAL E A REVISTA DE HISTÓRIA E GEOGRAFIA. AS ACADEMIAS DE DIREITO E AS REVISTAS ESTUDANTIS: O AMIGO DAS LETRAS. OS IMPRESSORES: O MUSEO UNIVERSAL. OS LIVREIROS: O CORREIO DAS MODAS. AS IMAGENS: LANTERNA MÁGICA. AS MARMOTAS.

Com a renúncia de Pedro I em favor de seu filho menino e sua ida para Portugal, em 1831, a situação por que passa a jovem nação é confusa e caótica, com lutas entre facções – de um lado a elite mais conservadora, de outro a ala mais liberal, com um ou outro espírito mais esclarecido (e finalmente vencido). Assim, após as marchas e contramarchas das regências trinas, em 12 de outubro de 1835 o Padre Diogo Antônio Feijó toma posse como regente único do Império. São tempos turbulentos para o país em formação.

Entre 1835 e 1840 ocorreu no Pará a rebelião conhecida como Cabanagem, contra o centralismo do Império. Em 10 de setembro de 1836, os farroupilhas proclamam a República do Rio Grande. Em novembro de 1836, o regente Feijó protagoniza um incidente diplomático com o papa, pela não aprovação do padre Antonio Maria de Moura para o bispado do Rio de Janeiro. Em setembro de 1837, Feijó renuncia à regência, assumida interinamente por Pedro de Araújo Lima. Dois meses depois, começa na Bahia a Sabinada. No ano seguinte, o Maranhão é agitado pela Balaiada. Esse pipocar de revoltas e o clima de agitação que toma conta do país têm como efeito o fortalecimento de uma visão conservadora e centralista, uma das marcas da jovem nação a partir de 1837, a que se chamou de "regresso conservador" (MOREL, 2003).

Em julho de 1840, se antecipa a maioridade de Pedro II e se encerra o longo processo de confrontos do período regencial. E temos nosso imperador de 14 anos, que aos poucos, com sua imagem espalhada pelos quatro cantos da nação, será um fator de aglutinação nacional (SCHWARCZ, 1998). A partir daí o governo, baseado na aristocracia rural e escravocrata, dará impulso ao crescimento do país. A avaliação é do historiador José Murilo de Carvalho:

146 CARLOS COSTA

D. Pedro II governou o Brasil de 23 de julho de 1840 a 15 de novembro de 1889. Foram 49 anos, três meses e 22 dias, quase meio século. Assumiu o poder com menos de quinze anos em fase turbulenta da vida nacional, quando o Rio Grande do Sul era uma república independente, o Maranhão enfrentava a revolta da Balaiada, mal terminara a sangrenta guerra da Cabanagem no Pará, e a Inglaterra ameaçava o país com represália por conta do tráfico de escravos. Foi deposto e exilado aos 65 anos, deixando consolidada a unidade do país, abolidos o tráfico e a escravidão, e estabelecidas as bases do sistema representativo graças à ininterrupta realização de eleições e à grande liberdade de imprensa. Pela longevidade do governo e pelas transformações efetuadas em seu percurso, nenhum outro chefe de Estado marcou mais profundamente a história do país (CARVALHO, 2006, p. 9).

Essas duas décadas do século XIX (de 1830 a 1850), viram surgir em distintos pontos do país publicações periódicas como o já comentado boletim recifense *Espelho das Brasileiras* (1831), apresentado no capítulo anterior, ou o *Jornal da Sociedade de Agricultura, Comércio e Indústria da Província da Bahia* (1832), editado em Salvador. Nesse período surgem também algumas revistas de caráter mais técnico, como o *Semanario de Saude Publica* (1831), lançado pela casa impressora mais famosa de então, a Typographia Imperial, de E. Seignot-Plancher. Alguns desses periódicos desempenharam importante papel em nosso nascente mercado editorial. Essas publicações eram, de algum modo, as "revistas segmentadas" da época, que ocuparam seu espaço na criação e sedimentação de um público leitor. E houve, ainda, as publicações ligadas a instituições oficiais, entidades médicas e farmacêuticas e os sindicatos de classe, como foi o caso da Sociedade Auxiliadora da Indústria Nacional ou o Instituto Histórico e Geográfico Brasileiro. A Sociedade Auxiliadora da Indústria Nacional foi responsável pela mais longeva das publicações de nosso século XIX, *O Auxiliador da Industria Nacional*, lançado em 1833 e que circulou até 1892. E o Instituto Histórico e Geográfico Brasileiro foi o criador da *Revista Trimensal de Historia e Geographia*, que apareceu em abril 1839 e chegou até 1872.

A necessidade de gestar um projeto de nação, e a urgência de implementar uma indústria no país nascente são as palavras de ordem desse período e as publicações lhes fazem eco. Se os protojornalistas do período anterior estiveram às voltas com a temática do bem público, da felicidade geral do povo que aqui vivia, agora o que se trata de discutir são os caminhos para chegar a isso: a premência de obras de infra estrutura, estradas, portos, escolas, indústria para produzir maquinário para a lavoura. E se, à diferença do que acontecia na Europa e nos Estados Unidos, onde o escritor-jornalista se tornava um profissional que vivia do resultado de seu trabalho, aqui o jornalista ainda era o funcionário público, o advogado ou legislador que encontravam na imprensa uma fruição intelectual. Mas esse processo caminha – e alguns redatores pagam suas contas com o salário combinado com os editores das publicações.

Há nesse período o estabelecimento e a consolidação dos negócios de livreiros e de suas casas impressoras, entre elas a já mencionada Typographia Imperial, do francês Pierre René François Plancher de la Noé. Mas outros livreiros e editores se instalam, importando livros e criando publicações, como foi o caso do estabelecimento dos irmãos Laemmert. Anexos a essas livrarias foram se formando círculos de leitores e literatos, e algumas organizavam tertúlias. Aos poucos e ao menos para alguns, o negócio da leitura se mostrou razoavelmente rentável.

Outra vertente se forma com as publicações estudantis, que floresceram ao redor das escolas de Direito. Criados a partir da lei de 11 de Agosto de 1827, assinada por D. Pedro I, os cursos jurídicos de Olinda e de São Paulo concretizavam uma ideia surgida durante os debates da Assembleia Constituinte de 1823, logo após a proclamação da Independência e num momento de definição do Estado nacional. Era necessário preparar os quadros e funcionários para a administração do país que começava a se formar. O curso de Olinda iniciou suas atividades em 15 de maio de 1828, o de São Paulo abrira suas portas um pouco antes, em 1º de março. Esses dois polos acadêmicos, embriões do que viria a ser a universidade brasileira, se tornaram ativos centros editores onde se gestaram diversos periódicos, e forneceram a mão de obra que irá brilhar em nossa imprensa – os jornalistas da segunda metade do século XIX serão, em sua maioria, bacharéis saídos dos bancos dessas duas academias – como seus predecessores, os da chamada "geração de 1790", haviam sido preparados nos cursos da Universidade de Coimbra.

Finalmente, é nesse período que se consolida a formação de mão de obra técnica para a impressão das gravuras, que serão a grande atração das publicações – sobretudo as do período seguinte a esse mapeamento histórico, o das "revistas illustradas". Essa vertente é reforçada com a chegada de Steinmann, jovem conhecedor da nova tecnologia da litografia.

A história da vinda do suíço Johann Jacob Steinmann é desses capítulos deliciosos que uma pesquisa histórica proporciona. Segundo conta Orlando da Costa Ferreira, o brigadeiro Joaquim Norberto Xavier de Brito, diretor do Arquivo Militar, querendo contratar um novo "abridor geográfico" (um técnico em impressão de gravuras, em outras palavras) para dar continuidade aos trabalhos cartográficos de sua repartição, pediu ajuda ao encarregado do Ministério dos Negócios Estrangeiros, Domingos Borges de Barros, o visconde de Pedra Branca,[1] que se encontrava em missão oficial de reconhecimento da independência do Brasil junto ao governo francês.

Após os trâmites burocráticos, o visconde contratou Johann Jacob Steinmann, que terminava seu aprendizado na França. O orçamento previa a vinda, "por preço razoável", de um mestre. Steinmann foi escolhido por ser o único entrevistado a conhecer todas as etapas do processo litográfico. Não foi uma contratação fácil: na altura de 1820, as técnicas de impressão deixavam a fase artesanal para passar ao estágio da máquina a vapor, inaugurado pelo *The Times* em 1814 – e a litografia,[2] inventada pelo tcheco-bávaro Aloys Senefelder em 1796, era ponta-de-lança nesse avanço tecnológico (BRIGGS & BURKE, 2004, p. 47, 117-119).

Steinmann trazia para o Brasil o *expertise* que acumulara como aluno no ateliê alsaciano de Godefroy Engelmann e completado na oficina de Senefelder (MEGGS, 1998, p. 146-147). Quando chegou ao Rio, em 1825, tinha na bagagem instrumentos de trabalho que seriam novidade aqui: uma prensa de proporções médias, outra portátil, uma caixa com 76 folhas de zinco, dois caixilhos de ferro, quatro rolos, três peneiras, duas pedras-mármore, papel, tinta, água-forte (FERREIRA, 1994, p. 333).[3]

---

1   O visconde da Pedra Branca, ou da Pedra Parda, como o chamava maldosamente José Bonifácio (CARVALHO, 2007, p. 64), rico senhor de engenho baiano formado em Coimbra, foi o pai de Luísa Margarida Portugal de Barros, a condessa de Barral, com quem o imperador Pedro II manteve uma longa paixão, que produziu quase um milheiro de cartas: instrutora das princesas Isabel e Leopoldina, Luísa Margarida viveu a maior parte de sua vida na França.

2   Técnica que consistia em um desenho com lápis de cera, o *crayon*, sobre pedra, a litografia possibilitou pela primeira vez a produção de imagens coloridas a baixo custo.

3   Steinmann, no entanto, não foi o introdutor da litografia entre nós. Segundo Orlando Ferreira, "Como se merecesse uma espécie de reparo por ter recebido tão tarde a tipografia, o Brasil conheceu

No Arquivo eram preparados e impressos os trabalhos de cartografia que acompanhavam o projeto de mapeamento do país, um trabalho em execução. Também se produziam ali gravuras e desenhos que ilustravam os tratados e as apostilas em uso na Academia Militar (que formava os engenheiros que iriam tocar as construções de pontes, portos e estradas do país em gestação). Um exemplo desses trabalhos com destino escolar são as gravuras para o *Tratado elementar da arte militar e da fortificação,* e gravuras para obras de popularização científica, como o *Compêndio científico para a mocidade brasileira,* publicação de Plancher, o conhecido editor do *Jornal do Commercio* (FERREIRA, 1994: 337).

Com seu estilo minucioso, Orlando Ferreira conta as peripécias de Steinmann num estilo quase novelesco: apesar de contratado como funcionário do Arquivo Militar, o suíço instalou a oficina em sua própria casa, alegando falta de espaço apropriado para a disposição dos equipamentos na Academia. Em sua residência, acabou se dedicando mais à prestação de serviços a terceiros do que ao trabalho cartográfico para que fora contratado. Atrevido, Steinmann solicitou ainda a contratação de três soldados da Academia para operar como auxiliares de impressão, num abusado uso da coisa pública para interesses particulares. Isso seria motivo de intrigas e relatórios por parte de seu superior imediato, Xavier de Brito – e de certo desconforto do historiador da tipografia no Brasil, Orlando Ferreira, que recrimina em longas páginas as pequenas falcatruas do mestre "abridor" – que não teria se destacado exatamente pelo talento artístico.

---

a litografia logo depois de haver esta sido introduzida em caráter definitivo em alguns dos mais importantes países da Europa, a França, por exemplo (1814), e mesmo com avanço sobre outros como a Espanha (1819) e Portugal (1824)" (FERREIRA, 1999, p. 313). Possivelmente um dos integrantes da comitiva que acompanhou a vinda da imperatriz Leopoldina, aportando no Rio em 5 de novembro de 1817, o francês Arnaud Julien Pallière (1783-1862) trouxe consigo a primeira aparelhagem litográfica e realizou suas primeiras gravuras por volta de 1818. Instalara-se no Rio de Janeiro quase dois anos depois da Missão Artística Francesa, o que o torna um dos mais antigos artistas estrangeiros a se fixarem no Brasil. Foi pintor da corte, professor de desenho da Academia Real Militar e, a partir de 1822, professor de desenho e pintura em sua própria Academia de Desenho Civil e Militar, instalada no número 72 da Rua dos Barbonios, atual Evaristo da Veiga (FERREIRA, 1999, p. 315). Ali formava novos litógrafos e desenhistas, que o ajudavam na confecção de condecorações, desenho de uniformes militares, retratos e mapas. Casou-se em 1822 com uma filha do arquiteto Grandjean de Montigny e voltou para a França em 1826.

Ao terminar seu contrato com o governo, Steinmann seguiu realizando suas encomendas na oficina que já tinha renome. Quando voltou para a Europa, em 1833, havia desenhado, impresso e comercializado centenas de quadros e estampas, uma coleção de 50 litografias do Brasil, de paisagens a cenas do cotidiano. Mas o mais importante é que, com sua atuação, havia colocado o Brasil na vanguarda dos processos de impressão de imagem e criara, mesmo que informalmente, uma escola de litografia, habilitando um quadro de profissionais que nos anos seguintes atuaria ativamente no mercado carioca – inclusive em suas nascentes publicações.[4]

Segundo o tradicional *Almanak para negociantes do Imperio do Brasil* de Plancher, havia no Rio de Janeiro, em princípios de 1832, três litografias particulares: as de Steinmann, de Rivière e de Roger. Se tivesse sido editado no fim daquele ano, o editor teria acrescentado a de Larée (FERREIRA, 1994, p. 355). Armand Roger se estabelecera no Rio no começo de 1831, na Rua do Ouvidor 51. Édouard Philippe Rivière, ex-aluno da Academie de Peinture de Paris, chegara ao Brasil em 1826 e, num anúncio publicado no *Diário do Rio de Janeiro* em 12 de agosto desse ano, se apresentava como "professor de desenho de paisagem, de pintura a óleo e têmpera, perspectiva etc., e faz retratos". Sua esposa, também segundo Orlando Ferreira, era modista e vendia tecidos importados da França. Mais tarde Rivière se associa com o ex-aluno Frederico Guilherme Briggs e cria a Litografia de Rivière e Briggs, que imprimirá, entre outros trabalhos, coleções de estampas populares, como *O Naufrágio de Caramuru*, vendida avulsa em 1832.

Pierre Victor Larée, quarto dos litógrafos estabelecidos no Rio nos começos dos anos 1830, iniciou seus trabalhos como desenhista no Real Arquivo da Academia Militar em 1833, onde substituiu Jacob Steinmann. No ano anterior havia aberto sua própria oficina, especializada em impressos comerciais. Larée litografou retratos de D. Pedro I e José Bonifácio para a *História do Brasil* de João Armitage, editada por J. Villeneuve. E as duas famosas imagens avulsas contendo a "nova invenção artística de caricaturas": *A campainha e o Cujo* e a *Rocha Tarpeia*,

---

4   Segundo reforça Orlando Ferreira, "Surpreende, entretanto, que não se tivesse até agora ressaltado a mais extraordinária de suas contribuições à história da litografia no Brasil, à parte a sua posição de introdutor oficial do processo no país: ele foi um dos primeiros em toda a história e pioneiro no Novo Mundo na prática da litografia sobre zinco. Pois que outra destinação poderiam ter aquelas 76 folhas de zinco que trouxera consigo?" (Ferreira, 1994: 344).

os desenhos de Porto-alegre satirizando o jornalista Justiniano José da Rocha (veja adiante neste capítulo) e que circularam no Rio de Janeiro em dezembro de 1837.

O Arquivo da Academia Militar foi um centro formador de uma geração de litógrafos e eles estavam preparados para atuar no mercado já no começo dos anos 1840. Era comum o Arquivo prestar serviços para terceiros e Orlando Ferreira cita, por exemplo, o suplemento musical de *A Marmota na Corte,* impresso ali em 1851 (FERREIRA, 1994, p. 295, 349, 358-366).

A INDÚSTRIA DÁ AS CARTAS: OS **60** ANOS DE *O AUXILIADOR*

Nossa primeira publicação segmentada, focada em assuntos políticos e econômicos, surgiu em 1831. Chamava-se *Semanário Político, Industrial e Comercial* e, como a maioria dos títulos desse início de nossa imprensa, tirou apenas uma edição. Em 1832 uma sociedade organizada por fazendeiros e senhores de engenho criaria, em Salvador, a primeira revista dedicada à agricultura, a principal atividade econômica brasileira da época. Era o *Jornal da Sociedade de Agricultura, Commmercio e Industria da Provincia da Bahia,* editado pela Typographia de Moreira e que tinha como principal redator o padre Francisco Agostinho Gomes. Publicação de periodicidade irregular, divulgava ensaios e memórias, ou seja, extratos de artigos de periódicos nacionais e estrangeiros, meio ao estilo *"clipping"* adotado por quase todas as publicações dessa época (antecipavam, de algum modo, em um século o que viria a ser a fórmula da revista norte-americana *Seleções,* do *Readers Digest).* Essa fórmula, de apresentar artigos condensados e resumos de ensaios aparecidos em revistas ou jornais europeus ou americanos, se completava com a publicação de correspondência de leitores e alguma notícia local.

> Com muitas matérias traduzidas de periódicos estrangeiros, constituía uma densa massa de textos sobre novidades científicas e tecnológicas. Estimulava a diversificação da produção agrícola com a introdução de novas culturas, divulgava inovações para as plantações tradicionais e para a fabricação de produtos de origem animal e vegetal, e dava conselhos práticos sobre agricultura (Emporium Brasilis, 1999, p. 27).

Mas, entre as muitas publicações criadas por associações de classe, merece especial atenção *O Auxiliador da Industria Nacional,* por se tratar de um periódico despretensioso e de larga vida. Usava o longo subtítulo de "Collecção de Memorias e Noticias interessantes aos fazendeiros, fabricantes, artistas, e classes industriosas no Brasil, tanto originaes como traduzidas das melhores obras que neste gênero se publicão nos Estados Unidos, França, Inglaterra, &c".

Lançado em 15 de janeiro de 1833 pela Typographia Imperial e Constitucional de Seignot-Plancher & C.°, da Rua do Ouvidor, n°. 95, *O Auxiliador da Industria Nacional* será publicado até dezembro de 1892, cumprindo uma trajetória de 60 anos e chegando a um total de 720 números. Periódico mensal, era editado sob os auspícios da Sociedade Auxiliadora da Industria Nacional (criada em 1827, a Sociedade Auxiliadora foi o embrião da atual Confederação Nacional da Indústria). Segundo a ficha catalográfica da Biblioteca Nacional, a publicação teve entre seus redatores personalidades como o padre e orador Januário da Cunha Barbosa,[5] Pedro de Alcântara Lisboa, Miguel Joaquim Pereira de Sá, M. de Oliveira Fausto.

Ao longo de seus muitos volumes, *O Auxiliador* criticou o atraso econômico do Brasil e já em seu número de lançamento alertava:

> Não precisamos ir longe para vermos provas palpáveis destas tristes ver-
> dades. No vasto, rico e importante Império do Brasil, uma máquina é
> exótica; não existe uma estrada perfeita; não se navega por um canal; e isso
> porque ainda não resolvemos associar os poucos meios de cada um para,
> com o coletivo de todos, obtermos os resultados que os capitais reunidos
> fazem todos os dias surgir naqueles países onde o espírito de associação
> comanda a natureza bruta e força a apresentar nova face polida, tudo efei-
> to, tudo obra da reunião de indivíduos (Emporium Brasilis, 1999, p. 27).

A revista publicava as memórias, ou seja, sinopses de artigos sobre café, açúcar, mandioca, fabricação de produtos de origem vegetal e animal, velas, tabaco, conser-vação de utensílios. Didático em seu texto, *O Auxiliador* aconselhava e orientava.

---

5   O padre Januário da Cunha Barbosa nasceu no Rio em 1780 e ganhou fama como professor e orador da Capela Real. Fundou, com seu colega da maçonaria Gonçalves Ledo, o *Revérbero Constitucional Fluminense* (1821-1822), jornal de importância decisiva nas discussões que levaram à proclamação da independência. Formava no grupo de cor mais nacionalista, hoje conhecido como "elite brasiliense", em oposição à "elite coimbrã" (cujo maior expoente foi José Bonifácio de Andrada e Silva). Foi diretor da Imprensa Nacional e um dos fundadores do Instituto Histórico e Geográfico Brasileiro, tendo colaborado com diversas publicações, como a *Minerva Brasiliense*.

Como exemplo, reproduzimos a seguir trecho do artigo de Economia Doméstica, "Maneira de tornar saudáveis as habitações humidas" (traduzido dos J. dos Conh. Úteis, por J. da C. B., sigla adotada pelo redator Januário da Cunha Barbosa):

> Sabe-se que o excesso de humidade no ar he huma das causas mais activas da insalubridade nas casas térreas; e póde acrescentar-se, que esta causa de enfermidades deterióra tambem mui depressa as paredes e rebóques. Devemos á M. Payen hum meio fácil de nos livrar-mos destes inconvenientes. – Endurece-se o sólo amontoando-lhe fachina; e quando lhe falta solidez, forma-se uma área plana com cascalho e argamassa. Exten[den]do-se sobre a superficie assim aplanada huma camada de massa de mastic-bitume de 4 á 5 linhas de grossura. Esta materia, completamente impenetravel á agoa, intercepta toda a communicação coma humidade inferior. Se a sala baixa, assim preparada, deve ser assoalhada, cóbre-se o mastic de huma camada de 6 á 8 linhas de gêsso amassado com azeite, assentão-se em cima os barrotes e sobre elles se prégão as taboas. As salas das casas térreas assim preparadas não estão sujeitas aos inconvenientes da humidade" (*O Auxiliador,* Anno III – nº 7, p. 27) (PR SOR 100-1).

O público certamente apreciava esse tipo de matéria com indicações práticas, a informação útil que hoje chamamos de "jornalismo de serviço", tanto que a revista sobreviverá até dezembro de 1892, completando uma coleção ininterrupta de 60 volumes de 12 exemplares. Um tento e tanto!

> Até o final da década de 1850, *O Auxiliador* encarava a indústria como mera atividade complementar à agropecuária, para a qual aquela fornecia o maquinário necessário. Mas a partir daí suas páginas irão refletir a luta travada entre os defensores da "vocação agrícola brasileira" e os que enxergavam no setor industrial uma alternativa econômica promissora. Pela revista, a Sociedade Auxiliadora propunha novas idéias, como a realização de exposições periódicas, capazes de divulgar o estágio da agricultura e da indústria nacionais, algo comum na Europa. Mais adiante, a partir dos anos 1870 tornaram-se freqüentes os artigos defendendo a abolição da escravatura e sua substituição pela mão-de-obra assalariada, com matérias incentivando a imigração européia – no que a publicação refletia movimentos e idéias que circulavam pelo país (Emporium Brasilis, 1999, p. 27).

O AUXILIADOR

DA

INDUSTRIA NACIONAL,

OU

Collecção de Memorias e Noticias interessantes,

AOS FAZENDEIROS, FABRICANTES, ARTISTAS, E CLASSES INDUS-
TRIOSAS NO BRAZIL, TANTO ORIGINAES COMO TRADUZIDAS
DAS MELHORES OBRAS QUE NESTE GENERO SE PUBLICÃO
NOS ESTADOS UNIDOS, FRANÇA, INGLATERRA, &C.

PERIODICO MENSAL,

PUBLICADO SOB OS AUSPICIOS

da Sociedade Auxiliadora da Industria Nacional,

ESTABELECIDA NO RIO DE JANEIRO.

Quæ mox depromere possim.
HORACIO.

ANNO. I. N. 1. — 15 DE JANEIRO DE 1833.

RIO DE JANEIRO,

NA TYPOG. IMP. E CONST. DE SEIGNOT-PLANCHER E C.ª,
Rua d'Ouvidor N. 95.

1833.

Com a queda da monarquia, em 1889, a Sociedade Auxiliadora da Indústria Nacional, que como outras instituições de ensino e propagação cultural e artística recebia o apoio e a proteção do imperador D. Pedro II, entrou em declínio e sua publicação refletirá essa situação. Tanto assim que, em 1892, a revista entra em uma fase de periodicidade irregular, até deixar de circular completamente em 1903. Mas *O Auxiliador* deixou um saldo positivo, que foi a formação de gerações de "fazendeiros, fabricantes, artistas, e classes industriosas no Brasil" – o público para o qual a revista fora criada.

Também ligada à Sociedade Auxiliadora da Indústria Nacional, e contando ainda com o apoio de verbas concedidas por D. Pedro II, surgiu, seis anos depois do lançamento de *O Auxiliador*, outra publicação. Era o órgão de divulgação do Instituto Histórico e Geográfico Brasileiro e se chamou *Revista Trimensal de História e Geographia*. Criada em 1839, foi pensada com a missão de "coligir, metodizar, publicar ou arquivar os documentos necessários para a História e Geografia do Brasil". Chegou a ser distribuída a 136 sociedades estrangeiras e, por sua periodicidade ininterrupta, recebeu um prêmio internacional no Congresso de História de Veneza, em 1881 (VAINFAS, 2002, p. 381). Publicada até hoje como *Revista do Instituto Histórico e Geográfico Brasileiro*, é considerada uma fonte valiosa para a pesquisa histórica.

Já entre as revistas ligadas à medicina, destacou-se o *Semanario de Saude Publica*, lançado pela Typographia Imperial, de E. Seignot-Plancher. Depois trocou o nome para *Revista Medica Fluminense* (1835-1841) e circulou até 1885, passando por diversas fases, em que adotou ainda os nomes de *Revista Medica Brazileira* e *Annaes Braziliense de Medicina*. Os farmacêuticos, médicos e atendentes que durante sua formação liam as apostilas publicadas pela Impressão Régia podiam agora se atualizar com periódicos de uma feição mais técnica – como acontecerá com revistas abordando aspectos da administração, do comércio e da medicina.

AS REVISTAS DOS ESTUDANTES DE DIREITO:

O *AMIGO DAS LETRAS*

Os jornais e pasquins ligados às academias de Direito de São Paulo e Olinda foram o grande caldeirão onde se formou mais de uma geração de escritores e personagens que depois influiriam decisivamente nos destinos do país e nos rumos da imprensa brasileira. A criação dos cursos de Direito em São Paulo e Olinda, como se disse, atendeu a uma necessidade tanto política quanto administrativa, visando preparar um corpo técnico-burocrático para o Estado, que se formava na primeira metade do século XIX. A escolha de cidades distantes da corte para instalar as duas escolas traduziu o empenho dos liberais em afastar os futuros operadores do Direito e do Estado da política absolutista do Rio de Janeiro. E os fatos comprovavam que essa postura cumpriu seus propósitos, pois, no caso de São Paulo, após iniciadas as aulas no Convento dos Franciscanos, em 1828, não tardou para que muitos alunos se associassem a liberais, como o médico e jornalista italiano Líbero Badaró e o alemão Julius Frank. De aproximações como essas resulta a criação do primeiro jornal estudantil, o *Amigo das Letras* (1830), e das "Burschenschaft", a conhecida Bucha, ou confraria dos camaradas, frequentada por muitos dos nomes que iriam depois fazer e escrever a história do país.

O *Amigo das Letras,* redigido por Josino do Nascimento Silva, além de ser o primeiro jornal estudantil do país, marcou o início de longa lista de publicações. Impresso nas oficinas do jornal *Farol Paulistano,* o *Amigo* teve periodicidade semanal e chegou a circular 24 edições, de abril a setembro de 1830. Um ano depois, surgia *A Voz Paulistana,* editado por Francisco Bernardino Ribeiro: um jornal de oposição cujo alvo preferido era o irrequieto D. Pedro I. Em 1833, aparece a *Revista da Sociedade Philomathica,* que exaltava o papel das associações. Diz seu editorial: "Associação! tal é o destino da humanidade. Tal a convicção universal, espontânea e distintiva do gênero humano". Um conceito até então pouco usual aqui: a sociedade vista como obra de uma decisão, de um contrato social, da livre manifestação da vontade, como queria o genebrino Jean-Jacques Rousseau.

Mas a série de publicações nascidas nas Arcadas da Faculdade de Direito continua, segundo Paulo Ferraz (2003, p. 28). Muitos anos depois, em 1851, deixou marca a *Revista Mensal do Ensaio Filosófico Paulistano*, com Álvares de Azevedo entre seus criadores. Seguiram-se *O Acayaba,* redigido por Quintino Bocaiúva, e *O Guayaná.* Dizia o editorial desse periódico: "Filhos dos princípios liberais, eis-nos em luta no majestoso anfiteatro das idéias. [...] Somos do presente e caminhamos para o futuro; obedecemos às forças irresistíveis das necessidades e legítimas aspirações do país".

A lista continuaria ainda com a *Arcádia Paulistana,* a *Revista Paulistana, O Lírio,* a *Revista Dramática, O Kaleidoscópio,* a *Revista da Associação Tributo às Letras, O Radical Paulistano,* numa sucessão de títulos, quase todos de curta duração – mas que na prática foram os jornais laboratório que formaram os jornalistas e escritores que darão a pauta e o tom dos periódicos da segunda metade do século XIX.

Na escola do Largo de São Francisco, a partir de 1860, o ideal liberal e romântico vai sendo substituído pelo republicano ativista, de que é tradução o jornal *O Futuro,* de Teófilo Otoni, que bradava: "Soldados da democracia, a postos! Façamos da constituição nossa bandeira, da pena e da palavra nossas armas. Levantemo-nos e sejamos livres". Já iam avançadas as discussões a esse momento, e *A Independência* (1868) resume pontos defendidos pelos estudantes mais progressistas:

> aulas abertas a todos os meninos, liberdade de ensino [...], liberdade de culto. Força para a opinião, garantia para o voto [...], o governo do povo pelo povo, extensão do sufrágio, sufrágio universal. Independência do poder legislativo [...], responsabilidade dos ministros, representação das minorias [...], casamento civil.

Entre os redatores dessa publicação estudantil *A Independência* estavam alunos do curso de Direito, como Rui Barbosa e Castro Alves (FERRAZ, 2003, p. 27).

Mas na São Francisco, a despeito do que se propaga, não estudavam apenas republicanos e abolicionistas. Muitos alunos eram monarquistas e escravocratas (entre esses escravocratas, alguns eram republicanos, como Campos Sales, que só alforriou seus escravos em 1887). Dessa linha de pensamento era o *Clube Constitucional Acadêmico,* jornal fundado em 1871. Dizia, em seu terceiro número, de 23 de maio de 1871:

> Mas essa vitória lenta [da monarquia] não está isenta de perigos, uma escola política que ostensivamente fala em liberdade, quando é sua mais cruel inimiga, que mais declama sentimentos humanitários, quando é a mais desumana,

que fala mais em paz, quando é mais sanguinária, a escola revolucionária, premeditada tentativa sacrílega, sofismando a razão e a justiça [...]. Essa escola, pobre de razão e pobre de poder, vai inspirar-se nos exemplos perniciosos, ferozes e revolucionários do republicanismo francês" (FERRAZ, 2003, p. 27-28).

Enquanto isso, na Faculdade de Olinda, estudantes como Medeiros e Albuquerque (pai), Maciel Pinheiro, Tobias Barreto, Franklin Távora e Silvio Romero iriam colaborar em revistas como *A Estréia, O Ateneu Pernambucano, Arena, O Futuro, Ensaio Literário, O Acadêmico, A Luz, A Faculdade e o Povo, Crença* e o *Movimento*.

Nas páginas dessas publicações, quase todas empreitadas estudantis, desfilaram artigos e ensaios assinados por alguns dos personagens que marcariam época na política, na literatura e no jornalismo. Além dos já citados Rui Barbosa e Castro Alves, Joaquim Nabuco e Álvares de Azevedo, Luis Gama, Quintino Bocaiúva, Pinheiro Machado, Fagundes Varela, Teófilo Otoni, Francisco Rangel Pestana, Américo de Campos, Júlio de Mesquita, entre tantos outros.

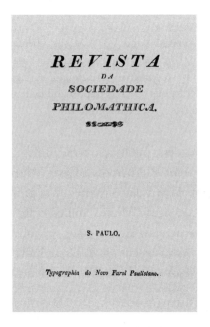

Apresentada por Ana Luiza Martins como "a primeira revista paulista", a *Revista da Sociedade Philomathica*, de 1833, era impressa na Typographia do Novo Farol Paulistano.

OS IMPRESSORES E O *MUSEO UNIVERSAL*

Os problemas para os editores, nesse período de aprendizado, de criação de publicações e de formação do público leitor, não foram poucos. Por causa do leitorado rarefeito, as tiragens eram pequenas e muitos dos títulos não caíam no gosto do público, faltava algo que atraísse a atenção desse leitor um tanto arisco. É comum, ao pesquisar as publicações dessa época, deparar com queixas dos editores, sobretudo quando anunciam o encerramento das atividades de um título. Queixam-se da falta de assinantes ou do não pagamento das cotas periódicas como motivo para pôr fim às publicações. Faltava tudo, até uma visão mais empresarial. Um dos primeiros revisteiros a apontar para novas alternativas foi Junio Villeneuve, proprietário do *Jornal do Commercio* e da gráfica comprada por ele de Pierre Plancher quando este retorna a Paris em 1832. Villeneuve é parte da segunda geração de editores franceses que deixaram suas marcas na formação do público leitor e do mercado editorial. Essa saga foi iniciada quase duas décadas antes, com a chegada de Plancher de la Noé, como se viu no capítulo anterior.

Apesar de sua amizade e da proteção de Pedro I, o jornal de Plancher de la Noé se juntou à campanha iniciada pela *Aurora Fluminense,* de Evaristo da Veiga, contra as arbitrariedades do imperador. Esse movimento resultou na abdicação de D. Pedro I, em 7 de abril de 1831 – mesmo período em que Pierre Plancher retornava a Paris. Afinal, também lá haviam mudado os ventos, após a revolução liberal de 1830, com a volta da liberdade de imprensa. Já então sob a direção de seu filho Emile Seignot, o *Jornal do Commercio* é vendido em 1834 a Junio Villeneuve, sendo Francisco Antônio Picot seu principal editor. A família Villeneuve manteve-se à frente do jornal até 1890, quando passou o controle para José Carlos Rodrigues, jornalista que trabalhava no periódico desde 1868 (VAINFAS, 2002, p. 420).

À frente dos negócios da agora chamada Typographia Imperial e Constitucional de J. Villeneuve, Junio lança, em julho de 1837, uma revista ilustrada que será um marco desse período: o *Museo Universal.* A publicação era uma aposta do editor na linha de popularização da leitura, que aos poucos ia acontecendo na corte. Diferentemente das publicações mais didáticas e com o tom de apostila que a precederam, *Museo Universal* não se destinava apenas a alunos das academias, mas buscava interessar os segmentos da população que se alfabetizavam. Com texto menos professoral, o periódico abordava temas de interesse geral, como mostra a análise dos índices que encerram cada volume.[6] A revista inovou sobretudo por introduzir algo novo na imprensa de nosso país: o uso de imagens, com boas ilustrações. Na publicação, elas apareciam em pequenas vinhetas, que decoravam as páginas,[7] e em gravuras que constituíam, em si, uma reportagem visual. Dada a origem do editor, eram em geral desenhos elaborados por artistas franceses – e que agradaram tanto que sua aceitação e duração contrastam com a carreira geralmente efêmera das publicações desse período: *Museo Universal* será publicada por sete anos consecutivos, uma exceção para aquele momento. O jornalismo de revistas começava a encontrar, finalmente, a fórmula da longevidade (Emporium Brasilis, 1999, p. 32).

Lançado em 8 de julho de 1837, o *Museo Universal* trazia como subtítulo "jornal das famílias brasileiras". Composto de 16 páginas no formato 28 x 20 cm, era semanal e impresso na Typographia Imperial e Constitucional de J. Villeneuve e C. É apresentada tendo como editores-proprietários o *Jornal do Commercio*, na Rua do Ouvidor, 65. Circulou até 29 de junho de 1844, cobrindo sete anos, com alguma lacuna no seu segundo ano de circulação (o segundo semestre de 1838).

Sobre essa publicação, diz Orlando da Costa Ferreira em seu *Imagem e Letra*:

> A revista saiu em fascículos semanais, de 1º de julho de 1837 a 29 de junho de 1844.[8] Trazia toda sorte de ilustrações suscetíveis de agradar e mesmo maravilhar o povo do Rio, como foi o caso das máquinas aéreas de Hensons. Reproduzia anualmente cerca de duzentas gravuras em madeira "executadas pelos melhores artistas de Paris e Londres" [...] Muitas de suas pranchas são assinadas pela mais famosa equipe de xilogravadores industriais europeus de então: o trio ABL, formado na França por Andrew, Best e Leloir (FERREIRA, 1999: 209).

---

6   Provavelmente a publicação era inspirada em títulos europeus, como o *The Instructor*, de Londres, que também serviu de modelo ao *Museo Americano*, publicação na argentina de 1835 que traduzia artigos sobre novidades técnicas, como aeróstato, iluminação a gás, animais, recordações de viagem e dados etnográficos de regiões exóticas (cf. CAVALARO, 1996, p. 48).

7   Utilizamos aqui o conceito corrente em desenho gráfico: a decoração é um desenho, de animal, planta, ou arabesco, que não guarda relação com o texto que ilustra. Ou seja, não é uma imagem que transmita ou complete a informação dada no texto, apenas faz um contraponto visual.

8   A data correta do lançamento do *Museo Universal* é 8 de julho de 1837, diferentemente da citação.

No primeiro numero, o *Museo Universal* fazia apologia da nova imprensa, surgida há pouco na Europa:

> Combinando a barateza dos preços, a delicadeza das estampas e a perfeição dos textos, [a imprensa estrangeira] repartiu com prodigalidade entre todas as classes da sociedade tesouros de instrução e de delícias intelectuais, reservados até nossos dias para um pequeno número de privilegiados. Mas entre nós, a imprensa, naturalizada de ordem e apenas coeva da independência, já se acha com proporções para iguais préstimos, para produzir uma publicação que revele o interessante e instrutivo das descrições pelo impressivo do retrato dos objetos (Emporium Brasilis, 1999, p. 32).

A revista declarava a missão de proporcionar aos leitores a chance de desfrutar imagens e textos publicados nos magazines europeus:

> De uns, as maravilhas da arquitetura (...); de outros, as ricas vistas e lindas paisagens de todas as regiões do globo, com os vestuários dos povos, e o que há de mais notável e peculiar nos seus hábitos, que nos serão explicados pelos viajantes e circunavegantes de maior nome. Sem sairmos da varanda arejada pelas virações tropicais, ou da sombra da mangueira e do coqueiro, acompanharemos o capitão Ross à desolada zona dos eternos gelos; iremos com Cook e Lapeyrouse em procura de incógnitas terras, e logo, cansados do mar, penetraremos a pé em um segmento do Mungo-Park na África Central; ou atravessaremos, às costas do sóbrio camelo, na comitiva da caravana do Oriente, os desertos de areia da Ásia; ou, montados no coche a vapor, voando através dos mais populosos distritos de Inglaterra, inspecionaremos os prodígios da indústria (Emporium Brasilis, 1999, p. 32).

Paginada em duas colunas, a revista tem uma média de 40 linhas por coluna, é fartamente ilustrada com desenhos de cobras, leões, girafas, que acompanham os textos. Há muita biografia e curiosidades em geral. Pode ser um perfil ilustrado do ministro inglês das Relações Exteriores, George Canning, ou um texto sobre Cristóvão Colombo diante dos doutores de Salamanca. Sob a rubrica "viagens", o primeiro número apresenta um café em Argel. Na seção "miscellanea", mostra uma máquina para alisar pedra, discorre sobre os atos de justiça do sultão Amurath, um dos pais do Império Turco, comenta sobre os banhos ou galés em França, com duas ilustrações. Há uma gravura mostrando a catedral de Milão. Astronomia, mundo animal, novidades técnicas da indústria, aspectos de turismo, monumentos: a revista é uma enciclopédia ao estilo da *Conhecer*, sucesso de venda da Editora Abril nos final dos anos 1960.

O número 6 da revista, de 12 de agosto de 1837, tem 16 páginas. Abre com uma lâmina mostrando a *Descida da Cruz,* de Rubens (na primeira página, no caso a 41, pois a revista segue a numeração sequenciada) e a página seguinte traz um pequeno perfil do pintor. A página 43 (a terceira dessa edição), trata das câmaras do Parlamento Inglês (leis e costumes da Câmara dos Pares). A página 44 segue com esse texto e ocupa 2/3 com a imagem da Câmara dos Lordes; a página 45 se ocupa de explicar a Câmara dos Comuns, e tem também uma gravura de 2/3 mostrando a Câmara em atividade. A página 46 discorre sobre a origem da representação popular na Inglaterra e a situação atual da mesma. As páginas 47 e 48 abrem nova coluna de "miscellanea", comentando a devoção de Carlos II e seus súditos ingleses, e fala de um desertor prussiano. A página 49 é ocupada por uma gravura sobre Gibraltar. A página seguinte, à esquerda, inicia um texto sobre Gibraltar: "famosa e pouco conhecida".

"Estudos Moraes" é o tema que ocupa as páginas 51 e 52.

A gravura de um leão é a atração da página 53, sob a rubrica "História Natural", e o texto discorre sobre esse felino. As páginas 54 e 55 são ocupadas pela rubrica "Economia doméstica" e os textos tratam sobre como cuidar de queimaduras (linimentos), da conservação do leite (pasteurização) e dos ovos (com o uso de cal) e também de como manter a carne fresca em condições de uso por longo tempo.

A última página, a 56, trata do sistema de faróis e sinais, com uma imagem.

No final de cada um dos sete volumes (os volumes eram numerados de julho a junho do ano seguinte), a revista trazia um "índice" alfabético das matérias e artigos publicados, e outro com as estampas que apareceram ao longo do ano.

Uma análise desses temas sumarizados no final do segundo volume dá uma dimensão do caráter formador e quase de escola secundária da publicação mantida pelo *Jornal do Commercio:* abelhas, ananaz, assucar, Raphael Sanzio, a Lua, a música na Hespanha, a procissão de Corpus Christi em Sevilha, o olfato, os beijaflores, a lontra, a panthera. A revista parece uma mistura do que é hoje um canal como Discovery e a *Superinteressante.*

O "índice" separa as reportagens publicadas no ano por tópicos: agricultura (arroz; assucar); anecdotas (pequenos artigos sobre Bonaparte e os anciãos sacerdotes; o heroísmo de uma mulher; Talleyrand); astronomia (a Lua); bellas artes (a música na Hespanha; a opinião de Reynolds sobre as obras de Rubens); botânica (areca da índia; ananás); biografia (Carlos I, rei de Inglaterra; Dupuytren; Duquesne; Mirabeau; Rafael Sanzio); economia doméstica (bons effeitos do sal administrado aos animaes domesticos; cola extraída de caracóis; modo de apagar incendios; processo para envelhecer os vinhos; receita para fazer vinagre dos quatro-ladrões); estudos históricos (Cerco de Calais; D. Carlos e Philippe II; os descobridores da Ilha da Madeira); estudos morais (Adina, ou a joven pastora dos Pyreneos; amor, ciúme e vingança; huma vingança cruel; a infância de Mozart ou os pequenos artistas); estudos psicológicos (o olfato, o tato); história natural (as abelhas; o bisão; o corvo marinho; o zebu); indústria (o bicho da seda; a navegação a vapor) e as miscelâneas (onde cabe realmente de tudo, de anedotas a fofocas, charadas, numismática e até "apontamentos achados na carteira de hum allemão que se deixou morrer de fome" e "simplicidade das typographias do Estado de Indiana, nos Estados-Unidos").

A relação das estampas publicadas acompanha quase que par e passo a relação dos artigos. Há uma escolha por imagens de igrejas e de lugares impactantes, como a igreja de São Carlos Borromeu, em Viena, ou do Duomo de Milão. Nota-se, no entanto, o empenho didático da publicação no uso das imagens. O índice de gravuras revela que a reportagem sobre o arroz foi bem ilustrada, com cinco estampas, mostrando o "passo a passo": 1º a preparação da terra com a grade de destorroar; 2º a plantação do arroz; 3º a rega do arroz; 4º chinas peneirando o arroz; 5º o descascamento do arroz. O mesmo ocorre com o artigo sobre o açúcar: suas estampas mostram 1º a preparação do terreno para a cultura da cana; 2º a safra ou colheita da cana-de-açúcar; 3º o moinho e a moagem da cana para a obtenção da matéria-prima; 4º o engenho onde se fabrica o açúcar: as quatro estampas ocupam duas páginas da publicação. Em defesa de semelhante ecletismo os editores alegavam:

> Daremos alimento às imaginações dos validos da arte, às meditações dos filósofos (...) sem nos descuidar de mimosearmos a mãe de família que, parca e incansavelmente, dirige sua casa (...), pois que este deve ser o jornal de todas as classes, de todos os empregos, de todos os sexos,

de todas as idades; a criança que ainda não sabe ler se enlevará com o curioso das figuras preludiando assim ao amor dos livros e da instrução; a jovem donzela, procurando figurino de modas, leis de bom-gosto e novelas, ora ternas e melancólicas, ora alegres, mas sempre morais, irá colhendo de caminho idéias gerais de muito conhecimento que são o ornamento do belo sexo (Emporium Brasilis, 1999, p. 33).

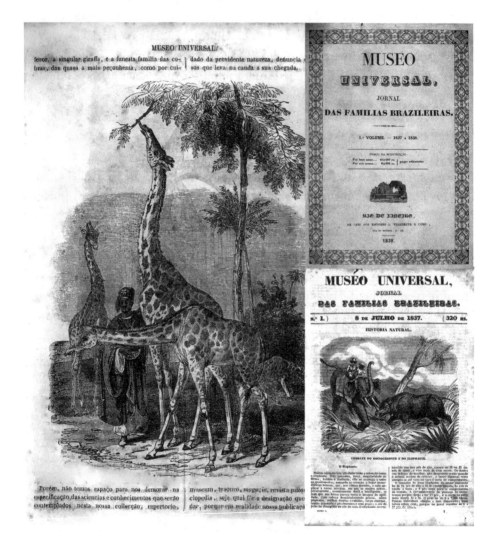

OS LIVREIROS, O *ALMANAK LAEMMERT* E O *CORREIO DAS MODAS*

Criar um público leitor e formar mentalidades não é algo que se improvisa ou se obtém por decreto. A partir da implantação da imprensa, com a chegada da família real portuguesa, em 1808, apenas se iniciou essa larga caminhada. Mas o prelo e as prensas que por descuido vieram a bordo da fragata *Medusa* não operavam sozinhos. Era necessário que se formassem os impressores, os tipógrafos, litógrafos, paginadores, ilustradores, escritores, revisores. Figuras como Pierre Plancher e Johann Steinmann foram desbravadores de caminho. Mas também era necessário formar, do outro lado da linha de produção, os livreiros e vendedores de assinaturas, ou seja, quem cuidasse de fazer as publicações chegarem até a mão do leitor. E se os franceses de destacaram entre os tipógrafos que aqui se instalaram, formando a primeira geração de impressores brasileiros – e veremos no final deste capítulo o trabalho de Francisco de Paula Brito, um dos editores formados por essa leva de estrangeiros –, eles foram pioneiros também entre os livreiros.

Os primeiros comerciantes de livros a se instalar no Rio de Janeiro, ainda no final do século XVIII, foram João Roberto Bourgeois e Paulo Martin, dois franceses. Martin foi o livreiro mais importante até a época da independência, sendo o distribuidor oficial da *Gazeta do Rio de Janeiro,* primeiro jornal brasileiro, publicado na Impressão Régia.[9] Mas o Rio conheceu muitos outros livreiros nos anos prévios à independência, como João Baptista dos Santos, Jerônimo Guimarães, Francisco Nicolau Mandillo, Antonio Joaquim da Silva Garcez e Francisco Luiz

---

9   A Impressão Régia iniciou suas atividades com os prelos encomendados na Inglaterra e nem chegaram a ser desembarcados em Lisboa, vindo no mesmo barco ao Brasil. Foi com esse equipamento que se criou nosso primeiro centro impressor, a 13 de maio de 1808. No ano seguinte esse prelo recebia o reforço de outro de madeira, construído ali mesmo no Rio. Em 1821, dada a demanda, nove novos prelos foram encomendados e trazidos da Inglaterra e, em 1822, outro mais, desta vez dos Estados Unidos. Em 1821, a Impressão Régia deu conta de 270 publicações, número que saltou para 428 um ano depois. Ao longo dos anos, seu nome foi alterado para Typographia Real em 1818, Typographia Régia em 1820 e Typographia Nacional em 1821. No Império, ganhou os nomes de Typographia Nacional e Imperial (1826), Typographia Nacional (1830) e Imprensa Nacional, a partir de 1885.

Saturnino da Veiga. Este, o pai de Evaristo da Veiga (um dos personagens-chave da imprensa no primeiro reinado, Evaristo foi também um bem-sucedido livreiro).[10]

O mais usual e costumeiro, no entanto, era a figura do impressor-livreiro instalar nos fundos seus equipamentos de impressão – ou o próprio tipógrafo e impressor ter seus equipamentos nos fundos da empresa, utilizando a parte da frente da casa como ponto de venda, de subscrição de periódicos e de livros. Muitas vezes esse espaço funcionava como ponto de encontro, local de tertúlias, sobretudo nos anos que se seguiram à proclamação da independência, quando se discutiam modelos e visões do Brasil que se queria plasmar. Alguns desses espaços ficaram famosos, como o da livraria de René Ogier, ou o da tipografia de Francisco de Paula Brito, como veremos mais adiante. Pierre Plancher de la Noé, apresentado no capítulo anterior, fez de sua impressora na Rua do Ourives, depois na Rua do Ouvidor, também um ponto de venda de livros.

Já chegando ao meado do século XIX, os livreiros se tornam mais ativos e aprendem novas armas do *marketing*. Assim, além oferecer cupons de desconto, editam coleções de baixo custo que agradavam o público leitor. Entre os livreiros inovadores destacaram-se, além do português Francisco Alves, Louis Mongie, Firmin Didot, Hyppolite e Baptiste Louis Garnier,[11] Jean Baptiste Lombaerts e seu filho, Henri Gustave (de quem falaremos no capítulo 7), e os irmãos Heinrich e Eduard Laemmert, da Livraria Universal.

---

10 Conhecido como o autor da letra do *Hino da Independência* ("Já podeis, da Pátria, filhos…"), Evaristo da Veiga foi um dos maiores jornalistas da primeira fase da construção da nacionalidade brasileira. Redator e depois proprietário do *Aurora Fluminense,* era dono de um estilo sério, em total contraste com a prática desbocada e ofensiva da época (cf. no capitulo anterior "Os periódicos incendiários e a afirmação nacional"). Esteve nos bastidores da polêmica "Representação" de 17 de março de 1831, em que 23 parlamentares exigiram que Dom Pedro I se retratasse pela participação nos distúrbios da Noite das Garrafadas – e que levaram à abdicação do monarca. Como livreiro, Evaristo da Veiga comprou do francês João Batista Bompard um dos estabelecimentos mais conceituados do Rio, na Rua dos Pescadores, e que se tornou ponto de encontro de políticos e escritores (VAINFAS, 2002, p. 247).

11 Baptiste Louis Garnier, conhecido como B. L. Garnier, chegou a ser um personagem na cena intelectual carioca: era o editor de Machado de Assis. Um tanto a título de gozação, diziam na época que o B. L. de seu nome seria a abreviação de bom ladrão.

Os irmãos Laemmert criaram uma galinha de ovos de ouro: um manual administrativo que podia ser encontrado nos mais distantes rincões do país. Com o longo nome de *Almanak administrativo, mercantil e industrial da corte e província do Rio de Janeiro*, a publicação começou em 1839 como uma folhinha literária, ao estilo das publicadas até então pela empresa de Plancher de la Noé. No entanto, evoluiu e se tornou um guia mais completo que os concorrentes, cobrindo notícias de todo o Império e relacionando lojas, estabelecimentos e serviços oferecidos – e se tornou uma obra de consulta nas estantes e mesas de amanuenses e contabilistas das províncias. Embora um almanaque não seja revista (na realidade, é uma espécie de tio-avô da mesma), esse periódico dos Laemmert merece a exceção e falaremos mais detidamente sobre ele.

Nascidos no Grão-Ducado de Baden, Heinrich e Eduardo eram filhos de um pastor protestante, Guilherme Frederico von Laemmert. Eduardo (1806-1880) iniciou carreira na Livraria e Tipografia G. Braun, em Carlsruhe, indo depois para Paris, empregando-se na Casa Bossange, editores e livreiros. Como representante dessa empresa, veio para o Rio, em 1828, e se associou a um português chamado Souza, representante do livreiro francês J. P. Aillaud, criando a firma Souza Laemmert (VAINFAS, 2002, p. 486-487). Cinco anos depois chegava Heinrich e formaram a firma E.& H. Laemmert, com sede na Rua da Quitanda, n° 77. O sucesso do empreendimento fez com que, em 1837, comprassem três impressoras e Eduardo retornasse a Paris para aprimorar o ofício de tipógrafo. Em 2 de janeiro de 1838, inauguravam a Tipografia Universal. Na sede da empresa, na Rua dos Inválidos, trabalhavam, em 1859, 120 pessoas, que imprimiam mil folhas por dia. Na oficina de encadernação, outros 50 homens produziam 5.000 livros encadernados por mês, além de 14.000 brochuras. A empresa era elogiada pelos operários e teve seus méritos reconhecidos pelo imperador, que em 1862 fez uma visita oficial à empresa. Boa parte do sucesso da Tipografia Universal foi motivado pelo *Almanaque Laemmert* – que circulou de 1844 a 1930. Falemos sobre ele.

O Almanak Laemmert

Segundo a ficha catalográfica da Biblioteca Nacional, "O *Almanak Administrativo, Mercantil e Industrial do Rio de Janeiro*, também chamado de *Almanak Laemmert*, é obra estatística e de consulta, fundada em 1844 por Eduardo

Von Laemmert". Publicado de 1844 a 1930, passou por diversas modificações no nome, agregando ao Rio de Janeiro do título as expressões Corte e Província do Rio (de 1849 a 1863), Corte e da Capital da Província do Rio de Janeiro com os Municípios de Campos e de Santos (1872), Corte e Província do Rio de Janeiro inclusive a cidade de Santos, da Província de São Paulo (1875-1881), para finalmente se tornar *Annuario Administrativo, Agricola, Profissional, Mercantil e Industrial da Republica dos Estados Unidos do Brazil* (1913-1915).

Na edição famosa de 1875, que "passou das 1.700 páginas", o almanaque teve cinco seções: a) o almanaque propriamente dito, totalizando 944 páginas, com a lista completa de estabelecimentos, provedores, e dados diversos (eclipses, fases da lua, marés, divisão das províncias do império, festas religiosas do ano, feriados, santos do dia mês a mês, calendário, relação de açougues, gabinetes de ministros, relação de funcionários dos ministérios com endereço dos gabinetes, chefes dos principais estados do mundo; b) a seguir, na seção Província (304 páginas), as seções eleitorais, número de habitantes, escravos, nomes e efetivo da guarda nacional alocados na província do Rio de Janeiro, enumerando dados sobre as comarcas fluminenses, médicos, boticários, vendedores, tipógrafos, um guia completo de fornecedores e prestadores de serviços; c) terceira seção, "Supplemento", com 308 páginas, realiza um levantamento mês a mês do que se alterou, o que houve de diferente na produção, novos serviços oferecidos. Por exemplo, a página 209 do suplemento de 1875 informa que o fumo em folha do Rio Grande continuou com grande aceitação na praça, prejudicando a produção do fumo da Bahia, e dá a seguir a cotação de preços comparando 1873 e 1874 para o que se pagou pelo fumo gaúcho e pelo baiano. No item a seguir, na mesma página, é realizada a análise do fumo em rolo de Minas, que "abrio o mercado em Janeiro aos preços de 700 e 800 rs para o fumo superior, e de 400 e 500 rs por kilogramma para o regular"; d) nessa quarta parte, o *Almanak* apresenta 157 páginas de "Notabilidades", que eram os anúncios pagos. Trata-se de uma fonte riquíssima de informação visual e do cotidiano da vida na corte: cabeleireiros, vendedores de pianos, modistas francesas, vendedores de tecidos, chapéus, perfumes, máquinas e equipamentos agrícolas, um universo a ser explorado!; e) o almanaque fecha com 152 páginas de guia, como se fosse uma lista de endereços de personagens e personalidades do Rio de Janeiro. Com as 8 páginas de introdução, soma um pacote de 1872 páginas.

A REVISTA NO BRASIL DO SÉCULO XIX

Capa do número 1 do *Almanak Administrativo Mercantil e Industrial do Rio de Janeiro*, de 1844. Nascia o anuário mais importante do Brasil do século XIX, fonte de referência e consulta de endereço de fornecedores, autoridades, livreiros. Publicado pelos irmãos Eduardo e Henrique Laemmert, a edição de 1875 foi recordista em número de páginas: 1.872. Note que na capa dessa edição aparece o nome de Eduardo, agora com o "von" Laemmert, como redator. À direita, uma publicidade veiculada pelo almanaque.

O sucesso do almanaque impulsionou as vendas da editora. Livros relativamente baratos e com forte apelo, como o *Dicionário de medicina doméstica* e *Sucintos conselhos às jovens mães para o tratamento racional de seus filhos,* se tornaram *best-sellers.* No acervo da casa Laemmert brilhava ainda a *Coleção completa de máximas, pensamentos e reflexões,* do Marquês de Maricá – pseudônimo de Mariano da Fonseca (1773-1848), político e escritor carioca –, e *Seleções de poesias dos melhores poetas brasileiros desde o descobrimento do Brasil.* Os irmãos Laemmert editaram ainda *Amorosas paixões do jovem Werther,* de Goethe, *As viagens de Gulliver, Contos seletos das mil e uma noites* e *Aventuras pasmosas do celebérrimo Barão de Münchausen,* alguns desses títulos traduzidos por Capistrano de Abreu ou Olavo Bilac.[12]

O Correio das Modas

Outra publicação saída das prensas da Typographia Universal dos irmãos Laemmert. A ficha catalográfica da Biblioteca Nacional esclarece: a revista *O Correio das Modas, jornal critico e litterario das modas, bailes, theatros, etc.,* com formato de 24 x 17 cm, era semanal e circulou entre janeiro de 1839 e 31 de dezembro de 1840, mudando de periodicidade em seu segundo ano, passando a circular duas vezes por semana. No total, somou 131 fascículos. No acervo da Biblioteca Nacional estão guardados todos esses exemplares, coleção completa.

Mais de uma década depois, a mesma Typographia Universal lançará outra publicação, *Novo Correio das Modas: jornal do mundo elegante consagrado às famílias brasileiras,* com ilustrações a cor e que circulará entre 1852 e 1854 – mas desta vez será semestral, mais ao estilo dos almanaques que fizeram a fama daquela casa editorial. No total, essa segunda "dentição" – com formato maior, de 28 x 19 cm – renderá apenas cinco diferentes edições.

Quase sempre o texto de abertura do periódico reforça a ideia da dificuldade que é escrever sobre moda, do "trabalho de percorrer salões e costureiras, modistas e casas de roupas" em busca das novidades. Dá conta de navios que chegam com novos produtos, fala dos estoques das lojas, mas sem fornecer muitas indicações

---

12   Um incêndio que destruiu o acervo e o estoque levou a Universal a fechar as portas, em 1909 – seus contratos e portfolio autoral passaram para a Francisco Alves. O almanaque sobreviveu até 1942, em mãos de outro editor, Manuel José da Silva. Mas os tempos áureos haviam passado.

A REVISTA NO BRASIL DO SÉCULO XIX

concretas sobre vestir. A revista traz novelas curtas, como a história de Julio, que parte para a Índia e faz fortuna (números 2 e 3 da publicação), a "Fugida do Castelo de Loch Levin" (número 16) ou "Uma aventura no baile mascarado" (número 22). A edição de número 26, que circulou no sábado 29 de junho de 1839, começa a publicação de um artigo "em quatro entregas" sobre o "Casamento por inclinação". A revista traz com frequência lâminas com sugestões de roupa masculina.

Vamos nos deter numa análise do número 1 do *Correio das Modas,* semanário, lançado dia 5 de janeiro de 1839, um "sabbado", como esclarece a capa do periódico. A revista tem capa sóbria, apenas 1/3 na parte superior da primeira página traz o cabeçalho. Entre dois fios simples, as indicações de "N° 1, vol. 1", à esquerda. No centro, a data: "sabbado, 5 de janeiro". E à direita, dentro de fios, o ano: "1839. 1° anno".

Na segunda camada desse cabeçalho, o centro mostra uma vinheta: uma lira envolta com imagens (figuras como uma corneta, uma espátula encimada com uma cabeça masculina, uma régua, uma ampulheta). Do lado esquerdo, o serviço: "Publica-se todos os sabbados, 1 número com 1 gravura. Assignatura: Rs. 5$000 adiantados por 4 mezes". Do lado esquerdo, a complementação: "Assigna-se na Livraria de E. e H. Laemmert, Editores. Rua da Quitanda, n° 77. Rio de Janeiro".

Na terceira camada, o título em três linhas: *Correio das Modas,/jornal critico e litterario/das modas, bailes, theatros, etc.*

Na linha de baixo, a epígrafe: "Tout change, la raison change aussi de methode, Écrits, habillemens, systeme, tout est mode!" (Tudo muda, a razão também troca o método: escritos, vestes, sistema, tudo é moda!). A partir daí, a revista se apresenta, diz a que veio. E o faz utilizando uma linguagem doce, bastante amigável. Esse tom quase coloquial para o que era a imprensa escrita de então surpreende:

> Moda: tendes emfim, amaveis leitoras, um «Jornal de Modas» de que estava em fallencia o Rio de Janeiro e as outras Províncias. – O dezejo que temos de agradar-vos, obriga-nos a vencer muitas difficuldades. Pois que! Julgais que não é tarefa importante o escrever para o bello sexo a quem a natureza largueou uma infinidade de gostos variadissimos? – Entrai em um formoso jardim no qual Flora alardeia toda a sua riqueza, vereis flores muito mimosas, porém notareis uma prodigiosa diversidade d'ellas; pois bem; assim são também os pensamentos, gostos e inclinações das Senhoras. Ora, que trabalho não tem um pobre escriptor para apresentar uma combinação que infunda um prazer geral!! Comtudo,

um surriso vosso, um elogio, uma protecção decidida – eis a nossa maior recompensa (PR SOR 00614 [1]).

Esse tom de conversa amena permeará as 8 páginas da publicação, que vem acompanhada de uma lâmina (impressão apenas de um lado) com uma imagem de moda, em que o desenho busca valorizar a roupa. Os textos são diagramados em duas colunas, separadas por um fio simples. No alto de todas as páginas, o mesmo fio duplo da capa se repete, fixando o nome da publicação: Correio das Modas.

O redator, que já de início esclarece ser homem e confessa a dificuldade que terá de atender a uma leitora tão exigente, sabe mimar e seduzir. Mas adiante, terminada a introdução, ainda na primeira página, ele chama a atenção para a lâmina, brinde da edição.

> Cravai, minhas leitoras, os vossos bellos olhos na gravura que acompanha o nosso Jornal... Tende alguma de vós a bondade de a contemplar e observar, de certo direis: – "Oh! si eu me trajar assim hei de ficar mais bonita". Nós vos affirmamos que não ha couza mais fácil. – Dai-me attenção, pois vamos fazer a descripção da gravura... (PR SOR 00614 [1], p. 1).

Ele usa metade da página 2, que se segue, descrevendo a gravura. Dá muitas pistas de elegância para a mulher (o chapéu da gravura e o corte de penteado pedem rosto arredondado, "pois poucos são os rostos compridos que se ajeitam a um tal modo de pentear". Terminada a longa descrição, o redator reforça: "Adoptem as Senhoras esta moda que captivarão todos os corações". E exemplifica:

> Há dias houve uma partida a que tivemos a honra de assistir. Muitas senhoras estavam vestidas de maneiras differentes; – entre ellas havia uma exactamente trajada no gosto da gravura. – O que aconteceo? Foi ella attrahir a attenção geral. Todas as pessoas diziam: – "Como está encantadora, como está bella!!". Vede, pois, amaveis leitoras, si temos razão (PR SOR 00614 [1], p. 1).

Terminada a descrição e essa exortação, na segunda coluna da página 2, o terceiro texto, "A missa do gallo!!", definido como uma "legenda brasileira". Trata-se, na realidade, de um pequeno conto, um tanto macabro, que ocupará as duas páginas seguintes. A história se passa em 1775, numa formosa fazenda a poucas léguas da cidade de São Paulo. Carlos, o dono da fazenda, se casara com Izabel, seduzido pela beleza da mulher. Mas ele é infeliz, pois "ella trahia a seu marido", revela o autor, já no segundo parágrafo. Na véspera de Natal, em meio a uma tempestade em que "o trovão roncava e dava berros tremendos, o vento zunia, o firmamento desabava-se em chuva", Carlos sai e vai até a casa do amigo Adolpho, ali perto – seu amigo Adolpho, ele sabe, é o amante de sua consorte. Carlos o mata, atravessando-lhe o peito com sua espada.

No dia seguinte, 24 de dezembro, conforme planejara, a "pérfida" Izabel manda prender todos os cachorros, para, quando o amante chegar, não haver ruído que pudesse despertar o fazendeiro, que dorme pesado sono. Adolpho chega, na hora da missa do galo, mas é em realidade um fantasma, que dá um alerta à adúltera: "O Céo perdoa todos os crimes, menos o adulterio" – e lhe toca a face com a mão, deixando no rosto de Izabel a marca de seus dedos, como se a tivesse marcado com ferro em brasa.

O conto termina com uma lição de moral:

> Dois annos depois havia uma religiosa em um Convento da Cidade: era o modelo de todas as virtudes; trazia sempre a face direita para esconder o signal de cinco dedos n'ella estampados. Era Izabel. Ao pé da porta do convento ouvia-se, alta noite, uma voz rouca gritar: "À missa do gallo!!". Era Carlos que andava doido (PR SOR 00614 [1], p. 4).

O texto é assinado com as iniciais M. da C. Já o artigo seguinte, o longo "Minhas aventuras", que continuará no número 2, vem sem assinatura. Essa "primeira emtrega", que começa quase no rodapé da página 4, leva o subtítulo de 'Na véspera de Reis' e tem o estilo de uma crônica. O autor inicia com uma singela reflexão sobre o fato de escrever para leitoras.

> Escrever para um periodico de modas!… oh! que felicidade! ter um circulo de leitoras, que todas querem saber quem é o indivíduo que as diverte para recompensal-o com um sorriso, ou, o que é muito natural, quem é o maldito que lhes excita enxaquecas, attaques de nervos, máo humor em fim, para fugir d'elle, para evitar-lhe a conversação, é viver

no paraiso, por que, saldadas as contas, o escriptor é conhecido, falla-se d'elle – e é uma ventura ser o objecto do entertenimento das damas (PR SOR 00614 [1], p. 4 e 5).

A reflexão segue por muitas linhas, com o autor fazendo um panegírico sobre as mulheres e desdenhando do (estereotipado) mundo masculino. Garante: "Abhorreço a política, odeio a arithmetica e os jogos das praças commerciaes; a veterinária para mim não tem encantos, e ainda menos a agricultura". Finalmente, o redator comenta sobre o tradicional costume das folias de reis, e de como o hábito de sair em grupo cantando de casa em casa se perdia no Rio de Janeiro de então, diferentemente do que ainda acontecia nas províncias. E conta um episódio com ele sucedido em janeiro de 1831, oito anos antes, quando vivia fora da capital, ao se incorporar a um grupo de folia, mesmo não sabendo cantar, dançar ou tocar instrumento.

Pelo relato vamos sabendo que esses grupos eram compostos de dois cantores, um tocador de rebeca, um violeiro e um flautista. Após uma apresentação malsucedida, o grupo tem razoável performance em frente a uma casa de "família-bem" do lugar, sendo convidado para entrar e participar da ceia. Após três páginas (seis colunas), o relato interrompe, quase ao final da página 7: o grupo de foliões é instado a iniciar as contradanças. A história continuará na semana seguinte (deixando curiosa a leitora).

O texto seguinte, com o título "O Amor Perfeito", servirá de introdução para a poesia de 16 quadrinhas que ocupa a página 8, última dessa edição. O amor-perfeito se refere à flor – símbolo do amor: "Roxa florinha engraçada/que tens o nome de amor/que da mimosa ternura/és o emblema encantador". As dezesseis quadras seguem com rimas ingênuas (coração/satisfação; bela/dela; flora/outrora; viverás, estás).

A revista termina com uma charada que terá sua solução publicada no sábado seguinte. No pé, a despedida: "Adeos, amaveis leitoras".

Terminou esse número da revista? Falta conferir a lâmina com a informação de moda. Não é difícil imaginar o sucesso que essa gravura deve ter causado no Rio de Janeiro de 1839. E será sobre o impacto das imagens que nos deteremos no próximo subtítulo deste capítulo.

Nº 1. VOL. I.　　SABBADO, 5 DE JANEIRO.　　1839. 1º ANNO.

PUBLICA-SE
todos os
SABBADOS
1 numero com 1 gravura.
ASSIGNATURA :
Rs. 3$000 adiantados
por 3 mezes.

ASSIGNA-SE
na Livraria de
E. e H. LAEMMERT,
EDITORES,
Rua da Quitanda,
N. 77.
Rio de Janeiro.

CORREIO DAS MODAS,

JORNAL CRITICO E LITTERARIO
DAS MODAS, BAILES, THEATROS, ETC.

Tout change ... la lá ... el. ng... ausi de méthode,
Éc...it-, hal Et... me us... aget... m., tout est modé!

MODAS.

Tendes emfim, amaveis leitoras, um « Jornal de Modas » de que estava em fallencia o Rio de Janeiro e as outras Provincias. — O dezejo que temos de agradar-vos, obriga-nos a vencer muitas difficuldades. Pois que! julgais que não é tarefa importante o escrever para o bello sexo a quem a natureza largueou uma infinidade de gostos variadissimos?
— Entrai em um formoso jardim no qual Flora alardeia toda a sua riqueza, vereis flores muito mimosas, porém notareis uma prodigiosa diversidade d'ellas; pois bem; assim são tambem os pensamentos, gostos e inclinações das Senhoras. Ora, que trabalho não tem um pobre escriptor para apresentar uma combinação que infunda um prazer geral!! Comtudo, um sorriso vosso, um elogio, uma protecção decidida, — eis a nossa maior recompensa. Tecei-nos uma grinalda de rosas, de amores perfeitos, de perpetuas, sentiremos um prazer tal que para ser expressado de certo não encontraremos em lingua alguma os termos necessarios : — eis a nossa ambição e a nossa gloria. Se esta esperança deixasse de embalar-nos, amaldiçoariamos todas as Modas, embora ficassemos extaticos, embora o nosso coração palpitasse mais vehemente na presença de uma Senhora trajada no rigor da Moda.

Cravai, minhas leitoras, os vossos bellos olhos na gravura que acompanha o nosso Jornal.... Tendo alguma de vós a bondade de a contemplar e observar, de certo direis : — « Oh! si eu me trajar assim hei de ficar mais bonita. » Nós vos affirmamos que não ha couza mais facil. — Dai-me attenção, pois vamos fazer a descripção da gravura.

Principiaremos pelo elegante e singello penteado. Este tem um merecimento muito relevante porque não demanda o soccorro de M. Desmarais, de M. Jagand, etc., porque uma Senhora pode perfeitamente executa-lo. As tranças devem ser muito bem tecidas,

O FASCÍNIO DA IMAGEM: *A LANTERNA MÁGICA*

A introdução dos desenhos e das caricaturas na imprensa brasileira causou sensação, ao menos entre o público da corte instalada no Rio de Janeiro. Embora os historiadores forneçam dados controversos sobre a circulação da primeira caricatura, pode-se dizer que a data mais aceita é a de 1837, quando o *Jornal do Commercio* publicou em sua edição de 14 de dezembro um anúncio que dizia

> Saiu à luz o primeiro número de uma nova invenção artística, gravada sobre magnífico papel, representando uma admirável cena brasileira, e vendida pelo módico preço de 160 réis cada número, na loja de livros e gravuras de Mongie, Rua do Ouvidor nº 87.[13] A bela invenção de caricaturas, tão apreciada na Europa, aparece hoje pela primeira vez em nosso país, e sem dúvida receberá do público aqueles sinais de estima que ele tributa às coisas úteis, necessárias e agradáveis (JELIN & TADDEI, 1996, p. 37).

O *Diário do Rio de Janeiro* também publicava semelhante anúncio no dia seguinte, dando a conhecer o aparecimento da *Caricatura,* publicação de desenhos avulsos, que foram vendidos como as "revistas-posters" oferecidas nos dias atuais nos finais de campeonatos de futebol ou pela morte de algum ídolo. Imagens para colecionar ou guardar.

Havia muita curiosidade e, portanto, demanda para essas imagens. Tanto que logo a seguir saía nos dois jornais um novo anúncio:

> Acham-se à venda nas lojas dos Srs. João Batista dos Santos, Rua da Cadeia nº 60; Sant'Amant, Rua de São José nº 64; R. Ogier & Cia; Rua do Rosário; E. Laemmert, Rua da Quitanda, o 1º número de Caricatura, que representa interessantíssima cena brasileira, impressa em muito bom papel, e pelo módico preço de 160 réis. Sairá amanhã e acha-se à venda nas mesmas casas o 2º número de Caricatura, representando a Rocha Tarpeia. O favorável e generoso acolhimento com que recebeu o público o 1º nº deste nosso periódico de gravuras, havendo-se esgotado já toda a primeira edição, anima aos artistas que se acham encarregados de tão necessária, útil e patriótica empresa, a continuarem sua publicação (JELIN & TADDEI, 1996, p. 38).

---

13   A Livraria de Louis Mongie, como se viu acima, era um dos estabelecimentos famosos do Rio de Janeiro nessa época, por reunir uma espécie de clube literário (LAJOLO & ZILBERMAN, 2002: 118).

Atribuídas a Manuel de Araújo Porto-alegre, as duas primeiras caricaturas desenhadas por um brasileiro. Litografadas por Pierre Victor Larée, eram o prenúncio da revista *A Lanterna Mágica*. Acima, "A campainha e o cujo"; à direita, "A Rocha Tarpeia".

As duas caricaturas tinham como tema o controvertido jornalista e político Justiniano José da Rocha.[14] Tanto que a segunda lâmina se chamou Rocha Tarpeia, num trocadilho com o sobrenome do jornalista. Justiniano era mostrado no desenho como se fosse a rocha dos tempos do Império Romano.[15] Na caricatura, de um lado se vê a paisagem de Roma e, esculpida na rocha, a cabeça enorme de Justiniano, de frente e perfil. Na testa, a inscrição: 3:600$000, o salário anual do jornalista como diretor do *Correio Oficial*.

Atribuídas a Manuel de Araújo Porto-alegre, as duas caricaturas, litografadas por Pierre Victor Larée, eram como um tira-gosto para algo que viria a seguir, a revista *A Lanterna Mágica, periódico plastico-philosophico*. Nessa publicação, um desenho satirizando a homeopatia, recém-introduzida no Brasil, assinalava o nascimento dos personagens Laverno e Belchior dos Passos – e, com eles, a introdução da caricatura na imprensa nacional.

Manuel José de Araújo nasceu dia 29 de novembro de 1806, em Rio Pardo, na Província de São Pedro, atual Rio Grande do Sul. Filho de um negociante de fazendas e de trigo, já demonstrava na infância a inclinação para o desenho. Quando o rapaz completou 16 anos, em 1822, foi para Porto Alegre, estudar e trabalhar como

---

14   Jornalista e político conservador, Justiniano José da Rocha nasceu em 28 de novembro de 1811, no Rio de Janeiro. Embora haja controvérsia sobre a data de nascimento, esse é um dos muitos casos em que a versão errada se impõe como verdadeira, segundo Elmano Cardim, que para chegar à data correta pesquisou em sacristias e nos arquivos da Faculdade de Direito da USP (CARDIM, 1964). Aos 11 anos, Justiniano José da Rocha foi com a família para a França, onde cursou o secundário, formando-se depois na Faculdade de Direito de São Paulo em 1833. Foi professor de História e Geografia no Colégio Pedro II e de direito na Academia Militar do Rio de Janeiro. Chegou a exercer a advocacia, mas ganhou projeção como jornalista. Em 1838, fundou os jornais *Atlante* e *O Chronista* – periódicos que atendiam aos interesses do Partido Conservador (pelo qual se elegeu deputado em três legislaturas) e serviam de tribuna para ferrenha oposição à Regência e ao governo. Ficou famoso, pois tendo escrito veementes artigos contra o tráfico de escravos, admitiu, numa disputa na Câmara, haver recebido escravo como pagamento de favores ao ministério. A nomeação para o cargo de redator do *Correio Oficial*, pelo qual receberia 3.000$600, uma pequena fortuna na época, foi o tema das duas caricaturas criadas por Araújo Porto-alegre, "A campainha e o cujo" e "A Rocha Tarpeia". Justiniano fundou outros jornais, como *O Correio do Brazil* (1852), escreveu livros e traduziu romances, como os de Alexandre Dumas, publicados em folhetins no *Jornal do Commercio* (VAINFAS, 2002, p. 453-455).

15   Uma das formas de morte prevista pelo código penal romano era precipitar o condenado do alto da rocha Tarpeia, uma alta escarpa da colina do Capitólio, onde ficava o Fórum e o templo de Júpiter.

assistente de um relojoeiro. Na capital gaúcha, de que tomou o nome,[16] conheceu o desenhista francês François Thér, com quem se inicia nas artes plásticas, realizando trabalhos como desenhista e pintor.

Foi no estúdio de um de seus professores, o pintor João de Deus, que Porto-alegre conheceu o desenho *Desembarque da Arquiduquesa Leopoldina*, do artista francês Jean-Baptiste Debret. Encantado, decide ir para o Rio, estudar com esse mestre que viera ao Brasil com a Missão Francesa trazida por Dom João VI.[17] Porque ainda era menor de idade, a mãe não permitiu a partida para a corte. Mas em 1827, ao completar 21 anos, convence a família e muda-se para o Rio. Admitido na primeira turma da Academia Imperial das Belas Artes, estuda com Debret, com quem logo trava amizade e passa a ser protegido. O professor teria escrito sobre o dedicado aluno: "Araújo Porto-alegre deixa, portanto, de copiar para criar. Em vez de decalque, da ampliação ou da simples cópia, ele já reproduz o modelo vivo, concebe figuras, retrata grupos, fixa a natureza".

Na Academia, Araújo Porto-alegre, mesmo sendo um dos alunos mais novos, foi dos mais ativos. Conta-se que, aborrecido por não poder trabalhar na escola fora do horário de aulas para treinar e aperfeiçoar sua técnica, teria pedido ao imperador que tomasse uma atitude a respeito. E Pedro I, atendendo seu pedido, ordenou à direção da Academia que permitisse a entrada dos alunos fora dos horários estabelecidos. Porto-alegre foi estimulado a organizar mostras de arte, expondo como pintor e como arquiteto (LIMA, 1963, vol. 2, p. 717-723).

Com a ideia de viajar e de conhecer a Europa, cursou também a Escola Militar e assistiu a aulas de anatomia do curso médico, além de Filosofia. Em 1831, graças a uma subscrição promovida por Evaristo da Veiga e à proteção dos Andradas, segue para a França como bolsista do governo, em companhia de Debret, que regressava a seu país. Em Paris residiu na casa de François Debret, irmão do pintor, onde

---

16 Já se referiu, no capítulo 1, o movimento nacionalista ocorrido no Brasil na época da Independência, em que as pessoas mudavam seus sobrenomes. Manuel José de Araújo trocou o seu para Manuel de Araújo Pitangueira, passando depois a usar Manuel de Araújo Porto-alegre (VAINFAS, 2002, p. 513).

17 A Missão, chefiada por Joachim Lebreton, e de que faziam parte, entre outros, os pintores Jean-Baptiste Debret e Nicolas Antoine Taunay, os escultores Auguste Marie Taunay, Marc e Zéphirin Ferrez e o arquiteto Grandjean de Montigny, chegou ao Brasil em 16 de março de 1816.

conheceu grande parte dos intelectuais da época, sendo admitido nas aulas do Barão de Gross.

Em 1834, viaja pela Europa visitando vários países, entre eles a Itália, em companhia de outro ex-aluno de Debret, Domingos José Gonçalves de Magalhães, com quem dois anos depois, já de volta a Paris, criou a revista *Nitheroy*. A publicação, com o subtítulo de "Revista Brasiliense de Ciências, Letras e Artes", tinha como epígrafe "Tudo pelo Brasil e para o Brasil". Escrito em português, o periódico contou entre seus colaboradores com Francisco de Salles Torres Homem. A revista exaltava o Brasil com a proposta de ser um veículo para a alta cultura nacional, revelando traços do Romantismo, mas não passou do segundo número.

Em 1837, de regresso ao Brasil, Porto-alegre é nomeado professor da Academia de Belas-Artes e estreia com as já comentadas caricaturas soltas, satirizando Justiniano José da Rocha. Em 1840, tornou-se pintor oficial da corte e, em 1854, nomeado pelo imperador Pedro II para dirigir a Academia de Belas-Artes, procurou realizar uma reforma do currículo. Sua proposta era conciliar o ensino técnico predominante até então com uma orientação mais artística, a fim de propagar o gosto pelas artes e de incentivar o surgimento de uma iconografia oficial que, ao destacar os marcos históricos e os heróis nacionais, contribuísse para dar uma identidade à nação (VAINFAS, 2002, p. 351).

Chamado de "homem-tudo" por Max Fleiuss (filho do desenhista e revisteiro Henrique Fleiuss, criador de *A Semana Illustrada*), Araújo Porto-alegre "foi um dos principais escritores de nosso primeiro Romantismo e talvez seu artista mais completo. Pintor, arquiteto, cenógrafo, poeta, dramaturgo, ensaísta e caricaturista" (FARIA, 2003, p. 173), era um polivalente e trabalhou em diversas frentes, como artista, educador e administrador. Menos conhecido no mundo da literatura, integrou o núcleo da primeira geração de românticos e atuou na imprensa também buscando "despertar um caráter próprio na literatura brasileira por meio da inspiração que o ambiente tropical e a 'raça' nativa do continente americano podiam oferecer" (VAINFAS, 2002, p. 351).

Todos esses traços podem ser percebidos numa de suas obras de maior destaque, *A Lanterna Mágica – Periódico plastico-philosophico*. Produzida em parceria com os ilustradores Rafael Mendes de Carvalho e Lopes Cabral, que haviam sido seus alunos na Academia, a publicação teve o primeiro número circulando em janeiro de 1844. Foi festejado pela imprensa, sendo considerado pelo *Diário do Rio de Janeiro* como "o mais importante jornal até hoje aparecido". A revista, no entanto, teve também duração pequena: em março de 1845 circulava o último número, o de 23.

A ficha catalográfica da publicação na Biblioteca Nacional é lacônica: a frequência do periódico é descrita como desconhecida, mas seguramente a intenção seria de uma publicação quinzenal: em 14 meses de circulação, atingiu 23 números. A ficha apresentada pelo Cedap-Centro de Documentação e Apoio a Pesquisa, da Faculdade de Filosofia da Unesp em Assis, informa que a publicação seria semanal, aparecendo aos domingos – o que deve ser um engano. Ainda segundo o Cedap, *A Lanterna Mágica* é "um jornal filosófico que trata do cenário político, utilizando-se da sátira em forma de peça teatral. Assim, os personagens e seus diálogos flagram momentos da vida política e seus protagonistas oficiais, além de assinalar o início das publicações ilustradas com caricaturas impressas".

Detenhamo-nos na análise de seu primeiro número. A revista tem formato de 21 x 29 cm. A primeira página, ou capa, traz o desenho de uma cabeça envolta em folhas de louro, como a de um ator (dá impressão de uma cabeça com máscara). Ao lado direito, sob a cabeça, uma corneta. Atrás, um livro em que se pode ler "L'Inmortalité". À esquerda do livro, um tinteiro com a pena. Abaixo do desenho, o título em maiúsculas: "A Lanterna Magica". Na linha de baixo, em caracteres menores, "periodico plastico-philosophico". A seguir, o número "1".

Assim a proposta da revista é anunciada no número 1 (PR SOR 00748):

> Carissimos Leitores. Não é com o intuito de especular sobre a vossa amável bolça, nem tão pouco por amor d'esse vil metal, que os seculos apelidárão ouro, que vai comparecer no tribunal de vossas vistas mais esta publicação.
>
> Um gigantesco patriotismo, uma d'essas erupçoens de amor pelo bem do paiz, uma attracção irresistivel para a salvação da humanidade, uma coisa que se não pode explicar senão com os tempos, nos obriga a emprehender esta obra classica, e este bosquejo do seculo, que dará mais que fazer aos vindouros philosophos e estadistas do que o morro do Castello, esse ladrão que nos furta todos os dias a viração da barra, e que passa de anno a anno impunemente, sem achar uma alma caridosa que o ponha de crista baixa.

A *Lanterna Magica* é filha de profundas convicçoens, é o theatro onde se representárão as principaes scenas da nossa epoca, sem resaibos de personalidades, e sem o intuito de fazer illusoens a este ou aquelle individuo: a scena das generalidades reinará no seu proscenio, e seus quadros representarão sempre os mesmos individuos, os mesmos actos revestidos somente do caracter que lhes der na oportunidade.

Faz sentido. *A Lanterna Mágica* se apresenta, após as duas páginas introdutórias, como "drama em tresentos e sessenta e seis actos,[18] representado durante a successão dos tempos no theatro do Beco da Patuscada. A scena passa-se no Imperio do Brasil, dentro do circulo do Zodiaco". A linguagem busca o tom irônico, como se vê.

O autor segue a apresentação de sua revista. O protagonista das cenas será sempre Laverno, nas palavras do apresentador "esse homem prodigioso, espécie de Mefistófeles, de judeu errante, que anda entre nós nas praças, nos templos, nos salões dourados, no parlamento, nas estalagens, nas lojas e nos ranchos das estradas". Tem como companheiro e íntimo amigo Belchior dos Passos. Humilde, o revisteiro garante: "esta publicação haverá de melhorar muito com o andar dos tempos".

Terminadas as duas páginas de apresentação, a revista começa seu primeiro numero. Ou seu primeiro ato.

A *Lanterna* adota a paginação de uma coluna, o que a torna um pouco pesada, por se assemelhar a um livro. Essa coluna única é colocada dentro de um quadro de fios duplos, dando um aspecto de "caixa" às páginas – algo que qualquer *designer* hoje em dia sabe que é marca de arquiteto e decorador, não de um comunicador visual. Em média, cada página comporta 40 linhas de texto, que usa uma tipologia serifada: linhas largas, portanto, que são compensadas por um entrelinhamento medianamente aberto.

O texto da revista é, na realidade, um diálogo em que Laverno discute e disputa com Belchior dos Passos – são dois malandros espertos, sempre em busca de algum expediente para conseguir dinheiro fácil. Na sétima página da publicação aparece o desenho que resume toda a cena descrita.

Visualmente a publicação é pobre. Na terceira página, em que a revista começa, após a apresentação, há no frontispício ou cabeçalho uma figura. São elementos

---

18   O ano de 1844 foi bissexto, daí os "tresentos e sessenta e seis actos".

de desenho e arquitetura: um globo terrestre, uma âncora, compasso. Na última página, ao terminar o texto, outra vinheta mostra um livro, folhas soltas, uma lamparina, uma pena no tinteiro e o símbolo do comércio (duas serpentes de Mercúrio envoltas num mastro).

Nesse primeiro número, Laverno propõe a Belchior ganhar dinheiro fazendo-se passar por médicos homeopatas. Laverno usa uma fala autoritária e trata seu parceiro como parvo. "Não prossigas, imbecil", "Estúpido neófito", "Pateta", "Toleirão", "Tu não és senão um animal fastidioso", é nesse tom que ele se dirige a Belchior. Este, sempre responde com um "Tu és um homem admirável".

Laverno expõe suas táticas, como se apresentarão, como darão seus golpes. Belchior dos Passos, mais realista ou pessimista, pondera sobre eventuais contratempos, sobre contramarchas. Ao longo de cinco páginas discorre o diálogo. Um exemplo:

> *Belch.* Comprehendo. Ha somente uma pequenina difficuldade, e vem a ser que não sabemos nem pitada de Medicina.
>
> *Lav.* Não ha necessidade de sciencia, toleirão; no estado em que o immortal fundador poz a sciencia nada é mais facil: basta saber dividir, subdividir ao infinito, e redigir um annuncio que deixe de boca aberta o respeitavel papalvo. Annunciaremos que o Dr. Lavern...
>
> *Belch.* Mas esse nome é já bastante conhecido, e tu não podes passar por estrangeiro.
>
> *Lav.* O nome é sempre o mesmo, pateta, a terminação faz a nacionalidade. Serei Francez, sendo Lavernu; Russo, Lavernoff; Inglez, Lavernson; Italiano, Lavernini ou Lavernelli; Polaco, Laverniski; Allemão, Von Lavernitz; Hollandez, Van Lavernick; Egypcio, Lavermud-Bei; Hespanhol, Dr. Laverno d"Alfarrache, e assim por diante, mas não me interrompas mais (PR SOR 00748).

As aventuras e peripécias de Laverno e Belchior saíram da pena de Manuel de Araújo Porto-alegre, mas eram ilustradas por Rafael Mendes de Carvalho.[19] Ao longo de 23 números da *A Lanterna*, entre 1844 e 1845, essas figuras satirizariam

---

19 Na verdade, como os dois conhecidos desenhos de *A Caricatura* mostram, o traço de Porto-alegre é pobre e tosco. O fato de haver recorrido ao lápis de seu aluno revela o bom senso do artista polifacético.

A REVISTA NO BRASIL DO SÉCULO XIX

políticos, burocratas, aproveitadores, artistas, literatos, religiosos, jornalistas – os "personagens desse drama em trezentos e sessenta e seis atos [que] se passa no Império do Brasil". Animados por um senso crítico que provocava a reflexão, os desenhos instigavam os leitores a pensar.

Laverno podia se passar por médico, naturalista, político ou artista, sempre arranjando maneiras de enganar com seu cinismo. No texto *A Lanterna Mágica: imagens da malandragem, entre literatura e teatro,* que preparou para o catálogo da exposição A Comédia Urbana: de Daumier a Porto-alegre, realizada pela Fundação Armando Álvares Penteado, de 26 de abril a 22 de junho de 2003, em São Paulo, João Roberto Faria, professor de Literatura Brasileira na FFLCH da Universidade de São Paulo, realiza uma minuciosa contextualização dos 23 fascículos editados por Araújo Porto-alegre.

Ficamos sabendo, pela leitura desse trabalho, que Porto-alegre se familiarizou com as lanternas mágicas, comuns em Paris durante seu estágio na capital francesa, e adota o nome para a publicação, pois aquele aparelho realizava "com o truque das lentes, o que ele queria realizar com seu talento de pintor e escritor: projetar imagens do Rio de Janeiro que tinha diante dos olhos" (FARIA, 2003, p. 174).

> O que surpreende é que exatamente no mesmo ano em que *A Lanterna Mágica* começou a circular, 1844, Martins Pena escreveu a comédia *Os três médicos,* na qual um personagem doente é disputado por um médico alopata, o dr. Cautério, por um homeopata, o dr. Milésimo, e por um hidropata, o dr. Aquoso. [...] Se, por um lado, Porto-Alegre e Martins Pena tinham atrás de si uma longa tradição cômica, por outro, podiam observar e colher na própria cidade do Rio de Janeiro o material para suas obras. Em 1844, surgia a Escola Homeopática, com o curso em três anos, dado por professores estrangeiros, como M. Le Boiteux, e T. Ackerman. Nesse mesmo ano, os jornais traziam artigos polêmicos sobre essas correntes médicas... Tudo indica que o charlatanismo foi comum nesses tempos em que os manuais de homeopatia punham a medicina ao alcance de qualquer um que soubesse ler (FARIA, 2003, p. 178).

Outro dos alvos da crítica e da sátira de Porto-alegre são os viajantes e naturalistas que passavam pelo Brasil naquela quadra do século XIX. Já nos referimos a eles no capítulo 1. Se na época dos descobrimentos e nos tempos do Brasil Colônia as "viagens eram consideradas empreendimentos militares e expansionistas", sendo por isso proibida por Portugal a entrada de visitantes,[20] com a chegada da Família Real inúmeros viajantes percorreram o Brasil e realizaram inventários de comunidades, geografia, fauna e flora (VAINFAS, 2002, p. 711).

Como pondera João Roberto Faria, "entre os viajantes e naturalistas, havia quem quisesse a fama a qualquer preço, lançando mão de estratégias desonestas para anunciar descoberta de novas espécies, um pássaro, por exemplo" (FARIA, 2003, p. 181). Esses impostores são outro dos alvos da sátira de Porto-alegre, com Laverno convencendo Belchior dos Passos da rentabilidade de se meterem a vender aos naturalistas viajantes algum espécime de gato com pés de pato ou uma onça marinha.

O número 5 traz a partitura do lundu *Fora o Regresso,* uma referência irônica ao jurista e escritor Bernardo Pereira de Vasconcelos, nome de peso no período regencial, considerado um dos políticos mais decisivos na construção do modelo do império, que começara como um liberal moderado para acabar nos braços do Partido Conservador, tornando-se líder da corrente denominada "regressista", por apoiar a centralização do poder em torno do imperador.

Assim *A Lanterna Mágica,* por meio do diálogo entre os dois personagens, critica, expõe, ridiculariza e satiriza costumes e comportamento dos tipos sociais, se distanciando da rotina de louvação que era comum na época.

Outras revistas importantes tiveram a mão ou a colaboração de Araújo Porto-alegre: ele participou da criação e colaborou com a *Minerva Brasiliense* (1843-1845), de seu amigo Torres Homem, e com a revista *Guanabara* (1849), de que foi um dos fundadores e redator, junto com Gonçalves Dias e Joaquim Manoel Macedo. Na primeira, escreveu respondendo às críticas e observações levianas ao Brasil, escritas pelo jornalista francês Louis de Chavagnes, em um relato de viagem publicado na *Revue des Deux Mondes.*[21]

---

20 Mesmo já entrado no século XIX essa proibição seguia vigente. "Entre 1799 e 1804, Alexandre von Humboldt e Aimé Bompland cruzaram a América Central e chegaram às cabeceiras do Orenoco, quando solicitaram, sem sucesso, permissão para viajar pela Amazônia", escreve Ronald Raminelli (VAINFAS, 2002, p. 713).

21 Na contextualização que realiza em seu já citado estudo, João Roberto Faria considera que o fascículo de *A Lanterna Mágica* em que Porto-alegre satiriza os viajantes, publicado meses

A REVISTA NO BRASIL DO SÉCULO XIX

No fim de sua vida, Porto-alegre dedicou-se à carreira diplomática na Europa, sendo cônsul do Brasil na Prússia e em Lisboa, onde morreu, em 1879.

UM NOVO PASSO: AS MARMOTAS DE PAULA BRITO

Francisco de Paula Brito foi, nesse período de consolidação da imprensa na primeira metade do século XIX, o "primeiro editor digno desse nome que houve entre nós", segundo Machado de Assis. Até ele, o mercado editorial fora dominado por livreiros e editores portugueses e, sobretudo, franceses. Mulato, filho do carpinteiro Jacinto Antunes Duarte e de Maria Joaquina da Conceição Brito, nasceu em 2 de dezembro de 1809, na então Rua do Piolho (hoje Rua da Carioca), no centro do Rio de Janeiro. Dos 6 aos 15 anos morou em Magé, interior do Rio de Janeiro, voltando à capital em 1824, em companhia do avô, o sargento-mor Martinho Pereira de Brito que, além de comandante do Regimento dos Pardos, foi escultor e aluno do famoso Mestre Valentim. No Rio, Francisco de Paula teve de abandonar os estudos cedo, aos 15 anos, para ganhar a vida. Trabalhou como caixeiro em uma farmácia e, posteriormente, entrou como aprendiz na Tipografia Nacional, transferindo-se depois para a empresa impressora de René Ogier.

Em 1827, foi contratado pelo recém-fundado *Jornal do Commercio,* propriedade do impressor e editor francês Pierre René François Plancher de la Noé. De início trabalhou como compositor tipográfico, assumindo mais tarde o cargo de diretor das prensas, além de exercer as tarefas de redator, tradutor e contista. O *Jornal do Commercio* foi uma grande escola para Paula Brito: ali terminou dominando todas as etapas e processos de edição, familiarizando-se com máquinas e procedimentos mais modernos do que os equipamentos que manuseara na Tipografia Nacional. Sobretudo, assimilou novas práticas mercadológicas do editor francês, como dar prêmios e cupons a clientes fiéis. No trabalho, conheceu Rufina Rodrigues da Costa, com quem se casou em 1830, tendo duas filhas.

No ano seguinte sai do *Jornal do Commercio* para iniciar voo próprio. Adquire a loja de encadernação de livros de um primo, na Praça da Constituição, atual Tiradentes. Com as inovações que aprendera com Plancher de la Noé, consegue

---

depois deste artigo aparecido na *Minerva*, seria uma reelaboração de sua irritação com o relato de Louis de Chavagnes.

montar uma empresa competitiva e se torna o primeiro editor brasileiro de importância. Em 1832, com a tipografia equipada com uma impressora a vapor, começa a imprimir livros de autores como Martins Pena, Nísia Floresta, Gonçalves Dias, Casimiro de Abreu, Araújo Porto-alegre, Machado de Assis, mas também periódicos, com a ajuda de poucos empregados, entre eles o jovem Casimiro de Abreu. Segundo sua biógrafa Eunice Gondim, Paula Brito foi responsável pela publicação da mais extensa série de primeiras edições de que se tem notícia entre 1831 e 1861 (Vainfas, 2002: 287). Editor entusiasta, publicou em 1843 o livro *O filho do pescador*, de Antonio Gonçalves Teixeira e Sousa, considerado o primeiro romance do romantismo brasileiro, além dos *Prelúdios*, de Juvenal Galeno, e, como se viu, deu emprego a Casimiro de Abreu (LAJOLO, 2002, p. 118).

A estreia de Paula Brito como revisteiro se dá com os jornais satíricos *A Mulher do Simplício ou A Fluminense Exaltada*, em 1832. Em 1833, lança *O Homem de Cor*, considerado um dos primeiros jornais brasileiros a discutir o preconceito racial. Publicou ainda os pasquins *A Mineira no Rio de Janeiro, O Limão de Cheiro, O Trinta de Julho, O Saturnino*, entre outros.

Redigido em versos e de circulação irregular entre 1832 e 1846, *A Mulher do Simplício ou A Fluminense Exaltada* foi lançado em 10 de marco de 1832 pela Typographia de Thomaz B. Hunt, e trazia como epígrafe a frase: "Fragil fez-me a Natureza, mas, com firme opiniao, he justo que a Patria escute a voz do meo coraçao". A publicação seguirá, com frequência às vezes irregular, até 30 de abril de 1846, já então impressa na casa de Typographia Fluminense de Brito & Co (que num segundo momento passa a se chamar Typ. Imparcial de Brito para depois adotar, a partir de 1850, o dia de nascimento e o nome do proprietário: Typographia Dous de Dezembro de Paula Brito).

Já então seu estabelecimento havia se convertido em ponto de encontro, reunindo intelectuais, músicos, políticos e literatos da época, fazendo concorrência a outras livrarias. Esse ambiente de tertúlia, de conversas e de troca de informações deu origem à Sociedade Petalógica do Rossio Grande, na época, o nome da atual Praça Tiradentes, no Rio. A sociedade era chamada de petalógica por causa das histórias nascidas ali e espalhadas como verdade rapidamente pela sociedade carioca de então. A palavra "petalógica", criada pelos poetas desse grupo, deriva de "peta", um sinônimo de mentira. Humor, música e poesia reinavam nesses encontros promovidos por Paula Brito, com boa dose de fofoca, como convém a um encontro petalógico. O próprio Francisco compunha alguns dos lundus que animavam esses saraus: foi autor do *Lundu da Marrequinha* em parceria com Francisco Manuel da Silva (autor da letra do Hino Nacional), que chegou a ser muito tocado na época.

Mas o maior sucesso desse grande revisteiro da metade do século XIX foram as "marmotas": *A Marmota na Corte* (1849), que depois passa a se chamar *Marmota Fluminense* (1852-1857) e, finalmente, *A Marmota* (de julho de 1857 a abril de 1864). Essa terceira fase sobreviveu ao criador, que morrera em 1861 – ano em que *A Marmota* publica o folhetim de Machado de Assis: *A queda que as mulheres têm pelos tolos.*

As *Marmotas* tinham o formato tabloide, de quatro páginas, diagramação simples: era diagramada em duas colunas, separadas por um fio vertical. O diagramador utiliza também fios duplos e simples horizontais para compor o cabeçalho ou logotipo e separar as matérias. Emprega apenas uma imagem, a de uma mão com o dedo apontando na página de abertura – que também faz às vezes de capa ao periódico (a *Marmota Fluminense* dispensará a vinheta do dedo apontado).

A Marmota na Corte é a primeira de três versões da publicação: circulou de 7 de setembro de 1849 a 30 de abril de 1852, duas vezes por semana, somando 257 edições, com a chancela da Typografia de Paula Brito, produzida pelo editor em associação com Prospero Ribeiro Diniz.

A segunda versão, com o nome de *Marmota Fluminense: jornal de modas e variedades,* circulará imediatamente a seguir, sem interrupção, de 4 de maio de 1852 a 30 de junho de 1857, impressa na agora chamada Typographia Dous de Dezembro de Paula Brito. Nessa fase, tem apenas Paula Brito como editor, pois este se desentendera com o baiano Prospero Ribeiro Diniz (voltaremos a isso mais adiante). A primeira edição dessa segunda fase continua com a numeração da versão anterior: é o exemplar de número 258 – e o periódico continua saindo duas vezes por semana, às terças e sextas-feiras.

Na terceira fase, a publicação volta a ganhar o artigo, mas perde o qualificativo, chamando-se apenas *A Marmota*. E circula de 3 de julho de 1857 a abril de 1864.[22] O que soma quinze anos, totalizando quase 1.200 edições. Para aquele meado do século XIX foi um fato notável.

---

22   Com a morte de Paula Brito em 1861, a revista se torna um tanto irregular em seus três últimos anos.

A seguir, nos deteremos na análise dos primeiros números da primeira versão, *A Marmota na Corte*.

O número 1 leva a data de "sexta-feira, 7 de setembro". O ano é 1849. Abaixo do título "A Marmota na Corte", separado com fios duplos, as informações: "Publica-se às terças e sextas-feiras, na Typ. De Paula Brito, rua dos Ourives nº 21, onde se recebem assignaturas a 2$000 rs. por 25 numeros, pagos sempre adiantados. Números avulsos, 80 rs". Do lado direito, os versinhos: "Eis a Marmota/Bem variada/P'ra ser de todos/Sempre estimada./Falla a verdade,/Diz o que sente,/Ama e respeita/A toda gente".

O texto da publicação é escrito em primeira pessoa, e no primeiro número o editor se apresenta e diz a que veio:

> Forte arrojo! Forte atrevimento!! (dirão por ahi os leitores). Quem é o redactor desta folha chamada *Marmota*, que ahi aparece? É doutor formado em alguma academia? Não; mas é lente jubilado na universidade da experiencia. Sabe linguas? Não; mas traduz em portuguez o claro idioma do coração. [...] E para que escreve elle esta folha; será por interesse? Não, que isso é uma paixão tão feia, que hoje em dia ninguém a quer seguir: elle escreve só para servir a patria d'algibeira, que assim o exige o brio e denodo de um cidadão liberal. [...] Já estão ao facto do motivo por que escrevo (PR SOR 00284[1]).

A seguir, utilizando metáforas culinárias, o redator dá a receita do periódico, a que se refere como "gazeta":

> Vamos agora ao enchimento ou miollo da *Gazeta*. Essa folha ha de ser um guizadinho saboroso e bem temperado de tal fórma que faça os leitores ou convidados della lamberem os beiços, e pedirem repetição da dóse: ha de ser um podim de cousas boas; ha de levar o leite da verdade, o pão da religião, os ovos das pilherias, o cidrão da lei, as passas da poesia, a nós-moscada da critica, e por fim a canella da decência para aromatisar o palladar das familias, e dar uma vista agradavel ao bolo. Ora pois, abram a boca e fechem os olhos para chuparem o petisco (PR SOR 00284[1]).

No parágrafo seguinte, o redator se entusiasma e convida a todos a enviar colaborações (Machado de Assis foi um dos "patuscos" que atendeu o convite) para a publicação. O editor se encarregaria até de corrigir, prometia, poemas toscos.

> Ah! E agora, fallando serio tenho muita cousa interessante que analysar no labyrinto desta corte. Em quanto não estou bem familiarisado com as molestias do paiz, rogo á bella rapazeada desta cidade (que bastante vivesa tem), que me remetam à typographia noticias interessantes que eu publicarei, e basta só darem o thema que eu farei o sermão. Os que tiverem a veia poetica mandem todas as poesias que fizerem, ainda mesmo incorrectas, que eu as corrigirei [...] Rapazes, patuscos, estudantes, caixeiros, todos todos, cheguem para mim, ajudem-me com as informações da terra que verão como o negocio toma caminho, *crescite et multiplicameni* (PR SOR 00284[1]).

Esse tom de cumplicidade com o leitor permeará a publicação, que de início não segue uma fórmula muito fechada e repetida. Algumas notas e reportagens são entremeadas por poesias, com forte incidência das charadas, com que todo número é encerrado, dando-se a resposta na edição seguinte.

A edição de número 10, por exemplo, com data de 9 de outubro de 1849, abre com uma reportagem sobre o lançamento de três navios construídos nos estaleiros do Visconde de Mauá (Irineu Evangelista de Sousa). O texto, sempre em primeira pessoa, é primoroso pela fina ironia com que retrata a cerimônia do lançamento nos estaleiros. Solenidade que teve o prestígio da presença do então jovem imperador Pedro II. O texto mescla narrativa e versos, como as quadrinhas "Trez vapores d'uma vez/Vi cahirem sobre o mar;/De já termos tal progresso/Nos devemos gloriar" e "Já temos cá no Brasil/Quem fabrique bom vapor./Que serve bem nas viagens/Para nosso Imperador!".

Esse texto ocupa toda a primeira página dessa edição e pouco mais da metade da primeira coluna da página 2. Essa reportagem abre com o toque intimista: "No dia sabbado, 29 do passado, regosijei-me de ver a grandeza da valiosa fabrica de fundição estabelecida na Ponta d'Areia, e dirigida pelo emprehendedor Riograndense – Irenêo Evangelista de Sousa". Faz, a seguir, elogio ao armador: "Esse digno patricio nosso, cheio de uma incansavel industria foi o primeiro que nos convenceu de que não precisamos mais depender da altivez dos inglezes, os quaes, aproveitando-se até então das nossas faltas, levavam-nos o nosso ouro, deixando seu ferro fraco e dispendioso".

Honesto, o redator entrega: "O lugar da fundição não tem belleza, mas é próprio para aquelle estabelecimento". O repórter faz sua autocrítica: "A este acto, que foi acompanhado de foguetes e musica militar, sobiu-me a fumaça patriotica à cabeça, acendi a minha musa, e improvisei a seguinte quadra: 'Já temos cá no Brasil/ Quem fabrique bom vapor./Que serve bem nas viagens/Para nosso Imperador!'"

O melhor momento da narrativa é a descrição dos comes e bebes que se seguiram à inauguração dos três navios:

> Finda a cahida dos vapores, subiu Sua Magestade para o salão da fabrica, e, depois de algum tempo, estendeu-se sobre uma extensa mesa um delicado jantar com todo o aceio e profusão; na primeira mesa jantou unicamente Sua Magestade, com o ministério do seu coração, que são as moças bonitas, e com o supremo tribunal das velhas, entre as quaes haviam duas que comiam vorazmente; uma d'ellas repetiu perú assado quatro vezes, comeu pastelões, laranjas e dous maracujás, rebocando por fim toda esta muralha com uma compoteira de doce molle, que pareceu-me cocada; a velha era formidavel no trabalho dos queixos!... a boca, apezar da falta de dentes, rodava, e mastigava por tal fórma, que parecia um moinho de moer café! Parece-me que se ella ali se demorasse uma semana, comia os ferros e os moldes da fabrica do Sr. Irenêo.

Esse número de *A Marmota na Corte* segue com um comentário sobre "A sociedade phil-harmonica", texto de pouco menos de uma coluna ("Tive o prazer de assistir a uma reunião d'essa bella sociedade, digna sem duvida de grandes elogios pelo escolhido divertimento que apresenta"). A matéria seguinte, a terceira deste exemplar, é a "Vista scientifica e recreativa – a musica, e a cantoria". Tão extensa como a primeira, ocupa quase três colunas.

A quarta entrada, sob a rubrica "Pedidos", traz um longo poema (26 quadrinhas, ou seja, 104 linhas, ocupando duas colunas inteiras), com o título "Última defesa da rosa", assinado por *A Mulher do Simplício* – curiosamente, título de um dos periódicos publicados anteriormente pelo impressor Francisco de Paula Brito, como já se disse.

A REVISTA NO BRASIL DO SÉCULO XIX

Esse número da revista fecha com a tradicional "Charada", que ocupa ¼ de coluna, quase como um rodapé:

Sou uma parte no fato
Dos homens e das mulheres
Força é que por mim passe
Toda a colheita de Ceres;
Das arvores e dos arbustos
Eu sou sempre natural
E talvez que em outras plantas
Não me encontrem outra igual.
Tenho por fim reunir
O útil ao agradavel;
Pois, instruindo, intretenho
Um concurso variavel.

———

A ella, meus bons amigos,
Charadistas valentões
A Marmota desafia;
A ella, meus sabixões!

Talvez pela simplicidade da linguagem, pela agilidade da fórmula em relatar com ironia fatos do dia a dia, o certo é que a publicação caiu no gosto do público e trará dividendos como o próprio Paula Brito escreverá na polêmica que estabelecerá com seu sócio Prospero Diniz.

Pelo que se deduz da leitura da carta aberta publicada por Paula Brito a partir da troca de nome da revista de *A Marmota na Corte* para *Marmota Fluminense, jornal de modas e variedades,* em maio de 1852, o baiano Prospero Diniz havia editado um periódico com o nome *A Marmota* em Salvador. Ao chegar ao Rio, se aproximara de Paula Brito e lhe propôs uma parceria e ambos lançaram a *Marmota*, na versão carioca, ou seja, "na Corte". E o que hoje seria uma questão de registro de propriedade tornou-se motivo de chantagem por parte do baiano, que não trabalhava, mas cobrava pontualmente sua mesada pelo uso da marca. E a cada temporada aumentava suas exigências.

Na capa do número 258, em que troca a nome para *Marmota Fluminense,* Paula Brito publica o aviso: "Aos nossos leitores e assignantes. O Snr. Prospero

Diniz já não faz parte da redacção desta folha. A *Marmota Fluminense* continúa a ser publicada regularmente, às terças e sextas feiras, como o foi sempre a *Marmota na Corte*, mesmo no longo período em que esteve ausente o Snr. Prospero".

Esse número 258 segue com a chamada para os figurinos: essa edição da revista circulava com dois figurinos, um de noiva, outro de passeio campestre. "Não julgamos necessário fazer a descripção delles, porque todo mundo sabe que uma noiva veste-se sempre de branco; a qualidade da fazenda é que é regulada pelas posses da familia".[23]

Ainda na primeira coluna da primeira página se inicia um ensaio sobre o mês de maio e seus significados, a partir da mitologia romana (como se disse, esse exemplar é o primeiro do mês de maio de 1852).

A segunda página traz dois textos: "A menina namorada ou o homem consciencioso", assinada por "R", e "Correspondência", esta assinada por "A", uma leitora. São dois ensaios de costumes, de que destacamos uma passagem, do segundo texto:

> Nós, as mulheres, somos por ventura livres para alguma cousa? [...] Os homens que de tudo dispõem na sociedade, nos tem julgado tão materiais e tão flexiveis como uma porção de cêra a que, com os dedos, dão a fórma que lhes apraz! Não nos concedem um espirito, que determine as nossas vontades, nem a vontade que é filha da liberdade do espirito! Assim, pois, para me casarem, não procuram conhecer a minha vontade, não julgam isso essencialmente preciso; basta que elles o queiram, e que eu não tenha bastante força para os contrariar.

Um texto de forte tom feminista e, o que é surpreendente, redigido quase ao estilo com que escrevemos nos dias atuais (basta comparar com outras citações já mostradas anteriormente nessa pesquisa).

A terceira página apresenta três textos: "Illusão d'alma", assinado por F. G. da Silva, e "Brincos da Infância", um poema não assinado. Há ainda um soneto, também sem assinatura. A quarta e última página desse exemplar é composta por outras quatro poesias, uma sem assinatura, e as "Meus Amores", de Cruz Junior, e "O ramalhete",

---

23 A franqueza e o bom senso dessa observação é cativante e contrasta radicalmente com a verborragia com que o redator de *O Correio das Modas,* por exemplo, teria descrito a gravura, como se o leitor não tivesse olhos ou não soubesse olhar.

de J. A. de Macedo. A página se encerra com a charada, e no final o crédito: Empreza Typographica Dous de Dezembro de Paula Brito, Impressor da Casa Imperial.

Mas a polêmica com o antigo sócio Prospero Diniz não se encerrara. E é com um "O Snr. Prospero e a Marmota" que Paula Brito abre a edição 260, da terça--feira 11 de maio. Ele começa se desculpando: "Nunca pensei occupar a attenção do publico com questões de *Marmota*, porém como o Snr. Prospero Diniz publicou no seu *Boticário* um artigo de introdução pouco verdadeiro, permittam os leitores que eu diga alguma cousa a respeito".

Paula Brito, nesse texto assinado, conta a história da sua associação com o baiano, que lhe fora recomendado por Araújo Porto-alegre. Pela diatribe, ficamos sabendo que a *Marmota* vendia bem, que fora um sucesso de público, que Prospero Diniz colaborou pouco e sempre quis aumentos de suas retiradas, começou exigindo 60$ mensais, logo quis 80$, a seguir 100$. Que, voltando à Bahia, prometera enviar artigos e colaborações, não cumprindo sua parte mas cobrando a remuneração. Que em Salvador publicara a *Verdadeira Marmota de Prospero Diniz*, e que logo a seguir, aproveitando-se da fama do periódico de Paula Brito, lança em Recife a *Marmota Pernambucana*.

São três colunas (uma página e meia) de desabafos, em que, sem pretender realizar um relatório das agruras de um editor, Francisco de Paula Brito tece comentários sobre as sutilezas da edição, sobre os esforços para aumentar o número de assinaturas, sobre as mudanças no gosto do público, que exige atenção do editor em descobrir novidades, sejam as partituras, os novos figurinos "e de outras cousas que é hoje do que o publico mais gosta".

Inflamado, nesse texto autoral Paula Brito deixa entrever sua paixão por sua atividade. Saber ou buscar o que o público mais gosta: esse traço explica seu sucesso como editor – é com esse olho na resposta do público que se criam os contratos de leitura mais duráveis e bem-sucedidos.

N. 1. SEXTA FEIRA 7 DE SETEMBRO **1849.**

A MARMOTA ☞ NA CORTE.

N. 1. SEXTA FEIRA 7 DE SETEMBRO 1849.

A MARMOTA ☞ NA CORTE.

Publica-se ás Terças e Sextas feiras, na Typ. de Paula Brito, rua dos Ourives n. 91, onde se recebem assignaturas a 2$000 rs. por 3 mezes, pagos sempre adiantados. Numeros avulsos, 80 rs.

Eis a MARMOTA.
Bem variada,
Póz ser de todos
Sempre estimada;

Valió á verdade,
Dis o'que anda,
Ama a respeito
A toda gente.

A MARMOTA.

Forte arrojo! Forte atrevimento! (dirão por ahi, leitores). Quem é o redactor desta folha chamada *Marmota*, que ahi apparece? É doutor formado em alguma academia? Não; mas é lente jubilado na universidade da experiencia. Sabe linguas? Não; mas traduz em portuguez claro o idioma do coração. É barão, visconde, marquez, ou commendador? Não; porem é um dos fidalgos cavalleiros descendentes em linha recta do rei do mundo o 'Sr. Adão 1.º É bonito? É, sim, e muito parecido com um rapaz que por aqui andou chamado creatura, e a quem veio elle recommendado pelo Sr. povo imparcial, bom gosto e comp.ª E para que se atreve elle esta folha; será por interesse? Não que isso é uma paixão tão feia, que hoje em dia ninguem a quer seguir; elle escreve só para servir a patria d'algibeira, que assim o exige o brio e denodo de um cidadão liberal.

E que tal meus Senhores, então vai bem ou não?

Já estão ao facto do motivo por que escrevo; já sabem quem eu sou por fóra; que por dentro não posso abrir a barriga com medo de que me caiam as tripas, e isto de tripas de fóra é cousa muito medonha; *libera nos Domine!*

Vamos agora ao enchimento ou miolo da *Gazeta*. Esta folha ha de ser um guizadinho saboroso, e bem temperado por tal fórma que faça os leitores ou convidados della lamberem os beiços, e pedirem repetição da dóse; ha de ser um podim de cousas boas; ha de levar o leite da verdade, o pão da religião, os ovos das pilherias, o cidrão da lei, as passas da poesia, a nóz-moscada da critica, e por fim a canella da decencia para aromatisar o pallidar das familias, e dar uma vista agradavel ao bolo. Ora pois, abram a boca e fechem os olhos para chuparem o petisco.

Ah! E agora fallando serio tenho muita cousa interessante que analysar no labyritho desta corte. Em quanto não estou bem familiarisado com as molestias do paiz, rogo á bella rapaziada desta cidade (que bastante vireas tem), que me remettam á typographia noticias interessantes que eu publicarei, o basta só darem o thema que eu farei o sermão. Os que tiverem veia poetica mandem todas as poesias que fizerem, ainda mesmo incorrectas que eu as corrigirei, e quanto á critica supprirei a falta, ainda que mal, do extincto Z, o qual tanto apego teve por anaalysador. Rapazes, patuscos, estudantes, caixeiros, todos, todos, cheguem para mim, ajudem-me com as informações da terra que verão como o negocio toma caminha, *crescite et multiplicamini.*

Façamos criticas em geral, curupuças de carregação para se venderem a quem servir rem, já não é pouco. O nosso plano é reformar abusos recreiar os leitores, e ganhas a estimação das sympathicas meninas que honrarem a *Marmota* com as suas mimosinhas macias, e assetinadas; sim, e por fallar neste ultimo posto, é mister confessar que na Bahia, minha terra, ha moças muito bonitas com fallas adocicadas que dão suspiros aos todos etc. etc.; mas nesta cidade já tenho tambem visto algumas tão preciosas que bem se podem comparar com as pombinhas do feitiço, e é verdade que a ir cá, além de bonitas, reunem a circumstancia embellesante de estarem muito agarradas nas modas de vestuario, e vestido é que o bem feito do folhado concorre muito para a bondade do pastel. Tenho visto por ahi vestidos tão elegantes e tão bem talhados que as donas parecem que levão limões doces dentro do seio, e arranjão o frocado das pregas da saia tão bem repartido que mal dão um saltinho se tregeito au andar faceiro, o vestido fórma umas anefas moles, que deixando apparecer os pésinhos mimosos, e as fitas passadas sobre as torneadas pernas, tudo, tudo, lamba o coração do rapaz amoroso, e de pensamento poetico, e por tanto a estas deidades fluminenses offerecerei, alem de poesia, e ou...

N. 258. TERÇA FEIRA 4 DE MAIO. **1852.**

MARMOTA FLUMINENSE
JORNAL DE MODAS E VARIEDADES.

Publica-se, ás Terças e Sextas feiras, na Empreza Typ. — DOUS DE DEZEMBRO — de Paula Brito, Impressor da Casa Imperial, praça da Constituição n. 65, onde se recebem assignaturas a 2$000 réis por seis mezes, pagos sempre adiantados. Numeros avulsos, 80 réis.

Nas vistas desta MARMOTA
Hade ter sempre o leitor,
Com singeleza, e verdade,
Tudo o que houver de melhor.

A MARMOTA.

Aos nossos leitores e assignantes.

O Snr. Prospero Diniz já não faz parte da redacção desta folha.

A — MARMOTA FLUMINENSE — continúa a ser publicada regularmente, ás terças e sextas feiras, como o foi sempre a *Marmota na Côrte*, mesmo no longo periodo em que esteve ausente o Snr. Prospero.

Apenas montada a Lithographia e a Estamparia da nossa — *Empreza Dous de Dezembro*, — no edificio que se está construindo, os Snrs. assignantes, e mais benignos leitores, terão na MARMOTA, *jornal de modas e variedades*, ou com a MARMOTA, cousas sempre agradaveis e interessantes.

Os Figurinos.

Com o presente numero distribuimos um *figurino* de noive, e outro de *passeio campestre*.

Não julgamos necessario fazer a descripção delles, porque sabe todo o mundo que uma noiva veste-se sempre de branco; e qualidade da fazenda é que é regulada pelas posses de cada um; no capricho do noivo; seja vestido de escossia, de cassa ina ou bordado, de renda de filó, ou de blonde, uma noiva é sempre uma noiva, e o mais das vezes as mais ricas não são as mais bellas, ainda que aos olhos do noivo, não não casa por dinheiro, ou por outra qualquer conveniencia, a *pretendida* sempre é, ou deve ser, agradavel aos olhos do *pretendente*.

A outra moça, de costume campestre, está com *toilette* de fantasia. O vestido póde ser de qualquer côr, conforme os gostos a donzella tiver engommados, devendo sempre ser preferidas as côres verde, rosa, azul, &c. Emfim, os figurinos dizem tudo.

MAIO.

O mez de Maio, entre os Romanos MAIUS, foi assim chamado em consideração aos senadores MAIORES. Este mez, collocado debaixo da protecção de Appollo, era tido como de máo agouro para os casamentos; abusão que proveio seguramente de celebrar-se a festa dos *espiritos malignos* em Maio. Lê-se esta passagem nos Fastos d'Ovidio: — As virgens e as viuvas não devem escolher esta época para alimiar os fachos do hymeneo; a que se espozar então não sobreviverá muito tempo. — Daqui proveio o dito popular de que as mulheres se casam em Maio. Esta superstição passou dos pagãos para os christãos, e subsiste ainda em muitos paizes da Europa onde se diz:—Bodas de Maio, bodas mortais.

Em Portugal, Hespanha e Italia, o povo costuma enfeitar com flores a imagem da Virgem, e as donzellas reunem-se nas Igrejas para cantarem hymnos sagrados; este uso porém tom decahido muito depois das ultimas guerras civis, e foi sem duvida instituido para destruir a superstição pagã de que acima fallámos.

Antigamente, no primeiro dia de Maio, plantava-se na tostada da casa das pessoas distinctas um grande ramo, que se chamava o MAIO. costume que os Portuguezes trouxeram para este paiz, e que se perdeu depois. Em Portugal ainda hoje se enfeitam as crianças com flores de giesteira, a que chamam MAIAS, e andam pelas ruas cantando umas cantigas proprias do dia, tirando esmolas para comprarem cyrios e offertar á Virgem.

O mez de Maio é designado pelo signo Gemini. Ajuntamos aqui todos os proverbios portuguezes relativos ao mez de Maio.

Em *Maio* vai, e torna com recado.
Camaras de *Maio*, saude de todo o anno.
Exame de *Maio*, quem 'to pedir, dá-lh'o; e de Abril, guarda-o para ti.
Em *Maio*, a quem não tem, basta-lho o suio.
Guarda pão para *Maio*, e lenha para Abril.
Uma agua de *Maio*, e tres d'Abril, valem mil.
Sonno de Abril, deita-o a teu filho dormir, e de *Maio* a teu cunhado.
Maio couveiro, não é vinhateiro.
Maio como o trigo, e Agosto bebe o vinho.
Maio hortelão, muita palha pouco pão.
Maio pardo, Junho claro.
Maio pardo, faz o pão grado.
Pão tremês, não o comas nem o dês, mas guarda-o para *Maio*.
Primeiro de *Maio*, corre o lobo e o veado.
Quanto *Maio* acha nado, tudo deixa espigado.
Quem em *Maio* relva, não tem pão nem herva.
Quem em *Maio* não merenda, aos mortos se encommenda, a os frades encommenda.
Touro, gallo, e herbo, todos tem sarão em *Maio*.
Dias de *Maio*, dias de mal aventura, inda bem não amanhece, já é noite escura.

A REVISTA NO BRASIL DO SÉCULO XIX

Outra das publicações de boa recepção criadas por esse revisteiro foi *O Espelho: revista de litteratura, modas, industria e artes,* lançada em 1859 – obra de maturidade do editor, de que falaremos no próximo capítulo. Aqui, como reforço nessa análise do olhar de revisteiro de Paula Brito, é importante lembrar que em seu número 1088, da terça-feira 6 de setembro de 1859, a *Marmota* distribuía grátis para seus leitores um exemplar de *O Espelho,* "para que, lendo-a, vejam pelo conteúdo d'ella se lhes convem assingal-a por 3, ou por 6 mezes, na loja desta officina, Praça da Constituição nº 64. Sem a resposta de se querem ou não subscrevel-a, não continuaremos a remessa".

Não era pouca a coragem e o empenho da parte de um mulato de origem humilde, que chegou a ter sócios famosos e contou com o apoio do imperador (LAJOLO, 2002, p. 118), pois além das revistas, que é o que nos interessa nesta pesquisa, Francisco de Paula Brito publicou textos do teatrólogo Martins Pena e, nas páginas de suas *Marmotas*, divulgou os trabalhos de jovens escritores como Joaquim Manuel de Macedo, publicado em folhetins, os poemas de Teixeira e Souza e as primeiras peças e versos de Machado de Assis e de Gonçalves Dias.

Paula Brito faleceu em sua residência, no Campo de Sant'Anna, no dia 15 de dezembro de 1861. Seu cortejo fúnebre foi um dos maiores prestigiados pela corte, prova de que era personagem popularíssimo entre os intelectuais, músicos e artistas.

CAPÍTULO IV

A MULHER E A ILUSTRAÇÃO ENTRAM NA REDAÇÃO:
1850-1865

O passado é o maior de todos os países, e há uma razão que estimula o desejo de situar relatos no passado. Quase todo o bom parece localizado no passado. Talvez seja uma ilusão, mas sinto saudade por todas e cada uma das épocas anteriores a meu nascimento. E se estou livre das inibições modernas talvez por não ter nenhuma responsabilidade pelo passado, às vezes me sinto absolutamente envergonhada do tempo em que vivo.

Susan Sontag. *En América*.
Buenos Aires: Alfaragua, 2003, p. 35.

1851

Revista Mensal da Sociedade Ensaio Filosófico Paulistano
Fundador: Álvares de Azevedo

1852

Novo Correio de Modas: jornal do mundo elegante consagrado às famílias brasileiras
Rio de Janeiro, RJ: Typ. Universal de Laemmert, 1852-1854
Marmota Fluminense: jornal de modas e variedades
Rio de Janeiro, RJ: Typ. Dous de Dezembro de Paula Brito 1852-1857
(462 números)
Redator: Francisco de Paula Brito
O Jardim das Damas: periódico de instrucção e recreio, dedicado ao bello sexo
Recife, PE: Typ. de M. F. de Faria (13 números)
Redator: Felippe Nery Collaco
O Jornal das Senhoras: modas, litteratura, bellas-artes, theatro e critica
Rio de Janeiro, RJ: Typ. Parisiense, 1852-1855 (209 números)
Fundadora: Violante Ataliba Ximenes de Bivar e Velasco.
Redatores: Joanna Paula Manso de Noronha e
Cândida do Carmo Souza Menezes

1854

A Abelha Religiosa: verdade e caridade
Rio de Janeiro, RJ: Typ. Dous de Dezembro, de Paula Brito, 1854 (7 números)
Redator: Francisco de Paula Brito
Ilustração Brasileira
Rio de Janeiro, RJ: Typ. da Viúva Vianna Junior, 1854-1855 (9 números)
Diretor: Ernesto de Souza e Oliveira Coutinho

L'Iride Italiana: giornale settimanale
Rio de Janeiro, RJ: Typ. Americana, 1854-1856 (35 números)
Proprietário: A. Galleano Ravara
Redator: P. Bosisio
Ilustrado por: A. Sisson, a partir de 1855

1855

O Brasil Illustrado: publicação litteraria
Rio de Janeiro, RJ: Typ. de N. Lobo Vianna & Filhos, 1855-1856 (18 números)
Redatores: Paula Candido, F. de Paula Menezes, Cardoso de Menezes, F. J.
Bethencourt Sampaio da Silva e F. Nunes de Souza
Revista Brasileira: jornal de litteratura, theatros e indústria
Rio de Janeiro, RJ: Typ. Dous de Dezembro, de Paula Brito, 1855-1856
(7 números)
Redator: Francisco de Paula Mendes

1856

A Abelha: semanário scientifico, industrial e litterario
Rio de Janeiro, RJ: Empresa Nacional do Diário, 1856 (16 números)
Revista Catholica: jornal do Instituto Episcopal Religioso
Rio de Janeiro, RJ: Typ. Americana, de José Soares de Pinho, 1856 (2 números)
Diretor: F. M. Raposo d'Almeida
Redatores: J. M. de Paiva (cônego), e F. M. Raposo d'Almeida

1857

A Marmota
Rio de Janeiro, RJ: Typ. Dous de Dezembro de Paula Brito, 1857-1864
(479 números)
Redator: Francisco de Paula Brito

O Brazil artístico: revista da sociedade propagadora das bellas artes do Rio de Janeiro
Rio de Janeiro, RJ: Typ. Imparcial, 1857-1911 (7 números)
Direção de Francisco Joaquim Bittencourt da Silva
O Ensaio Philosophico Pernambucano
Recife, PE: Typ. Universal, 1857-1859 (5 números)
Redatores: Laurentino Antonio Moreira de Carvalho e
Pergentino Saraiva de Araújo Galvão
Revista Brazileira 1a. Fase: jornal de sciencias, lettras e artes
Rio de Janeiro, RJ: Typ. Universal de Laemmert, 1857-1861 (4 números)
Dirigida por Candido Baptista de Oliveira

1858

O Universo Illustrado: pittoresco e monumental
Rio de Janeiro, RJ: Typ. de Quirino & Irmão, 1858-1859 (42 números)
Editor: Antonio Jose Ferreira da Silva

1859

O Charivary Nacional
Rio de Janeiro, RJ: Empreza Nacional do Diário, 1859 (7 números)
O Espelho: revista semanal de Litteratura, modas, indústria e artes.
Rio de Janeiro, RJ: Typ. de F. de Paula Brito, 1859-1860 (18 números)
Diretor-redator chefe: Eleutério de Souza
Colaboradores: Machado de Assis, Paula Brito, M. de Azevedo,
F. O. Queiroz Regadas
Revista Homoeopathica: publicacao da Congregacao Medico Homoeopathica Fluminense
Rio de Janeiro, RJ: Typ. de F. de Paula Brito, 1859-1860 (9 números)
Redator: J. J. Rebello

1860

Espelho das Bellas: periódico litterario e recreativo
Marogogipe, BA: Typ. do Gama, 1860-1861 (8 números)
O Kaleidoscopio: publicação semanal do Instituto Acadêmico Paulistano
São Paulo, SP: Typ. Imparcial, de J. R. de Azeredo Marques, 1860 (25 números)
Redatores: Tavares Bastos, Marques Rodrigues, Francisco de Paula Belfort
Duarte, Carlos Mariano Galvão Bueno.
A Semana Illustrada
Rio de Janeiro, RJ: Typ. de Pinheiros e C., 1860-1876 (797 números)
Colaboradores: Machado de Assis, Joaquim Nabuco
Ilustrador: Henrique Fleiuss

1862

A Abelha: periódico da Sociedade Pharmaceutica Brasileira
Rio de Janeiro, RJ: Typ. de Paula Brito, 1862-1864 (19 números)
O Charivari
Rio de Janeiro, RJ: Typ. do Charivari, 1862 (5 números)
O Futuro: periódico litterario
Rio de Janeiro, RJ: Typ. de Brito & Braga, 1862 (20 números)
Redator: Faustino Xavier de Novaes
Revista do Instituto da Ordem dos Advogados Brasileiros
Rio de Janeiro, RJ: Typ. de Quirino & Irmão, 1862-1868 (8 números)
O Bello Sexo: periódico religioso, de instrução e recreio, noticioso e crítico
Rio de Janeiro, RJ: Typ. Pipular, 1862 (6 números)
Redatora-chefe: Julia Albuquerque Sandy Aguiar

1863

Bazar Volante
Rio de Janeiro, RJ: Typ. do Bazar Volante, 1863-1867 (188 números)
Desenhos e litografias: J. Mill e Flumen Junius
Jornal das Famílias
Paris, Franca: Typ. de Simon Racon e Comp., 1863-1878 (170 números)
Merrimac: publicação hedbomadaria humorística, critica, satírica e litteraria
Rio de Janeiro, RJ: Typ. Portugal e Brasil, 1863-1864 (16 números)
Revista da Associação Tributo as Letras
São Paulo, SP: Typ. Litterária, 1863-1866 (7 números)
Revista Mensal do Ensaio Jurídico: jornal acadêmico
Recife, PE: Typ. de M. F. de Faria e Filho, 1863 (1 número)
Redatores: Fellipe Franco de Sá, Jose Augusto Galvão Pires, Milciades Ferreira
da Silva, Frederico Marinho de Araújo, João Alves Mergulhão e Antonio
Martiniano Lapemberg

1864

Cruzeiro do Brasil: órgão do Instituto Catholico
Rio de Janeiro, RJ: Typ. de Quirino & Irmão, 1864-1865 (48 números)

Imprensa Evangélica
Rio de Janeiro, RJ: Typ. Perseverança, 1864-1891 (377 números)
O Médico do Povo na Terra de Santa Cruz: jornal histórico, político, litterario, scientifico e de propaganda.
Rio de Janeiro, RJ: Typ. Brasileira, 1864 (20 números)
Redator: A. J. de Mello Moraes
O Brasil Histórico: jornal histórico, político, litterario, scientifico e de propaganda
Rio de Janeiro, RJ: Typ. Brasileira, 1864 (268 números)
Redator: A. J. de Mello Moraes

1864

Diabo Coxo
São Paulo, SP: Tipografia e Litografia Alemã, de Henrique Schroeder. Editado por Angelo Agostini e Luiz Gama. Primeira publicação ilustrada da capital paulista, circulou entre 17 de setembro de 1864 e 31 de dezembro de 1865, completando duas séries de 12 números. O jornal media 18 x 26 centímetros

1865

Paraguay Illustrado: jornal pamphicoromologico, asneirotico, burlesco e galhofeiro.
Rio de Janeiro, RJ: Lith. de J. Riscado, 1865 (13 números)

O JORNAL DAS SENHORAS. O SEXO FEMININO. A ILLUSTRAÇÃO BRASILEIRA. O ESPELHO. A SEMANA ILLUSTRADA E HENRIQUE FLEIUSS: O NASCIMENTO DE UMA ESCOLA DE REVISTEIROS. ANGELO AGOSTINI EM SÃO PAULO: DIABO COXO E O CABRIÃO.

O ano de 1850, dez anos passados da proclamação da maioridade de Pedro II, marca um momento de inflexão na caminhada do país em formação. A superação da crise regencial, a reorientação centralizadora e conservadora do governo e a consequente estabilidade do Império a partir desse período encontram-se intimamente relacionadas à economia cafeeira. As políticas agrárias da aristocracia escravocrata dão bons resultados e moldam o cenário nacional.

> Considerando que a população do município [do Rio de Janeiro] praticamente dobrou nos anos 1821-1849, a corte agregava nessa última data, em números absolutos, a maior concentração urbana de escravos existente no mundo desde o final do Império romano: 110 mil escravos para 266 mil habitantes. No entanto, ao contrário do que sucedia na Antiguidade, o escravismo moderno, e particularmente o brasileiro, baseava-se na pilhagem de indivíduos de uma só região, de uma única raça (ALENCASTRO, 1999, p. 24).

A força de trabalho do negro impulsionava o progresso. Mas o tráfico, intenso até então, será interrompido quase bruscamente, gerando um novo movimento, de deslocamento interno da mão de obra escrava. Valorizada pela escassez, a força de trabalho do negro será disputada pelas nascentes fazendas cafeeiras de São Paulo, para onde se deslocarão negros fluminenses ou baianos. O caso do escritor e jornalista Luis Gama, de quem se falará adiante, é apenas um ilustrativo exemplo.

> Em 1850, o Brasil cedeu às pressões inglesas e aprovou a Lei Eusébio de Queiróz que acabou com o tráfico negreiro. Em 28 de setembro de 1871 era aprovada a Lei do Ventre Livre que dava liberdade aos filhos de escravos nascidos a partir daquela data. E no ano de 1885 era promulgada

a Lei dos Sexagenários que garantia liberdade aos escravos com mais de 60 anos de idade (CARVALHO, 1980).

Paralelamente às medidas de contenção do tráfico negreiro, aparece em cena um outro fator. Os navios que antes zarpavam para a Europa repletos de mercadorias como tabaco, café e açúcar e voltavam carregados de escravos, agora trazem outros produtos para a afluente aristocracia. A opulência das classes mais favorecidas se faz notar, abastecida sobretudo pela Linha de Paquetes a Vapor de Liverpool, inaugurada em 1850, e "estabelecida por conta régia de Sua Majestade Britânica": levava exatos 28 dias para chegar ao Rio (ALENCASTRO, 1999, p. 39[1]). São muitos os itens a nomear nessa fase de abastança. Mesmo a capital do império tendo de lidar com problemas como a falta de saneamento básico, convivendo com os "tigres" (negros que na madrugada carregavam na cabeça potes de dejetos para lançar ao mar) e surtos de febre amarela, o hábito de fumar charuto e de frequentar cafés se generaliza entre a elite (ALENCASTRO, 1999, p. 62). Novas modas são lançadas para atender a essa demanda.

Também a partir desse ano de 1850, os bancos, que até então só faziam transações de depósito e desconto, lançaram-se a operações de mais longo prazo, utilizando os capitais que o fim do tráfico de escravos havia deixado ociosos (MAURO, 1991, p. 61).

E uma virada na música e nas danças imperiais acontece nos anos 1850 com o aumento das importações de pianos:

> O Rio de Janeiro recebe nessa época carradas de bens de consumo. Possuíam-se pianos de todo jeito. Comprados a vista, em segunda mão, por meio de crediário, no qual o vendedor aceitava o modelo antigo de entrada. [...] Dava status, era moda. Paula Brito, o agitador cultural do Império, compôs um lundu para piano que estourou na corte e nas províncias, *A marrequinha da iaiá* (1853). "Marrequinha" era um laço do vestido amarrado na altura das nádegas, mas também, como sugere

---

[1] Alencastro não se furta de explicar, na passagem mencionada, que a palavra paquete, do inglês "navio leve", pela regularidade da chegada da embarcação, foi empregada popularmente para designar a menstruação feminina. Ainda hoje, no Rio de Janeiro, é usual dizer que uma mulher "está de paquete".

Tinhorão, "alguma outra particularidade anatômica sexualmente apetecível" (ALENCASTRO, 1999, p. 45 e 50).

Há uma febre pelos médicos homeopatas (ALENCASTRO, 1999, p. 77): não só no Rio de Janeiro e nas principais cidades litorâneas, como também na nova fronteira agrícola. Eram homeopatas dois dos cinco médicos que clinicavam em Campinas em 1857. É ainda Luiz Felipe de Alencastro que nos conta: aproveitando a ansiedade gerada pela epidemia de febre amarela, trazida em 1849 por um navio vindo de Nova Orleans, Paula Brito faz publicidade de sua revista médica: "Febre amarela – a questão científica entre os srs. Drs. De Simoni, Carvalho e Pereira Rego continua nos *Annaes de Medicina Brasiliense*" *(*anúncio publicado no *Jornal do Commercio de 08/11/1851).*

Mas, em meio a essa efervescência, é preciso demarcar os lugares, estabelecer as distinções. Entre a elite, por exemplo, há a disseminação de uma preferência por trajes escuros. Escreve o historiador Frédéric Mauro:

> Esse gosto pelo escuro, pelas roupas à europeia, com camisas de colarinho engomado e punho rígido, ternos com colete, mesmo que sejam de alpaca leve ou de seda, estava ligado à vontade de diferenciar-se do escravo negro e até do índio, de guardar o selo da Europa, da civilização. Era a marca de um complexo de inferioridade inconfesso e inconfessável em relação ao europeu. Faz-se um esforço, aliás, para seguir as modas europeias. É de bom tom vestir-se como em Paris ou em Londres (MAURO, 1991, p. 41).

Em contrapartida, para marcar o lugar do "outro", o negro não podia usar sapato:

> Os documentos registram e as fotografias de época ilustram: um escravo de ganho – dono de um pecúlio tirado da renda obtida para seu senhor no serviço de terceiros – podia ter meios para vestir calças bem-postas, paletó de veludo, portar relógio de algibeira, anel com pedra, chapéu-coco e até fumar charuto em vez de cachimbo. Mas tinha de andar descalço (ALENCASTRO, 1999, p. 79).

É nesse Brasil, marcado pela diferença entre uma elite que tudo tem e uma força trabalhadora destituída de direitos, que nos próximos anos se editarão revistas inovadoras, como *O Jornal das Senhoras*. Nesse período, o parque gráfico começa a dar mostras de exuberância. Assim, no Rio de Janeiro, essa década de 1850 começa com quatro oficinas dedicadas à litografia, segundo mostra o *Almanak Laemmert:* a de Victor Larée (instalada em 1832), Heaton & Rensburg (1840), Ludwig & Briggs (1843), Brito & Braga (1848). Mas em pouco tempo esse número subirá para 13, sendo as principais as de Francisco de Paula Brito (1850), Martinet (1851), Cardoso (1851), Leuzinger (1853) e a de Sisson (1855). Combinadas com as 25 tipografias listadas pelo mesmo almanaque (e entre elas se destacavam a antiga Typographia do *Jornal do Commercio,* que já fora imperial, agora de propriedade de Junio Villeneuve, e a de jornais como o *Diario do Rio, Correio Mercantil,* além da Imparcial de Francisco de Paula Brito, e a Typographia do Brasil, do jornalista Justiniano José da Rocha), elas começavam a movimentar o mercado editorial (*Almanak Laemmert,* 1850, p. 406 e 419; FERREIRA, 1994, p. 366). Mas esse parque gráfico ainda não é explorado em toda a sua capacidade, o que só ocorrerá com a força das ilustrações de revistas satíricas semanais, que se converterão duas décadas depois no maior produto da indústria gráfica que se consolida.

Assim, quando a década chegar a seu final, em 1860, a corte assistirá ao surgimento do periódico semanal ilustrado que marcará o ponto alto do período, a *Semana Illustrada*. A grande publicação dos anos 1860, a *Semana* formará e refinará o gosto do leitor e verá surgir novos artistas gráficos que depois lançarão títulos como *O Mequetrefe* ou *O Mosquito*. Passemos ao estudo desses periódicos.

A MULHER NA REDAÇÃO: *O JORNAL DAS SENHORAS*

Se no Brasil do século XIX a leitura era rarefeita, para utilizar o título do livro de Marisa Lajolo e Regina Zilberman, essa escassez se fazia notar ainda mais entre as mulheres. Poucas eram as leitoras. E mesmo entre as classes mais abastadas, que tinham como padrão mandar os filhos varões para se tornarem doutores em Coimbra, havia uma tradição diferente quando se tratava das moças: a elas cabia o destino mais prosaico de "administradoras do lar". Segundo o cronista francês Charles d'Epilly, "uma mulher já seria suficientemente alfabetizada se soubesse ler receitas de goiabada; mais que isso seria perigoso":

> A elas não restava senão ocupar seus dias entre crianças, criadas, pane-
> las e bordados. Vez por outra podiam ir a festas e freqüentar igrejas ou
> teatros. Nesse contexto, as revistas dirigidas ao público feminino vinham
> da França e traziam moldes, crônicas e poesias. Donas de casa que não
> dominavam a língua de Madame Sévigné – e, não raro, nem a de Eça de
> Queiroz – adquiriam esses periódicos e recorriam às costureiras france-
> sas para que traduzissem trechos em voz alta. Passavam, assim, as tardes
> entre a escolha de um modelo e a distração com poemas ou uma história
> edificante (Emporium Brasilis, 1999, p. 28).

Já entrado o século XX, o público letrado feminino não passaria de 20% da população (dado que é em parte posto em questão pela pesquisadora Barbara Heller, em
seu estudo sobre a seção "Jardim Fechado", da *Revista Feminina,* publicação iniciada
em 1914 (Heller, 2002). Se havia 80% de mulheres analfabetas no começo do século
XX, como seria o quadro sessenta anos antes, em 1850? É certo que o público feminino já havia sido brindado com algumas publicações. Já nos referimos a *O Espelho
Diamantino – Periodico de Politica, Litteratura, Bellas Artes, Theatro e Modas,* de 1827,
"dedicado às senhoras brasileiras", sem ser exatamente um periódico feminino, como
hoje se entende essa proposta. E ao *Correio das Modas, jornal crítico e litterario das
modas, bailes, theatros,* de 1839, e de seu sucessor, *Novo Correio de Modas.*

E as iniciativas voltadas para a criação de revistas destinadas à mulher aconteceram não apenas na corte, mas também no interior do país. Foi o caso de *O
Espelho das Brasileiras,* lançado em 1831 na capital pernambucana, já analisado no
capítulo 2. Ainda no Recife, seguiram-se o *Jornal das Variedades* (1835), o *Relator
de Novellas* (1838) e o *Espelho das Bellas* (1841), com a epígrafe "Nada é belo, nada é
amável, sem modéstia e sem virtude".

Há, sem dúvida, uma atração pelo uso da palavra "espelho": na Bahia aparece
uma publicação semanal homônima: *Espelho das Bellas, periodico litterario e recreativo,* publicado pela Typographia do Gama, de Maragogipe, e que circulou entre
novembro de 1860 e junho do ano seguinte. Ainda no Recife, em 1850, surgirá *O
Bello Sexo, periódico litterario e recreativo.* Mensal, a revista impressa por M. F. Faria,
tem como redatores Antonio Witruvio Pinto Bandeira e Accioly Vasconcelos.

Todas essas revistas, no entanto, ainda que dirigidas às mulheres, eram escritas
e pensadas por homens. Pois o jornalismo era profissão de homem. Apesar de as

leitoras aos poucos constituírem um segmento em expansão, como consequência de algumas medidas que ao longo do Segundo Império estendem a instrução às meninas, as mulheres só ingressariam no mundo masculino do jornalismo no final do século XIX. Mas antes disso houve as precursoras que, descontentes com o papel e as funções sociais a elas reservadas, passaram a utilizar a imprensa, sobretudo as revistas, como instrumento de luta por sua emancipação.

Ainda que a causa feminista não tenha alcançado as proporções do movimento abolicionista, a atuação de mulheres como Nísia Floresta Brasileira Augusta, Narcisa Amália, Violante Atabalipa Ximenes de Bivar e Velasco, Joanna Paula Manso de Noronha, Júlia Lopes de Almeida, Presciliana Duarte de Almeida e, depois, Virgilina de Souza Salles, deixou lastro. O fato é que em 1852 aparece a primeira revista destinada às mulheres e escrita por mulheres.

Na referência catalográfica da Biblioteca Nacional, a baiana Violante Atabalipa Ximenes Bivar e Velasco aparece como a fundadora de *O Jornal das Senhoras: modas, litteratura, bellas-artes, theatro e crítica*, tendo como redatoras as jornalistas Joanna Paula Manso de Noronha e Cândida do Carmo Souza Menezes. Essa informação, no entanto, é motivo de controvérsia. Muitos autores atribuem à argentina Joanna Paula Manso de Noronha a criação do periódico, publicação semanal no formato 27 x 19 cm, lançado numa quinta-feira, dia 1º de janeiro de 1852, e que circulou até dezembro de 1855. De fato, o texto de apresentação do primeiro número vem assinado por Joanna. Mas também é certo que ela assinará quase sempre como "redactora em chefe".

Nascida em 1819 na Argentina, Joanna teria vindo ao Brasil com a família que fugia da perseguição política durante a ditadura de Juan Manuel Rosas. Segundo ela escrevia no primeiro número, o *Jornal das Senhoras* vinha "para propagar a ilustração e cooperar com todas as forças para o melhoramento social e para a emancipação moral da mulher". Joanna teria se separado do marido brasileiro em 1853, voltando para a Argentina, quando Violante Atabalipa (ou Ataliba, na versão da BN) teria assumido a direção do periódico.[2]

---

2   Joanna Manso é citada, ao lado de Marcos Sastre e Margariños Cervantes, como uma das colaboradoras da *Ilustración Argentina*, no livro *Revistas argentinas del siglo XIX*, de Diana Cavalaro (CAVALARO, 1996, p. 74). Esse importante periódico cultural criado por Palenón Huergo em 11 de novembro de 1853 circulou até abril de 1854.

Filha de Diogo Soares da Silva Bivar (o redator do jornal pioneiro da Bahia, o *Idade d'Ouro do Brazil,* e criador da primeira "revista" nacional, *As Variedades ou Ensaios de Literatura),* Violante Ximenes Bivar e Velasco dirigiu *O Jornal das Senhoras* até 1855. Feminista convicta, casada com o tenente João Antônio Boaventura Velasco, já em seu tempo foi considerada como a primeira jornalista brasileira,[3] por escritores e homens da imprensa como Joaquim Manuel de Macedo, Afonso Costa e Barros Vidal. Violante defendia a igualdade intelectual entre os sexos e fundou, em 1873, outra publicação, *O Domingo* (bastante semelhante ao *Jornal das Senhoras),* que circulou de 22 de novembro de 1873 a 9 de maio de 1875.

Primeira publicação de "corte feminino", feita por mulheres e para mulheres, o *Jornal das Senhoras* foi impresso inicialmente na Typographia Parisiense, depois na Typographia de Santos e Silva Junior, na Rua da Carioca, n° 32 (é o que se lê na página final da edição de 4 de abril de 1852), passando depois a contar com os serviços da própria Typographia do *Jornal das Senhoras.* Trazia como subtítulo "Modas, Litteratura, Bellas-Artes, Theatros e Critica", que muda a partir do terceiro ano para "Jornal da boa companhia". Era semanal, com oito páginas, e saía com data de domingo (o primeiro número, datado de 1° de janeiro de 1852, circulou numa quinta-feira). Utilizou o sistema comum na época da numeração contínua. Costumava trazer brindes para as leitoras. Como escreve Joanna Paula Manso de Noronha na apresentação do número do domingo 4 de abril de 1852:

> Á proporção que for augmentando o numero das nossas assignantes, continuadas melhoras iremos dando ao nosso jornal, mesmo neste trimestre, até o levarmos á perfeição que lhe desejamos. Para o mez de Julho principiaremos a dar tres figurinos por mez, uma pessa de musica, e moldes e riscos de bordados; é de esperar também que para esse tempo elle passe de oito paginas a ter doze cada número; trabalharemos enfim com todos os nossos esforços para que em breve o Jornal das Senhoras attinja o grao de perfeição que lhe compete junto das suas assignantes que o sustentão (PR SOR 02157 [1]).

---

3   De fato, este título pertence a Nísia Floresta, que entre outras atividades, colaborou no periódico *O Espelho das Brasileiras,* duas décadas antes. Violante pode ser chamada de primeira editora. Leia o perfil de Nísia Floresta no final do capítulo 2.

Esse mesmo número da primeira semana de abril de 1852 termina com um aviso: "Acompanha a este numero um lindo figurino de baile: para o numero seguinte daremos um romance original, só para piano, de magnifico e melodioso effeito".

No expediente, publicado no rodapé da última página, há os esclarecimentos:

"Publica-se todos os domingos: o primeiro numero de cada mez vae acompanhado de um lindo figurino de melhor tom em Paris, e os outros seguintes de um engraçado lundu ou terna modinha brasileira, romances francezes em musica, moldes e riscos de bordados". O preço da assinatura por três meses: "3$000 rs na Côrte e 4$000 para as Provincias" (PR SOR 02157 [1]).

Visualmente a revista tem o logotipo trabalhado com arabescos e tipologias desenhadas, mas nenhuma imagem. O texto é distribuído em duas colunas, separadas com um fio fino. Utiliza o recurso, comum na época, de presentear as leitoras com lâminas em separado, no caso imagem ou desenho com informação de moda. Havia o problema técnico, até então, de imprimir imagem e texto simultaneamente: os textos são impressos na tipografia, as imagens em uma casa litográfica. Uma página contendo ao mesmo tempo texto e ilustração era um desafio a ser resolvido quase duas décadas depois. Assim, revistas ilustradas como *O Mosquito, Semana Illustrada* e a *Revista Illustrada* usarão o artifício de uma lâmina impressa em tipografia de um lado e litografia no outro, que ao serem dobradas criavam o modelo padrão seguido pelas semanais ilustradas da segunda metade do século XIX: as páginas 1, 4-5 e 8 com imagem, e as 2-3, 6-7 com texto, somando as oito páginas.

É assim que a "redactora em chefe" Joanna Paula apresenta o periódico, em seu primeiro número, no dia 1º de janeiro de 1852:

> Redigir um jornal é para muitos litteratos o apogeo da suprema felicidade, *já sou Redactor,* esta frazezinha dita com seus botões faz crescer dous palmos a qualquer indivíduo. No circulo illustrado o Redactor é sempre recebido com certo prestigio de homem que em letra de imprensa póde dizer muita coisa, propicia ou fatal a alguem. [...] Ora pois, uma Senhora a testa da redacção de um jornal! Que bicho de sete cabeças será? Comtudo em França, em Inglaterra, nos Estados-Unidos, em Portugal mesmo, os exemplos abundão de Senhoras dedicadas á litteratura collaborando differentes jornaes [...] Ora! não póde ser. A sociedade do Rio de Janeiro principalmente, a Côrte e Capital do Imperio, Metropoli do sul d'America, acolherá de certo com satisfacção e sympatia O JORNAL DAS SENHORAS redigido por uma Senhora mesma: por uma americana que, senão possue talentos, pelo menos tem a vontade e o dezejo de propagar a illustração, e cooperar com todas as suas forças para o melhoramento social e para a emancipação moral da mulher" (PR SOR 02157 [1]).

Como se compunha um número regular da revista? A linguagem busca ser intimista. A leitora é o tempo todo tratada como "queridas leitoras". Mas algumas introduções se tornam pesadas, pelo excesso de idas e vindas, de uma "certa frescura feminina" que enche linhas e não diz nada.

Vejamos a seguir o que a publicação oferece em um número, página a página. Tome-se como exemplo o número 14, que circulou no domingo, 4 de abril de 1852.

A primeira página, ou capa, é ocupada, na metade superior, pelo título e subtítulo da publicação, e pela apresentação da redatora, na metade inferior. Esse texto, "Às nossas assignantes", é assinado por Joanna Manso de Noronha.

A segunda página traz a seção de "Modas", que ocupa quase totalmente as duas colunas. A "reportagem de moda", não assinada, inicia com um texto um tanto errático, em que a redatora lembra das brincadeiras do 1º de abril, o dia da mentira. Meia coluna depois desse longo nariz-de-cera, ela entra no assunto: abril é o mês da estreia dos bailes, sendo o mais importante deles o Baile do Cassino. E para essa ocasião a publicação traz um figurino. A redatora deixa o tom repetitivo e etéreo e entra no tema dos bailes (e fala como se todas as suas leitoras vivessem e participassem da vida social do Rio de Janeiro, a "Corte"):

> O primeiro *[baile]* que se nos apresenta é por certo o aristocratico e ostentoso Cassino; quantos olhares já não se terão voltado cheios de saudades, para esse recinto inebriante, do luxo, da elegancia e da belleza... quantos palpitantes corações não terão a esta hora já promettido uma ou duas contradanças – para o baile do Cassino... [...] É pois para este baile tentador que eu vos offereço o presente figurino, que nos chegou de Paris expressamente para este fim. Elle foi copiado com todo o esmero do próprio original que mais distincto se tornou nos salões parisienses; e assim como este, outros vos irei apresentando dignos de toda a vossa attenção, e que effectivamente auxiliarão o vosso bom gosto na preferencia e escolha dos *toilettes.* [...]
>
> Ora, notai bem, minhas queridas leitoras, a fazenda especial e a côr desse vestido que representa a estampa, não o achais tão lindo? Reparai nos enfeites: que distincção! Esses cinco folhos, alargando progressivamente de cima para baixo, que circundão a saia com uma guarnição bordada de rosas escarlates, cuja côr viva acompanha as da mesma guarnição de berthe e das mangas, que brilhante effeito que produz sobre o fundo verde-claro. Aquella delicada camisinha, que guarda a abertura da berthe na elegante fôrma que descreve, como está bem empregada; Reparai nas mangas curtas: ellas são totalmente largas, e depois um pouco fechadas por pregas soltas formadas em cima, na cava; as submangas são justas, deixando apenas apparecer duas ordens de estreitos fofinhos, que dão ao braço uma graça toda faceira e caprichosa. O penteado é aquelle que entre todos mais primou nos salões parisienses neste último inverno;

peço-vos, queridas leitoras, que noteis a simplicidade desse penteado, a par de sua elegância [...] (PR SOR 02157 [1]).

As dez últimas linhas da segunda coluna são usadas para introduzir a matéria seguinte: "Amor e ortographia", que ocupará quase toda a página seguinte, que é a terceira desse número.

Com o subtítulo "Episódio domestico, referido por uma joven itaguahiense", o relato "Amor e Ortografia" conta uma história singela com ensinamento moral e é assinado por uma leitora de Itaguaí, que se identifica como Adelaide. Em resumo, esse texto diz que as mulheres ainda padecem as inconveniências da ignorância e da falta de formação e ilustração. Foi assim o trágico episódio que aconteceu com Rosinha, moça bonita e considerada um bom partido, filha de uma família abastada que vivia na vila de Itaguaí, por volta de 1827. Embora não fosse costume aprender a ler e escrever naquela família de posses, Rosinha aprendera os rudimentos com um tio, que fora vigário na cidade paulista de Guaratinguetá. Acontece que a certa altura Julio, um rapaz de boa família, também de posses, vem passar uma temporada com a família de Rosinha e os dois se apaixonam. Com o consentimento da família de ambos, começam a namorar. A leitora Adelaide relata:

> Não posso referir bem as suas primeiras confissões, nem relatar minuciosamente todas as phases deste amor casto e noviço; sei somente que Rosinha confessou a Julio que lhe seria agradavel dar-lhe seu coração e sua mão, uma vez que obtivesse consentimento de seus pais, o que com effeito foi obtido. Tratado o casamento entre as famílias, Julio e Rosinha erão por todos considerados como já desposados (PR SOR 02157 [1]).

Mas Julio tem de retornar à cidade e terminar os estudos. Na despedida, Rosinha lhe pede que não a troque por outra. Ao chegar à cidade, Julio se apressa em escrever, em papel perfumado, suas juras de amor. Quando chega a carta, Rosinha sai correndo, se tranca em seu quarto para sozinha ler a missiva.

E cai em prantos ao ler: "Preferir na tua ausencia outra mulher, nunca ser teu fiel esposo, é e será sempre o meu mais querido desejo. – Julio".

Cria-se uma tremenda confusão, a menina fica inconsolável, o casamento é cancelado, o pai de Rosinha a casa rapidamente com outro rapaz da vizinhança, sem brilho e sem fortuna. Tudo sem que Julio seja informado.

Ao final se desfaz o equívoco quando tempos depois o antigo noivo regressa e encontra Rosinha casada. Julio na realidade apenas reforçara suas boas intenções, na carta de amor enviada, escrevendo: "Preferir na tua ausência outra mulher? Nunca! Ser teu fiel esposo é e será sempre o meu mais querido desejo. – Julio".

A pouca instrução de Rosinha lhe acarretou o infortúnio de se casar com um rapaz feio, pobre, e que não a fez feliz.

"Tal é, leitoras, um dos inconvenientes da ignorância no nosso sexo", conclui a leitora Adelaide, transmitindo assim uma lição: é importante aprender a ler, pois, por não dominar a leitura, Rosinha se deu muito mal.

No final da segunda coluna da página 3 começa o artigo seguinte, um breve registro. "Asylo de Santa Tereza" dá notícia da abertura de uma creche para órfãos, criada por suas majestades o imperador e a imperatriz, que se chamava Tereza Cristina.

Na 14ª linha da página 4, há o início da seguinte matéria, um largo relato de 2 colunas e meia, com trecho de um diário de viagem. Esse texto, "Recordação de viagem – Casa de refúgio para os meninos e meninas pobres no Estado da Pensilvânia", conta a visita realizada pela escritora (o artigo não é assinado) a uma instituição de cuidado de menores nos Estados Unidos. A autora visita refeitórios, dormitórios, salas de ginástica, atividades nas oficinas e ofícios (entre eles uma tipografia). Há na linguagem entusiasmada um tom claramente americanófilo, como se pode perceber neste trecho:

> Ás 5 horas da tarde o sino chamou os trabalhadores fóra das officinas; mas ninguem sai sem arrumar, sem varrer, sem deixar cada objeto no logar marcado; uma vez isto feito, principia a lavagem do rosto e das mãos; o vestir-se, pentear-se e preparar-se para a ceia. [...] Na América do Norte nunca vimos trabalhador algum, por muito ordinario que fosse, que se sentasse á mesa sujo ou mal arranjado. Os Americanos são limpos por costume, e nesse ponto todos possuem a mesma educação. [...] Depois dos preparativos do aceio, formarão-se em columna, e ao tinir da campainha do director, desfilarão, e sempre debaixo de ordem militar entrarão no refeitorio. Ali, depois de curta oração, os mestres derão parte do trabalho de seus aprendizes. Os que tinhão cumprido com

as suas obrigações, além de receberem do director algumas palavras de encorajamento, recebião também dobrada ração. Os mal comportados erão, pelo contrario, reprehendidos e privados da ceia, com obrigação de servir em pé aos seus companheiros. Assim vai, á par da recompensa, o castigo, marcando distintamente aos meninos as duas sendas da vida – a senda do bem e a senda do mal (PR SOR 02157 [1]).

O relato termina na segunda metade da coluna 1 da página 5. Uma poesia de 8 quadrinhas vem a seguir. A "Poesia a uma joven paulistana", assinada por Salomon, é bastante pobre. As oito quadras rimam, quase o tempo todo, Brazil com Gentil.

> Alvo cysne de candidas penas/Do seu meigo Tiété senhoril Vem pairando nas azas serenas/Ergue o collo de neve gentil Deixa os lagos da patria tão cara,/Deixa as ribas do sul do Brazil; E nas plagas do grão Guanabara/Vem mostrar-se fagueiro gentil Doce, meiga, gentil açucena/Transportada do sul do Brazil; Embalada na haste serena/Tão saudosa da patria gentil.

O restante dessa página 5 é completado por "Pensamentos": 7 pequenas frases sobre orgulho, egoísmo, amar e não ser amado, caridade, resignação: "O egoista não sente senão os seus males: os corações caritativos sentem mais os males alheios que os proprios"; "quando a humanidade soffre, o soccorrel-a é uma obrigação, assim como a indifferença é um crime".

A página 6 apresenta pequeno texto sobre um hospício francês, e na metade da primeira coluna começa a longa história de Simão e Miguel, no conto "Mistérios del Plata", que é continuação do número anterior, a edição 13.

É o relato de um soldado, Miguel, que acaba de assassinar um casal e seu filho por ordem do ditador Rosas. Simão é um velho lanceiro que lutou ao lado do general San Martín, o "libertador" da Argentina. Referências a nomes e fatos da história argentina abundam: Belgrano, Alsina, Balcarce, a Revolução de 25 de Maio, os unitários e os federais. Difícil imaginar que uma leitora carioca daquela época estivesse tão familiarizada com todo esse repertório de heróis do país vizinho. Mais fácil entender isso como uma escorregadela da "redactora em chefe", a argentina Joanna Paula Manso de Noronha. Por transitar com desenvoltura entre esses personagens da história de seu país, ela não pensou nas leitoras, que certamente não sabiam quem foi Alsina, Balcarce ou Belgrano, pais da pátria argentina.

Um fato grave, digamos, sobretudo porque o relato ocupa todo o restante da página 6, a página 7 inteira e ¾ da página 8 (a última página desse número da revista). Ao final, o aviso: essa história continuará ainda no próximo número. Ou seja, a leitora acompanharia os choros, abraços compungidos dos dois guerreiros, o jovem Miguel e o velho Simão, ao menos por mais uma edição. Uma falha no "contrato de leitura": a editora não buscou um folhetim que servisse de espelho às suas leitoras, atendendo a seus interesses.

O *Jornal das Senhoras* circulou por quatro anos: terminou em dezembro de 1855. Teve o importante papel de ser uma publicação pioneira, com um corpo de redatoras mulheres. Mas seria incorreto atribuir-lhe um discurso feminista, ao menos como essa expressão foi entendida depois. Não era essa a preocupação de Violante Ximenes de Bivar e Velasco, de Joanna Paula Manso de Noronha ou de Cândida do Carmo Souza Menezes, as principais redatoras, quando falam em "emancipação moral". O que elas lutavam era por um aperfeiçoamento cultural da mulher, para que estudando e ocupando mais espaços, ela pudesse exercer melhor seu múnus de mãe e de esposa. Esse conceito permeia quase todos os números do periódico: uma mulher instruída para formar melhor os filhos e futuros cidadãos. Pois uma moça de poucos conhecimentos pode até perder um bom marido – como aconteceu com Rosinha.

JORNAL DAS SENHORAS.

PUBLICA-SE TODOS OS DOMINGOS; o primeiro numero de cada mez vae acompanhado de um lindo figurino de melhor tom em Paris, e os outros seguintes de um engraçado lundù ou terna modinha brasileira, romances francezes em musica, moldes e riscos de bordados.

SUBSCREVE-SE para este jornal nas casas dos Srs. WALLERSTEIN E COMP. n. 70, A. E F. DESMARAIS n. 86, MONGIE n. 87 rua do Ouvidor; e na Typographia de SANTOS E SILVA JUNIOR, rua da Carioca n. 32.

TODA A CORRESPONDENCIA é dirigida em carta fechada á Redactora em chefe a qualquer das casas mencionadas.

PREÇO DA Assignatura: Por tres mezes 3U000 rs. na Côrte, 4U000 rs. para as Provincias.

Os trimestres contão-se em Janeiro, Abril, Julho e Outubro, e pagão-se adiantados.

Rio de Janeiro.— Typographia de Santos e Silva Junior, Rua da Carioca n.º 32.

— 105 —

MODAS

Ora estamos no mez de Abril finalmente, e escapos do seu dia 1.º, esse dia proverbial de tantas lograções, tristes e alegres, que a uns devem ter causado mortificantes raivas; a outros, prazeres e risos; e a muitos — amargores lagrimas e desgostos.... assim vae o mundo! chorando e cautando, correndo que é um regalo em favor dos venturosos, e emperrado e ferrenho para os desafortunados; dando vida e morte ao mesmo tempo ao vicio e á virtude, exaltando aquelle, rebaixando esta, os moços tornando-se velhos, e os velhos namorados.... emfim é o mundo, minhas queridas leitoras, é mesmo assim que elle está organisado, e é mesmo assim que elle ha de ser toda a sua vida. Não seja eu, estouvada e leviana, quem me lembre agora de moralisar o mundo e de metter-me em escaninhos onde po so apertar nelles os meus ricos dedos, que tanto cuidado tenho de os não molestar nesta quadra, em que (está me parecendo) rasgo o capote de certo charlatanismo, que vos está logrando com a maior frescura, mesmo de quem nenhum caso faz, ou encara, o sexo feminino, como diz a a respeito da mulher certo poeta, que pelo nome não perca, e que foi sempre repellido pelas moças que lhe conhecião as suas baixas inclinações.
« *Inferno necessario, um mal preciso!* »
Vá de passagem o dito; mas o que é verdade, é que se puxeram muito pela a afinação, e abentão-se as cordas *da harmonia*, e executarei umas variações desafinadas, que afinarão os ouvidos dos bons entendedores, para quem poucas palavras basta.

Mas sim, queridas leitoras, estamos no mez de Abril, nesse época em que o bom-tom acorda para reapparecer risonho e brilhante como sempre; o mez da estreia dos bailes de primeira ordem, dos soirées e das palidas, que tão vivazes, sumptuosas e fulgurantes forão, o anno passado. O primeiro que se nos apresenta é por certo o aristocratico e ostentoso Cassino ; quantos olhares já não se terão voltado cheios de saudades, pa a esse recinto inebriante, do luxo, da elegancia e da belleza.... quantos palpitantes corações não terão a esta hora já promettido uma ou duas contradanças — para o baile do Cassino... Ora confessem, sim? nem uma de vós está engajada para a primeira contradança, a segunda valsa, a primeira schotisch ? Pois em todo o caso se me não quizerem dizer, confesso-lhes eu que hontem despedi-me da viscondesa de... pelas seguintes palavras : *Então como vae para fóra, adeus até o baile do Cassino? É assim ; se antes ou não voltar, então até lá impreterivelmente; respondeu-me ella já na porta da rua, e foi-se.*

E pois para este baile tentador que em vos offereço o presente figurino, que nos chegou de Paris expressamente para este fim. Elle foi copiado com todo o esmero do proprio original que mais distincto se tornou nos salões parisienses ; e assim como este, outros vos irei apresentando dignos de toda a vossa attenção, e que effectivamente auxiliarão o vosso bom gosto na preferencia e escolha dos *toilettes*.

É por certo uma vantagem, minhas queridas leitoras, poder apresentar-vos os dad-iros e modernos figurinos, que só pertencem á classe d'aquelle, que forão escolhidos e são preferidos pelo mundo elegante de Paris. Custa caro este capricho, é bem verdade, pois que com as mesmas de peças que se empregão para obter um destes figurinos, poderia eu offerecer-vos quatro ou seis todo os mezes, dos que já se encontrão até grudados ás caixas de rendas ou de chapeos nas lojas de modas da rua do Ouvidor, e a final tambem são figurinos; mas a redactora em chefe não está pelos autos; quer antes dar-vos pouco, e bem servir-vos.

Ora, notai bem, a fazenda especial e a côr desse vestido que representa a estampa, não o achais tão lindo? É a finissima e transparente *Balsorine*. Reparai nos enfeites ; que distincção ! Esses cinco folhos, alargando progressivamente de cima para baixo, que circundão a saia com uma guarnição bordada de rosas escarlates, cuja viva côr acompanha as da mesma guarnição da berthe e das mangas, que brilhante effeito que produz sobre o fundo verde-claro. Aquella delicada camisinha, que guarda a abertura da berthe na elegante forma que descreve, como está bem empregada. Reparai nas mangas curtas; ellas são totalmente largas, e depois um pouco fechadas por pregas soltas formadas em cima, na cava; as submangas são justas, deixando apenas apparecer duas ordens de estreitos folhinhos, que dão ao braço uma graça toda faceira e caprichosa.

O penteado é aquelle que entre todos mais primou nos salões parisienses neste ultimo inverno; peço-vos, queridas leitoras, que noteis a simplicidade deste penteado á par da sua elegancia. Por certo elle sobresahira perfeitamente bem no gentil semblante das nossas assignantes e lhes dará alguma novidade sobre este ponto de modas, que ha tanto tempo se tem conservado com tão pequenas mudanças.

Os bandós encrespados e presos pela trança que vos circula, sem mais outro enfeite que o mesmo cabello, penteado em caracol, é fóra de duvida de muito gosto, sem comtudo darmos baixa no penteado de flores e folhagem, que sempre ha de ser elegante, todas as vezes que a elle presidir a arte e a delicadeza.

Catete, 3 de abril.

AMOR E A ORTHOGRAPHIA.

EPISODIO DOMESTICO, REFERIDO POR UMA JOVEN ITAGUAHENSE.

1852.

Sensivel ao convite que nos foi feito pela redacção do *Jornal das Senhoras*, pertencendo a

JORNAL DAS SENHORAS

ELAS CONTINUAM COM AS CARTAS: *O ESPELHO*

O sucesso do *Jornal das Senhoras* serviu como incentivo para que outras iniciativas surgissem. Como o relançamento, pela casa impressora dos irmãos Laemmert, de seu *Correio das Modas,* que deixara de circular em 1840. Como se disse acima, a publicação voltou em março de 1852, em formato maior e com o nome de *Novo Correio de Modas*, "jornal do mundo elegante consagrado às famílias brasileiras". Circulou até outubro de 1854. Com esse filão aberto aparece, em 1856, o *Recreio do Bello Sexo,* com o subtítulo de "modas, litteratura, bellas-artes e theatro". E Francisco de Paula Brito lança seu *O Espelho: Revista de litteratura, modas, industria e artes,* que circulará entre 4 de setembro de 1859 e 1º de janeiro de 1860, somando dezoito números. E em Campanha, pequena cidade de Minas Gerais, a professora Francisca Senhorinha da Motta Diniz lança, no ano de 1873, *O Sexo Feminino* – de que falaremos no próximo capítulo.

Já se comentou o fascínio que a metáfora do espelho exerceu sobre a imprensa – e isso ocorreu em escala mundial. Aqui, tivemos diversas publicações com essa palavra no título e é comum que se confunda a publicação lançada por Paula Brito em 1859 com outro periódico saído da Imprensa Nacional e que circulou entre 1821 e 1823, somando cerca de duas centenas de edições. *O Espelho* de anterior (quase quarenta anos antes) tinha como redator o "único jornalista profissional do Rio de Janeiro", como ensina Isabel Lustosa, "o coronel Manuel Ferreira de Araújo Guimarães", ex-redator da *Gazeta* e de *O Patriota* (LUSTOSA, 2000, p. 172). Foi nesse *Espelho* que Pedro I publicou, em 10 de janeiro de 1823, o artigo "O calmante da e no Malagueta", virulento ataque contra o jornalista português Luis Augusto May (editor da *Malagueta*), considerado por Isabel Lustosa "notável peça jornalística, talvez única no seu estilo publicada no Brasil" (LUSTOSA, 2000, p. 305). A autora se refere à proporção das baixarias e ofensas pessoais ali publicadas (ver capítulo: "Os periódicos incendiários").

Mas voltemos a *O Espelho* de Paula Brito, de 1859. Com o subtítulo de "revista de litteratura, modas, industria e artes", tinha como diretor e redator chefe E. Eleuterio de Sousa e já em seu primeiro número se apresentou como uma revista de cultura destinada ao público em geral, mas em especial às mulheres. No "Prospecto" com que abre seu primeiro número, de 4 de setembro de 1859, o redator escreve:

N. 1.) DOMINGO 4 DE SETEMBRO **(1859.**

O ESPELHO

Revista de litteratura, modas, industria e artes

DIRECTOR E REDACTOR EM CHEFE, F. ELEUTERIO DE SOUSA.

SUMMARIO.— Prospecto.—4 de Setembro.—Romance, Amor de mãe.—A miseria.—As allucinações.—As luvas.— O espelho.—Poesias: Nicolão. A estrella da tarde, Ultimo alento, A flor e a nuvem.—Chronica elegante.— Noticias á mão (chronica da semana) e D. Stephania.

PROSPECTO.

Não foi sem havermos profundamente reflectido que nos resolvemos a publicar o *Espelho*. Pesamos todos os *pró* e os *contra;* lembramonos da sorte que tem tido todos os nossos irmãos desta grande seita fundada por Guthemberg, medimos os obstaculos que naturalmente virão antepor-se ao nosso caminhar, medimol-os todos, e aprestando as nossas forças preparamo-nos para affrontal-os um a um.

Pelo bom ou máo exito de nossa empreza só o futuro responderá. E' nelle confiado que nos decidimos a combater até a ultima, no centro desta immensa arena dominada pelo indifferentismo.

O *Espelho* vai pois apparecer como um protesto a esse mesmo indifferentismo, que faz morrer a intelligencia, ainda quando o pensamento começa a adejar deixando ver as primissas de um futuro risonho.

Por ora nada mais promettemos do que a nossa boa vontade para fazermos com que esta revista tenha a maior circulação possivel. O meio é sómente um: tornal-a variada, mas de uma variedade que deleite e instrua, que moralise e sirva de recreio quer nos salões do rico, como no tugurio do pobre.

Para esse fim temos em vista a publicação dos romances originaes ou traduzidos, que nos parecerem mais dignos de ser publicados, artigos sobre litteratura, industria e artes, poesias, e tudo quanto possa interessar ao nosso publico e especialmente ao bello sexo. Tambem publicaremos o que de novo apparecer sobre modas e opportunamente daremos os mais modernos figurinos, que de Paris mandaremos vir, e bem assim retratos e gravuras.

Ao talento e á intelligencia não fechamos as columnas desta revista: pelo contrario, lisongear-nos-hemos se de qualquer fórma podermos animar a esta brilhante mocidade, que com os seus vôos de aguia procura abraçar o futuro.

E' sabido quanto são escassos os meios entre nós de desenvolver-se a intelligencia, que tambem necessita de um sopro vivificador que a anime.

Jornaes litterarios pode-se dizer que não os ha nesta vasta capital; e pois será esse um duplo merecimento que teremos. Pugnamos pelo progresso ao mesmo tempo que tentamos satisfazer a nossa missão.

O *Espelho* será pois o pequeno reverbero de uma parte desses raios com que a intelligencia procura illuminar o mundo.

Da acceitação que lhe derem os leitores depende o seu futuro; é ella quem marcará as dimensões de sua grandeza, a extensão de seu curso, a sua vida ou a sua morte.

Não foi sem havermos profundamente reflectido que nos resolvemos a publicar o *Espelho*. [...] Por ora nada mais promettemos do que a nossa boa vontade para fazermos com que esta revista tenha a maior circulação possivel. O meio é somente um: tornal-a variada, mas de uma variedade que deleite e instrua, que moralise e sirva de recreio quer nos salóes do rico, como no tugurio do pobre.

Para esse fim temos em vista a publicação dos romances originaes ou traduzidos, que nos parecerem mais dignos de ser publicados, artigos sobre litteratura, industria e artes, poesias, e tudo quanto possa interessar ao nosso publico e especialmente ao bello sexo. Tambem publicaremos o que de novo apparecer sobre modas e opportunamente daremos os mais modernos figurinos, que de Paris mandaremos vir, e bem assim retratos e gravuras (PR SOR 03126 [1]).

É patente a proposta de uma publicação cultural com apelo entre as leitoras. E é possível notar o olhar de revisteiro de Paula Brito ao acenar com o apelo dos figurinos.

Uma análise do número 16, publicado em 18 de dezembro de 1859, nos dá conta de que a revista, de 12 páginas, era impressa na Typografia Americana de José Soares de Pinho, da Rua da Alfândega, nº 197. Um formato que deveria prever lâminas com imagens de moda. A revista é impressa em duas colunas, com fios separando-as. Um fio duplo no alto dá unidade à página. Esse número 16 abre com um texto, "Gralhas sociais", assinado por Gil. Continua com a oitava entrega (parte) do folhetim *O testamento do Sr. Chauvelin*, romance de Alexandre Dumas, que continuará no número seguinte. Na página 4, sob a epígrafe "Curiosidades dos tempos antigos e modernos", a leitora do periódico fica sabendo sobre a Estátua de Pedro o Grande, da Rússia.

Segue-se uma "História da Dansa", indo da mitologia e da Grécia antiga até os tempos de Catarina de Médicis (ela teria organizado o primeiro baile no Louvre, em 1581) e Henrique IV, que "gostava tanto da dansa que obrigava seu ministro Sully a dansar com elle". O articulista (que não assina o texto) promete para a edição seguinte tratar das diferentes danças do passado.

Fala-se a seguir sobre "As cartas", discorrendo sobre cartas de jogar. O artigo não deve ter sido revisado e dá ocasião a trechos divertidos como este: "O autor do *Gulden Spiel,* impresso em 1472 em Ausgbourg, affirma, sem provar, que as cartas foram introduzidas na Allemanha em 1830" (provavelmente o correto seria 1430). Ao final de duas

A REVISTA NO BRASIL DO SÉCULO XIX 225

longas colunas, a leitora ficou sem saber a que vinha o artigo – que nem tem o esperado tom moralista, apenas levanta uma série de dados um tanto desconexos.

A seguir "O collar de perolas" traça o perfil de "characteres e retratos de mulheres celebres". Nessa edição, a focalizada é Herminia D'Armor. Em duas páginas (quatro colunas), o texto apresenta, em forma de diálogo entre o conde D'Armor e o jovem escritor Meriadec, considerações sobre o velho regime e as aspirações do escritor:

> – Si ainda estivessemos no começo do mundo, senhor conde, a pediriamos a Deus; mas agora, o que fazer? Não pedimos muito; queremos tão sómente a igualdade civil, uma representação perfeita da nação, uma divisão igual dos impostos e dos empregos publicos, emfim queremos que ninguem seja excluido dos cargos e honras, cujas portas uma genealogia pretende fechar ao merito.
>
> – O senhor parece ignorar que a nobresa gosa de certas isempções conquistadas pelo sangue que derrama pelo paiz e pelo serviço na guerra e na corte (PR SOR 03126 [1]).

Ao final da conversa, que termina sem acordo, o jovem Meriadec deixa o gabinete do conde e se encontra com Herminia: "uma mulher de rara formosura, sahindo de uma sala contigua e lançando-se ao encontro do mancebo com o seio anhelante e as mãos juntas supplicou-lhe que esperasse". Apenas no próximo número a leitora ficará sabendo algo mais palpável sobre a que seria a mulher perfilada pela revista. Era ela, afinal, o tema de "O collar de perolas".

A seguir, na página 9, a "Revista de Theatros" traz a crítica das peças em cartaz. O Gymnasio Dramatico apresentava "A vendedora de perus" e "Dous Mundos", e o São Januário tinha em cartaz "Anjo Maria" e "Os filhos de Adão e Eva". A resenha dos quatro espetáculos mostra tarimba por parte do autor. Comenta o texto a atuação dos atores, o material cênico – em contraste com o que foi o tom da publicação até aqui:

> As duas figuras salientes [se refere à peça *Os filhos de Adão e Eva*] são o Sr. Vasques e a Sra. D. Manoela. O sr. Vasques caracterisou-se com precisão e gosto, e sustentou o seu papel de corcunda. Tem futuro, não o deixe perder como alguns outros, nas doidices do tablado. De passagem lhe aconselho,

menos movimentos nas suas scenas mudas do segundo acto; atenúa assim o effeito que devem produzir as outras personagens em seus dialogos.

A Sra. D. Manoela transfigurou-se; fez de Marieta, o vulto concebido pelo autor, um silpho pela vivesa, pelos movimentos graciosos, pela volubilidade da conversa, pela reflexão pueril de uma criança... (PR SOR 03126 [1]).

As iniciais do autor estão borradas, mas pode ser R-as ou M-as. Seria Machado de Assis o autor dessa deliciosa crítica? De fato, é dele o poema "Travessa", que abre a seção final da revista: "Ai, por Deus, por vida minha, como és travessa e louquinha! Gosto de ti – gosto tanto dessa tua travessura, que não déra o meu encanto, que não déra o meu gostar, nem por estrellas do céu, nem por perolas do mar"...

Seguem as poesias de Ernesto Cirrão ("Pois sim..."), de Bittencourt da Silva ("Recordação") e de Fragoso ("Rosa secca"), fechando esse número 16 de *O Espelho*.

Não admira que essa publicação – saída do núcleo editorial de Paula Brito, chamado por Alencastro, como se viu, de "agitador cultural do império" – tenha tido vida curta, sem muito sucesso. Mesmo publicando romances de Dumas ou histórias fasciculadas como "A hospitalidade no Brasil, impressões de uma viagem a Minas", ou dando como brinde partituras como a "Polca fascinante", de L. J. Curvêllo (número 5), ao lado de poemas de Casimiro de Abreu ou Machado de Assis, textos de Eleutério de Souza, Francisco Queiroz Regadas, a revista não conseguiu sucesso.

Em algum momento, folheando seus exemplares, fica a impressão de que *O Espelho* criou um entretecido de histórias, relatos que continuam de número a número, em que o folhetim "A dama dos cravos vermelhos" convive com "O testamento do Sr. Chauvelin" (iniciada no número 5, essa história não terá terminado quando a revista deixa de circular). Parece que Francisco de Paula Brito (quem, como se viu, buscava dar ao leitor o que este queria) atirava para tudo quanto é lado. Mas neste caso não acertou o alvo. A revista fechou ao chegar à sua 18ª edição.

A HORA E A VEZ DO TRAÇO: *A ILLUSTRAÇÃO BRASILEIRA*

Há publicações que marcam novos caminhos, abrem trilhas. O *Museo Universal* (1837) e a *Lanterna Mágica* (1844) descortinaram o mundo da imagem e da ilustração, num veio que foi seguido por publicações como *Gabinete de Leituras,*

Serões das Familias Brazileiras (1837), *Ostensor Brazileiro* (1845), *Museo Pittoresco, Historico e Litterario* (1848), e *Illustração Brasileira* (1854). Mesmo algumas publicações de corte mais erudito foram se adequando a esse novo modelo, passando a incluir imagens ou amenidades (Emporium Brasilis, 1999, p. 34). Teria sido o caso, por exemplo, das revistas *Minerva Brasiliense, Íris* e *Guanabara*.

Em artes gráficas, a formação de mão de obra, de artesãos, é trabalho lento, que requer um tempo de gestação e amadurecimento. Assim, chegando nessa década de 1850, os alunos que aprenderam com Araújo Porto-alegre na Academia de Belas Artes ou os aprendizes que estagiaram com Francisco de Paula Brito e nas muitas gráficas que funcionavam no Rio de Janeiro já estavam maduros para se lançar a novas empreitadas.

> Ausentes das revistas durante algum tempo, as caricaturas reapareceriam na *Marmota Fluminense* em 1852, embora só em poucos números. Passados dois anos, elas ressurgiriam na *Ilustração Brasileira,* atribuídas ao artista plástico François René Moreau. Em 1855 o litógrafo Sebastien Auguste Sisson faria suas incursões nas revistas *L'Iride Italiana* e *O Brasil Ilustrado*. Fechando a década, foi lançada *Charivary Nacional,* que persistiu de julho a setembro de 1859, publicando caricaturas anônimas. Com exceção de Sisson, que deu certa continuidade à veiculação de caricaturas nas páginas do *Brasil Ilustrado,* as demais experiências foram esporádicas (Emporium Brasilis, 1999, p. 36).

Vamos nos deter na análise da *Illustração Brasileira,* e de seu exemplar número 1, que circulou em fevereiro de 1854. Tem na capa a palavra "ilustração" grafada com "ll", mas brasileira sem o "z" – embora no cabeçalho das lâminas que apresentam as figuras o "brazileira" do título da publicação apareça com "z" – sinal de que na época a grafia estava em mutação. Mas o certo é que esse periódico inaugura uma série de títulos em que a palavra ilustração designa uma publicação com imagens. Haverá outras revistas com título idêntico: a *Illustração Brasileira, jornal encyclopédico,* de 1861; a *Illustração Brasileira,* de Henrique Fleiuss, de 1876; a *Illustração Brasileira,* da Editora O Malho, que circulará de 1901 a 1958 e que teve entre seus cronistas Mário de Andrade. Há ainda *A Illustração do Brazil,* lançada por Charles de Vivaldi em 29 de julho de 1876, a *Illustração Pelotense* e outras tantas que se disseminaram pelo país afora. Sem falar das duas revistas semanais ilustradas mais importantes, a *Semana Illustrada*, de Henrique Fleiuss, e depois a *Revista Illustrada*, de Angelo Agostini.

Há pouca informação sobre essa *Illustração Brasileira* de 1854. Quem assina o editorial é Ernesto de Sousa e Oliveira Coutinho, que teria sido filho natural dos tempos de solteiro de Aureliano Sousa e Oliveira Coutinho, o Visconde de Sepetiba – e um dos fundadores do Instituto Histórico e Geográfico Brasileiro, deputado e senador, ministro, presidente de província (Aureliano Coutinho foi o quarto presidente da Província de São Paulo). Cuidou bem do filho natural, Ernesto, que se formou em medicina.

O filho certamente partilhava com o pai ideias conservadoras e monarquistas. A leitura do exemplar de lançamento da *Illustração Brasileira* mostra uma publicação francamente favorável à monarquia. Escreve o redator, na terceira página de sua "introdução":

> Ora, cada systema de governo tem suas convenções: o governo verdadeiramente monarchico repousa sobre esta: o principe é a imagem viva da patria e nesse caso o amor pelo principe é uma virtude. O principe é a patria personificada [...] bem sabemos que sob o sceptro das antigas monarchias populares é que poderemos sómente encontrar: – liberdade, gloria e ordem (PR SOR 02338 [1]).

A essa introdução segue-se um perfil. A figura escolhida do primeiro número é S. M. Fidelíssima, a Sra. D. Maria II de Portugal. Explica-se: a rainha de Portugal havia falecido e a revista abre seis páginas, duas delas com gravuras, para falar da rainha, nascida no Rio de Janeiro e irmã mais velha de Pedro II.

Dona Maria da Glória, a Maria II de Portugal e Algarves, era a filha primogênita de Dom Pedro I e Dona Leopoldina e nascera no Rio de Janeiro a 4 de abril de 1819. Uma rainha carioca, portanto. A revista conta, em tom de panegírico, as andanças da jovem, os muitos filhos que teve com o príncipe Fernando Augusto de Saxe-Coburg e Gotha, primo do príncipe Alberto, marido da todo-poderosa rainha Vitória da Inglaterra e soberana de meio mundo naquele 1854.

As gravuras utilizadas pela revista neste número – uma imagem de D. Pedro II, outra da imperatriz Theresa Cristina, além da figura de Dona Maria II e uma cena das exéquias celebradas em sua memória pela colônia portuguesa do Rio de Janeiro na Igreja de São Francisco de Paula – são originais da Litografia de Heaton e Rensburg – a maior e mais famosa casa litográfica do Rio de Janeiro de então. Para ela trabalharam artistas como Auguste Sisson ou os irmãos Louis-Auguste e François-René Moreau, sendo esse possivelmente o autor das gravuras publicadas pela revista.

Entre as seis páginas de homenagem à soberana defunta há um longo poema assinado pelo redator Ernesto de Souza e Oliveira Coutinho (que na assinatura da poesia grafa o Souza com "z", quando assinara a abertura da revista dom "s"). Há um segundo poema, "Ao passamento", assinado por Francisco Moniz Barreto, "natural da Bahia".

Terminada a homenagem, a revista entra na seção "Revista Scientifica", publicando o que poderíamos chamar de uma miscelânea: de princípios da essência do thimo (o popular tomilho) aos nivelamentos contraditórios do istmo de Suez (estava em construção, na época, o canal que encurtaria em até 10.000 quilômetros a viagem de Marselha à Índia, esclarece o redator).

Após essas três páginas de divulgação científica, a revista publica o poema "Borboleta", de Ernesto de Souza ("...pousa então a borboleta, beijando em negro atahude, minha gentil Julieta, no brilho da juventude"), para terminar com o folhetim "Fatima e Affonso Catan", escrito por Julio Schroder. São cinco alentadas páginas, divididas em duas colunas, contando as aventuras e desventuras do catalão Affonso Catan, que zarpa com um navio de Barcelona com destino à Inglaterra. Pouco depois de deixar a costa espanhola, o navio é atacado por piratas tunisinos e Affonso acaba preso e vendido como escravo para o mouro Jessuf. Já envelhecido, tendo perdido seus dois filhos, Jessuf, um árabe rico, tem em Fatima sua mais preciosa joia. Afeiçoa-se a seu escravo "hespanhol" e insiste para que ele abrace o islamismo e despose sua filha. Mas, como pede o folhetim, há muitas peripécias pelo caminho. E o feroz Alcaidi Abdrask flagra o namoro de Fatima com o infiel catalão, e os prende e leva à masmorra... Continua no próximo mês...

ILLUSTRAÇÃO BRAZILEIRA.

Vista da capella mor de S. Francisco de Paula e do mausoléo nella erguido para as exequias q' os negociantes portuguezes do Rio de Jan.º mandarão celebrar pela sua finada Rainha, a Snr.ª D. Maria II. nos dias 3 e 4 de março

VOL. I.   RIO DE JANEIRO, FEVEREIRO, 1854.   **N. 1.**

INTRODUCÇÃO.

Ao longo o tempo em que as sciencias podião ser reunidas sob um só nome e abraçadas por uma só intelligencia. Não se reproduzem mais as épocas raras em que a universalidade scientifica he possivel, e cremos mesmo que ella nunca he possivel senão com a condição de ser apparente. Só nos tempos de ignorancia é que se encontra homens que não ignorão cousa alguma. Á medida que os conhecimentos humanos se estendem e se organisão, sobrepujão e muito as faculdades do espirito mais poderoso.

O tempo redobra e manifesta incessantemente a necessidade de medir os estudos á capacidade da intelligencias, á duração da vida. Quanto mais os raios se estendem, mais se desvião. Assim as sciencias desenvolvendo-se isolarão-se, e todavia cada uma parte do espirito humano e chega ao infinito. Quando se pref.re colher em vez de produzir, apprender em vez de descobrir, e quando substitue-se a idéa pela tradição poder-se-ha simular pela universalidade da memoria a universalidade da sciencia. Mas então a originalidade cahe, perde-se esmagada sob o peso da erudição.

Porém ás sciencias que se multiplicão e se isolão não será mister uma certa centralisação, symbolo para os grandes Estados da unidade nacional, o para ellas da identidade do espirito humano? Uma separação mui absoluta sem duvida algum lhes afracará esse caracter philosophico que constitue a sua primeira authoridade. Arrastadas na investigação de factos desligados se as sciencias não se resumem, dissipar-se-hão — ellas que devem incessantemente prejear para a unidade, que entretanto jámais poderão attingir.

Quando pois espirito algum é capaz de concentral-as todas em si, como raios luminosos no foco de um valente objectivo, homens de diversos talentos se associão para restabelecer de algum modo a universalidade perdida, e retribuir aos conhecimentos humanos seu harmonioso conexo.

Foi para esse fim que fundou-se a *Illustração Brasileira*: seus collaboradores tem por funcção attingir á verdade, quer por meio da sciencia, quer por meio da arte. Elles bellamente sabem que não lhes incumbio Deos que accendessem os archotes que allumião a humanidade, mas cuidosos velarão que se não extinção, e poderão assim transmitti-los de mão em mão como os andarins antigos de que falla o poeta. E ninguem desconheça que na ordem material, moral, historica, quer seja preciso exprimir os phenomenos, as idéas ou as acções, alguma cousa ha tão necessaria e mais difficil talvez do que a sciencia ; é a

D. Pedro II, Imperador do Brazil.

D. Thereza Christina Maria Imperatriz do Brazil.

D. Maria II, Rainha de Portugal

A SEMANA ILLUSTRADA: ENFIM, A MATURIDADE EDITORIAL

No domingo 16 de dezembro de 1860 o Rio de Janeiro ganhava uma revista nova, em formato de 28 x 23 cm, que marcaria a chegada da indústria editorial a seu ponto alto. Ao longo de dezesseis anos e 797 edições, a *Semana Illustrada* daria o tom da vida na corte. Impressa inicialmente na Tipografia de Pinheiro e Companhia, passaria por diversas impressoras, como a Tipografia de Brito e Braga, do Diário, até ser impressa nas instalações próprias do Instituto Artístico Imperial.

À frente da publicação, o alemão Henrique Fleiuss. Nascido em 29 de agosto de 1823 na cidade de Colônia, Fleiuss foi um mestre pioneiro das artes gráficas entre nós, com a litografia, e nas aplicações da fotografia ao jornalismo. Após os estudos iniciais em sua cidade natal, Fleiuss mudou-se para Dusseldorf, ali se aprofundando no conhecimento das artes, ciências naturais e literatura. Complementou os estudos em Munique, onde aprendeu também música.

Aos 34 anos, aconselhado pelo antropólogo, médico e botânico Von Martius – um dos mais renomados pesquisadores alemães a estudar a Amazônia –, Fleiuss veio para o Brasil, dedicando-se inicialmente a percorrer diversas províncias nortistas e retratando suas paisagens e costumes em aquarelas, recolhendo material para o projeto que continuava sendo tocado por Von Martius.[4]

---

4   Karl Friedrich Philipp von Martius (1794-1868), médico, botânico, antropólogo e um dos mais importantes pesquisadores alemães que estudaram o Brasil e especialmente a região da Amazônia, veio a nosso país na comitiva (de que fazia parte o botânico Johann Baptiste von Spix) que acompanhou a grã-duquesa austríaca Leopoldina de Habsburgo, filha de Francisco I, imperador da Áustria-Hungria, que viajava ao Brasil para casar-se com D. Pedro I. Spix e Von Martius chegaram ao Rio de Janeiro em 14 de julho de 1817, de onde empreenderam uma expedição por três anos, percorrendo as províncias do Rio de Janeiro, São Paulo, Minas Gerais, Bahia, Pernambuco, Piauí, Maranhão, Pará e Amazonas. Viajaram em tropa de mulas e em canoa, num total de mais de 10.000 km. Muitos foram os animais e plantas classificados e catalogados por Spix e Martius, até então desconhecidos pela ciência. Os registros e observações da viagem foram narrados de forma surpreendente no livro *Viagem pelo Brasil* (*Reise in Bresilien*), obra editada no Brasil em 1938 pela Imprensa Nacional. Durante mais de 40 anos Von Martius pesquisou o material coletado, resultando daí a monumental obra *Flora Brasiliensis*. Esse trabalho enciclopédico começou a ser publicado em 1845, sob os auspícios de Ferdinando I da Áustria, Ludovico I da Baviera e Pedro II do Brasil. A obra completa, elaborada com participação de 75 botânicos de diversos países que pesquisaram a flora brasileira, abrange 40 volumes, 20.773 páginas, 3.811 bicos de pena e 1.071 litografias, abordando 22.767 espécies.

Em 1859, já instalado no Rio de Janeiro, Fleiuss fundou uma oficina tipo-litográfica em sociedade com o irmão Carlos Fleiuss e o pintor e compatriota Carlos Linde. Além de executar serviços e publicações, a oficina ministrava cursos regulares de artes gráficas, com duração de três anos, incluindo aprendizado de técnicas de tipografia, litografia, xilografia, pintura a óleo e fotografia, algo inédito no país, formando mão de obra que será fundamental no desenvolvimento editorial que ocorrerá nos anos seguintes. Essa oficina tornar-se-ia o Instituto Artístico Imperial, por decreto firmado por D. Pedro II em 1863. O instituto criado por Henrique Fleiuss representou na realidade a primeira equipe de *designers* do Brasil, pois

> seus dirigentes pintam em óleo e aquarela, fazem as composições e ilustrações de livros científicos e artísticos de qualquer espécie, consagrando-se como a primeira equipe de designers do Brasil. [...] A presença desse grupo de gravadores foi, como logo se concluiu, uma das mais importantes aquisições artísticas feitas pelo Rio do século passado, neste momento interessando apenas o seu decisivo papel no desenvolvimento da gravura em madeira (FERREIRA, 1994, p. 185).

A litografia e outros processos gráficos não eram propriamente novidades no Brasil, como se viu acima (capítulo 3, sobre a *Lanterna Mágica*). Baseado no princípio químico de que a água e a gordura se rejeitam, a litografia consiste em extrair de uma pedra a imagem desejada, desenhada com um material gorduroso. Foi adotada aqui quase ao mesmo tempo que surgia na Europa. Tanto que, ao historiar o desenvolvimento da litografia entre nós, o pesquisador Joaquim Marçal Ferreira de Andrade (ANDRADE, 2004) faz um rico levantamento de publicações que usaram na capa a imagem da "ferramenta de trabalho" do ilustrador litográfico, o "porta-crayon". Entre os exemplares mostrados pelo autor estão a capa do número 1 da revista *Ba-Ta-Clan* (junho de 1867), de *O Arlequim* (agosto de 1867), *O Mosquito* (1869), *O Lobisomem* (1870) e *A Vida Fluminense* (1870): em todas elas há a presença do lápis utilizado pelos ilustradores para preparar a base do desenho na pedra. Em uma das revistas, *O Mosquito,* ao redesenhar o logotipo, o artista Angelo Agostini coloca todas as letras como penduradas em um varal – justamente um "porta-crayon", sinal de que o instrumento de trabalho dos litógrafos era de conhecimento do público.

No entanto, Fleiuss é considerado por historiadores como Herman Lima e o próprio Ferreira Andrade como o verdadeiro criador da imprensa humorística ilustrada no Brasil, graças à revista *Semana Illustrada,* por ele fundada em 16 de dezembro de 1860. Foi de Henrique Fleiuss o primeiro cartaz produzido no Brasil – em 1860, justamente para anunciar o surgimento de sua *Semana Illustrada.* Um outro cartaz, publicado oito anos depois, fazia promoção de sua empresa de serviços gráficos:

> Tendo o editor da SEMANA ILLUSTRADA augmentado a sua typographia com os typos – mais modernos e elegantes – que ultimamente se fazem na Europa, e achando-se por isso habilitado para acceitar qualquer trabalho typographico, ornado com ESTAMPAS em GRAVURAS DE MADEIRA, INICIAES de todas as formas, recommenda ao publico esta sua typographia da SEMANA ILUSTRADA, promettendo perfeitíssima execução das encommendas, a preços razoaveis.

A revista foi pioneira no uso de recursos gráficos e de *design,* marcando um modelo de periódico semanal que fará escola. Foi também pioneira na cobertura de acontecimentos, como o da Guerra do Paraguai (1864-1870). O trabalho de Henrique Fleiuss criará novos revisteiros e indicará os rumos para uma geração de publicadores e impressores. Mas vamos nos deter um pouco na análise de alguns números da publicação. Começando pelo seu número de lançamento.

O número 1 da *Semana Illustrada* não traz a data de sua publicação. Essa informação irá aparecer apenas no número 6 da revista, que diz "Rio de Janeiro, 20 de janeiro de 1861". Na apresentação da edição, em sua segunda página (como a revista adota o costume da numeração sequencial, a segunda página do número 6 aparece na realidade como a p. 42).

Essa primeira capa, cujo cabeçalho será analisado a seguir, apenas esclarece ser o número 1, e que o semanário "publica-se todos os domingos". À esquerda, embaixo da logomarca, o convite à "interatividade": "Os senhores que nos quizerem honrar com artigos e desenhos terão a bondade de remetter-os, em carta fechada á Redacção da Semana Illustrada, na Rua do Ouvidor nº 87, livraria de F. L. Pinto &C.ª". À direita, os preços de assinaturas: na corte, 5$000 o trimestre. 9$000 o semestre e 16$000 o anno. Nas províncias as assinaturas custam respectivamente 6$000, 11$000 e 18$000.

Acima, ocupando a terça parte superior, o desenho do logotipo, rico em detalhes, que é a marca de identidade da revista e a acompanhará ao longo de seus 16 anos. No alto, um Sol de formas humanas (com uma lua e uma estrela cadente), ladeado à esquerda pela palavra "Semana" e à direita "Illustrada". Nas cantoneiras, dois personagens de cada lado, com um fole e uma seringa, como se estivessem a jogar água de cheiro num entrudo carnavalesco. No centro, a figura de um homem, meio bruxo, chapéu com penachos, uma cruz de malta ao peito: mantém o olho direito fechado e o esquerdo bem aberto, como se olhasse o leitor, num sorriso enigmático. Tem na mão direita um exemplar da *Semana Illustrada*, enquanto a esquerda ajuda dois bobos da corte a passar uma tira de imagens num animatógrafo ou "lanterna mágica". Na base do desenho, à esquerda, um casal, deitado como num piquenique; à direita, um grupo onde se destaca uma bailarina e um padre, aparentemente bolinando uma garota. Um clima pândego, como se diria tempos atrás. Na objetiva da lanterna mágica, o lema da revista "*Ridendo castigat mores*".[5]

A caixa dessa espécie de cinematógrafo tem a inscrição "Laterna Mágica", assim, com o erro ortográfico. Fleiuss jamais considerou a hipótese de refazer a logomarca e corrigir o erro: "Laterna mágica", com o erro, passou a ser uma das identidades visuais da revista.

Na mesma capa, na metade inferior, há o desenho de um personagem contornando o mundo em uma charrete puxada por seres alados, espécie de fadas.

---

5   Expressão latina largamente utilizada na época (também foi empregada por Angelo Agostini em suas revistas), essa era a divisa da comédia. Era também comum as cortinas dos teatros que apresentavam obras cômicas trazer bordada essa frase: *Castigat ridendo mores*. Ou seja, a comédia castiga ou corrige os costumes, por meio do riso.

O personagem na carroça (outra grife da revista: é o mesmo bruxo que aparece na logomarca), carrega um estandarte onde se lê outra expressão latina: *Sol lucet omnibus:* "o sol brilha para todos". A charrete caminha sobre a América do Sul, trafegando sobre o espaço do Brasil. A legenda, escrita tipograficamente ao pé do desenho, arredonda tudo: "A *Semana Illustrada* começa sua viagem humorística pela América Meridional".

Uma longa viagem, semanal, iniciada nesse domingo, 16 de dezembro de 1860, e que durará 16 anos!

Fleiuss criou padrões e definiu procedimentos que acabaram sendo seguidos por quase todos os revisteiros dessa segunda metade do século XIX. No desenho da capa, o logotipo não se mexe: em todas as edições ele ocupará sempre um terço horizontal superior, alterando apenas a numeração do exemplar, à medida que passam as semanas. A metade inferior da capa será ocupada por um desenho que resuma ou represente o que aconteceu de mais relevante naquela semana.

A publicação tem oito páginas. Na realidade, é uma única lâmina que se dobra duas vezes, formando um caderno de 8 páginas, impressa com texto de um lado e desenhos do outro, criando a estrutura de quatro páginas de texto e quatro de ilustrações. Assim, a página 1 tem desenho, as 2 e 3 apresentam texto, a 4 e a 5, formando a dupla central, têm ilustrações, as páginas 6 e 7 novamente têm apenas texto e, finalmente, a página 8, contracapa, apresenta imagens. Esse é o modelo que adotaram praticamente todas as revistas semanais ilustradas do século XIX: *Diabo Coxo, O Cabrião, Ba-Ta-Clan, O Arlequim, O Besouro, O Mosquito,* a *Revista Illustrada, O Lobisomem* e dezenas de outras mais.

Na apresentação, que ocupa as duas colunas da página 2 e as primeiras linhas da página 3, o editor discorre sobre o lema "Ridendo castigat mores":

> Sob esta divisa singella e expressiva apparece hoje a *Semana Illustrada* pedindo a acceitação do publico ao encetar a sua variegada tarefa. Não vem ella contar aos seus leitores por que novas phases passou a politica, quaes forão as operações mais recentes da praça, quantos ratoneiros cahirão nas mãos da policia, emfin porque motivo tateamos na sombra a tantos respeitos, apezar de vivermos no seculo da luzes [...] Extranho ás mesquinhas lutas da politica pessoal, ao exame e discussão de nihilidades, e ajudados por ventura do favor no publico propomo-nos principalmente a realisar a ephigraphe que precede estas linhas: ridendo castigat mores.
>
> Riamos! Em toda essa multidão que se move curvada sobre o futuro; em todos esses energúmenos que enxergão horisontes claros através da fumaça do charuto e namorão a propria sombra, há um lado ridiculo que merece particular attenção, e é delle que nos ocuparemos. [...] Buscaremos a humanidade fóra dos templos, longe dos cemiterios; além desses lugares neutros será ella comnosco; iremos-nos com ella. Na politica, no jornalismo, nos costumes, nas instituições, nas estações publicas, no commercio, na industria, nas sciencias, nas artes, nos theatros, nos bailes, nas modas acharemos para a *Semana Illustrada* o assumpto inexhaurivel, materia inesgotável para empregar o lapis e a penna. [...] Expectadores activos, mas imparciaes, de todas as lides empenhadas por essas grandes turmas, applaudiremos o bem que praticarem, e sem temor da policia censuraremos o mal que fizerem.
>
> Censuraremos rindo, e comnosco rirá o leitor, pois todo esse mundo movediço que se enfeita ao espelho, e apregoa o seu valor extremo, há um lado vulneravel onde penetra o escalpello da critica, ha uma parte fraca que convida ao riso. [...] Passa a humanidade. E entra em scena a *Semana Illustrada* (PR SOR 02334 [1]).

O jogo completo das páginas do nº 1 da *Semana Illustrada*. Capa; dupla de texto; dupla central visual; dupla de texto; e última capa com imagem. Uma folha impressa de um lado com texto, de outro com imagem, dobradas duas vezes: 8 páginas. Um modelo que será seguido por cinco décadas.

A partir dessa introdução, a revista deslancha suas atrações. A página 3 apresenta a seção "Contos do Rio", com algumas anedotas de salão (Na residência do Sr. Lino, sua esposa é apresentada a um violoncelista, Max Bohrer. E ela pergunta se este conhece seu esposo: "Já viu o Lino"? "Violino?", repete o músico. E a corrige: "Non violino: violoncelo"...). Segue um soneto, de autoria de Antonio José Nunes Garcia. Um dicionário do tipo "definições definitivas" começa no final da segunda coluna dessa página 3 e seguirá adiante, na página 6, saltando as 4 e 5, que são as que contêm imagens.

O texto que segue, "Os Ocasos", tratará da perda das perspectivas e esperanças, como o sol que se põe. O primeiro dos ocasos abordados é o de um D. Juan, homem na meia-idade que espera, nervoso, por algo, enquanto faz o almoço (café da manhã). Entra o "preto" e vai servir o chá, derrama parte do líquido na toalha e quebra "a mais linda porcelana de Sèvres que jamais se importou". Finalmente, D. Juan recebe uma carta. O homem recebe-a e leva-a ao nariz. Recende ao mais puro sândalo. "É dela, é seu perfume predileto". Abre-a, trêmulo, e lê o que se segue: "Meu caro, há quem goste de figos secos passados. Eu aprecio figos colhidos na árvore. [...] Da mesma maneira, aborreço os amores decrépitos e mofados. A sua carta, apesar de enfeitada e confeitada como está, recende a bafo a trinta léguas de distância. A franqueza é um tanto rude, mas os que me conhecem sabem que não peco pela dissimulação".

O texto promete continuação no próximo número.

A página 7 conclui a parte textual do periódico: um poema de Machado de Assis, "Perdição", com data de 1860, e um aviso final, com instruções para envio de colaborações. Também avisa que os assinantes que subscreverem a revista por um ano receberão grátis uma grande estampa, primorosamente desenhada, representando um assunto nacional. Segue o crédito final: Typ. De Pinheiro e Comp., Rua do Cano nº 163.

A revista termina na página 8, parte do jogo de páginas que contêm imagens. Falemos agora delas, as imagens. A ilustração da página 1 já foi esmiuçada na abertura deste comentário. A dupla visual do miolo, formada pelas páginas 4 e 5, apresenta 8 desenhos, três na página 4 e cinco na página 5.

Na página 4, em um dos desenhos, um elegante rapaz conversa com uma senhorita de vestido rodado. Ela diz: "Então, esqueceu seus juramentos, já me não ama?" E ele responde: "Sim... mas... olha, amo-te como a uma das minhas irmãs". E ela conclui: "Obrigado: minha família já é bastante numerosa".

No desenho ao lado, duas irmãs conversam. Diz Eufrásia: "Como está imoral agora o Rio de Janeiro: todos os dias publicam os jornais novos raptos!" E a outra, Prudência (mais feia e velha) suspira: "É verdade, mana" (e diz para consigo) "Houvesse alguem que me furtasse!".

No desenho da metade de baixo, uma cena urbana, homens sentados ao lado de um cartaz "Limpeza Pública", três mulheres com vastos vestidos se aproximam e dizem: "Pouco fresco, pouca luz, mas que aroma!".

Na página da direita, os desenhos se sucedem: Dois homens, funcionários públicos, cochicham um para o outro (ambos usam cartola): "Então, votas sempre contra o governo?" E o outro: "Deus me livre!" Numa cena de pancadaria, a legenda: "A eleição correu regularmente". Na série "Brazões", o Correio é representado por uma tartaruga e a Limpeza Pública por um porco.

A recorrência do tema "Limpeza Pública" nesse número permite supor que houve algum problema específico e que monopolizou as atenções durante a semana prévia ao lançamento da revista. Mas sabe-se: sem nenhuma estrutura de saneamento básico, lixo e dejetos eram um problema crônico do Rio de Janeiro nessa época.

As duas ilustrações da última página tratam, respectivamente, dos efeitos da chuva em algumas ruas da Corte e da chegada de correio pelos navios da Europa. Na primeira, está tudo alagado, a charrete ou tílburi mal consegue passar, uma mulher é levada ao colo por um homem, uma criança brinca na enxurrada e pessoas mergulham nas poças de água. Na segunda, há um mar de cartolas: o *establishment* esperando a chegada das notícias do exterior.

Folheando alguns exemplares da revista, pode-se constatar que a receita editorial é simples e seguida quase à risca. Abre com os "Contos do Rio de Janeiro" ou, eventualmente, "Notícias estrangeiras" ou "Variedade". O texto é leve e saboroso. Os "Contos do Rio": pode-se imaginar como essas notas curtas seriam lidas com curiosidade nas demais províncias, são os conhecidos chistes e croniquetas de salão, e vão dando o tom de fina ironia na crítica social que a publicação vai tecendo. Como seu viu acima, na apresentação feita pelo editor, a revista não vem para "comentar as fases da política ou que gatunos foram presos pela polícia": supõe-se que outros periódicos darão conta desses menesteres. Peguemos alguns exemplos.

Na edição de 5 de maio de 1861, nº 21 da revista, os "Contos do Rio" propõem uma série de anagramas ou charadas. O primeiro leitor que as decifrar ganhará como prêmio "um trimestre da *Semana Illustrada,* elegantemente encadernado". A revista não avisa em que número dará os resultados. Mais adiante revela outro resultado: "Publicamos, há quinze dias, uma outra charada em que se nos pedia que perguntássemos qual a phrase de quatro palavras que podia ser indistinctamente lida da esquerda para a direita e vice-versa, tendo sempre a mesma significação. Essa phrase é: Roma me tem amor".

A seção seguinte, ainda desse 5 de maio de 1861, número 21 da revista, apresenta um texto sobre "A mulher no sentido burlesco", de um colaborador que assina como Bohemio (p. 162 a 163). Leiamos alguns excertos:

> A *mulher* é um pequeno animal doce e maligno, metade caprixo, metade razão; é um composto harmônico em que se encontra algumas vezes muitas dissonâncias.
>
> A sabedoria e a razão são incompativeis com o espirito de uma mulher que só tem na cabeça a ambição. [...] Em mil homens se encontra um bom e em todas as mulheres, nenhuma. A mulher é uma santa na igreja, um anjo nas ruas, um diabo em casa, uma coruja nas janelas, um cão na porta, uma cabra em um jardim... A mulher é o orgão do demonio. Uma mulher é uma máquina parlante que põe todo o universo em movimento (PR SOR 02334 [1]).

Esse texto, de pouco mais de uma coluna, com tantas ofensas às damas (a amostra acima representa 20% do total de graçolas ditas contra a mulher) deve ter causado muito rebuliço. Tanto que na edição de número 25, de 2 de junho de 1861, quatro semanas depois, esse é o tema da capa da revista. Na figura aparece a *Semana Illustrada* no Tribunal, sentada no banco dos réus, em frente a um juiz e ao defensor, o Sr. Marmota. Diz a legenda:

Juiz: Accuso a *Semana Illustrada* de ter insultado e calumniado cobarde e grosseiramente o Belo Sexo em geral – no seu insolente artigo publicado no nº 21; p. 162.

Semana Ilustrada: Graciosíssimo auditorio. Confesso que tive parte nesse tremendo attentado! Toda minha culpa consiste em não ter lido o referido artigo, que foi escripto abusivamente. Quanto se contém nesse artigo está em absoluta desharmonia com o meu modo de pensar, e protesto-vos que meus sentimentos são *antipodamente* contrarios aos que foram expendidos na *Variedade: A mulher no sentido burlesco*. Sirvam-vos de prova as minhas lagrimas de arrependimento...

Dr. Marmota *(defensor)*: Peço ao tribunal das Graças que aceite a retractação do réo, sob condição porém que elle assigne termo de nunca mais consentir nas columnas de sua folha semelhantes falsidades.

Juiz *(depois de consultar o tribunal):* Reconhecendo a injustiça com que á principio julgámos: absolvemos o réo, que depois de ter beijado a mão á todas as moças assignará termo de treguas comnosco, ficando apenas estampado na *Semana* na presente posição, para que não caia n'outra (PR SOR 02334 [1]).

O gabinete de um litterato espirituôso, anonymo.

PARTIDA DA PRIMEIRA BRIGADA, AO MANDO DO CORONEL GALVÃO, DE OURO PRETO PARA MATO-GROSSO.
(Photographia do natural, enviada obsequiosamente pelo Sr. José Maria da Silva Paranhos. Junior).

No alto, um desenho de Fleiuss. Acima, a fotografia serviu de base para a litografia que mostra a partida da primeira brigada de Ouro Preto para o Mato Grosso (Guerra do Paraguai). Fleiuss dá o crédito do autor da foto: José Maria da Silva Paranhos Junior, o Barão do Rio Branco.

Nessa mesma edição de 2 de junho de 1861, nos "Contos do Rio", o redator dá o resultado de uma charada de número anterior: como cortar, em três golpes, um queijo em oito partes iguais. A resposta: "o primeiro golpe é paralelo à base, os outros dois em forma de cruz na parte superior do queijo"... Páginas adiante, o conto "A Nostalgia", assinado por Ory, relata a história de uma moça que chega de São Paulo em companhia do pai para viver na corte. Ato seguido, cai em estado de prostração, uma tristeza sem fim. A moça definha em ritmo acelerado, os médicos dão o caso como perdido. A última tentativa seria retornar para São Paulo, mudando de ares. Uma de suas amigas, moça de fina educação, assinante da *Semana Illustrada,* vem despedir-se da enferma, talvez para uma última conversa, pois é dado como certo que a donzela não resistirá à viagem. Traz consigo um exemplar da revista. No entanto, ao folhear a publicação, a enferma dá um sorriso. Muda o semblante. Ao rir das caricaturas publicadas no periódico, recobra o ânimo e a alegria de viver, se levanta, abre o piano, cantarola. E o contista Ory termina esse "publieditorial"[6] com o seguinte parágrafo:

> O pai sahio a relatar ao medico assistente a cura prodigiosa que acabava de operar-se; mas antes de dirigir-se a elle, passou pelo largo de S. Francisco, nº 16, e entrando em casa dos Srs. Fleiuss, Irmãos & Linde, tomou quinze assignaturas da *Semana Illustrada* (PR SOR 02334 [1]).

Há momentos deliciosos na revista. Como a abertura dos "Contos do Rio", na edição de 15 de junho de 1862: "Não caibo em mim de sorpreso ao lembrar-me que a ultima semana não testemunhou alteração alguma ministerial!".

Nessa mesma edição, um longo ensaio, "Carta de bichas", fala das crendices de Santo Antônio, que "sempre foi considerado o casamenteiro das moças". Fica-se

---

6   "O Publieditorial é um tipo de mídia impressa que procura combinar, harmonicamente, as boas técnicas jornalísticas e as modernas ferramentas de design gráfico para divulgar o trabalho de uma entidade", diz o site do portal Terra. O que é o publieditorial? Resumidamente, constitui-se numa mensagem publicitária, portanto paga, que tem a cara de reportagem, matéria jornalística. Tem como objetivo integrar-se ao veículo em que está inserido, de modo a não ser percebido como publicidade e, portanto, agregar a credibilidade que os textos jornalísticos costumam ter. Implicitamente, o publieditorial busca "passar a perna" no leitor que, desavisado, pode "comer gato por lebre", ou seja, ver uma matéria jornalística onde, na verdade, existe publicidade.

sabendo que as receitas de enterrar o santo ou metê-lo, cabeça para baixo, num poço fundo, já eram práticas correntes naqueles idos de 1862.

Em 21 de novembro do mesmo ano, as "Noticias estrangeiras" que abre o periódico relatam algo que deveria ser comum naquele tempo em que o telégrafo ainda não havia sido implantado: a chegada ao porto de um navio e, com ele, jornais e periódicos estrangeiros. "Um quarto de hora depois da chegada do *Navarre* já havíamos recebido toda a nossa correspondência, graças aos attenciosos desvelos do nosso distincto amigo Castro Vianna. Tivemos folhas de quase todos os paizes, e de Lisboa as datas alcançam até o dia de todos os Santos" – ou seja, jornais com apenas 20 dias de atraso. A seguir, o redator faz um *clipping*: as notícias de Paris, da Inglaterra, da Itália, de Roma [sic], Prússia, Áustria, Hespanha...

O certo é que a *Semana Illustrada* ia abrindo caminhos e marcando processos e procedimentos. A partir de 1861, publica na revista as caricaturas do Dr. Semana, seu próprio alter ego, que tinha por intenção satirizar o cotidiano político da cidade. O Dr. Semana estava sempre acompanhado de seu pajem, o Moleque. Fleiuss criou ainda outros personagens, como o negro Nhô-Nhô e a índia Brasília, a representação gráfica do próprio país, que no quarto número da *Semana* se tornou uma deusa grega.

A revista era responsável pelo registro de eventos ocorridos no Rio de Janeiro, representando, hoje, uma fonte segura para o estudo da evolução dos costumes, das roupas, das instituições e das figuras nacionais. A *Semana* era, certamente, o veículo por meio do qual, pela sátira política, se punham em circulação as avaliações e a visão da elite sobre os poderes constituídos do Império. Numa postura marcadamente governista (Fleiuss era protegido do Imperador e em toda a história da revista jamais publicou uma caricatura ironizando Pedro II, algo que Angelo Agostini e Raphael Bordallo Pinheiro farão quase todas as semanas), sua revista criticava ou ironizava por tabela. Apenas como exemplo, citamos um trecho tirado do número 21 (página 163), de um artigo sobre "Bailes", o texto começa assim:

> Chegaram os deputados! Ainda bem! Os augustos e digníssimos representantes da nação são entre nós verdadeiras andorinhas, que fogem quando se aproxima o inverno do aborrecimento e voltam em bandos quando começa o calor da folia [...] Com a abertura da câmara, abre-se a estação dos bailes. A rua do Ouvidor expõe nas suas

vidraças os mais lindos tecidos, as mais custosas jóias. Tudo anuncia – prazer (PR SOR 02334 [1]).

A *Semana Illustrada* foi um marco na história do fotojornalismo brasileiro, como mostra Joaquim Marçal Ferreira de Andrade (2004, p. 115-151) em um longo e especial capítulo, por causa da cobertura, ainda que um tanto comprometida, como se verá adiante, da Guerra do Paraguai (1864-1870). Pela primeira vez era formado um corpo de fotógrafos, treinados com o objetivo sistemático de retratar um evento.[7] Pela primeira vez, também, a fonte das imagens publicadas – fossem elas descritivas, baseadas em fotografias ou desenhadas – passaria a ser citada com frequência. Aliás, o fato de um desenho esclarecer na legenda que era baseado em uma fotografia aumentava sua credibilidade. Esperto e bem relacionado, Henrique Fleiuss recebeu na redação um grupo de jovens oficiais prestes a seguir para o campo de batalha e convenceu-os a enviar relatos exclusivos para sua revista. Na ocasião, chegou até a ensinar-lhes os princípios básicos de uma nova arte, a fotografia, que chegara pouco mais de uma década antes.

Pelas fotos enviadas por esses oficiais, Fleiuss pôde reproduzir em litogravura cenas das batalhas e seus principais personagens, publicando-as na *Semana Illustrada,* alavancando a tiragem da sua revista e contribuindo para torná-la a mais popular do seu tempo. Mas o pioneirismo da *Semana* vai muito além. Um germânico genuíno, de longa barba castanho-claro e pupila azul-cobalto – como o descreveria seu filho, o historiador Max Fleiuss, na comemoração do seu centenário de nascimento – caprichoso e idealista, Henrique Fleiuss pavimentou o caminho do fotojornalismo entre nós.

Quanto à *Semana Illustrada*, e a importância que teve em nossa vida social e cultural, talvez ninguém a tenha definido melhor do que o próprio Max Fleiuss:

> A *Semana Illustrada* era todo um microcosmo carioca, admirável repositório das coisas de antanho. É, portanto, uma publicação sui generis, digna de ser religiosamente arquivada e folheada em nossos dias, com carinho,

---

7 Também conhecida como a Guerra da Tríplice Aliança, o embate contra o Paraguai está, junto com a Guerra da Crimeia e a Guerra da Secessão Americana, entre os primeiros conflitos armados a serem registrados por fotógrafos.

como os preciosos livros de Rugendas e Debret, por todos os estudiosos da arqueologia da cidade, da evolução dos nossos costumes, instituições, aspectos, figuras e indumentária, tão caracteristicamente nossos".

Por meio do humor, e seguindo o lema da comédia, "Ridendo castigat mores", Fleiuss demonstrou uma personalidade contraditória: ao mesmo tempo que usava a pena irrestritamente a favor da corte (escreveu num editorial: "Brasileiros! Ao Paraguai!... Corramos sobre este povo que teve a audácia de insultar-nos!"), com fina ironia tripudiava de suas próprias ilustrações – "copiadas *fielmente* a partir da fotografia obsequiosamente oferecida por..." –, que certamente não refletiam a realidade dos campos de batalha.

Suas relações com o poder público, seu apoio à monarquia, sua falta de posições políticas quanto ao escândalo estrutural da escravidão, foram motivo de críticas severas dos demais chargistas, sobretudo do italiano Angelo Agostini, um declarado opositor da monarquia. Agostini chegou a atacar a *Semana* em editorial da concorrente *Vida Fluminense*, questionando a veracidade de uma foto que ilustraria a morte de Solano Lopez, o comandante paraguaio derrotado. Ainda assim, as inúmeras e curiosas histórias que cercam os 16 anos da *Semana Illustrada* não diminuem sua importância na história da ilustração na imprensa brasileira.

Nessa revista Fleiuss conseguiu reunir chargistas do porte de Seelinger e Aurélio de Figueiredo, e escritores como Machado de Assis, Quintino Bocaiúva, Joaquim Nabuco e Bernardo Guimarães.

Após a morte de seu sócio Carlos Linde, em 1873, seguido do fim da publicação da *Semana Ilustrada*, em 1876, Fleiuss fundou a *Ilustração Brasileira*. Idealizava conseguir produzir uma revista com as mesmas proporções das que se encontravam na França e na Inglaterra, todas ilustradas por xilogravuras. Porém, em 1878, com a morte de seu irmão Carlos, seu projeto de criar uma revista ilustrada de grandes proporções fracassou junto com o Imperial Instituto Artístico. Em 1880 tentou em vão lançar *A Nova Semana Illustrada* visando a reviver a antiga. Essa empreitada malograda foi sua última realização: Fleiuss faleceu em 1882, aos 59 anos. Havia completado 25 anos desde que, atendendo ao conselho de seu grande mestre Von Martius, viera tentar a sorte nos trópicos.

A FASE PAULISTANA DE AGOSTINI

Chamado "o repórter do lápis", o piemontês Angelo Agostini estudara desenho e pintura em Paris, vindo para o Brasil em 1859. Iniciou carreira de caricaturista em São Paulo, nas revistas *Diabo Coxo* e *Cabrião*. Falaremos panoramicamente aqui dessas duas publicações, pois o trabalho de Agostini em sua longa fase na corte será o tema principal dos dois próximos capítulos.

Angelo Agostini nasceu em Vercelli (província de Alessandria, no Piemonte), Itália, em 1843, filho de Antonio e Raquel Agostini. Órfão de pai muito cedo, foi levado por uma das tias a Paris, para viver como pensionista num colégio, e, como se conta, sob os cuidados da avó, pois a mãe, cantora lírica de prestígio, tinha de se ausentar com frequência, em turnês operísticas, não podendo dar ao filho a devida atenção. Assim, na capital francesa Angelo fez seus estudos, frequentando academias de arte. Em 1859, com 16 anos, veio para o Brasil, fixando-se em São Paulo: acompanhava a mãe, que se casara com o fazendeiro português Antonio Pedro Marques de Almeida.

A partir de 1864, dá início ao que seria uma das mais longas carreiras jornalísticas da história do Brasil. Agostini foi jornalista, repórter, editor e militante político, mas foi como ilustrador e caricaturista que se consagrou, sendo apontado como um dos inventores mundiais das histórias em quadrinhos. Seguramente foi o artista mais atuante de sua época, tendo produzido cerca de 3.200 páginas ilustradas, segundo cálculos do pesquisador Gilberto Maringoni.

Engajou-se muito bem com a conjuntura política da época, pois além de retratar em suas charges uma postura anticlerical, participou intensamente do debate e dos movimentos abolicionistas e republicanos. Seus cartuns da fase inicial fizeram grande sucesso entre os paulistanos, pois exibiam de forma humorística o dia a dia da então provinciana São Paulo, criticando a burocracia local e as políticas do Império, notadamente a campanha bélica contra o vizinho Paraguai.

Sua atuação política e social foi decisiva para a formação de uma opinião pública contra a escravidão e as inovações de seus trabalhos refletiram a transformação por que começava a passar a cidade de São Paulo, resultado da movimentação que lhe trouxe a Escola de Direito, com alunos vindos da corte e de outras paragens, e logo mais com os efeitos do ciclo do café, que seria um elemento povoador do

250   CARLOS COSTA

Oeste do Estado, e a construção das estradas de ferro para levar a produção cafeeira até o porto de Santos. Mas como escreve Lilia Schwarcz:

> A capital paulista, nos idos de 1860, poderia ser definida como uma cidade provinciana. O período do bandeirantismo havia acabado sem deixar opulência e São Paulo mais lembrava uma aldeia colonial. Cerca de três séculos após sua fundação a cidade quase nada se modificara, estendendo-se pouco além dos estreitos limites assinalados pelos rios Tamanduateí e Anhangabaú. [...] A pequena população de aproximadamente 20.000 almas dormia cedo, já que as ruas não eram iluminadas e as regiões residenciais tinham pouco movimento e comércio. De resto, "a civilização morava longe". As notícias da Corte, a grande difusora de modas, custavam a chegar e as benesses do progresso caminhavam lentamente. Os transportes eram precários, os teatros desanimados e até mesmo a Casa da Ópera, na Praça São Gonçalo, fechara suas portas em reconhecimento à pouca atividade local (SCHWARCZ, 2005, online).

Em 1864, Agostini funda junto a um pequeno grupo de intelectuais o primeiro periódico ilustrado editado da cidade, o pasquim dominical *Diabo Coxo*.[8] O lançamento da publicação foi um marco para São Paulo e influenciou o modo de pensar da época. Apesar de sua vida curta – pouco mais de 1 ano de existência –, *Diabo Coxo* teve boa repercussão e sucesso desde o primeiro número. A caricatura de Agostini passava a ser conhecida como "uma arma de combate" contra a elite inoperante da província e do império.

Produzida em parceria com Luiz Gama,[9] *Diabo Coxo* (1864-1865), primeira publicação ilustrada da capital paulista, circulou entre 17 de setembro de 1864 e 31

---

8   É interessante notar a existência de uma publicação com esse nome, *Diabo Coxo: jornal miscelânico para os domingos,* aparecida em Niterói, em 1836, e de que circulou três números. Era impresso por Nictheroy de Rego e Comp. e media 21 x 15 cm. Esse título tem origem em uma longa ascendência. Foi nome do romance *El Diablo Cojuelo,* do espanhol Velez de Guevara (1641), retomado em 1707 por Alain René Lesage em seu *Le Diable Boiteux.* A imagem do diabo como crítico dos costumes foi amplamente utilizada nas publicações ilustradas do século XIX: *Le Diable Boiteux* (Paris), *El Diablo Suelto, El Diablo Cojuelo* (Madri), *Il Diavolo Zoppo* (Milão), entre tantos outros (CAGNIN, 2005)

9   O negro baiano Luiz Gonzaga Pinto da Gama nasceu livre no dia 21 de junho de 1830, filho de Luiza Mahin, escrava negra malês liberta que vivia de vender quitutes nas ruas de Salvador, e

de dezembro de 1865, completando duas séries de 12 números. O jornal media 18 x 26 centímetros e sua impressão estava a cargo da Tipografia e Litografia Alemã, de Henrique Schroeder, situada na Rua Direita, n° 15. O preço era de 500 réis – duas vezes e meia o preço de um jornal diário, mas preço corrente dos semanários ilustrados da corte. A assinatura valia por uma série de "12 números" e não por um período definido. No total, saíram 24 edições. A primeira série foi de 2 de outubro a 25 de dezembro de 1864. A segunda, com data em todas as capas, iniciou-se em 23 de julho e foi até 31 de dezembro de 1865.

> A chegada do periódico significou um "pandemônio", um "atropelo", o "diabo" – para ficarmos com os termos da época. Por apenas 500 réis, o preço de um almoço, comprava-se a edição e o acesso direto ao mundo das imagens e das crônicas. Contando com textos do abolicionista Luis Gama e de Sizenando Nabuco de Araújo, irmão de Joaquim Nabuco, além dos desenhos de Agostini, esse pequeno jornal domingueiro – de 18 por 26 cm, com oito páginas e quatro

---

de um fidalgo português falido de quem pouco se sabe. Foi vendido como escravo aos 10 anos pelo próprio pai, para saldar dívidas de jogo. Após curta passagem pelo Rio de Janeiro, foi arrematado pelo comerciante Antonio Pereira Cardoso, que vendia escravos para fazendeiros do interior de São Paulo. Não sendo vendido, acabou vivendo com a família Cardoso, levado para a fazenda de Lorena e aproveitado nas atividades domésticas. Aos 17 anos, pela amizade com o estudante Antônio Rodrigues do Prado Júnior, hospedado na fazenda, aprendeu a ler e escrever. Consciente de sua condição ilegal de escravo fugiu para a capital da província. Entre 1848 e 1854, serviu como soldado da Força Pública de São Paulo, trabalhando como copista de escrivão e amanuense do gabinete do delegado de polícia. Frequentou como ouvinte aulas na Faculdade de Direito do Largo São Francisco, sendo nomeado amanuense da Secretaria de Polícia da cidade. Em 1859, publicou *Primeiras Trovas Burlescas de Getulino*, poemas satíricos nos quais falava de política, atacava hábitos urbanos conservadores, condenava a escravidão (VAINFAS, 2002, p. 497-8). Nessa fase, a personalidade política contestadora de Luis Gama já estava desenhada: militante abolicionista, maçom e republicano, foi membro do Partido Liberal e, posteriormente, co-fundador do Partido Republicano. Nos anos seguintes, bem recebido pela jovem intelectualidade paulistana, passou a escrever em semanários humorísticos, sendo parceiro de Angelo Agostini na criação de *Diabo Coxo* (1864), tendo alguma participação no *Cabrião*. Colaborou ainda em *Ipiranga*, *Coroaci* e *O Polichinello*, e ajudou Rui Barbosa na fundação do jornal *Radical Paulistano*. Em 1881, fundou a Caixa Emancipadora Luiz Gama, espécie de ONG da época, instituída para angariar fundos para a alforria dos escravos. Falecido em 24 de agosto de 1882, foi indicado pelo jurista Fabio Konder Comparato como o maior brasileiro de todos os tempos, numa pesquisa realizada pelo jornal *Folha de S. Paulo* em abril de 2007.

ilustrações, entre caricaturas, anedotas, adivinhas – chegava para fazer barulho (SCHWARCZ, 2005, online).[10]

Há no traço e na edição do periódico muitos dos sinais e temas que serão o cavalo de batalha do Agostini maduro que brilhará no Rio de Janeiro. Mas seu desenho é ainda tosco. A leitura atenta da edição fac-similar produzida pela Edusp em 2005 permite acompanhar a evolução do traço e do domínio editorial de Agostini.

Já o *Cabrião*[11] (1866-1867), editado por Agostini em parceria com Américo de Campos[12] e Antonio Manoel dos Reis, com colaborações do desenhista Nicolau Huascar de Vergara, apareceu em 30 de setembro de 1866 e chegou a 51 números, circulando aos domingos, até 29 de setembro de 1867, completando um ano. Era litografado na litotipia de Henrique Schroeder e impresso na Typographia Imparcial, de Joaquim Roberto de Azevedo Marques, proprietário do *Correio Paulistano*. Possivelmente, não era coincidência o fato de ambas publicações serem simpáticas ao Partido Liberal, fundado em 1831, como afirma o historiador Gilberto Maringoni:

> Há fortes indícios de que o jornal vinculava-se, na verdade, à facção partidária que viria a formar o Partido Liberal Radical. Essas indicações são dadas por uma charge de página dupla, de autoria de Agostini, publicada no número 18, de 3 de fevereiro de 1867. Nela, vêem-se dois agrupamentos, um com a bandeira na qual se lê "Liberais", e outro com a consigna "Liberais dissidentes" no estandarte. Em ambos, os participantes trazem pedaços de paus nas mãos e uma nítida atitude belicista. O Cabrião, o

---

10   "Diabo Coxo". In: *Observatório da Imprensa*, edição 323 de 05/04/2005. Disponível em http://www.observatoriodaimprensa.com.br/news/view/lilia_moritz_schwarcz. Acessado em 20/02/2012.

11   O título, que teria inspiração no personagem meio maligno do folhetim de Eugène Sue, *Os Mistérios de Paris*, servirá de inspiração a muitos outros periódicos satíricos pelo Brasil afora. Segundo Délio Freire dos Santos, houve outros três "cabrião" apenas na cidade de São Paulo, outro no Recife *(Cabrion)*, dois em Porto Alegre (SANTOS, 2000).

12   Formado pela Academia de Direito de São Paulo em 1860, promotor púbico em Itu até 1863, Américo de Campos era redator do *Correio Paulistano* e fundaria, com Francisco Rangel Pestana, *A Província de São Paulo* em 1875 (depois *O Estado de S. Paulo*), e o *Diário Popular*, com o tipógrafo José Maria Lisboa, em 1884.

personagem, conclama à união das duas alas, dizendo *"Deponde essas armas"* e *"abraçai-vos"* (MARINGONI, 2011, p. 47).

O periódico seguia o modelo de então: 8 páginas impressas em duplas de texto e de ilustração. Nessa publicação, os principais alvos de suas caricaturas eram a Guerra do Paraguai e o Partido Conservador. Por causa de sua ousadia, o *Cabrião* começa a ser ameaçado e seu editor perseguido por políticos. O próprio Angelo é processado, como represália por sua crítica ferina.

Corre certa lenda de que Agostini teria saído fugido de São Paulo por haver publicado uma caricatura considerada ofensiva: a elite paulistana numa dança macabra com esqueletos na porta do Cemitério da Consolação. Na realidade, esse desenho, publicado no número 6 do *Cabrião*, foi motivo de um processo movido por Cândido Silva, diretor do jornal conservador e católico *Diário de São Paulo*, frequentemente ironizado nos desenhos de Agostini, declarado simpatizante do Partido Liberal, como se disse. Agostini foi considerado inocente pelo delegado e o episódio acabou dando maior visibilidade ao *Cabrião:* as idas e voltas do processo foram acompanhadas com interesse pela população e o periódico, após a sentença, voltou à carga com suas ironias.[13]

O fato é que a provinciana São Paulo estava ficando pequena demais para a grandeza do talento de Agostini – e é no Rio que ele desenhará as mais belas páginas de sua carreira. Saiu de São Paulo em busca de novos desafios e de um público maior, não em fuga da polícia.

---

13 Os personagens da política local, os padres, a polícia, os lentos trens da São Paulo Railway, e fatos do cotidiano são o tema das charges de Agostini no *Cabrião*. Mas a Guerra do Paraguai foi focalizada em 55 caricaturas, nas 51 edições; o recrutamento de voluntários para a guerra, 18 vezes; o Duque de Caxias, 15 vezes; Dom Pedro II, 9 vezes, mas nunca com a mordacidade com que o desenhista italiano lhe destinará em sua fase carioca. Agostini é aqui particularmente cruel com os padres e com as beatas.

—Meus irmãos, fazei o que eu digo, mas não façais o que eu faço.

Dois trabalhos de Agostini no *Cabrião*: crítica ácida à Igreja e à elite. A caricatura com os grã-finos da época no dia de finados rendeu um processo ao artista.

O Cemiterio da Consolação no dia de finados.

CAPÍTULO V

OS CARICATURISTAS SE APODERAM DAS SEMANAIS: 1866-1875

Outro motivo de fragilidade para o artista é, paradoxacalmente, a firmeza e a insistência de seu olhar. O poder, seja ele qual for, por ser violência, não olha nunca. Se olhasse um minuto mais (um minuto a mais) perderia sua essência de poder. O artista, por sua parte, se detém e olha largamente...

Roland Barthes *La Torre Eiffel, Textos sobre la imagen*.
Barcelona: Paidós, 2001, p. 181.

1866

A Pacotilha do Tio Ignacio das Merces: jornal de pitadas, carapucas, novidades e litteratura
Rio de Janeiro, RJ: Typ. Fluminense, de Domingos Luiz dos Santos (16 números)
Proprietários-redatores: Matheus de O. Borges Filho e J. M. C. Tupinambá

O Pandokeu
Rio de Janeiro, RJ: Typ. Fluminense, de Domingos Luiz dos Santos, 1866-1867 (12 números)
Proprietário: Matheus de Oliveira Borges Filho

O Apostolo: periodico religioso, moral e doutrinario, consagrado aos interesses da religião e da sociedade
Rio de Janeiro, RJ: Typ. Nicolau Lobo Vianna e Filhos, 1866-1893
De jan.-nov. 1894, passa a ter o titulo *A Estrella*, voltando a ter o titulo: *O Apostolo* de nov. 1894 a abr. 1901
Proprietários-redatores: Padres Joao Scaligero, Augusto Maravalho e Jose Alves Martins do Loreto
Redator-chefe: cônego José Goncalves Ferreira, religioso mais caricaturado de sua época, destacado pelo corpanzil desproporcionado

Palestra Acadêmica: revista cientifica e litteraria
São Paulo, SP: Typ. Imparcial, de J. R. de Azevedo Marques, 1866 (3 números)

Cabrião
São Paulo, SP: Litografado na litotipia de Henrique Schroeder e impresso na Typographia Imparcial, de Joaquim Roberto de Azevedo Marques, 1866-1867 (51 números)
Ilustrador: Angelo Agostini
Redator: Américo de Campos e Antonio Manoel dos Reis, com colaborações do desenhista Nicolau Huascar de Vergara

1867

Ba-ta-clan: chinoiserie franco-bresilienne
Rio de Janeiro, RJ: Imp. et Lith. de Ba-ta-clan, 1867-1871 (184 números)
Redator: Charles Berry
Caricaturas de: J. Mill, Alfred Michon, Pinheiro Guimaraes, Corcovado
O Arlequim
Rio de Janeiro, RJ: Typ. do Arlequim, 1867 (35 números)
Caricaturas: Angelo Agostini e V. Mola

1868

A Vida Fluminense: folha joco-seria-illustrada
Rio de Janeiro, RJ: Typ. e Lith. de Ed. Rensburg, 1868-1875 (412 números)
Desenhos de: Angelo Agostini, Candido A. de Faria, Luigi Borgomainerio,
Pinheiro Guimarães

1869

O Mosquito: jornal caricato e critico
Rio de Janeiro, RJ: Typ. de Domingos Luiz dos Santos, 1869-1877
(406 números).
Ilustrações de: Candido Aragonez Faria, Pinheiro Guimarães, Angelo Agostini e
Bordallo Pinheiro
Revista Agrícola do Imperial Instituto Fluminense de Agricultura
Rio de Janeiro, RJ: Typ. do Imperial Instituto Artístico, 1869-1890
(98 números)
Diretor-redatores: Miguel Antonio da Silva, Ladislau Neto e Nicolau Joaquim
Moreira
Revista do Parthenon Litterario
Porto Alegre, RS: 1869-1877

1870

A Comédia Social: hebdomadário popular e satírico
Rio de Janeiro, RJ: 1870-1871 (76 números)
Caricaturistas: Pedro Américo, Aurélio de Figueiredo e Décio Vilare
O Lobishomem: ilustração caricata de comprimentos e cortezias
Rio de Janeiro, RJ: Typ. de F. A. de Souza, 1870-1871 (17 números)
Diretor-redator: A. A. de Valle
O Novo Mundo: periódico illustrado do progresso da edade
Nova York, Estados Unidos: James Sutton & Co, 1870-1879 (105 números)

1871

A América Illustrada: jornal humorístico
Recife, PE: Typ. Americana, 1871-1884 (205 números)
Proprietário: José Caetano da Silva
O Mundo da Lua: folha ilustrada, lunática, hyperbolica e satyrica
Rio de Janeiro, RJ: Typ. de Cardoso & Irmãos, 1871 (26 números)
Redator: Luiz Guimarães Junior
Desenhos de: F. Pinheiro Guimarães e outros

1872

Archivo Contemporâneo: jornal illlustrado
Rio de Janeiro, RJ: Typ. Perseverança, 1872 (16 números)
Proprietário: A. A. de Carvalho
Desenhos: Valle

1873

O Domingo: jornal litterario e recreativo
Rio de Janeiro, RJ: Typ. da Lyra de Apollo, 1873-1875 (71 números)
Proprietária-redatora: Violante Ataliba Ximenes de Bivar e Velasco

O Sexo Feminino: semanário dedicado aos interesses da mulher
Campanha, MG: Typ. do Monarchista 1873-1874 (45 números)
Rio de Janeiro, RJ: Typ. Lombaerts & Filho, 1875-1889 (32 números)
Proprietária-redatora: Francisca Senhorinha da Motta Diniz

1874

Mephistopheles
Rio de Janeiro, RJ: Typ. e Lith. do Mephistopheles, 1874-1875 (72 números)
Desenhos de: Candido Aragonez Faria

1875

O Diabo a Quatro: revista infernal
Recife, PE: Typ. Mercantil, 1875-1879 (195 números)
Litógrafos: Vera Cruz, J. Neves, Aurélio de Figueiredo, colaborações de Raphael
Bordallo Pinheiro, A. Roth
O Ganganelli
Rio de Janeiro, RJ: Typ. Fluminense, 1876 (4 números)
Caricaturas: Candido Aragonez de Faria
O Mequetrefe
Rio de Janeiro, RJ: Nova Typ. de J. Paulo Hildebrandt, 1875-1893
(481 números)
Proprietários: E. J. Correa e Pedro Lima
Caricaturas: Teixeira da Rocha Vale, Pereira Neto, Bento Barbosa, Candido
Aragonez Faria, Aluízio, Arthur Lucas

O BAZAR VOLANTE. A PACOTILHA. O ARLEQUIM. A VIDA FLUMINENSE. O MOSQUITO. AS CHINOISERIES DO BA-TA-CLAN. MEPHISTOPHELES. O SEXO FEMININO. O MEQUETREFE. AS ARTES DE FLUMEN JUNIUS, JOSEPH MILL, CANDIDO ARAGONEZ FARIA, PINHEIRO GUIMARÃES, RAPHAEL BORDALLO PINHEIRO E ANGELO AGOSTINI COM AS AVENTURAS DE NHÔ QUIM.

Em sua fala do trono de 1865, reproduzida na abertura do *Almanak Laemmert* do ano seguinte, Pedro II deu conta do futuro casamento de suas filhas Isabel e Leopoldina, relatou que a tranquilidade pública não sofrera alteração nenhuma nas províncias do Império e que era satisfatório o estado da saúde pública. No entanto, a quebra de algumas casas bancárias, ocorrida no ano anterior, produzira em setembro uma crise "assustadora", que abalara os interesses comerciais. Mas a pronta intervenção do governo, auxiliada pela boa índole do povo, restabeleceu a confiança e os negócios retomavam sua marcha regular. Dizia ainda que continuavam interrompidas as relações do país com a Grã-Bretanha, mas se fizera paz com o Uruguai, com a ascensão do general Flores. No entanto, o país entrava em guerra com o Paraguai. Disse o imperador, na fala do trono:

> O presidente da Republica do Paraguay, contra todas as regras de direito internacional, mandou apresar o vapor brasileiro *Marquez de Olinda*, que á sombra da paz se dirigia para o Matto-Grosso, e levava o presidente nomeado para essa província, o qual, assim como outros Brasileiros, ainda hoje se acha preso. As tropas paraguayas invadirão depois por um modo inaudito a mesma província do Matto-Grosso. O governo brasileiro, no firme empenho de vingar a soberania e a honra nacional ultrajadas, tem empregado todos os meios a seu alcance na organização do exercito e da armada para a guerra a que fomos provocados por aquella republica (LAEMMERT: 1866. Sup. 3-4).

O Brasil logo mais reataria as relações com a Grã-Bretanha, aceitando os pedidos oficiais de desculpas daquele país, que provocara um ato de agressão aprisionando 12 navios mercantes nacionais perto do Rio, no último dia do ano de 1862 (no que ficou conhecido como "o caso Christie", pelo nome do arrogante representante inglês, Douglas Christie). A questão internacional foi mediada pelo rei Leopoldo da Bélgica, que decidiu em favor do Brasil. Já a guerra com o Uruguai ocorrera em 1864, devida à política do então presidente Bernardo Prudencio Berro, aliado do paraguaio Solano López, contrária aos interesses dos estancieiros gaúchos residentes no país vizinho: ainda viviam 40 mil brasileiros no território da antiga província Cisplatina. Berro foi deposto por uma aliança entre Brasil e Argentina, e o general empossado, Venancio Flores, era simpático à causa brasileira. E veio a formar, com Argentina e o Brasil, a Tríplice Aliança que declarou guerra contra o Paraguai em maio de 1865.

A retomada de Uruguaiana, invadida pelo Paraguai, foi fácil e contou com a presença do Imperador. Mas, ao contrário do que se pensou então, esse não foi o desfecho, mas o começo de um conflito desgastante que só terminaria no final da década: em março de 1870 (CARVALHO, 2007, p. 101-125).

O despreparo brasileiro para a guerra, a pressão e campanha dos voluntários da pátria, muitas vezes convocados à força, o cansaço de um conflito que parecera de curta duração mas que se prolongava sem lógica, além de representar um desgaste para o governo e para o monarca, serviu de pano de fundo para muitas das notas e caricaturas das revistas ilustradas, que começavam cada vez a ganhar espaço maior entre o leitorado.

Terminada a guerra, em 1870, com a captura e morte de Solano López, o imperador, envelhecido aos 45 anos, faz sua primeira viagem à Europa (1871). Nesse ano é promulgada a Lei do Ventre Livre. 1872 foi um ano bissexto e denso. Quando o bispo de Olinda ordena a expulsão dos maçons das irmandades católicas, dá início à crise religiosa que terminará com sua prisão e a do bispo do Pará, que seguira seu exemplo: como funcionário do governo, no regime do patronato, um bispo devia cumprir ordens. Mas o bispo de Olinda fazia coro a um movimento conservador da Igreja Católica, de defesa da supremacia do Direito eclesiástico sobre as leis civis (Pio IX chegou ao delírio de impor, ao Concílio Vaticano I, em 1870, o dogma da infalibilidade papal). A imprensa semanal ilustrada irá criar momentos divertidos ao retratar o Papa dando palmatória no Imperador (num dos mais famosos desenhos do português Raphael Bordallo Pinheiro), ridicularizará a publicação católica *O Apostolo,* e os frades voltam a ganhar espaço na pedra de Angelo Agostini.

Depois de uma década de calmaria, a de 1860, as epidemias voltam a atacar a corte. Cólera e febre amarela deixam um saldo de mais de 10.000 mortos em 1870. Só de febre amarela, entre dezembro de 1871 e março de 1872 morreram 3.128 pessoas. Os periódicos darão conta das medidas tomadas por João Alfredo Correia de Oliveira, ministro encarregado de obras que mudem a salubridade do Rio de Janeiro: é o início do discurso da higiene. Há farta temática para debater nos novos periódicos de caricatura.

O parque gráfico da capital do Império estava pronto para a empreitada: aos excelentes desenhistas, cronistas, ilustradores, tipógrafos e litógrafos que foram se formando nos anos anteriores vieram se juntar artistas estrangeiros, que tentavam a sorte nessa corte dos trópicos. Entre eles a dupla George Mathias Heaton, inglês, e Eduard Rensburg, holandês, que haviam chegado ao Brasil no final do ano de 1839, desembarcando no porto de Campos, onde ficaram uns seis meses.[1] Como descreve Orlando Ferreira, copiando do Arquivo Nacional, Polícia – Legitimações e passaportes:

> Heaton, litógrafo e pintor, tinha 36 anos, era solteiro, baixo, louro, olhos pardos, nariz, boca e barba regulares, rosto redondo, ia ficando calvo. Rensburg, desenhista e litógrafo, tinha apenas 23 anos, também era baixo e de olhos pardos, mas tinha cabelos escuros, nariz afilado, boca regular, pouca barba em rosto oval (FERREIRA, 1994, p. 376).

Instalados finalmente no Rio, criaram uma oficina em que desenhariam um importante capítulo da história das revistas, as "ilustradas". Em agosto de 1844, a casa litográfica de Heaton e Rensburg produzira a parte ilustrada da primeira

---

[1] Essa atração exercida pelo Rio não acontecia apenas entre litógrafos e desenhistas. O sonho de fazer fortuna prestando serviços na capital do Império era partilhado por modistas, cabeleireiros, práticos, médicos, músicos, como atestam os anúncios publicados no *Almanak Laemmert* ou como se deduz de algumas das histórias do amoroso relato escrito/desenhado por Debret, três anos após seu retorno à França. Basta conferir a história dos cabeleireiros Catilino e Desmarets e do dentista de S. M. I., que fizeram fortuna em poucos anos no Rio, conforme ele conta em "Loja de barbeiros", prancha 12. Debret, Jean Baptiste: *Viagem pitoresca e histórica ao Brasil*. São Paulo: Círculo do Livro, s.d.

publicação brasileira com caricaturas, *A Lanterna Mágica* (ver no capítulo 3, "A atração da imagem, cultura visual: *A Lanterna Mágica"),* de Araújo Porto-alegre. Se bem que a publicação tinha o texto impresso na Typographia Francesa ou na Typographia de Berthe & Haring, as caricaturas elaboradas por Rafael Mendes de Carvalho eram gravadas e litografadas pela oficina de Heaton & Rensburg. Outras publicações saíram das pedras desenhadas pela dupla: a revista de música *O Ramalhete de Damas* (1842 a 1850) e a já citada *Illustração Brasileira* (1854 a 1855). O prestígio alcançado pela empresa pode ser medido pelo fato de que foram distinguidos, em 1851, com o título de litógrafos oficiais da corte, passando a oficina a se chamar Litographia da Casa Imperial (FERREIRA, 1994, p. 378-380).

Em 1854 a sociedade se desfez e em 1862 o holandês Eduard Rensburg criou a Typographia do Bazar Volante, que produzirá a série de revistas *Bazar Volante,* de 1863 a 1867, e que em 1867 muda de nome para *O Arlequim.* Em sua primeira fase, também *A Vida Fluminense* (1868 a 1875) sairá de suas oficinas. Sendo que, nestas duas últimas publicações, já contará com a parceria do *crayon* de Angelo Agostini, que chegara de São Paulo.

Outra tradicional oficina litográfica, a Brito & Braga, ativa desde 1848, também se destacou nesse período, produzindo trabalhos de qualidade, como as edições das ilustradas como *O Mequetrefe, Pena e Lápis* e, em parte, a *Revista Illustrada,* de Angelo Agostini. Mas já é hora de analisar alguns exemplares desses periódicos que se consolidaram na segunda metade da década de 1860.

DO *BAZAR VOLANTE* AO *ARLEQUIM*. AGOSTINI CHEGA AO RIO

Quando em 1854 seu sócio inglês George Mathias Heaton desfez a sociedade, voltando para a Europa, o holandês Eduard Rensburg continuou a realizar sozinho o trabalho, executando serviços avulsos e litografando e desenhando para terceiros. Eram partituras de música para encarte como brinde em periódicos ou venda avulsa, mapas, atlas, além de imagens para impressos em geral. Dois anos depois executou a empreitada de publicar o alentado álbum *O Brasil Pitoresco e Monumental,* com 46 gravuras de autoria de outro holandês, Pieter Godfred Bertichen. Em 1860, saiu de suas pedras uma das obras-primas da cartografia brasileira, o *Atlas e*

Relatório Concernente à Exploração do Rio São Francisco, de Henrique Guilherme Fernando Halfeld (FERREIRA, 1994, p. 387).

Mas as encomendas de trabalhos, mesmo sendo altas, eram um tanto inconstantes para as dimensões de sua oficina, com um grupo de colaboradores quase fixos, que incluíram os pintores Louis Auguste Moreau e Alfred Martinet, ambos franceses. E de tanto haver trabalhado para terceiros na edição de periódicos resolveu encarar o desafio de ser ele também um editor, seguindo o caminho que fora aberto por outro dono de oficina, o alemão Henrique Fleiuss com sua bem-sucedida *Semana Illustrada.* Assim, Rensburg decidiu ter sua própria publicação, com um ritmo semanal de entrega. E em 27 de setembro de 1863 aparecia o primeiro número do *Bazar Volante,* semanário ilustrado de caricaturas que circulará até 1867, num total de 188 fascículos. Em suas páginas, contou com a colaboração de ilustradores como o francês Joseph Mill, artista que lecionava em liceus e em casas de famílias abastadas, e de Flumen Junius, este o pseudônimo de um grã-fino da corte, Ernesto de Souza Silva Rio.

O *Bazar Volante* segue a estrutura que a *Semana Illustrada* consagrou, em que as páginas 1, 4-5 e 8 são ilustradas com litografia, e as 2-3 e 6-7 são de texto impresso em tipografia (como já se explicou, na realidade uma lâmina impressa de um lado, litografada de outro, dobrada duas vezes, armadando a revista semanal padrão dessa segunda metade do século XIX: os jornais diários costumavam ter apenas 4 páginas).

O periódico entra em seu terceiro ano quando começa a Guerra do Paraguai – e a revista usará, em suas capas, muitos retratos de oficiais envolvidos no conflito, saídos da pedra de Joseph Mill. Como sugere o pesquisador Joaquim Marçal Ferreira de Andrade, "freqüentemente os rostos têm um tratamento marcadamente fotorrealista, o que nos deixa quase a certeza de ter havido, ali, farto uso dessas imagens, já que os retratos fotográficos de oficiais já eram muito comuns" (ANDRADE, 2004, p. 152). A revista, que contou entre seus redatores com o teatrólogo baiano Joaquim José da França Júnior, era quase completamente desenhada por Joseph Mill, segundo Herman Lima:

> Aparecendo no *Bazar Volante,* que lhe dá a direção artística, Joseph Mill publicou nessa revista inúmeras charges políticas, que se sobrepõem, em importância, às suas caricaturas de costumes. O trabalho litográfico é excelente, embora seu desenho, como aconteceria aliás até mesmo em

suas últimas composições publicadas no *Figaro*, seja duro e muitas vezes incorreto (LIMA, 1963, 2, p. 761).

Quatro anos depois, num período de transição, impressa pela Typographia do Arlequim, a revista passa a se chamar *O Arlequim*. Circulará de maio ao final de dezembro de 1867, contando com os desenhos de V. Mola, artista de que pouco se sabe, e de um caricaturista italiano que já havia deixado sua marca na então acanhada província de São Paulo, como se viu no capítulo anterior.

Em 1867, já no Rio de Janeiro, Agostini passou rapidamente pela revista *O Arlequim*, em seus números finais, estabelecendo-se com toda a experiência já adquirida na produção de *A Vida Fluminense*, acompanhando a revista até o número 97, de 6 de novembro de 1869.

Capa das semanais *Bazar Volante* (número 30, traço de Joseph Mill) e de *O Arlequim* (número 29, desenho de Angelo Agostini). As duas novas revistas criticam a *Semana Illustrada* (na primeira, a câmera vai para o Paraguai sem o fotógrafo, e o Senhor Semana diz que se não voltar, inventa-se a imagem; na segunda, o Arlequim pede ao ministro uma comenda para o bajulador Senhor Semana). Os novos atacam o periódico de sucesso, para marcar espaço.

O PALCO DA GUERRA NAS FOLHAS DE *A VIDA FLUMINENSE*

O periódico *A Vida Fluminense* se apresenta, no dia 4 de janeiro de 1868, como uma "folha joco-seria-illustrada" que dá continuação a *O Arlequim* – publicação do mesmo Eduard Rensburg. Numa declaração, o editor explica que, tendo reunido um núcleo de artistas e redatores, escolhidos entre os mais habilitados e distintos da corte, resolve aumentar o formato e número de páginas, mudando também o título, que passa a ser *A Vida Fluminense*. E acrescenta: "Publica revistas, caricaturas, retratos, modas, vistas, muzicas etc. etc." E emenda: assina-se Rua do Ouvidor 59, sobrado". Os preços são de 2$000 os quatro números de um mês, 5$000 o trimestre, 10$000 o semestre e 20$000 a assinatura anual. Para as províncias, há apenas a opção do semestre (11$000) ou anual (21$000). O número avulso custa 500 réis.[2] A folha, ainda na capa, alerta: "o pagamento é sempre adiantado". Surpreende, assim, pelo número não usual de páginas: em vez das 8 costumeiras, agora são 12, mas divididas em 50% imagem e 50% texto. Adota o sistema de numeração crescente ou contínua.

A capa do primeiro número vem assinada por V. Mola, que havia dividido com Agostini os desenhos de *O Arlequim*. Abusa de um estilo florido, com as letras de *A Vida Fluminense* imitando trepadeiras, que reaparecerá depois em alguns trabalhos de Bordallo Pinheiro. Mas o fato é que a novidade jogou a favor. No número 8, de 22 de fevereiro, na segunda página (na numeração progressiva, é página 86), o redator diz:

> A grande procura que tem tido os sete primeiros numeros de *Vida Fluminense* obrigarão-nos a reimprimil-os. Infelizmente a reimpressão, se bem que feita em grande escala, não pode satisfazer todos os pedidos que nos forão dirigidos. Hoje que algumas pedras que continhão os desenhos já não existem, vão ser novamente desenhadas. Em quanto não

---

2   O preço é considerado caro por Délio Freire dos Santos em seu estudo sobre o *Cabrião*: equivale a um jantar ou à diária de um hotel em São Paulo na época. Mas é exatamente o que cobrará o *Mequetrefe* e o que vem cobrando a *Semana Illustrada* desde 1860, ou seja, o preço padrão de uma semanal ilustrada. Como visto no capítulo anterior, seria o preço de um almoço, segundo Lilia Schwarcz.

ficarem promptas não podemos aceitar assignaturas senão do mez de Fevereiro em diante (PR SOR 2154).

É provável que a revista tenha sido mesmo um sucesso. O tom crítico, que denuncia de algum modo a visão inquieta de Agostini, permeia o texto e as caricaturas. É possível imaginar o clima de troca de ideias com que a revista ia sendo produzida, a partir dos fatos da rua, das leituras dos jornais (o *Correio Mercantil* é várias vezes citado nos comentários de fundo com que a revista abre cada número).[3] As indecisões do parlamentarismo do Império, as velhacarias do Legislativo e o comportamento que já naqueles dias os congressistas exibiam são o tema corrente do periódico.

Sem dúvida, a foto do italiano Hector Moneta, mostrada no número 3, ao lado de suas vítimas, deve ter produzido impacto: ele havia assassinado sua namorada Genoveva Cuyás, de 20 anos, ferindo gravemente sua mãe Joanna Cuyás e as irmãs Leonor (18) e Carolina (14) Cuyás. Um crime passional. Na imagem, Moneta está no centro da página, tendo as quatro mulheres ocupando os cantos, num desenho baseado em fotografia. Também a biografia do Barão de Mauá, Irineu Evangelista de Sousa, deve ter sido motivo de boa venda do número 4. E, sobrepondo-se às miudezas do dia a dia, paira a preocupação com a Guerra do Paraguai, que deveria ter acabado no primeiro ano, mas que se prolonga, seja pela insistência de Solano López em aderir a uma espécie de tática de guerrilha, num jogo de esconde-esconde, seja pela persistência de Pedro II, em querer aprisioná-lo, sem acordos, numa espécie de ideia fixa (CARVALHO, 2007, p. 101-125). Ilustra bem essa sanha a caricatura publicada no número 15 de *A Vida Fluminense* (página 178): "Onde está López". Em volta de uma mesa, seis militares (o primeiro da direita lembra o perfil

---

3   Muitos anos depois, na edição de 27 de janeiro de 1900 de seu *Don Quixote,* Angelo Agostini, ao homenagear o recém-falecido Américo de Campos, seu parceiro dos tempos do *Cabrião,* descreverá o que era seu ambiente de trabalho: "Empreendemos um tipo de publicação então pouco conhecido e que não deixava de ser um tanto arriscada. Era nosso companheiro também o dr. Antonio Manoel dos Reis, boa pessoa, um tanto carola e que acabou por deixar a redação depois de algumas discussões calorosas comigo, por eu andar pintando uns padres no jornal e o S. Pedro com cachimbo na boca, o que muito divertia o Américo, que tomava barrigadas de risos" (citado por MARINGONI, 2011, p. 64). Ou seja, Agostini devia ser um trabalhador tagarela que envolvia todos no trabalho e se envolvia no trabalho de todos, palpitando e dando a tônica à publicação. Mesmo não escrevendo de próprio punho todos os textos, eles tinham a sua mão.

do Caxias), olham o mapa do Paraguai, cada um com um binóculo, e a legenda entrega: "Onde estará López?! Onde estará López?!! Onde estará López?!!!"

O editorial do dia 25 de abril de 1868 de *A Vida Fluminense* é claro:

> A todo momento esperam-se noticias importantes do theatro da guerra. A população nacional e estrangeira da capital do Imperio prepara-se para festejar dignamente o termo da lucta em que ha tanto tempo nos vemos empenhados. Por toda parte correm subscripções, agenciando donativos de diversos quarteirões da cidade e dos arrabaldes. A provincia do Rio de Janeiro, seguindo o exemplo do municipio neutro, confiou a commis-sões patrioticas, compostas das pessoas mais gradas de cada localidade, a tarefa de dirigir os festivos aprestos. [...] Breve em todo o Brasil, desde o Amazonas até o Prata, se ouvirá um côro solemne, um brado unissono de enthusiasmo e de prazer. Além das festas que as commissões patrio-ticas preparam, muitos particulares tencionam fazer a espensas suas, nas frentes de suas moradas, brilhantes illuminações, onde refulgirão, entre mulheres de luzes, flôres e bandeiras, os nomes dos heróes e as datas dos grandes feitos (PR SOR 2154, p. 196).

No entusiasmo, provavelmente o redator esqueceu que a Cisplatina já não era bra-sileira desde 1828. Mas dá serviço, lembrando que muitos leitores já se haviam esque-cido dos principais lances dessa guerra que iniciara três anos antes, diz: "Entendemos por isso prestar um pequeno serviço aos nossos assignantes publicando as datas mais memoraveis da guerra actual". E enumera as datas das principais batalhas, começan-do pela Tomada de Paysandu, em 2 de janeiro de 1865, passando pela Batalha do Riachuelo, em 11 de junho do mesmo ano, o Ataque de Curupaity, em 23 de setembro de 1867, a Passagem de Humaitá, em 19 de fevereiro de 1868, e finalmente a "ocupação do quadrilátero e a fuga de López", em 21 de março. Esse fato mais recente alimentava as esperanças de tantas comemorações pelo final dessa agoniante guerra. Que, sabe-mos, só terminará daí a dois anos, com a morte de López, em 1º de março de 1870.

A página seguinte, desse mesmo número 17, traz os dados biográficos do capi-tão de fragata Justino de Macedo Coimbra: ferido na Batalha de Riachuelo, volta ao Rio em situação delicada, é condecorado com a Ordem do Cruzeiro, se restabe-lece e insiste em voltar ao "theatro da guerra", o que faz no comando do couraçado *Silvado*. Na passagem de Curupaity levou no reboque o navio *Tamandaré*, avariado pelo ataque inimigo, salvando com sua ação, entre outros, o capitão de mar e guerra Elisiario Barbosa. Vitimado de uma febre paludosa, recusou-se a ser recolhido a Corrientes para medicar-se, para não deixar de tomar parte na passagem de Humaitá. Mas foi em vão. Justino morreu em plena batalha, vítima da febre.

Mas o tema da guerra perpassa a pauta das edições anteriores: a capa do número 10 era composta com o retrato do capitão tenente Arthur Silveira da Motta, de Joaquim A. Cordovil Maurity e do chefe de Divisão Delphim Carlos de Carvalho, heróis da passagem de Humaitá. O número 11 de *A Vida Fluminense* vem com um pedido de desculpas pelo atraso na entrega: foi exatamente devido à lâmina ilustrada com a cena da Passagem de Humaitá.

A partir do número 18, de 2 de maio de 1868, a capa muda o visual e passa a ter notavelmente a autoria de Agostini: os elementos estão mais organizados, há um cabeçalho no alto, com o título da revista.

São inúmeras as capas e as duplas centrais de imagem que retomam o tema do conflito. No número 33, de 15 de agosto de 1868, um "pôster" central traz o General Marquês de Caxias e o General Visconde do Herval. Na semana seguinte, a dupla central é ocupada pela divisão de esquadra passando em frente das baterias de Tebiguary. No número 35, de 29 de agosto, a capa é ocupada pelo capitão tenente F. Etchebarne, "segundo um retrato photographico que nos foi obsequiosamente offerecido pelo nosso amigo capitão de fragata A. Silveira da Motta". O desenho é também de Angelo Agostini, num de seus melhores momentos: o capitão é retratado com olhar firme, impecavelmente barbeado e vestido, e mostra o braço mutilado em meio a faixas em uma tipoia: é fácil imaginar o impacto dessa imagem perante o leitorado.

Vida Fluminense critica a *Semana Illustrada*

A revista segue o que foi o padrão até agora: a um texto questionador na abertura (sempre na segunda página) seguem notas curtas. Depois, um texto leve, de ficção seriada (continua por diversos números), como pode ser o "Um passeio no jardim", muitas vezes assinado por pseudônimo ou sem assinatura, como é o caso deste exemplo. Beijos furtivos, silêncio de túmulos recheiam essas narrativas picarescas, num estilo que faz lembrar um pouco o teatro de *vaudeville*. A seguir, alguma charada ou enigma, e um texto de crítica ou de comentário de teatro: as peças em cartaz ou em produção no Teatro Alcazar, no Lyrico ou no Pedro II. No número de 15 de abril de 1868, por exemplo, anuncia-se a apresentação da jovem soprano Elisa Persini, de apenas 18 anos. *A Grande Duchesse,* de Offenbach, está em reprise na cidade: "ha noutes em que o Alcazar mais se assemelha a uma caixa de sardinhas de Nantes do que a uma sala de theatro". Redator chique: usa na metáfora lata de sardinhas de Nantes...

A nota dialoga com a página de caricaturas no miolo da revista: desenhadas por Agostini, mostra como se canta em italiano, alemão, francês e em brasileiro.

Em 25 de abril desse mesmo ano de 1868, na seção de enigmas e textos de trocadilhos, se lê algo aparentemente inocente:

> Meu tio *Domingos* acaba de instruir-me herdeiro de sua *terça*, que consiste em uma pequena *quinta* lá para *segunda-feira;* ponho a fatiota na *cesta* que comprei ao Manoel da Pedreira, e munido de uma *quarta* de sal, do

fino e allemão, lhe offereço ao *sabbado* o producto desta *semana*. Não será *illustrada* com plagios e propinas, terá sómente o merito da simplicidade e da boa vontade com que é offerecida. Acceita? (PR SOR 2154, p. 197).

Há, além da brincadeira com os dias da semana, uma crítica à consolidada e prestigiada revista *Semana Illustrada*, de Henrique Fleiuss, que segue em seu oitavo ano de sólida existência e prestígio, mas começa a ser cada vez mais alvo de críticas. Plágios e propinas é mesmo algo intencional para deixar alguma insinuação no ar: Fleiuss copiaria de periódicos europeus a que tinha acesso muitas das ideias e desenhos de sua publicação.

Essa crítica retorna no número 27, de 4 de julho de 1868, num desenho de página dupla, com a brincadeira de "Os supplementos para crianças". O pai de família, bem vestido, barba e bigode apurados, lê um encarte de periódico, sendo observado pela esposa. Três crianças, sentadas no chão, se divertem e fazem chapéu com supostos "suplementos da *Semana Illustrada*". Na legenda se lê: "Conhecendo que já não póde mais agradar á gente sensata, contenta-se a *Semana Illustrada* em divertir os meninos".

A VIDA FLUMINENSE

OS SUPPLEMENTOS PARA CRIANÇAS

Conhecendo que já não póde mais agradar á gente sensata, contenta-se a *Semana Illustrada* em divertir os meninos.

Vida Fluminense inicia "As aventuras de Nho-quim"

Na edição 57, de 30 de janeiro de 1869, Angelo Agostini publica o primeiro capítulo de uma série que o colocará num outro patamar da história das artes gráficas. *As Aventuras de "Nhô Quim", ou impressões de uma viagem á Corte* foi pensada mesmo como uma espécie de folhetim gráfico, tanto que na linha fina abaixo do título o autor acrescentou: "História em muitos capítulos". É a estreia do "repórter do lápis" na história em quadrinhos e sua primeira incursão com um personagem fixo – narra as peripécias de um caipira mineiro perdido na capital do Império. A narrativa se desenvolve em uma série de situações engraçadas, sempre em torno desse enfoque, mas com um "capítulo" completo em si, apesar do gancho do "continua", no quadrinho final.

Logo na abertura, o desenhista apresenta seu personagem, num texto.

> Capítulo I (De Minas ao Rio de Janeiro). Nhô Quim, joven de 20 annos, filho unico de gente rica porém honrada, namora-se de Sinhá Rosa, moça virtuosa, mas que... de louça nem um pires. O velho Quim, tendo só em vista a felicidade do *pequeno,* entende que mulher sem dinheiro é asneira; e por isso em logar de mandar o filho plantar batatas (o que seria muito proveitoso na roça), resolve-o a dar um passeio á Côrte para distrahil-o (PR SOR 2154, p. 728-729).

Está dada a largada, e serão muitos episódios, numa proposta inovadora não apenas entre nós, mas em termos de artes gráficas em todo o mundo. Agostini busca novas linguagens e narrativas visuais com a experimentação de angulação, que com o passar dos capítulos vai se enriquecendo. A coleção reunida pelo pesquisador Athos Eichler Cardoso[4] oferece a possibilidade de analisar o trabalho em conjunto, com seus ângulos surpreendentes, alguns "abissais", dessa primeira novela gráfica da história. Mas essa análise escapa do alcance desta pesquisa. Cumpre apenas res-

---

4   Angelo Agostini publicará, tempos depois, outra série, *As aventuras de Zé Caipora,* na *Revista Ilustrada,* de maneira não regular de 1883 até 1886, retomadas depois no *Don Quixote,* com maior regularidade. A série terá continuidade em *O Malho.* Todas elas foram reunidas em *As Aventuras de Nhô-Quim & Zé Caipora: os primeiros quadrinhos brasileiros 1869-1883.* Essa seleção completa é resultado de oito anos de pesquisa e tratamento de imagens realizados por Athos Eichler Cardoso. O livro foi impresso pelo Senado Federal em 2002.

saltar que os leitores desse primeiro capítulo, mesmo não tendo essa visão conjunta *a posteriori*, terão se admirado com o primoroso trabalho de confecção do cenário de fundo, algo inovador na época.

O capítulo 1 dessas aventuras apresenta 20 quadros, em três camadas ou filas horizontais. Na primeira, formada por 5 quadros, Nhô Quim se despede da família. Abraçado ao pai e à mãe, tem ao fundo duas moçoilas com a mão nos olhos de choro. Dois guris, negrinhos, também choram. Outro negro, de cartola, segura o cavalo e acompanha a cena. No segundo quadro, Nhô Quim a cavalo, seguido do negro de cartola montado num jegue, abana o chapéu num último adeus. No terceiro e quarto quadros, os três dias de longa jornada na companhia do escravo, que agora é apresentado: o fiel Benedicto. A fileira termina com o quinto quadro: a chegada à estação de trem.

A segunda fileira é compacta: 8 quadros, de tamanho menor. Nhô Quim se benze, entra no vagão, cumprimenta educado um passageiro, senta-se, tira um queijo de Minas que trazia escondido na bota, e oferece, para espanto desse passageiro a seu lado. Coloca-se na janela para observar o movimento e seu chapéu é levado pelo vento. Nhô Quim grita para o maquinista que "puxe a rédea da machina". Em desespero, é impedido pelo passageiro de se atirar pela janela. Nhô Quim lhe explica a importância do chapéu: presente do pai, fita da namorada.

A terceira e última fileira tem 7 quadros: a conversa é interrompida pela passagem em um túnel (quadro negro), saído da escuridão, Nhô Quim que pensara haver morrido, reza por estar vivo. O trem pára, Nhô Quim desce para tomar um café, se queima por estar quente. Paga e espera o troco, mas acaba perdendo o trem, que se foi da estação levando a bordo seu pajem Benedicto. Sai em desabalada, pedindo ao maquinista que puxe as rédeas...

A história continuará – dentro de duas semanas, alternando, como se disse. Mas a curiosidade foi espicaçada.

Esse trabalho chama atenção, mais além do ineditismo de uma história em quadrinho seriada, pelos achados de Agostini. O quadrinho que mostra a passagem do trem pelo túnel é um primor. Como escreve Gilberto Maringoni de Oliveira:

> A escuridão vem de surpresa, num registro impressionista totalmente intuitivo para aquele rapaz de 26 anos que era Agostini. Numa época

em que a prosa alencariana derramava-se em descrições minuciosas de ambientes e paisagens, Agostini vai em sentido inverso, numa narrativa concisa (MARINGONI, 2006: 164).

As "aventuras" deviam demandar um tempo extra do desenhista, tanto que apareceram salteadas: após o número 57, reaparecem no 59, depois no 61, alternando semanas. A série se publica de 1869 a 1872 – sendo que há registro de que algumas delas foram finalizadas por Candido de Aragonez Faria (após a saída de Agostini),[5] que teve o cuidado de respeitar o estilo do criador.

Até os números finais de *A Vida Fluminense,* em dezembro de 1875, o periódico se envolverá com a polêmica de Chico Diabo na edição 139 (o soldado que teria assassinado Solano López, dando fim à guerra contra o Paraguai), dará capas a personagens, como fazendeiros notáveis (caso de José Pereira do Faro), secretários de Estado, escritores, tipos do Rio, o mascate italiano (número 138), e cada vez mais chefes militares, prenunciando a importância que terão no desenrolar da política nas décadas posteriores ao conflito contra o Paraguai até a proclamação da República. A encíclica papal e o início da Questão Religiosa foi outro tema: a revista esteve sempre antenada com seu tempo.

Nessa sua próxima fase Angelo Agostini estará em outra empreitada: *O Mosquito.* E *A Vida Fluminense* passa para o comando da pedra de outro grande mestre italiano, Luigi Borgomainerio, que chegara ao Brasil em fins de outubro de 1874, vindo de uma temporada na Argentina. Luiz, como passou a assinar, fez "sua primeira pedra" a 14 de novembro do mesmo ano, segundo depoimento de Joseph Mill, na *Figaro.* Considerado pelo conterrâneo Agostini como o "mais eminente artista que tem vindo ao Brasil", dele diz Herman Lima:

> Só a preciosa colaboração desse mestre do traço deformante, estendida de fins de 1874 a março de 1876 (quando a revista se transforma no *Figaro*)

---

5 Como anota Gilberto Maringoni em sua tese, o último desenho de Agostini em *A Vida Fluminense* foi uma quarta capa, na qual aparece Solano López demonizado como o "Nero do século XIX" (número 97, de 6 de novembro de 1869). Com o desenrolar da guerra, Agostini deixara de lado a visão crítica em relação à participação brasileira, exibida antes em *Diabo Coxo* e *Cabrião,* e adere ao maniqueísmo belicista. Nesse desenho, aparentemente a violência apenas parte do lado paraguaio (MARINGONI, 2006, p. 84).

bastaria para dar-lhe um lugar de relevo imperecível entre as nossas publicações do gênero. Seus números de 1875, quando exclusivamente ilustrada por Borgomainerio, mostram realmente um artista que seria grande em qualquer lugar do mundo, pela força de sua concepção originalíssima e pelo vigor de sua execução não menos pessoal (LIMA, 1963, p. 1-101).

Borgomainerio encerra com chave de ouro os números finais de *A Vida Fluminense* – que fecha as portas no número 417, em dezembro de 1875, para dar lugar a um novo projeto, *O Figaro*, como se verá a seguir, no capítulo 6. Foram oito longos anos de uma trajetória que deixou lastro.

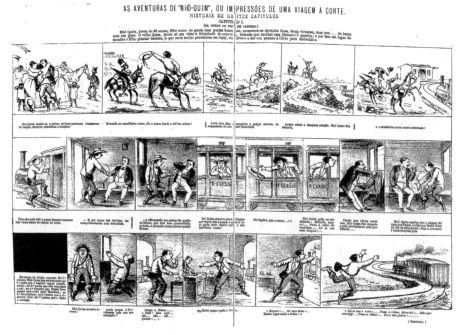

Na edição 57 de *Vida Fluminense* (30 de janeiro de 1869), Agostini publica o primeiro capítulo de *As Aventuras de "Nhô Quim", ou impressões de uma viagem á Corte*, um marco nas artes gráficas. É a estreia do "repórter do lápis" na história em quadrinhos e sua primeira incursão com um personagem fixo – narrando as peripécias de um caipira mineiro perdido na capital do Império. A narrativa se desenvolve em uma série de situações engraçadas, mas com um "capítulo" completo, apesar do gancho do "continua", no quadrinho final.

AS DIVERTIDAS FERROADAS DE *O MOSQUITO*

A minuciosa pesquisa realizada por Orlando da Costa Ferreira e publicada no livro *Imagem e Letra* não menciona uma única vez a oficina tipográfica Fluminense de Domingos Luiz dos Santos, mas ela é coautora de algumas pequenas pérolas entre as revistas cariocas. A primeira delas é *A Pacotilha do Tio Ignacio das Merces: jornal de pitadas, carapucas, novidades e litteratura,* semanário de propriedade de Matheus de Oliveira Borges Filho e J. M. C. Tupinambá, que circulou na corte ao longo de 1866, completando 32 números. Durante breve período foi impressa pela Typographia e Lytographia Econômica. A partir do número 18 abrevia o nome para *A Pacotilha,* que usa até 18 de novembro. Na semana seguinte, novamente resultado da associação entre o tipógrafo Domingos Luiz dos Santos e Matheus de Oliveira Borges Filho, o jornal reaparece com o título de *O Pandokeu,* e circula até 10 de março de 1867 (do número 33 ao 48). Nesses semanários iniciou carreira um dos maiores ilustradores brasileiros do século XIX, Candido Aragonez Faria. De traço ainda indeciso, desenho tosco, Faria repetirá, de alguma forma, o longo aprendizado que havia sido realizado por Agostini em sua etapa paulista.

Mas *O Mosquito* foi o grande sucesso da Typographia Fluminense de Domingos Luiz dos Santos. Chegou ao público em 19 de setembro de 1869, apenas um ano depois de ser lançada *A Vida Fluminense,* e como ela também terá vida longa: os mesmos oito anos, completando apenas um exemplar a menos: fechará no número 416, em maio de 1877. A publicação da Typographia de Domingos Luiz dos Santos, semanal, provavelmente terá buscado inspiração na similar portenha[6] e passará por diversas fases: das 8 tradicionais páginas chegará, num período de maré baixa, a circular com apenas 4. Teve em suas edições, em diferentes fases, o traço de alguns dos maiores ilustradores da época: no início, Candido Aragonez Faria (proprietário do jornal até maio de 1871) e Pinheiro Guimarães, a seguir, Angelo Agostini e, finalmente, o português Raphael Bordallo Pinheiro.

O Mosquito na primeira dentição: Candido Faria

A capa do número 1 de *O Mosquito* é modesta: um desenho de Candido Aragonez Faria mostra um homem mosquito, de pequenas asas, sobrevoando os telhados e casarios do Rio. Traz na mão esquerda uma folha onde se lê "Programa" – e a direita empunha um *crayon*: o instrumento com que os litógrafos desenhavam a pedra. A legenda esclarece: "Caindo sobre a cidade, não terei comtemplação, moças, rapazes e velhos, arredem que vae ferrão". Ou seja, o jornal promete cutucar com suas críticas e comentários satíricos.

No alto, o cabeçalho com o logotipo *O Mosquito* traz na linha fina: "Jornal caricato e critico". Sob a linha fina, os preços: na corte, assinatura anual sai por 16$000, semestral, 9$000, trimestral, 5$000. Valores que sobem para 20$000, 11$000 e 6$000 nas províncias. O exemplar avulso segue o preço de mercado para as publicações ilustradas: $500.

---

6   Há muita coincidência, nos títulos das ilustradas desse período, entre publicações brasileiras e argentinas, como foi o caso do *Museo Universal* daqui com o *Museo Americano* de lá. *El Mosquito, Don Quijote, Caras y Caretas* e *La Bruja* são apenas alguns exemplos. O *El Mosquito* argentino começou a circular em 24 de maio de 1863, seis anos antes que seu homônimo carioca (cf. CAVALARO, 1996, p. 90-101). A rigor a tradução de *El Mosquito* deveria ter sido Pernilongo.

O editorial, datado de 16 de setembro de 1869 (não há data de publicação na capa) apresenta o programa:

> Eis mais um jornal, supplicando um lugar entre aquelles, que se atiram n'um mar de conjecturas, e que, sem a menor certeza do futuro, que os espera, deixam-se levar pelas ondas da publicidade, sujeitando-se, muitas vezes, a um naufragio, por causa da calmaria do publico, que não os quer proteger. Esperamos em Deus que isso não succederá ao Mosquito, por causa da innocencia com que se apresenta, pedindo, unicamente, uma gota de sangue de cada leitor (PR SOR 02147-1:2).

Não é, digamos, uma abertura alentadora: do ponto de vista do estilo de texto, o redator mostra certo descontrole das vírgulas, menciona naufrágio. Mas há sabor, e na continuação melhora: diz que *O Mosquito* não tem grandes pretensões. Inseto pequenino, espertinho, com doce voz de soprano, é próprio para qualquer hora da noite, em que o leitor não tiver sono. Promete ferroadas políticas, teatrais e literárias, promete não fazer mal a moças, crianças, velhos e flores. Assinantes e boa acolhida: é só o que deseja. O número é recheado com notas curtas, com as prometidas ferroadas, e desenhos de Flumen Junius, Faria e Pinheiro Guimarães.

Em seu primeiro ano de vida, *O Mosquito* registra várias mudanças de endereço: da Rua do Ouvidor, n° 46 vai, na edição 17, para a Rua da Assembleia, n° 67, e no número 32 já se encontra na Rua do Ourives, n° 45. Na edição 48, de 14 de agosto de 1870, avisa que Flumen Junius passa a ser do *staff*, embora o desenhista já tivesse ilustrado números anteriores (foi dele a imagem da capa do número 47). Na semana seguinte, o próprio Flumen (como já se disse, pseudônimo do gentleman Ernesto de Souza Silva Rio) escreve agradecendo a menção. As capas vão mudando, no mencionado número 47 há o uso de um *lettering* mais pesado, de aspecto gótico. A legenda: "jornal caricato e crítico", embaixo do título, muda para "jornal caricato e illustrado".

Nos dois primeiros anos, a publicação traz nas capas desenhos de humor abordando comportamento: a vaidade das moças, os erros da fala caipira, relação marido e mulher. Na capa do número 5, por exemplo, uma moça com saia balão se olha no espelho e diz "As moda de hoje é muito mais miór que as outra, tambem os sapato de sarto arto é mais bem bonito que os outro". A parceira de caricatura emenda: "Sarto arto! Falla mió, tapaiona".

Na capa do número 18, a mulher toda produzida fala para o homem, sentado na cadeira: "Então, Anastacio não sahes comigo?" O marido retruca: "Ora esta!, pois tu não sabes que gastei o meu ordenado neste teu luxo exagerado? Sae pois só, porque eu não tenho roupa para sahir".

Já no número 47 a revista esboça um tema da política ou, digamos, social: dois homens, um gordo e próspero, outro fino como um palito, conversam em uma drogaria ao lado de uma pilha de caixas onde se lê "pirolas catharticas de Ayer para o Brazil". A legenda: Questão do dia por Flumen Junius. O diálogo: "By Gingo! Mr. Ayer! Porque você manda tanta pirola cathartica ao Brasil?" "Oh, você não sabe que o Brasil agora não trata senão do ventre livre?".[7]

Mesmo as páginas de caricatura não têm rebuscamento e muita inventividade. Fiquemos em dois exemplos: "um pânico", por Flumen Junius, publicado no número 49, de 21 de agosto de 1870. São 4 tiras horizontais em que um grupo de seis homens e mulheres, um cachorro à frente, um gato atrás, se encaminham para a esquerda da página, onde aparentemente há um fantasma. Ao se darem conta, pânico (tira 2), o grupo cai ao chão (tira 3), o homem à frente puxa a roupa branca e diz: "não é nada… é um lençol". O desenho é bastante curioso e bem realizado, pena que o conteúdo seja tão ralo.

Há uma tentativa de crítica social na página "Uma procissão modelo", desenhada por Candido Aragonez Faria e publicada no número 41, de 25 de junho de 1870. Os desenhos são ainda um pouco toscos, a leitura difícil, e não acrescenta ou revela uma observação sagaz. Faria ainda está aprendendo.

A revista provavelmente passava por problemas de circulação ou credibilidade, num momento em que era grande a oferta de semanais ilustradas na corte. Na capa do número 53 (18 de setembro de 1870), coloca-se no frontispício: Proprietário C. A. Faria. Na edição 74, de 10 de fevereiro de 1871, Candido Aragonez Faria se queixa do Sr. Carlos Drick, "ex-agente de *O Mosquito* e actualmente encarregado de obter assignaturas para a *Comedia Social,* tem asseverado havermos suspendido a nossa publicação, sucedendo-nos aquella folha. […] Cumpre-nos, porem, declarar que o Mosquito goza d'uma saude de ferro e promete viver longos annos… se o publico permitir".

---

7   A Lei do Ventre Livre será promulgada dia 28 de setembro de 1871: sua tramitação devia ser um dos assuntos correntes daqueles dias.

Nesse seu terceiro ano a revista entra numa fase em que publica retratos na capa, abordando temas de política internacional, como os conflitos na Prússia. A partir do número 99 volta a mudar de logotipo. No número 103 reforça: "*O Mosquito* vai ocupar-se de política. Já se vê, política humorística, sem bandeira, sem compromissos, sem compradescos e sem rolha" (2 de setembro de 1871). É mesmo um tempo de mudanças, a maior delas sendo a ida de Faria para a *Vida Fluminense* e a vinda de Agostini para *O Mosquito,* numa troca. Flumen Junius ajudará Faria, ainda iniciante, na tarefa de ilustrar *A Vida Fluminense*. Mas a grande virada em *O Mosquito* se dará no número 121, de 30 de dezembro de 1871.

O número de lançamento de *O Mosquito*, criação de Candido Aragonez Faria (com seu autorretrato à direita).

O *Mosquito* aferroa com o *crayon* de Agostini

Capa renovada, data no cabeçalho, novo *layout* e... o conhecido desenho de Angelo Agostini. Vestido de gentil-homem cortesão, está postado ao lado de um cartaz promocional do *Correio do Brazil,* que promete sorteios de 500$000 a cada lote de 6 mil assinantes. A figura do gentil-homem, *crayon* ao fundo, desdobra um grande cartaz onde se lê:

> O Mosquito, ao povo soberano. Procurando sempre o caminho do progresso, O Mosquito aceita com verdadeiro enthusiasmo qualquer idea grandiosa e nova, venha ella d'onde vier. Seguirá, pois, o exemplo dado pelo novo collega *Correio do Brazil.* Esta trombeta da publicidade promete alem de muitas outras cousas boas, dez premios de 500$000 cada um sorteados pelos seus primeiros seis mil assignantes [...] (PR SOR: 02147-1).

O periódico promete, chegando à marca dos 6.000 assinantes, dar dez vezes mais prêmios que o *Correio do Brazil,* o que equivalia a ganhar dez assinaturas anuais cada um. Há um tom de blague na proposta e uma cutucada num "collega" que chega para dividir um terreno disputado. Mas é uma capa instigante. Na página 2 (com novo sistema de numeração, não sequencial), o aviso aos leitores: a partir de agora, o periódico tem sua parte ilustrada a cargo do Sr. Angelo Agostini, "artista bem conhecido do público, a quem a história de Nhô Quim proporcionou boas gargalhadas". Essa notícia agradável, diz o redator, serve de comemoração de boas festas (o dia seguinte seria o *réveillon* de 1871 e a entrada em 1872).

Nessa mesma página, chama atenção um comentário, "A poesia e o lar doméstico", sobre a poesia de Narcisa Amália, comparando-a a Jorge Sand (*sic*) e Mme. De Sévigné. Diz mais que isso: "Uma cousa podemos affirmar á fé de quem somos e é que estes dois nomes, Jorge Sand e de Sevigné, não valem aquelle – Narcisa Amalia".

O número seguinte, 121, de 6 de janeiro de 1872, marca a entrada no quarto ano da publicação. "As festas do Mosquito", título da capa, mostram o gentil-homem, *crayon* em punho, em meio a um cipoal de imagens. Um bispo com um báculo, um narigudo de cartola, uma moçoila em trajes festivos, um militar em pose de guarda, uma locomotiva com os dizeres Estrada de Ferro D. P. II, do outro lado um prédio escrito Câmara dos Deputados. Sobre um cavalinho de pau, um menino. Diz a legenda: "Isto sim! Tenho com que brincar durante o anno".

Na edição 124 o jornal promete que dará desconto de 20% aos assinantes que fizerem sua subscrição diretamente nos escritórios do periódico.

Na edição 134, de 6 de março de 1872, um belíssimo desenho em página dupla mostra Agostini em sua melhor forma: "Os festejos à chegada de SS.MM.II".[8] A rua da cidade toda embandeirada e em arcos, e o roça-roça da população, num mar de cartolas: vários batedores de carteira em ação. Alguém surrupia a carteira de uma dama, uma mão saída quase do nada leva o relógio de corrente do bolso de um gordo cidadão, crianças choram, há um empurra-empurra, na ponta direita um homem pede satisfação a outro que deve ter roçado em sua senhora. Agostini justifica plenamente as considerações que Herman Lima faz sobre sua passagem por essa folha:

> Agostini e Raphael Bordallo Pinheiro (vindo de Lisboa, em 1875, para ilustrá-lo), deixaram de sua passagem pelo *Mosquito* centenas de caricaturas do mais alto valor artístico e satírico, sendo impossível sequer enumerar as melhores, muitas delas verdadeiras obras-primas do gênero. Entretanto, não se pode deixar de citar pelo menos [...] a grande composição de Agostini, a propósito da visita de Mitre, que viera ao Brasil hipotecar os bons propósitos de seu país: o general argentino dando cordialmente um grande aperto de mão a D. Pedro, enquanto esconde atrás das costas, com a mão esquerda, uma grande garrucha, o mesmo fazendo o imperador brasileiro (LIMA, 1963, p. 1-104).

No final daquele ano bissexto de 1872, novamente o gentil-homem, em meio a presentes natalinos, caixas de bebidas, um barril de ácido prússico (presente dos colegas da *Vida Fluminense* e *Semana Illustrada)*, um piano, faz as despedidas: "Senhores assinantes, desejo-lhes boas festas, tão boas como as que recebi. Só falta-me receber a excomunhão maior para minha alegria ser completa, quanto ao mais, aproveito a ocasião para agradecer e... peço que me dispensem o discurso". No balanço que faz, na página 2 desse último número do ano (um de seus mais belos textos), a constatação: "Grande setenta e dois!"

---

8   D. Pedro, após a Guerra do Paraguai, faz sua primeira viagem à Europa (25 de maio de 1871 a 30 de marco de 1872). Ele custeia a viagem com seus próprios recursos (CARVALHO, 2007).

Capa de *O Mosquito* de 27 de julho de 1872 (um grande ano bissexto, segundo Agostini): Pedro II recebe o presidente argentino Bartolomé Mitre e ambos trocam palavras gentis (mas escondem atrás suas pistolas).

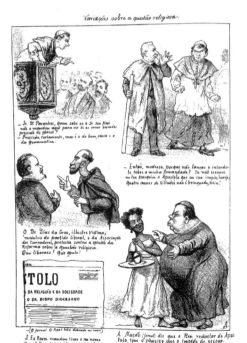

A comemoração da chegada do imperador após sua primeira viagem ao exterior: a ironia de Agostini ao apresentar um batedor de carteiras em primeiro plano (no alto). Ao lado, ironias antieclesiásticas: o destaque para o gorducho cônego José Gonçalves Ferreira, redator do semanário diocesano O *Apostolo* (que dobrado aparece como "tolo").

O *Mosquito* na terceira fase:
a pedra de Bordallo Pinheiro

Ao chegar ao final de seu sexto ano os negócios não iam muito bem para o proprietário de *O Mosquito*, Manuel Rodrigues Carneiro. Pode-se deduzir que a situação financeira do periódico periclitava: a revista, com uma carteira de apenas 500 assinantes, passa a ser editada com somente 4 páginas, sendo apenas as duas do miolo ilustradas. A página de capa se parece agora muito mais como um jornal diário, somente com texto. Angelo Agostini havia partido, para organizar nova parceria com Paul Robin e lançar uma nova revista – onde escreverá a melhor página de sua trajetória. Para tentar dar um novo rumo à publicação, Rodrigues Carneiro traz de Portugal o desenhista Raphael Augusto Bordallo Prostes Pinheiro, que chega ao Rio de Janeiro em agosto de 1875. Mas um mês antes, na edição de 4 de setembro, a revista já anunciava a chegada desse reforço. Com longa folha de serviços em Portugal e colaborações em publicações espanholas, Bordallo vinha com o desafio de substituir Angelo Agostini.

Mesmo assim, dispondo inicialmente apenas da dupla central, Bordallo Pinheiro consegue algumas pequenas obras-primas, como na edição 314, de 18 de setembro de 1875: numa imagem que se tornou clássica, D. Pedro II ocupa o centro da dupla, tendo atrás de si, em tamanho liliputiano, seus ministros (o Duque de Caxias, Diogo Velho, José Bento). Ao fundo, o redator do jornal católico *O Apostolo*, cônego José Gonçalves Ferreira, famoso por sua pança proeminente, reza com olhar beato voltado para o alto. D. Pedro dá a mão à palmatória que lhe aplica o ultramontano Pio IX. O papa, na mesma proporção da imagem do imperador, tem uma das pernas atolada num caixote podre, com ratos, onde se lê a palavra "Infalibilidade". A seus pés, em tamanho menor, os bispos de Olinda, Vital de Oliveira, e do Pará, Macedo Costa, sobrevoam o assustado ex-chefe de Gabinete, visconde do Rio Branco e o ex-ministro João Alfredo, caídos ao chão, atordoados. A página tem, no alto, o título "A Questão Religiosa" e embaixo a legenda: "Afinal... deu a mão à palmatória!".

Assim registra Herman Lima a fase da revista sob a direção do artista português:

> A partir de 1875, com a chegada de Bordallo, *O Mosquito* se enche de magníficas composições desse grande artista, no que é acompanhado uma vez ou outra por alguma página também do maior relevo artístico e satírico de autoria de Candido Faria, já no ponto mais alto de sua arte no traço cômico (LIMA, 1963, p. 1-106).

A REVISTA NO BRASIL DO SÉCULO XIX   289

Mesmo sem dispor de tantas páginas, o periódico vai dando seu recado: comenta a estreia do *Réquiem* de Verdi no Rio de Janeiro, divulga e menciona as atrações da vida da cidade. Em fevereiro de 1876, envolve-se, junto com Agostini e o cartunista Luigi Borgomainerio – ilustrador italiano que, vindo de uma temporada na Argentina, ficara a cargo de *A Vida Fluminense* e depois de *O Figaro* – na polêmica contra o *Jornal do Commercio*: os três haviam sido atacados em um editorial do jornal pelo fato de, sendo estrangeiros, tecerem críticas à realidade brasileira. As posições do velho jornal carioca, sobretudo na defesa dos bispos ultramontanos de Olinda e do Pará, levou a população a tachá-lo de "jornal suíno-clerical" (JELIN & TADDEI, 1996, p. 125).[9] É interessante ler trechos do editorial assinado pelo mestre português (12 de fevereiro de 1876), em sua defesa:

> Ao folhetinista do «Jornal do Commercio»
>
> Venho finalmente agradecer a V. Exc. as amabilidades com que me honrou no seu folhetim de 30 do preterito, e contestar a necessidade notada por V. Exc. de conselhos que não pedi, e menos auctorisados pelo meu procedimento. Desde logo ter-me-hia dirigido a V. Exc. se a enfermidade que acabo de debellar não me houvera contrariado os intuitos. V. Exc. deve saber perfeitamente a historia da caricatura; se lhe lembrasse agora o que ella tem sido até hoje e deve ser no futuro [...] Há cinco annos que trabalho na imprensa e, afora o *Mosquito*, tenho collaborado na *The Illustrated London News*, da qual fui correspondente effectivo durante a revolução hespanhola, *El mundo comico, Illustracion española y Americana, Illustración de Madrid, Univers illustré, Artes e Lettras, Binoculo, Lanterna Magica,*[10] etc., etc. Pois bem, de todos os meus desenhos dois apenas, publicados no *Mosquito*, poderão talvez, não sem algum trabalho preparatorio, ser premidos nas garras inexoráveis da terrível sentença de V. Exc. Esses mesmos, quando os não justificassem as manifestações da opinião publica, da qual não são mais que a expressão verdadeira e fiel, bastara para que me fosse alliviada a pena [...] V. Exc. leu, não só a conscienciosa carta do meu amigo e mestre o Sr. Luiz Borgomainerio, como também a do festejado e distincto artista o Sr. Angelo Agostini. Não pudera dizer melhor, nem tanto, quem lhe dirige estas linhas. E permita-me que chame de novo

---

9   A representação de padres, sobretudo do cônego Ferreira, editor de *O Apostolo*, com a imagem de um suíno é recorrente nas charges desse período, notadamente em Bordallo e Agostini.

10 Bordallo refere-se à publicação portuguesa de mesmo nome, criada em 1874, onde criou o personagem "Zé Povinho", e não à revista *Lanterna Mágica* de Manuel Araújo Porto-alegre.

a sua preciosa attenção para esses trabalhos, que subscrevo completamente. Medite-os e verá mais uma vez quanto foi leviana a condemnação em massa de todos nós, os caricaturistas estrangeiros (PR SOR 02147.4).

Semanas depois a folha noticia a morte de Luigi Borgomainerio, que sucumbira à febre amarela,[11] falecendo em consequência em 4 de março de 1876. Em 15 de abril noticia outra morte: a da revista *Semana Illustrada,* que fora a mais importante publicação na década anterior. O doutor Semana, a clássica figura que representava a publicação de Henrique Fleiuss, é mostrado no esquife, velado por uma plateia de intelectuais. A legenda da capa diz: "O Derradeiro adeus, por Bordallo Pinheiro". "Chorae leitores, chorae, que a Semana já morreu; Com a morte da Semana, toda graça se perdeu (música de Fadinho Chorado)".

No último ano da folha, Bordallo divide desenhos com Candido Aragonez Faria, a revista volta à estrutura de 8 páginas dos anos mais prósperos, introduz anúncios na última capa. Mas está com seus dias contados. Bordallo, já ambientado nos trópicos e com relações estabelecidas, partirá para novos projetos, criando suas próprias publicações. E *O Mosquito* fecha as portas em maio de 1877, ao bater a marca de 416 números.

O cônego gorducho também é alvo do lápis de Bordallo Pinheiro nessa "Chronica d'estes tempos".

---

11   Raphael Bordallo também foi atacado pela febre amarela, a enfermidade a que se refere no texto do editorial contra o redator do *Jornal do Commercio*, mas passou ileso pela doença.

Três momentos do trabalho de Raphael Bordallo: a dupla central em que o papa aplica a palmatória no imperador (Questão Religiosa); capa com o polêmico colunista Ferreira de Meneses, do *Jornal do Commercio*; e o velório do Dr. Semana.

AS *CHINOISERIES* DO *BA-TA-CLAN*

E AS DIABRURAS DO *MEPHISTOPHELES*

Outras duas revistas de curto fôlego deixaram sua marca nessa década e meia, pelo impacto de suas propostas: *Ba-ta-clan* (1867-1871) e *Mephistopheles* (1874-1875) – uma no começo do período que este capítulo busca ressencear e outra no final. Faremos uma rápida análise das duas.

Ba-ta-clan, humor francês sem sutileza

O Rio de Janeiro da metade do século XIX sofria forte influência francesa. Foi em Paris que o Marquês de Marialva, embaixador português, arregimentou o grupo de arquitetos, desenhistas e historiadores que vieram em 1816 criar a Academia de Belas-Artes do Rio de Janeiro, transformada na capital do Império português. Era de Paris que vinham as modistas que anunciavam seus préstimos nas páginas de "Notabilidades" (anúncios classificados) do *Almanak Laemmert*.

Da França vinham os figurinos das principais revistas de moda da corte. Falava-se francês na intimidade da casa real. Assim, foram muitas as publicações bilingues ou apenas em língua estrangeira, especialmente em francês, como já se comentou no capítulo 2, a propósito de *L'Écho de l'Amérique du Sud, Journal Politique, Commercial et Litteraire*. Essas publicações iam de um simples jornal noticioso a revistas literárias, como foi o caso de *L'Argus, Le Méssager, La Nouvelliste, Le Figaro Chroniqueur* ou o *Courrier de Rio de Janeiro*.

Mas nenhuma delas apresentou o vigor ou as ousadias de *Ba-ta-clan*, pela "espantosa desenvoltura com que sempre se manifestou contra o governo imperial e os estadistas brasileiros" (LIMA, 1963, p. 1-108). Dirigida por um francês, Charles Berry, a revista era impressa em grande formato (em seu período áureo, em 1869, chegou a 46 x 32 centímetros). Alternou fases em que circulava com 8 páginas, segundo o padrão da época, ou apenas 4. Mas sempre mostrava na capa uma caricatura colorida a mão, em geral retratos-charge de execução litográfica de alta qualidade, segundo atesta o historiador gráfico Herman Lima.

Os primeiros números da revista abordavam mais os personagens e as atrações culturais da corte, nomeadamente teatro e alguma apresentação musical – no caso, a ópera. Tanto que os personagens da capa ou eram literatos ou artistas de passagem para alguma apresentação nos teatros na corte – a revista dava preferência às atrações do Alcazar e aos tenores que ali faziam suas récitas. Com o passar dos números, no entanto, talvez estimulada pelas outras folhas semanais, o *Ba-ta-clan* migra para o comentário político, e ministros e outras personalidades do Império aos poucos ocupam o espaço antes dedicado quase apenas a tenores e sopranos. José de Alencar, o chefe de gabinete Zacarias Góis, Torres Homem, o Visconde de Rio Branco, o Duque de Caxias – o *who's who* do Segundo Império é mostrado nessa espécie de galeria da fama. Os meses (ou, melhor, anos) de expectativa pelo final da Guerra do Paraguai, que galvanizava as atenções, provavelmente impunham essa troca.

O *Ba-ta-clan* ironiza a figura de José de Alencar, ministro da Justiça (esquerda): "E dizer que um homem que usava tão habilmente a pena e a lira, cultivando belas flores no jardim das letras, deixou tudo para empunhar o machado de lenhador". À direita o Barão do Rio Branco. Desenhos de Alfred Michon.

Por suas páginas passaram diversos desenhistas em atividade no Rio dessa época: Joseph Mill, Corcovado, Pinheiro Guimarães. Mas foi Alfred Michon o de maior permanência. As charges de autoria de Michon, caricaturista francês importado pela publicação, "particularmente seus portraits-charges, são sempre admiráveis, com algumas cabeças magníficas, embora se ressintam, no conjunto, do velho vício da macrocefalia e do desajustamento de atitude do corpo e da posição da cabeça da figura, feita sempre à maneira de retrato" (LIMA, 1963, p. 1-110).

Numa de suas edições, número 21, de 19 de outubro de 1867, sob o título "Atualidade", *Ba-ta-clan* mostra um índio, que representa o Brasil, dirigindo-se ao mandatário argentino Mitre, que se acha empoleirado na proa de um navio de guerra, pescando com vara e anzol, enquanto o general brasileiro Joaquim Inácio descansa confortavelmente numa cadeira de campanha. Embaixo, o seguinte diálogo: Le Brésil: "Mais que faites vous donc là?" Mitre: "Moi?... rien". Joaquim Inácio: "Et moi, je lui aide" (Brasil: "O que você está fazendo?" Mitre: "Eu?... nada". Joaquim Inácio: "E eu estou dando uma mãozinha para ele").

> A malícia de que sempre se revestiu a revista baseia-se menos no desenho do que na legenda que acompanha os perfis, focalizando sempre os nossos homens públicos com a mesma sem-cerimônia, quando não com uma imprudência brutal. O visconde de Rio Branco, por exemplo, é assim apresentado, no número de 15 de agosto de 1868: "Autrefois libéral, il est conservateur. Le fait est très commun. Depuis longtemps j'observe que dès que le concombre a vu tombeur sa fleur, bien vite en un bocal on le met en conserve" (Antes um liberal, hoje é conservador. Fato corriqueiro: logo que o pepino perde sua flor, é rapidamente colocado em conserva) (LIMA, 1963, p. 1-110).

A revista, sempre segundo Herman Lima, fechou as portas com a falência da empresa – em parte porque os negócios do editor Charles Berry não iam bem como consequência da guerra franco-prussiana, em parte porque a publicação havia se transformado num noticioso que reproduzia boletins da guerra. Algo que, aparentemente, não interessaria ao público. Lima insiste no caráter insolente do editor e contrapõe que as outras ilustradas cariocas, *Vida Fluminense* à frente, frequentemente davam alfinetadas em Charles Berry: "São de fato inúmeras as charges, principalmente de Agostini, alusivas aos desaforos de *Ba-ta-clan,* e de seu dono, apresentado como um ridículo e pançudo mandarim ou como o *nec plus ultra* de todos os judas" (LIMA, 1963, p. I-III).

O meteórico Mephistopheles

Assim a revista, lançada em 27 de junho de 1874, apresenta seu programa: "Eu sou Mefistófeles, alma de Satã, coração de gelo. Tive alma de anjo, mas quis dominar, quis subir à força e caí. Conheço os meus iguais à distância. Aí andam eles por toda parte, nas igrejas, palácios, nos conventos e quartéis".

A revista publicada por Candido Aragonez Faria em associação com o impressor hamburguês Paulo Hildebrandt prometia tirar a máscara de seus iguais e mostrar que todos riem: "Se na igreja, em oração, recolhidos, arrependidos... tiro-lhes a máscara, verão que riem [...] Nos tribunais, nas praças, nas ruas, nos cemitérios [...] se julgam, se pedem, se choram, tiro-lhes a máscara, verão que riem".

João Paulo Hildebrandt montara, em 1872, a Nova Typographia de J. P. Hildebrandt, e se associa com o agora experiente desenhista Candido Aragonez Faria em uma de suas primeiras incursões pelo ramo editorial. Mais adiante, lançará títulos duradouros, como o *Mequetrefe, A Distracção* (1885-1887), ou efêmeros como *A Vespa* (1885, com apenas quatro números) e *Gryphus: revista litteraria, humorística e ilustrada* (1888, apenas oito números), mas não menos importantes do ponto de vista da qualidade gráfica (sobretudo esta última, e delas se falará no capítulo 7).

Essa *Mephistopheles* foi inteiramente desenhada por Faria, que conseguira finalmente espaço para mostrar o domínio técnico e talento que depois brilhará na longeva *Mequetrefe,* analisada no último item deste capítulo. Sobre esse momento da trajetória do que será o mais importante ilustrador brasileiro do século XIX escreve Herman Lima (justamente ao abordar as críticas e insinuações de plágio que Agostini, então à frente de *O Mosquito,* fazia ao jovem desenhista):

> A verdade é que Candido de Faria se impõe ao menos a partir de 1874, quando lançou o *Mefistófeles,* para depois ingressar n'*O Figaro,* como caricaturista de imensos recursos, não só na concepção de suas charges, como na execução de seus desenhos. O traço agora é duma firmeza sem vacilações, ao mesmo tempo vigoroso e elegante, seja no recorte das

cenas de interior, seja nos flagrantes de rua. Suas damas retratam muito bem a vida social do Segundo Reinado, com as suas pequenas comédias, as suas intrigas de salão e alcova, as pequenas misérias da vida conjugal sem novidade, aliás, desde a expulsão do Paraíso (LIMA, 1963, p. 2-814).

A publicação chega apenas ao número 72, quando é absorvida por *O Mosquito* a partir de novembro de 1875. Havia durado pouco mais de um ano, mas fora o suficiente para Faria se firmar como membro do primeiro time de ilustradores. Quando o periódico desaparece, é assim que o pessoal de *O Fígaro* – lançado em janeiro do ano seguinte, como continuação de *A Vida Fluminese* – se refere a ele: era o elenco de uma companhia lírica completa, em que Faria seria a prima-dona absoluta. Seguramente o elogio terá partido de Luigi Borgomainerio, outra estrela do primeiríssimo time da reportagem gráfica, sem os melindres que caracterizaram Agostini.

DE MINAS PARA A CORTE: A SAGA DE *O SEXO FEMININO*

Criada por uma combativa professora, provavelmente de escola secundária normal, no interior das Minas Gerais, uma publicação fará tanto sucesso que sua mentora se mudará, de "mala e cuia", para brilhar na corte: essa revista foi *O Sexo Feminino*. Iniciada por Francisca Senhorinha da Motta Diniz na cidade de Campanha, Minas Gerais, seu primeiro número apareceu num 7 de Setembro de 1873. Arrebanhando rapidamente um número de oitocentas assinaturas, algo notável para a época, o periódico não demorou a alcançar a corte, com boa circulação, e para lá a redação se transferiria dois anos depois.

Nascida em São João del Rei, Francisca era professora e sua atividade docente se revela nos textos da publicação, que produzia com a colaboração das filhas e de outras senhoras, inicialmente de Campanha, depois do Rio de Janeiro. Após alguns meses de interrupção, como se disse, a revista passou a ser publicada no Rio de Janeiro, a partir de 22 de julho de 1875.

A educação e o aprimoramento da mulher, assuntos que tinham sido os carros-chefe de *O Jornal das Senhoras*, voltam com força no periódico dessa empreendedora mineira. A ignorância, não o homem, era o inimigo contra quem a mulher deveria lutar. A ignorância fazia que ela desconhecesse seus direitos, tornando-a escrava e não companheira do homem, ensina a professora. Para Francisca Senhorinha, a mulher educada seria a solução para os problemas brasileiros – tudo se resolveria com sua efetiva participação na sociedade.

Essa professora foi pioneira em sua postura em favor do voto feminino. Quando, após a proclamação da República, o voto foi estendido a todos os homens alfabetizados, excluindo as mulheres, Francisca mudou o nome da publicação para *O Quinze de Novembro do Sexo Feminino*, trazendo uma coluna para a discussão sobre o voto e a participação da mulher na política.

> O próprio nome da publicação *[O Sexo Feminino]* mostra seu caráter mais comprometido. O tom das matérias demonstra esse espírito, como podemos ver em alguns trechos, publicados na matéria "O que queremos", de 25 de outubro de 1873: "Queremos a nossa emancipação, a regeneração dos costumes;/Queremos reaver nossos direitos perdidos;/ Queremos a educação verdadeira que não se nos tem dado a fim de

que possamos educar também nossos filhos;/Queremos instrução para conhecermos nossos direitos e dele usarmos em ocasião oportuna;/ Queremos conhecer os negócios de nosso casal, para bem administrá-los quando a isso formos obrigadas;/Queremos, enfim, saber o que fazemos, o porque, o pelo que das coisas;/Queremos ser companheiras de nossos maridos, não escravas;/Só o que não queremos é continuar a viver enganadas" (BUITONI, 1981, p. 23).

Vamos analisar o conteúdo de um de seus números.

O semanário tem formato um pouco menor que as revistas semanais atuais: 23 x 16 cm. Na parte de cima do cabeçalho, as informações: "Anno 1, Cidade de Campanha, 7 de Setembro de 1873. Num. 1". Segue um fio duplo, e o logotipo O SEXO FEMININO. A linha fina completa, ainda em maiúsculas: "Semanario dedicado aos interesses da mulher". A seguir, separado por um fio pequeno, três blocos: a) Assignaturas. Por ano... 5$000. Por semestre... 2$500. Publica-se 1 vez por semana. b) A epígrafe: "É pelo intermédio da mulher que a natureza escreve no coração do homem", Aimé Martins. c) "Observação. Toda correspondencia será dirigida á D. Francisca Senhorinha da Motta Diniz". O bloco do logotipo fecha com a linha: "Proprietaria e redactora – D. Francisca S. da M. Diniz – collaboradoras, diversas".

O primeiro número abre com um editorial: "A educação da mulher". Não traz assinatura, mas mostra a bandeira da publicação:

> Zombem muito embora os pessimistas do apparecimento de um novo orgão na imprensa. [...] *O Sexo Feminino* apparece, hade luctar, e luctar até morrer: morrerá talvez, mas sua morte será gloriosa e a posteridade julgará o perseguidor e o perseguido. O seculo XIX, seculo das luzes, não se findará sem que os homens se convenção de que mais da metade dos males que os opprimem é devida ao descuido, que elles tem tido da educação das mulheres, e ao falso supposto de pensarem que a mulher não passa de *um traste de casa*. [...] Em vez de paes de família mandarem ensinar suas filhas a coser, engomar, lavar, cosinhar, varrer a casa, etc., etc., mandem-lhes ensinar a ler, escrever, contar, grammatica da lingua nacional *perfeitamente*, e depois, *economia* e *medicina domestica*, a *puericultura*, a *litteratura* (ao menos a nacional e portugueza), a *philosophia*, a *historia*, a *geographia*, a *physica*, a *chimica* [...]; que estas meninas assim educadas não dirão quando moças estas tristes palavras: "Si meu pai,

minha mãi, meu irmão, meu marido morrerem o que será de mim!!" (PR SOR 00075 [1]).

Na semana seguinte, 14 de setembro de 1873, a editora volta à carga, com o editorial "Emancipação da mulher". "Já circula por ahi o primeiro numero do *Sexo Feminino*, periódico que se dedica a defesa dos direitos da mulher", diz ela na abertura. E reafirma sua fé na capacidade transformadora do aprendizado. "É à sciencia, não á espada que incumbe dicidir as mais complicadas desavenças humanas". Prepare-se o futuro pela educação e instrução do sexo frágil, brada.

Esse segundo número continua na segunda página com outro texto retórico: "A minhas patrícias" repete a constatação de que a mulher é um "joguete que o capricho de qualquer estoico coloca no canto da casa ou atira barbaramente à última escala social". "Instrução para o sexo feminino minhas caras patrícias! Não cessemos de pugnar e clamar até que completamente consigamos este desideratum!"

A seguir, um problema de aritmética, proposto pelas normalistas da escola de Campanha: perguntam a um aritmético que horas são, e ele responde que são ¾ dos 5/6 dos 7/12 dos 6/7 de 24 horas. Que horas são? Bom, a revista não dá a resposta.

A questão de gramática proposta pelas normalistas é saber se é correto escrever a preposição a com acento agudo estando ela anteposta a nomes masculinos e a infinitivos de verbos. "A dilucidação deste ponto virá corrigir muitos impressos e manuscriptos que descuidadosamente por ahi correm" – mas novamente a publicação não esclarece qual a resposta correta. Mas deixa entrever que a crase já era um problema há mais de 150 anos.

A educação da mulher volta a ser tema de outro artigo assinado anonimamente por "uma campanhense". A seção "Litteratura" discute se educação é o mesmo que instrução: "O homem instruído não é sempre o mais bem educado, assim como o homem bem educado pode ser o menos instruído", conclui a articulista Amélia Diniz, que pelo sobrenome pode ser uma das filhas da fundadora da publicação.

Segue-se a seção "Noticiário": refere-se aos debates parlamentares em favor de escolas públicas. A seguir, fala de mulheres que se formaram em medicina nos Estados Unidos, desejando que isso venha a ocorrer em breve no Brasil. Noticia a transferência do professor Zeferino Dias Ferraz da Luz para a aula prática anexa à escola normal. E comenta o aumento das matrículas na escola particular de instrução primária dos professores Chaves e Alvarenga.

A revista termina seu segundo número com uma nota sobre concurso para o magistério público primário em Campanha. E faz anúncio da peça em cinco atos "Luxo e Vaidade", a $500 o ingresso.

Em sua quarta edição a publicação critica o uso indiscriminado de expressões francesas ("É um erro contra a pureza da lingua, e consiste no desprezo das palavras portuguezas puras e proprias para substituir por palavras e phrases puramente francezas com affectação infeliz e pueril"), volta a colocar a leitura em elevado patamar ("as mulheres são no mundo moral o que as flores são no mundo physico. Deus também ensaiou fazer composições: a sua prosa é o homem, a sua poesia é a mulher").

No número 6, na última página, sob a rubrica "noticiario", se lê: "Aos nossos assignantes, uma grata noticia – Este periodico tem o indizível prazer de scientificar aos seus leitores que vai enumerar como collaboradora uma das pennas mais hábeis da côrte. A Exª. Srª. D. Narcisa Amália, poetisa distincta, litterata não vulgar, talento trancendental, está acima de qualquer elogio que a penna mais bem preparada possa tecer".

Esse periódico, de 4 páginas, era impresso na Typographia do Monarchista, em Campanha. Um jornal pequeno, de poucas páginas, mas denso e batalhador. Apenas texto, nenhuma gravura ou promessa de moldes ou partituras de música. E um discurso coeso. Não é difícil imaginar que Francisca Senhorinha da Motta Diniz escrevia de forma inflamada, convencida de sua missão de formadora mais além das salas de aula. E as leitoras, ao assinar a revista, sabiam que encontrariam notícias e argumentos a reforçar suas tentativas de mudar um pouco sua situação. Afinal, como dizia a professora ao final do editorial do primeiro número: não se preocupem os pais e os maridos de que suas filhas ou esposas se eduquem e instruam. Não se aflijam se elas não aprenderem a coser, lavar, engomar, cortar uma camisa. Pois a riqueza intelectual produzirá o dinheiro e com este se satisfarão as necessidades. O dinheiro, concluía ela, Deus o dá e o diabo pode tirar. Mas a sabedoria que Deus dá – o Diabo não a roubará.

Esse exemplo de uma revista gestada no interior de Minas Gerais e que, dado o sucesso, dois anos depois se transfere para a capital, para o Rio de Janeiro, mostra tempos novos com demandas novas. Outras revistas virão para atender ao crescente interesse feminino por publicações periódicas. No capítulo 7, último desta pesquisa, voltaremos a comentar sobre *A Estação* e *A Família,* de Josefina Álvares de Azevedo, e *A Mensageira,* de Presciliana Duarte de Almeida, publicada em São Paulo entre 1897 e 1900.

Anno 1.   Cidade da Campanha. 7 de Setembro de 1873,   Num. 1.

O SEXO FEMININO

SEMANARIO DEDICADO AOS INTERESSES DA MULHER.

Assignaturas.

Por anno. . . . . 5$000
Por semestre . . . 2$500
Publica-se 1 vez por semana.

« E' pelo intermedio da mulher que a natureza escreve no coração do homem »

(AIMÉ MARTIN.)

Observação.

Toda correspondencia será dirigida á D. Francisca Senhorinha da Motta Diniz.

PROPRIETARIA E REDACTORA—*D. FRANCISCA S. DA M. DINIZ.*—COLLABORADORAS, DIVERSAS.

O Sexo Feminino.

A educação da mulher.

Zombem muito embora os *pessimistas* do apparecimento de um novo orgão na imprensa—O *Sexo Feminino*; tapem os olhos os *indifferentes* para não verem a luz do progresso, que, qual pedra desprendida do rochedo alcantilado, rola violentamente sem poder ser impedida em seu curso ; rião os *curiosos* seu riso sardonico de reprovação á idéa que ora surge brilhante no horizonte da cidade da Campanha ; agourem bem ou mal o nascimento, vida e morte do *Sexo Feminino* ; persigão os *retrogrados* com seus diterios de chufa e mofa nossas conterraneas, chamando-as de *utopistas* : O *Sexo Feminino* apparece, hade luctar, e luctar até morrer : morrêrá talvez, mas sua morte será gloriosa e a posteridade julgará o perseguidor e o perseguido.

O seculo XIX, seculo das luzes, não se findará sem que os homens se convenção de que mais de metade dos males que os opprimem é devida ao descuido, que elles tem tido da educação das mulheres, e ao falso supposto de pensarem que a mulher não passa de *um traste de casa,* grosseiro e brusco gracejo que infelizmente alguns individuos menos delicados ousão atirar a face da mulher, e o que é mais as vezes, em plena sociedade familiar ! ! !

Em vez de paes de familia mandarem ensinar suas filhas a coser, engomar, lavar, cosinhar, varrer a casa etc., etc., mandem-lhes ensinar a ler, escrever, contar, grammatica da lingua nacional *perfeitamente,* e depois, *economia e medicina domestica,* a *puericultura,* a *litteratura* (ao menos a nacional e portugueza), a *philosophia,* a *historia,* a *geographia,* a *physica,* a *chimica,* a *historia natural,* para coroar esses estudos a *instrucção moral e religiosa;* que *estas meninas assim educadas* não dirão quando moças estas tristes palavras :

« Si meu pai, minha mãi, meu irmão, meu marido morrerem o que será de mim ! ! »

Não sirva de cuidado aos paes que suas filhas, assim educadas e instruidas, não saibão coser, levar, engomar, cortar uma camisa, etc. etc.

A riqueza intellectual produzirá o dinheiro, e com este se satisfarão as necessidades.

O dinheiro, Deos o dá e o diabo póde tirar ; mas a sabedoria que Deos dá—o diabo não a roubará.

~~~~~~~

AS IRONIAS DA NOVA TURMA DE *O MEQUETREFE*

Em 1875 a Nova Typographia de J. Paulo Hildebrandt já ganhara experiência com a edição do *Mephistopheles* e se encontrava equipada com o que de melhor havia no Rio, pronta portanto para lançar sua publicação de maior impacto, *O Mequetrefe*, de propriedade de E. J. Correa e Pedro Lima. Por suas páginas, ao longo de dezoito anos de existência do periódico, desfilarão grandes ilustradores, como Candido Aragonez Faria, Antonio Alves do Vale, Antonio Bernardes Pereira Netto, Joseph Mill e Aluízio Azevedo, que faz nesta publicação sua estreia como caricaturista, utilizando o pseudônimo de Arthur Lucas (Bambino). A redação de *O Mequetrefe* contou com colaboradores de nomeada, como Artur Azevedo, Olavo Bilac, Henrique Lopes de Mendonça, Raimundo Correia, Filinto de Almeida. Por algum tempo foi seu redator chefe Lins de Albuquerque (LIMA, 1963, p. 1-116).

A revista não foge da receita criada por Henrique Fleiuss quinze anos antes e que era, em linhas gerais, seguida por todas as semanais ilustradas. Como diz Herman Lima, no espírito a revista não se afastava das congêneres, criticando sempre, impiedosamente, com verve e sarcasmo, os políticos, o clero, figuras antigas e familiares do lápis dos caricaturistas:

> Pelo lado artístico, *O Mequetrefe* se distingue em grande relevo, pela alta classe da maior parte das composições, devidas principalmente a Faria e a Pereira Neto. Ambos já se achavam no melhor de sua arte, o que lhes permitia uma desenvoltura de traço e de execução que tornam vários de seus trabalhos em verdadeiros primores do gênero. Dignas de nota são também certas charges de Aluísio de Azevedo que, às vésperas de abandonar para sempre a caricatura, onde estreara como profissional em 1876, deixou, nas páginas da revista, o atestado irrefutável de sua verve e de seu conhecimento da arte de *caricare* (LIMA, 1963, p. 1-117).

Analisaremos dois números da revista: a edição número 3, de 16 de janeiro de 1875, e a de número 39, de 23 de setembro de 1875, ambos do primeiro ano da publicação. Por que o número 3? Porque, passada a euforia do lançamento, o jornal deve estar mostrando seu ritmo normal. Mas a capa dessa terceira edição já anuncia mudança. No caso, mudança de endereço: o desenho, de Antonio Alves do Vale, mostra que o *Mequetrefe* se transfere da Rua da Alfândega, n° 31 sobrado (endereço que aparece na capa desde o número 1) para a Rua das Violas, n° 72, enquanto o *Mephistópheles* vai para a Rua da Quitanda, n° 29. Ao cruzar no caminho, travam, o diálogo: "Seja feliz, colega. Olhe, não encontre por lá mosquitos", diz o Mefisto. "Não tem dúvida, tenho mais medo de pulgas", responde o *Mequetrefe*. A referência à publicação concorrente *O Mosquito* é clara. Aliás, alfinetadas são constantes nas ilustradas desse período, pela competição pelos leitores e não menos pelo inflado ego desses artistas do *crayon*.

Curiosamente, no entanto, ao avisar formalmente a nova direção, o redator informa, na página 2: "O escriptorio do *Mequetrefe* muda-se no dia 17 do corrente para a rua de Theophilo Ottoni, n° 72, placa" – donde deve-se supor que a Teófilo Otoni seria conhecida popularmente como a rua das Violas.

Logo a seguir, na seção "Releixos", a publicação noticia os exemplares dos jornais concorrentes que acaba de receber: *A Reforma, O Novo Mundo, A Patria, Mephistopheles, O Mosquito, A Vida Fluminense, A Semana Illustrada, O Domingo.* "Todos elles anunciam o apparecimento de nossa folha, e a todos agradecemos o modo obsequioso por que o fizeram". O redator faz uma ironia contra *A Vida Fluminense* e termina citando os comentários publicados pelos demais jornais sobre o aparecimento do *Mequetrefe*. É meia página de citação. Apenas um trecho do comentário que fora publicado, sobre essa nova ilustrada, pelo *Mephistopheles*:

> *O Mequetrefe,* meus caros leitores, é mais um jornal illustrado que vem á publicidade, e é mais um campeão armado de penna e lapis, penna e lapis conhecidos do publico. A amostra foi excellente, o primeiro numero é uma bella promessa. Certo de que minha opinião, obscura como é, e muito valiosa que fosse, em nada influirá nos destinos futuros do Mequetrefe, o que depende somente do gosto e, talvez, do capricho do publico, só a consigno aqui, não só como cumprimento de dever para com os meus leitores, mas também como uma sincera homenagem que me é agradavel render á uma redação em que prima uma pena que já honrou e deu merecimento às columnas do *Mephistopheles.* Não acredito que a sorte e a aceitação de um jornal ou de qualquer trabalho litterario dependem do juízo que fazem d'elles e publicam certas autoridades, competentes ou

improvisadas, com ou sem títulos*.[12] Há apenas um julgador competente, um critico que é capaz de crear a voga para um trabalho, ou decretar-lhe a condemnação. Este chama-se "o público". Ou, si gostam mais do sexo feminino, "opinião pública" [...] Confie o *Mequetrefe* em seus recursos, procure captar as sympathias do publico e prosiga. [...]. A arena é vastissima, há logar para todos (PR SOR 02155 [1] 3, p. 2).

O largo comentário é elogioso e amigo, sobretudo sabendo as farpas que *O Mequetrefe* havia lançado contra o *Mephistopheles* no seu número 1. De certo modo essa página mostra a beligerância que havia, nessa altura de 1875, entre as semanais ilustradas do Rio de Janeiro. Nesta página 2, como se disse, houve ataque a *A Vida Fluminense,* agora ao *Mosquito* – duas publicações com o dedo de Angelo Agostini (que editava a segunda e deixara na primeira seu amigo Luigi Borgomainerio). Embora a arena seja vastíssima e haja lugar para todos, como costumam afirmar em suas apresentações as muitas revistas que são lançadas, ainda pipocarão muitas brigas entre esses periódicos e entre seus ilustradores. A arena não era tão vasta assim.

O restante da revista passa um tanto batido. Há uma página central com quatro desenhos ocupando a dupla: na parte horizontal superior, a continuação dos quadrinhos da "Questão religiosa", iniciado no número 1.[13] É um comentário

---

12   Há três asteriscos nessa página, num diálogo do *Mequetrefe* com os elogios que a publicação mereceu da imprensa em seu lançamento. Este primeiro, sobre juízos de autoridades improvisadas ou sem títulos, esclarece no rodapé: "Isto não é com o *Mosquito*, já se vê. Porque o *Mosquito* não forma juízo – annuncia quando quer proteger". A ironia do segundo asterisco é em resposta ao periódico A *Patria,* que comparou o *Mequetrefe* com o *Mephistopheles* e o *Mosquito*: "Tenha paciência, colega", diz repudiando a comparação com o *Mosquito*. Há ainda uma ironia com A. de A. (Agostini), chamado de "sympathico".

13   A Questão Religiosa foi um dos temas candentes da década de 1870, logo após a Guerra do Paraguai. Respondia a uma onda de conservadorismo que marcou a Igreja Católica sob o pontificado do Papa Pio IX, que – como já se disse – decretou o dogma da infalibilidade papal, numa tentativa de recuperar uma importância que a Igreja perdia nos tempos modernos. Tudo começou no Rio, no início de 1872, quando um padre utilizou um palavreado maçônico num sermão elogioso à Lei do Ventre Livre, proposta pelo presidente do Conselho de Ministros, o Visconde do Rio Branco, que era grão-mestre da maçonaria. O bispo do Rio, Pedro Maria de Lacerda, suspendeu o padre das ordens sacerdotais. Dois meses depois, o bispo de Olinda, Dom Vital de Oliveira, afasta da diocese dois padres que se recusaram a abandonar a maçonaria, impede o casamento de um

visual sobre um dos temas que monopolizaram a opinião pública da corte nesse período. No desenho, sete ministros e políticos tentam, sem sucesso, arrancar um nabo, que continua firme, sem sair do lugar (arrancar o nabo: eliminar o problema). O desentendimento entre o governo e a Igreja pela questão do patronato e da desobediência dos bispos de Olinda e Belém do Pará continua. A parte horizontal inferior da página dupla é dividida em três charges. A primeira ironiza a ineficácia da reforma do ensino, a segunda coloca dois velhinhos lúbricos falando das atrações (as "cocotes") dos teatros Cassino e Alcazar e a terceira coloca um cliente careca que desiste de fazer a barba, pelo preço que o fígaro cobra por seus serviços. Desenho simples, quase toscos, sem a elaboração de fundo, um requinte visual a que o público da corte já se acostumara.

As páginas 6 e 7, dedicadas a texto, trazem a continuação dos versos sobre o periódico, iniciados na página 3, uma seção "Revista Theatral", duas charadas, uma crônica e um interessante comentário: "O que se vende, o que se aluga e o que se dá".

A crítica teatral ocupa uma coluna (meia página) e não se detém em peça nenhuma, mas faz um apanhado pessimista do que está em cartaz nos teatros da corte – e são muitos: o São Luiz, o São Pedro, o Cassino, o Alcazar, o Phenix, o Pedro Segundo, o Gymnasio… Parece que o público deixa de aplaudir os grandes cantores líricos de passagem pela cidade para prestigiar peças de segunda categoria ("Deixa passar o Salvini e a Ristori, o Boldrini e a Palladini, insensível, indifferente"). O cronista ironiza e dá a receita: "Encurtem mais as saias as artistas do Alcazar, dispam-se as do Cassino, e terão público a não caber nos theatros".

---

maçom na igreja e expulsa os praticantes da maçonaria das irmandades religiosas. Na sequência, o bispo do Pará Antonio de Macedo Costa interdita os sacerdotes de sua diocese que participam da maçonaria. Como ensina Murilo de Carvalho, os dois bispos, funcionários do Estado pelo regime do Patronato, haviam sido indicados por D. Pedro II justamente por haverem estudado em Roma e serem intelectualmente mais preparados – ironicamente, por haverem estudado em Roma, voltaram com ideias tão reacionárias. A crise se estendeu de 1872 até setembro de 1875: em 1874 os bispos são condenados pelo Supremo Tribunal de Justiça a quatro anos de trabalhos forçados. A capa do número 39 do *Mequetrefe* coincide com o desfecho: Pedro II, com vontade de fazer sua segunda viagem à Europa e, depois, visitar a Exposição da Filadélfia, que comemorava o centenário da Independência dos Estados Unidos, apressa a anistia para viajar com o problema resolvido. Cai o Gabinete do maçom Rio Branco e assume o Duque de Caxias, que apressa a anistia imperial aos bispos. E o imperador viaja (CARVALHO, 2007, p. 150-156).

306 CARLOS COSTA

Há ironia no texto "O que se vende, o que se aluga, o que se dá", uma deliciosa crônica. A revista publica nesse número considerações sobre o que se vende, as edições seguintes darão continuidade ao texto, falando do que se aluga e do que se dá:

> O que se vende? Tudo, d'esde o amor até um volume de versos do Sr. Muniz Barreto; d'esde a consciencia até a palha que cae dos volumes que passam pela alfandega! Tudo se vende, d'esde uma benção do Santo Padre até um bilhete de confissão pela quaresma; d'esde uma graça do monarcha até um voto de deputado; d'esde uma assignatura do *Mequetrefe* até um numero avulso do *Apostolo*. O amor e a consciencia, a graça e o voto, quasi sempre mais caros do que os sobreditos versos e a palha, vendem-se ás vezes por menos dinheiro do que custa o *Apostolo* (PR SOR 02155 [1], 3, p. 6).

Há ainda ironia também na croniqueta "Quantos haverá como eu", que encerra a página 7 e a parte textual da revista. É a história de um pai que vem de Ouro Preto visitar o filho, estudante de Medicina no Rio. Saem a andar, o pai se admira de um homem gordo a banhar-se na praia de Santa Luzia, fica abismado com sua gordura. "Não teria experimentado a menor sensação se de antemão lhe houvessem dito que era um 'cônego' que se banhava". A seguir, o pai vê um belo prédio, pergunta ao filho de que se trata o edifício. O filho – suposto aluno do quinto ano de medicina – diz que "nunca havia por ali passado". Um sujeito na rua informa: "É a Escola de Medicina".

Essa anedota começava com a seguinte frase: "O senhor Aniceto Mendes tinha um filho de quem gostava tanto como o Sr. Figueira de Mello gosta de um artigo de fundo do *Apostolo*". Periódico católico ultramontano, *O Apostolo*[14] é mencionado

---

14 *O Apostolo: periodico religioso, moral e doutrinario, consagrado aos interesses da religião e da sociedade* foi um importante jornal católico do Rio de Janeiro. De propriedade dos padres redatores Joao Scaligero, Augusto Maravalho e depois José Alves Martins do Loreto, foi lançado em 7 de janeiro de 1866, circulando em diferentes formatos e nomes até 1901 (no período entre janeiro e novembro de 1894 passou a ter o título de *A Estrella*, voltando ao nome *Apostolo* a seguir). Seu período de auge se deu entre 1872 e 1876, quando teve como redator chefe o cônego José Gonçalves Ferreira. Nas páginas de *O Apostolo* o cônego defendeu os bispos de Olinda e Pará, na controvertida Questão Religiosa, atacou o Ministério Rio Branco, um dos mais categorizados quadros da maçonaria – e sobretudo combatia semanalmente, falando mal das revistas ilustradas. Por isso, foi retratado com sua proeminente pança por quase todos os caricaturistas – e celebrizado na grande composição de Bordallo Pinheiro "Afinal, deu a mão à palmatória".

Preparada a officina, está preparado o Mequetrefe para tratar da vida... alheia

A capa da edição 39: Caxias assina a anistia aos bispos rebeldes para D. Pedro viajar aos Estados Unidos. A hidra que atrapalha mais o país (o índio) que o jesuitismo: a voracidade dos políticos. Na dupla central (abaixo): o cônego José Gonçalves Ferreira, editor do *Apostolo*, puxa a procissão, espargindo pétalas de rosas. Caxias pilota um volume da Constituição, como se estivesse a cavalo: nas rédeas, a palavra "Corrupção". Atrás, o Barão de Cotegipe e Diogo Cavalcanti de Albuquerque costuram o Decreto da anistia. Ao fundo, sobre um pudim e um feijão (referência a Pedro II), bailam os bispos de Olinda e Pará.

três vezes nessa edição do *Mequetrefe*: aqui, na crônica "O que se vende", citada acima, e na "charada de texto", em que pedem à doutíssima redação do *Apostolo* que decifre o enigma. O semanário religioso vive seu grande momento combativo na cena editorial da corte.

A parte textual desse número fecha com a "Charada Illustrada". O prêmio para quem enviar a resposta certa até dia 31 de março de 1875 é uma assinatura de *O Mequetrefe*. Após a vinheta, o crédito: Nova Typ. De J. Paulo Hildebrandt, r. d'Alfandega, 87. Sobreloja.

Sobre essa charada ilustrada com vinheta cabe lembrar que em seu número 1, de 2 de janeiro de 1875, *O Mequetrefe* anunciara que iria introduzir em suas páginas "uma novidade: desenhos sobre madeira intercalados no texto". E acrescenta: "Sabe-se quanto é custosa entre nós a xilografia. A despesa portanto e as dificuldades com que vai tratar a empresa devem atrair-lhe a boa vontade do público que tem só com isto prova eloquente de que *O Mequetrefe* não nasceu para negócio". O primeiro desses desenhos xilogravados e inseridos no meio do texto será do espanhol Modesto Brocos y Gómez (1852-1939), que chegara ao Brasil em 1872, aos 20 anos. Sua colaboração eram essas vinhetas figurativas.

A última página desse terceiro número fecha com o desenho de um índio (no caso, uma metáfora do Brasil, muito recorrente na caricatura da época) sendo devorado por uma hidra de sete cabeças. As cabeças representam figuras do gabinete de ministros, o Barão de Cotegipe à frente: "Eis aqui uma hidra mais prejudicial ao Brazil do que a do jesuitismo. Se de ambas nos livrasse Deus..."

Passemos ao número 39, de 23 de setembro de 1875. A capa mostra o Duque de Caxias, presidente do Conselho de Ministros, com D. Pedro II, vestido do manto imperial e com a coroa na cabeça. Estão sentados a uma mesa, sobre a qual repousa um papel escrito "Amnistia". A legenda diz: "É preciso fazer constar que eu fiz um sacrifício..." (fala do imperador). "Enfim... como V. M. quer ir à Exposição..." (fala de Caxias).

Essa será uma edição temática sobre o desfecho da Questão Religiosa com a concessão da anistia aos bispos desobedientes.

E é com o título "A Amnistia" que a revista abre sua "Chronica", na página 2. O tom é bastante rude e desaforado, como se o redator estivesse escrevendo aos gritos. "Silencio em volta do throno! Descobre-te, canalha, que te chamas povo!

Ajoelha-te, imbecil, que queres ser cidadáo! Descobre-te, e corteja! De joelhos, e adora!", inicia o irado editorial que ocupa uma coluna e meia. A ira se deve à anistia concedida aos bispos, presos há dois anos, por desobediência ao Estado, do qual eram funcionários. "Quando a perda do poder temporal tirou a Roma a supremacia do mundo, recorreu o Papa á infallibilidade, e igualou-se a Deus; tu és catholico, apostolico, romano, e queres ter livre a consciencia?", pergunta o redator, que assina com o pseudônimo de Courrier.

A seguir, com o título "Repiquetes", 5 notas curtas, todas referidas à anistia e à futura viagem do imperador. A anistia aos bispos rebelados é vista como um incentivo à desobediência:

> Já não se prestará mais obediencia á lei, os tribunaes verão as suas sentenças por terra, porque mais do que o povo póde a crinoline, mais do que a constituição e de que os codigos brilha e ameaça a espada do Sr. Duque de Caxias. Ahi está explicada a mudança ministerial! O Sr. Rio Branco não podia requerer a amnistia, e a corôa deixava perceber a vontade de viajar (PR SOR 02155 [1] 23: 2-3).

Em outra dessas notas pequenas se lê:

> O *Apostolo* anda satisfeito que é um regalo vel-o. Assim que foi publicado o decreto de amnistia, o reverendo Ferreira procurou o Sr. Ministro d'agricultura afim de agradecer por parte da associação catholica. Agora é que são ellas: o Reverendo voltava-se, retorcia-se; o Sr. Thomaz Coelho encolhia o ventre, e pucha d'aqui, arruma para acolá, não foi possivel abraçarem-se os dois gorduchos personagens. O Reverendo buffava! O Conselheiro gemia! A casa tremia! (PR SOR 02155 [1] 23: 3).

Outra mais, agora comentando a viagem projetada pelo imperador, que pede autorização ao congresso para se afastar por 18 meses:

> Bem póde quem póde. O Sr. D. Pedro Segundo projecta viajar. Vae a Europa e depois passará á América para assistir á inauguração da exposição de Philadelphia, e ao mesmo tempo ver e palpar os grandes progressos d'aquelle grande povo americano. E em tudo isso 18 mezes! E

nós sem o nosso Imperador, a nossa unica garantia, unica couza que nos deixa pensar que vivemos sob um systema constitucional e representativo. [...] ora, isso nos parece sério, porque poderá o illustre viajante convencer-se que os progressos do povo americano são devidos á sua forma de governo e, de volta ao Brazil dizer á constituição: *nes masquez pas,* e obrigar ao Sr. Duque a cantar o couplet de l'Archiduc: *Original jus-qu'a la moelle, Je suis Róis mais republicain* (PR SOR 02155 [1] 23, p. 3).

A página se completa com duas outras notas. Uma fala das ganas dos parlamentares por subsídios e jetons (sem empregar essa palavra) e a outra dá o exemplo do "Ajuntamiento de Madrid" (grafado errado) como um modelo a ser imitado pelo Rio: lá as ruas estão limpas e se recolhe a sujeira à noite e se coleta pela manhã. No Rio, os montes de sujeira infestam a cidade.

Na dupla central, páginas 4-5, a caricatura "A Amnistia" mostra uma divertida procissão puxada pelo cônego José Gonçalves Ferreira, editor do *Apostolo,* volumoso ventre à frente, espargindo pétalas de rosas. O Duque de Caxias pilota um volume da Constituição do Império, como se estivesse a cavalo: nas rédeas, a palavra "Corrupção". Ao cavalo/constituição, o Barão de Cotegipe e Diogo Velho Cavalcanti de Albuquerque costuram o Decreto de 17 de Setembro de 1875, o da anistia. Ao fundo, sobre um pudim (a espécie de feijão sobre o pudim é uma referência a Pedro II, algumas vezes caricaturado dessa forma), bailam os bispos de Olinda e Pará. A legenda diz: "É n'essa hora em que os bispos triumpharão, Além o sol em trevas se envolvia". A caricatura não está assinada.

A dupla final de texto (6-7) é composta por 7 temas: "O Jesuíta"; "Os bilhetes do Thesouro"; "A interpellação"; "Theatros"; "Companhia Lyrica"; "Perguntas Innocentes"; "Telegramas á ultima hora". Comentários e pequenas reproduções desses textos:

"O Jesuíta" é uma crítica à obra teatral de José de Alencar que, pelo que se lê também nas outras ilustradas semanais, foi um fracasso total: "É de crer que, em signal de gratidão para com o publico *[que não foi ver a apresentação da peça teatral],* volva o excellente escritor aos seus romances". "Os bilhetes do Thesouro" critica a decisão do Barão de Cotegipe, que "manda que em todas as repartições não sejam recebidas as notas do thesouro que estiverem escriptas nas costas ou que tiverem carimbos". O redator relaciona uma série de historietas que já viu escritas nas notas de dinheiro.

A nota "Interpellação" é uma pequena reportagem de cobertura de uma sessão da Câmara dos Deputados, em que um representante do Rio Grande do Sul pede explicações ao governo sobre o decreto imperial da anistia:

> O distincto Sr. Silveira Martins disse que S.A.I. a Sra. Princeza D. Izabel promettêra a Deus a soltura dos bispos, para que Deus lhe concedesse um parto feliz; disse que S.A.I. passa os dias a varrer igrejas, andando descalça e fazendo penitencia[15] [...], que, educada sob a pressão do mais revoltante fanatismo, a futura imperatriz do Brazil, governando, renovará n'este desgraçado paiz o reinado de Maria, a doida! O povo applaudio o distincto deputado Rio-Grandense, e o presidente da camara ameaçou o povo com a costumada ordem de despejo! (PR SOR 02155 [1] 23, p. 6).

A seção "Theatros" dá quatro notícias críticas. Sobre a despedida do ator Antonio Pedro, as atrações do Alcazar e do Cassino. A reapresentação da ópera *Ruy Blas,* de (Filippo) Marchetti, é analisada com comentário da performance dos cantores e da montagem: a posta em cena e a orquestra, garante o crítico, foram sofríveis! E novamente *O Jesuíta,* de José de Alencar, no foco: "E era uma vez o *Jesuíta!* Não valeram á empreza do S. Luiz nem o prestigio do nome do Sr. J. de Alencar, nem o título do seu drama, chamariz infallivel n'esta epocha de bispos, de promessas, de fanatismo e de amnistia: o *Jesuíta* naufragou", começa o redator. E enumera de quem não foi a culpa do insucesso: nem da empresa teatral, que fez o que pôde; nem dos atores, que não economizaram esforços; nem da falta de anúncios, que os houve bombásticos; nem do tempo, que era esplêndido o luar... Logo, fica implícito: o texto era muito ruim. A nota termina: "Nossos pezames ao Sr. Conselheiro Alencar". Como veremos adiante, Alencar não era personagem benquisto no meio jornalístico.

Os "Telegrammas á ultima hora" fecham essa segunda parte de textos da revista. São pequenas notas, tipo "pílulas", em que se destaca essa: "Viagens em perspectiva. Em vez de uma antes fossem duas. Dezoito meses, noves fóra nada. Antes

---

15 "Isabel era uma ultramontana", afirma José Murilo de Carvalho ao traçar o perfil da herdeira como uma carola que enquanto o pai enfrentava os bispos e Pio IX, correspondia-se com o papa pedindo a canonização de Anchieta (CARVALHO, 2007, p. 154).

levasse os bispos" – uma menção à viagem do imperador, recomendando que ele deveria levar consigo os bispos da discórdia.

Na última página da revista, uma caricatura assinada por Joseph Mill retrata o imperador, numa cena de baile, dialogando com um rapaz (que parece ser o caricaturista Faria). Na legenda, o diálogo: "Então, veio também fazer a sua viagem picaresca?" (fala o imperador); "É verdade, Sr., para retratar os gozos e os guitas, e deitar dorrico ás moçoilas... ricas". (Deitar dorrico seria fazer serenatas).

A linguagem de *O Mequetrefe,* se fizermos a comparação com as revistas analisadas neste capítulo e, sobretudo, as do capítulo anterior, revela picardia e síntese. A escolha dos textos, curtos e mais diretos, a diferencia do que se via na *Semana Illustrada,* por exemplo. Há menos humor de salão, menos chistes e jogos de palavras. Vai-se mais direto ao grão, evitando as palhas. Em alguns momentos, a ironia fina faz lembrar algumas passagens da já analisada *Marmota,* de Francisco de Paula Brito. Há uma consciência, parece, do valor da leitura ligeira, de evitar meandros para dizer algo que pode ser enunciado de modo simples.

Nesses números iniciais (a revista circulará por dezoito anos, como se disse) o traço das caricaturas ainda apresenta altos e baixos, mas se nota a preferência por utilizar diversos quadros na dupla central, e não um tema único, para dar maior variedade aos assuntos comentados. A partir de seu terceiro ano, a revista será enriquecida com o traço de Faria, que migra para *O Mequetrefe* com o encerramento da *Mephistopheles.* Então, segundo Herman Lima, o artista estará na maturidade de seu traço:

> Os anos de 1876-78 assinalam o ponto alto de sua arte, entre nós, como caricaturista sem paralelo entre seus confrades nacionais contemporâneos. Além de toda a sua colaboração no *Figaro,* a maior parte de seus trabalhos no *Mosquito,* onde voltou a trabalhar em 1875, com Bordallo Pinheiro, depois da saída de Agostini, e principalmente tudo o que nos deixou no *Diabrete* e no *Mequetrefe,* a partir de 1877, não teme confronto mesmo com qualquer das melhores composições de Bordallo ou Agostini. Não há qualquer exagero em dizer que muitas vezes as ultrapassam, não somente pelo jogo de claro-escuro, em que se tornara insuperável na litografia do tempo, como na originalidade do desenho, marcado sempre por um sentido de profundo alcance satírico e vigor plástico. Especialmente no *Mequetrefe,* de 1878, algumas de suas caricaturas de Pedro II, pela virulência

do traço e pela espantosa liberdade de concepção, colocam-se à frente das sátiras artisticamente mais belas de toda a vasta iconografia deformante do velho imperador (LIMA, 1963, p. 2-815).

Aragonez Faria na maturidade do traço:
"O rei se diverte, e quem paga a conta é o povinho".

CAPÍTULO VI

O AUGE DAS REVISTAS SEMANAIS ILUSTRADAS:
1876-1878

A ausência da palavra tem sido uma das características mais constantes da nossa política. Não por acaso, tivemos a Independência proclamada pelo grito de um príncipe, que o hino nacional tenta transformar em brado de um povo heroico. A própria República foi proclamada pelo grito de um marechal, ao qual também se tentou desajeitadamente somar a voz popular. Foram poucos os momentos, se houve algum, em que a diferença, a discordância, a oposição, não foram tratadas seja com um cala-a-boca, seja com o suborno.

José Murilo de Carvalho. *Pontos e bordados.*
Belo Horizonte: Editora UFMG, 1988, p. 311.

1876

Illustração Brasileira: jornal de artes, sciencias e lettras
Rio de Janeiro, RJ: Typ. Imperial Instituto Artístico, 1876-1878 (40 números)
Editores: Carlos e Henrique Fleiuss
Illustração do Brazil
Rio de Janeiro, RJ: Typ. Vivaldi, 1876-1880 (80 números)
Proprietário: Charles F. de Vivaldi
Illustração Popular
Rio de Janeiro, RJ: 1876-1877 (44 números)
Proprietário: Charles F. de Vivaldi
O Figaro: folha illustrada
Rio de Janeiro, RJ: Typ. Academica, 1876-1878 (113 números)
Caricaturas: Luigi Borgomainerio, J. Mill, Aluísio Azevedo, Candido Faria,
Pereira Neto
Colaborador: Visconti Coroacy
O Polichinello
São Paulo, SP: Typ. de Jorge Seckler, 1876 (38 números)
Editor: P. P. Carneiro
Ilustrador: Huascar de Vergara
Revista do Rio de Janeiro
Rio de Janeiro, RJ: Typ. Imprensa Industrial, 1876-1877 (31 números)
Editor: Serafim Jose Alves. Redator: Leo Junius
Colaboradores: Miguel Lemos, Teixeira de Souza, Teófilo Dias
Revista Illustrada
Rio de Janeiro, RJ: Typ. de Paulo Hildebrandt, 1876-1898 (739 números)
Editor: Angelo Agostini
Caricaturas de: Angelo Agostini, Pereira Neto e Hilário Teixeira

1877

A Comedia Popular: hebdomadário illustrado e satyrico
Rio de Janeiro, RJ: Typ. Fluminense, 1877-1878 (27 números)
Caricaturas: Acropolis e Candido Aragonez Faria
Psit!!!: hebdomadário cômico
Rio de Janeiro, RJ: Lith. a vapor Angelo & Robin, 1877 (9 números)
Ilustrador: Raphael Bordallo Pinheiro
O Diabrete
Rio de Janeiro, RJ: Typ. Theatral e Commercial, 1877 (11 números)
Desenhada por Candido Aragonez Faria

1878

O Besouro: folha illustrada, humorística e satyrica
Rio de Janeiro, RJ: Typ. de G. Leuzinger & Filhos, 1878-1879 (47 números)
Redator/colaboradores: José do Patrocínio, Arthur Azevedo, Alberto de Oliveira, Guerra Junqueira
Desenhos de: Raphael Bordallo Pinheiro
O Torniquete
Rio de Janeiro, RJ: Lith. e Typ. particular do Torniquete, 1878 (9 números)
Caricaturas: A. P. Caldas e C. Ferreira
Zigue-Zigue: hebdomadário humorístico, crítico, satiryco e ilustrado
Rio de Janeiro, RJ: Typ. Cosmopolita, 1878 (1 número)
Desenhista: Candido Aragonez Faria
O Figaro: folha illustrada
Porto Alegre, RS: Typ. do Mercantil, depois Typ. da Reforma (circulou de 6 outubro de 1878 a março de 1879, com 24 exemplares). Nele trabalhou, de passagem para Buenos Aires, Candido Aragonez Faria

O FIM DE A SEMANA ILLUSTRADA, DE HENRIQUE FLEIUSS. O FIGARO. A REVISTA ILLUSTRADA, DE ANGELO AGOSTINI. A ILLUSTRAÇÃO BRASILEIRA, DE FLEIUSS. A ILLUSTRAÇÃO DO BRASIL E A ILLUSTRAÇÃO POPULAR, DE CARLOS VIVALDI. PSIT!!! E O BESOURO, DE RAPHAEL BORDALLO PINHEIRO. NOSSA PRIMEIRA FOTORREPORTAGEM.

Não houve fala do trono em 1876, mas o *Almanak Laemmert* publica no ano seguinte um detalhado relatório das atividades do governo. Em 26 de março o imperador e a imperatriz partiram para a segunda viagem ao exterior, desta vez à Europa e aos Estados Unidos. Permanecem 18 meses fora do país, com a princesa Isabel ocupando a regência. O alheamento do monarca às coisas da administração pública se acentua, notam historiadores, como José Murilo de Carvalho no belo perfil *D. Pedro II* (2007). E problemas não enfrentados e equacionados não se resolvem pela inércia, como parece ser a crença meio estabelecida entre nós e que gerou o provérbio de que as abóboras se acomodam com o andar da carroça. Os problemas não enfrentados fermentam e crescem, como soubemos com as crises que se sucedem.

O relatório "Actos do poder executivo", publicado no suplemento do *Almanak Laemmert* do ano seguinte, dá conta das insatisfações que vão se alastrando pelas províncias. No início do ano anterior, 1875, o da falência do Banco de Mauá, um grupo de republicanos e abolicionistas fundara o jornal diário *Província de São Paulo*, com tiragem de 2.000 exemplares, dirigido por Francisco Rangel Pestana e Américo de Campos. Enquanto isso, *O Jornal do Commercio*, fundado em 1827 pelo francês Pierre Plancher, se equipa para publicar os primeiros telegramas com notícias da agência internacional Reuters, o que só ocorrerá no ano seguinte. Na Corte ou nas províncias, a imprensa repercute o mal-estar e a insatisfação que vão se instalando no país. Assim resume o professor Gilberto Maringoni:

Por ser o principal fornecedor mundial de café, as demandas e as necessidades do mercado internacional irrigam e organizam as bases da produção interna no Brasil, especialmente após 1870. A crescente complexidade dos negócios do setor cria uma teia de vínculos entre o setor produtor rural, os agentes de comércio, o sistema de transportes, as casas financiadoras de crédito, o processo de estocagem, a seleção de grãos e o ensacamento, e o sistema portuário. As cidades maiores deixam paulatinamente de ser meras organizadoras da vida rural para se tornarem o centro efetivo dos negócios, que necessitavam urgentemente de capitais externos para se expandir. O Estado imperial, baseado numa relação rígida com as províncias e numa burocracia lenta e desaparelhada, tornava-se um obstáculo ao desenvolvimento. Sua declinante capacidade de representar e articular politicamente a ordem produtiva que se impõe resulta em crises frequentes e numa gradativa perda de legitimidade entre setores da oligarquia agrária (MARINGONI, 2011, p. 157).

É nesse período de crises que 1876 – um ano bissexto – assistirá ao auge das revistas semanais ilustradas. O pesquisador Joaquim Marçal Ferreira de Andrade o qualificará de "ano heroico", pelos acontecimentos e tentativas de avanço da imprensa ilustrada carioca. Escreve ele:

O ano de 1876 é, pela nossa constatação ao final da presente pesquisa, o ano mais marcante da história da imprensa ilustrada do Rio de Janeiro no século XIX, em face dos periódicos cujas vidas ali se encerraram e a outros tantos que então tiveram o seu início e que, por motivos distintos, marcaram tanto a definitiva consolidação do modelo já anteriormente consagrado, dos periódicos litografados, e a definitiva comprovação da inviabilidade do modelo europeu, já anteriormente tentado – embora de maneira ainda acanhada, do ponto de vista do design – dos periódicos xilográficos (ANDRADE, 2004, p. 165).

Assim, no sábado 1º de janeiro, dia da circuncisão do Senhor, do bispo são Fulgêncio e do descobrimento do Rio de Janeiro em 1532 por Martin Afonso, segundo lembra o *Almanak Laemmert,* a cidade do Rio é apresentada a três novos periódicos, *O Figaro,* a *Revista Ilustrada* e *A Revista do Rio de Janeiro.*

Pouco depois, em julho, será a vez da *Illustração Brasileira: jornal de artes, sciencias e lettras,* tentativa de Henrique Fleiuss de retomar um espaço em que fora líder absoluto quinze anos, com a sua extinta *Semana Illustrada,* que encerrara carreira meses antes. Ainda em meios de julho o público leitor terá a oferta da *Illustração do Brazil,* de Charles Vivaldi, que lançará no início do mês seguinte a *Illustração Popular.*

Já no ano seguinte, Candido Aragonez Faria lança *O Diabrete,* que terá curta duração de menos de três meses (de junho a setembro de 1876, totalizando 11 números), participando ainda da criação de *A Comédia Popular* em agosto (que terá a duração de 27 semanas).

E o mestre Raphael Bordallo Pinheiro por sua vez lança outro periódico, também de curta duração, o *Psit!!!: hebdomadario cômico* (circulou de 15 de setembro a 17 de novembro de 1877, fechando no número 9).

Mas antes de examinar esses lançamentos, um comentário sobre o final da carreira de *A Semana Illustrada:* é consenso entre os historiadores o papel fundador de Fleiuss na formatação dos periódicos semanais ilustrados da segunda metade do século XIX. O escasso – e altamente elitizante, para usar a expressão de Carlos Guilherme Mota (1980, p. 22) – público leitor das revistas do século XIX acostumou-se com essas publicações de formato maior do que o jornal comum, com oito páginas, metade impressa e a outra metade litografada, como já se disse repetidas vezes neste trabalho. Henrique Fleiuss fez escola, formou muitos desenhistas e artistas gráficos, mão de obra especializada que depois irá brilhar nas muitas publicações que surgiram no rastro de sua *Semana Illustrada.* Ser elogiado pela publicação do artista alemão conferia *status.*

O próprio Angelo Agostini, que na sua fase carioca marcou espaço atacando o revisteiro com a série das "Apoquentações do Dr. Semana",[1] anos antes, quando ainda editava em São Paulo o *Cabrião,* teve a revista elogiada por Fleiuss e colocou o personagem Sr. Dr. Semana na capa do número 7 de seu periódico. Dizia a legenda: "Sr. Dr. Semana, a sua valiosa e authorisada saudação é, para mim, o que o dinheiro

---

1 Nas "Apoquentações do Dr. Semana" Agostini acrescentava ao título a linha fina: "desenho para crianças, por Angelo (que não copiou de nenhum jornal alemão)", dando a entender que Fleiuss plagiava muitos dos desenhos que publicava. Essa suspeita pairou sobre muitos outros caricaturistas – mas Fleiuss nunca se defendeu da acusação (FERREIRA, 1994, p. 403). Ao atacar o grande artista estabelecido, Agostini utilizou a conhecida técnica do pequeno que compra briga com o grande, do desconhecido que desafia o líder: se o líder revidar, estará avalizando o pequeno ou desconhecido na categoria de rival.

é para o avarento: uma verdadeira preciosidade. Farei por acompanhá-lo na brilhante carreira que leva, no empenho de premiar a virtude e castigar o vicio".

A revista criada por Fleiuss sofreu o cansaço da década e meia de uma fórmula que não se renovou. Ao ser lançada, era uma novidade. Mas essa novidade abriu caminho para todas as outras novidades que foram aparecendo. Nas pegadas da *Semana* vieram *A Vida Fluminense, O Mosquito, O Mequetrefe*, gente nova, com muita garra e vontade de ocupar a liderança. Sempre pesou contra Fleiuss, além da suspeita de plágio de revistas europeias a que o público não tinha acesso, a amizade com o imperador – e o fato de seu instituto ser agraciado com o título de imperial, recebendo dotação de verbas do governo (fato a que Agostini também se referirá, quando alardeia que sua publicação vive apenas da venda dos exemplares aos assinantes). Essa amarra da amizade com Pedro II deixou a *Semana* em desvantagem: a revista jamais criticou a figura do imperador. Assim, no dia 19 de março de 1876 saía às ruas pela última vez a *Semana Illustrada*. Era o número 797 do 16º ano.

A LEVE PEGADA INTELECTUAL DE *O FIGARO*

Uma das três revistas que estreiam na corte no primeiro dia do ano de 1876, *O Figaro, folha illustrada,* teve na redação um time capitaneado pelo italiano Luigi Borgomainerio, contando ainda com o *crayon* de Joseph Mill, Aluísio Azevedo, Candido Aragonez Faria e Pereira Neto. Como colaborador de texto, o experimentado jornalista e tradutor José Alves Visconti Coaracy, que também escrevia no *Jornal do Commercio*. Na ficha catalográfica da Biblioteca Nacional o periódico é apresentado como uma espécie de continuação de *A Vida Fluminense* – e de fato lá estava Borgomainerio na fase final deste periódico, que fechou em março de 1875, como vimos no capítulo anterior.

O novo lançamento, que utilizava a paginação contínua (ou seja, os números de páginas iam se somando a cada edição), era impresso pela Typographia Acadêmica e litografado na moderna oficina da Lithographia a Vapor de Angelo e Robin. O periódico terá duração curta, de menos de três anos (a última edição, de número 113, circulará em 13 de abril de 1878). Era, se podemos dizer assim, uma revista ligada ao grupo de Agostini, que se associara no final do ano anterior (1875) com o litógrafo Paulo Robin.

O francês Paul Théodore Robin chegou ao Rio por volta de 1854 e vinha com a experiência de haver trabalhado com litografia em seu país. De início faz sociedade com o conterrâneo Alfred Martinet, que já operava com uma oficina estabelecida três anos antes. Mas Robin se interessou nessa época mais pelos processos fotográficos, dedicando-se ao promissor mercado de retratos até a década seguinte. No começo dos anos 1870, segundo Orlando Ferreira, Paulo Robin reaparece nos anúncios classificados do *Almanak Laemmert* à frente de uma oficina litográfica, a Paulo Robin & Cia. Anunciada na seção "Notabilidades" do almanaque (anúncios classificados, pagos), sua "oficina a vapor" pode ter sido a primeira do gênero do Rio movida por esse tipo de energia (FERREIRA, 1994, p. 399). Foi Robin que em 1874 imprimiu a famosa *Carta Architectural* do Rio, do engenheiro João da Rocha Fragoso, litografada por Henrique José Aranha. Sua oficina executou, nesse ano e no seguinte, a parte litográfica dos periódicos *Mephistopheles, A Vida Fluminense* e *O Mequetrefe*.

Em 1875, Robin se torna sócio de Angelo Agostini, sendo este o acionista principal, na firma Angelo & Robin. Logo em seguida ela é anunciada como a Officina Lithographica a Vapor da *Revista Illustrada*, onde se imprimirá a que foi nossa maior revista do século XIX. Mas voltemos ao *Figaro*.

Como se disse, *Figaro* tem à frente o conterrâneo de Agostini, Borgomainerio (1836-1876), que chegara ao Brasil dois anos antes, com renome na Itália e passagem prévia pela Argentina.[2] Sobre ele Herman Lima reproduz trechos de um dos primeiros ensaios sobre caricatura escritos no Brasil, de autoria do também caricaturista Joseph Mill e publicado no *Figaro* de 11 de novembro de 1876: "Borgomainerio produziu trabalhos magistrais, dignos do lápis robusto que por tantos anos enriquecera as melhores publicações humorísticas da Itália; e sua influência harto se fará sentir entre nós, e por longo tempo". O próprio Herman Lima contrasta:

> No que o articulista *[Joseph Mill]* se enganava era a respeito da influência que teria Borgomainerio sobre os caricaturistas brasileiros, pois, muito embora fosse inquestionavelmente o maior de quantos, no seu tempo,

---

2   A passagem de Borgomainerio pela Argentina foi curta. Chegou ali na metade de 1874, mas encontrou o país mergulhado num clima conturbado de disputas internas. Em 28 de novembro do mesmo ano ele já assinava seus primeiros desenhos em *A Vida Fluminense*: a dupla central trazia sua "reportagem" sobre a passagem pelos lados portenhos: "Últimas notícias da guerra argentina... Sempre à espera... de uma ação decisiva".

manejaram o lápis entre nós, o artista italiano, logo fulminado pela peste (março de 1876), teve uma atuação meteórica, pelo que sua arte, extremamente original, não pôde criar raízes no terreno da charge brasileira (LIMA, 1963, p. 1-119).

A revista surpreende por ser composta em três colunas de texto, diferentemente do que era o habitual nas publicações congêneres até então: duas colunas.[3] Ganha com isso certa graça e leveza. Analisemos o número 6, pelos motivos anteriormente expostos.

A capa apresenta um retrato, provável trabalho de Borgomainerio (não há assinatura), do compositor Giuseppe Verdi – todo esse número se configura como uma edição especial sobre a apresentação da *Missa de Requiem,* desse músico italiano, ocorrida no Rio. Com exceção da página 42 (no caso, a segunda página dessa edição de 5 de fevereiro de 1876), que traz as seções "Recados" e "Registro político", a revista se dedica a comentar a apresentação da obra, como se verá a seguir.

A seção "Recados" inicia com um elogio à crítica sobre o *Requiem* escrita por Julio Huelva e publicada pela *Gazeta de Notícias:* "um primor o seu folhetim na *Gazeta* sobre o Requiem de Verdi", mas faz ressalva: o comentarista não deu a devida importância ao *Dies irae.* A seguir, a redação registra as publicações recebidas na semana anterior, com destaque para a recém-lançada *Revista do Rio de Janeiro*: "Traz artigos sobre Mathematica, Historia natural, Physica, Philologia, além da continuação do romance *Amor,* poesias e chronicas". Ou seja, a publicação lançada no mesmo dia 1º de janeiro, juntamente com o *Figaro*, era destinada a um público interessado em disciplinas escolares, mas que não abria mão da atração do folhetim e do romance seriado.

Já o tópico seguinte, "Registro político", diz que a semana correu farta de acontecimentos políticos, ironizando o partido Centro Liberal por, havendo criticado a nova lei sobre eleições, se preparava para nelas concorrer. Se era contra...

A página 43 reproduz uma longa carta do maestro Francisco Briani, que, atendendo ao pedido de Borgomainerio, escreve suas impressões acerca do "último

---

3   As primeiras publicações, como *O Patriota, Espelho Diamantino, Lanterna Mágica, O Auxiliador da Indústria Nacional, O Beija-Flor,* utilizavam páginas de uma coluna, o que lhes conferia um aspecto de livro. Na etapa seguinte, publicações como *A Marmota, O Jornal das Senhoras, Semana Illustrada, O Mequetrefe, A Vida Fluminense,* são paginadas em duas colunas, ganhando mais leveza visual. Já *O Figaro* e a *Revista Illustrada* passam a adotar três colunas, numa evolução de design.

trabalho de Verdi": "Para satisfazer o teu pedido, ahi t'as mando, escriptas ao correr da pena, por isso que não me sobre tempo", diz Briani. É um longo comentário que ocupa quatro colunas (uma página e 1/3), analisando os movimentos da obra e sua execução no Rio de Janeiro pelo maestro Arthur Napoleão. Alguns trechos:

> Depois de assistir à primeira audição, digo-te affoutamente que a musica é, quanto a mim, de uma novidade e sublimidade taes que não é possivel deixar de abrir-lhe logar entre as mais bellas e sorprendentes creações modernas. Acho nessa musica inspiração elevada, graça penetrante, estylo grandioso, abundancia de idéas, notavel disposição de vozes, instrumentação ora delicada, ora potente pela variedade de sonoridade, em summa, tudo quanto a arte póde encerrar de bello, puro e scientifico. No *Requiem*, Verdi não reproduzio as suas anteriores partituras: apenas de uma ou de outra phrase se póde dizer tal. Nem mesmo procura imitar os *Requiem* conhecidos, os quaes, embora celebres, não reunem o estylo, a unidade, e a interpretação dramatica-religiosa que Verdi soube dar a esta sua nova creação [...] Citarei ainda o offertorio *Domine Jesu,* composição de caracter calmo, religioso, inspirado, onde os violoncellos no prelúdio recordam um pouco talvez o *Stabat* de Rossini [...] (PR SOR 007-1, p. 6-43).

Ao analisar a performance ocorrida no Rio (em nenhum lugar dessa edição a redação informa onde e em que dia se deram as récitas, apenas o título dos desenhos da dupla central dá a pista: *A Missa de Requiem no Cassino),* o colunista escreve:

> Quanto á execução, parece verdadeiro milagre como o nosso particular amigo Arthur Napoleão conseguio tanto em tão pouco tempo. Desde dos cantores principaes até ás massas do côro, todos se houveram com verdadeiro empenho, e todos se tornaram credores do applauso geral. A orchestra foi boa, e se por vezes se resentio de pequenas faltas de colorido, provém isso dos poucos ensaios que teve. A exhibição do *Requiem* de Verdi cobre de gloria Arthur Napoleão, para quem não ha elogios que bastem nem louvores de que não seja digno (PR SOR 007-1, p. 6-46).

A parte de texto da revista continua com a diatribe de Borgomainerio contra o já mencionado ataque do *Jornal do Commercio*, num rodapé publicado no diário em 30 de janeiro de 1876. Borgomainerio se defende, nessa edição de 5 de fevereiro, em carta dirigida ao proprietário do *Figaro*, A. de Almeida:

> A despeito da repugnância que, devido ao meu caracter, tenho em occupar o publico com assumptos que me são pessoaes, venho hoje pedir-te um cantinho nas paginas de nosso *Figaro*, para algumas considerações que me suggerio o folhetim do *Jornal do Commercio* de domingo 30 do passado. Alli o folhetinista, fazendo espirituosamente a revista da semana, julgou acertado chamar as contas os caricaturistas do Rio de Janeiro, e especialmente os Srs. Angelo, Bordallo e eu. A boa companhia torna menos doloroso o logar que o folhetinista me concede no banco dos réos. Aqui está o escriptor no seu pleno direito, usando daquella maxima liberdade que se diz disposto a conceder-nos. Onde porém julgo que tal direito cessa, transformando-se em deplorável leviandade, é quando o escriptor, depois de haver arremessado ao papel tantos nomes, generalisa certas accusações, que, a serem fundadas, nos trariam um ostracismo capaz de atirar-nos ainda mais longe do que Pariz, como elle o deseja (PR SOR 007-1, p. 6-46).

A revista fecha a parte de texto com o "Correio dos Theatros", num total de dez notas. Duas falam da atriz Apollonia, que brilhou nas apresentações do *Fausto*: "...peça velha, vista, cansada, esgotada, foi a novidade que nos deu a Phoenix esta última semana, e nas tres vezes que se apresentou o publico acudio ao theatro como nos primeiros tempos de sua exhibição". Outro comentário, que repica nas demais revistas dessa temporada, é sobre a *Filha de Maria Angú*, paródia cometida por Arthur de Azevedo a partir da peça francesa *Fille de Mme. Angot*. Há um tom erudito que permeia as notas da revista, talvez uma busca de se diferenciar das marotices de *O Mosquito* e *O Mequetrefe*. Já veremos, mais adiante, como a *Revista Illustrada* buscará marcar seu terreno.

As imagens dessa edição estão no que se pode considerar o padrão das ilustradas dessa época. A capa foi desenhada por Antonio Alves do Valle de Sousa Pinto, o Valle, que assinou o retrato de Giuseppe Verdi. A contracapa traz uma caricatura de Joseph Mill, também assinada: Pedro II entrega um bebê índio no colo (o Brasil) aos ministros Sinimbu (João Luis Vieira Cansansão) e Duque de Caxias, dizendo: "Senhores, durante a minha ausência, confio-lhes o governo d'este meu muito amado filho, cumprindo assim os desejos de quantos se interessam por elle".

A dupla central é dedicada a *A Missa de Requiem no Cassino*. São dez cenas, compondo um arabesco de desenho arredondado, de bela feitura. No centro, o maestro Arthur Napoleão, paramentado como um cônego, entre dois acólitos ajoelhados, "celebra" a missa. Abaixo, como se espremido, um cônego reclama: "Que escandalo, até as missas nos tiram". À sua esquerda, um pouco mais abaixo, Verdi se recosta sobre partituras de *A Traviata, Aroldo, Rigoletto*, e a legenda diz: "Um patrimônio que não teme as crises nem as fallencias". Do lado direito, o já conhecido editor do jornal *Apostolo*, o rechonchudo cônego José Gonçalves Ferreira. Vestido de pierrô, pança proeminente, ele diz: "Visto que Verdi faz missas, o *Apostolo* propõe-se a cantar o *Trovador*, o *Rigoletto*..." Uma bela composição que mostra Borgomainerio em ótima forma.

Mas a carreira do italiano no *Figaro* foi breve, interrompida daí a um mês, no dia 3 de março, vitimado por um surto de febre amarela (que atacou também Bordallo Pinheiro, mas o caricaturista português sobreviveu). Citamos a *Revista Illustrada* de 4 de março de 1876, que abre seu número 10 com esta notícia, na página 2:

> Um penoso dever obriga-nos, por hoje, a sahir além do nosso estylo para consignar aqui um acontecimento que nos enluta o coração: a morte de Luigi Borgomainerio, nosso apreciado collega, presado amigo, redactor do *Figaro*. Victima do terrível flagello que assola essa cidade, vimol-o hontem frio, hirto e inanimado; inerte aquella mão que com tanta arte dirigia o lápis e o pincel; imóvel aquelle coração, sede dos sentimentos de honra, de probidade e do amor extremado da família; embaciados aquelles olhos onde irradiava o fulgor do gênio, brilhava a luz da intelligencia e faiscava a scentelha do espirito! [...] Se para acontecimentos semelhantes, ha, nesse transe supremo, alguma cousa que possa attenuar a dôr de um coração irmão e amigo, nos o sentimos vendo o seu leito mortuário cercado de affeições, que unisonas o pranteavam e bendiziam de sua memoria, e porque Luigi Borgomainerio durante o tempo que viveu entre nós, embora limitado, so angariou affeições, sem que contasse um unico inimigo! (PR SOR 00167-1, p. 10,6).

Luigi Borgomainerio, ou Luís, ou D. Ciccio, como ele costuma referir-se a si mesmo, foi homenageado em peso pelos confrades das semanais ilustradas, e o proprietário de *O Figaro*, A. de Almeida, lhe dedica a capa da edição seguinte, num desenho assinado por Valle (inspirado numa fotografia de Pacheco, diz o crédito). Agostini, em sua revista, reproduz nas páginas centrais uma espécie de antologia dos melhores momentos do caricaturista.

Pelo tempo em que esteve desenhando em *A Vida Fluminense,* foi ali que Borgomainerio deixou seus melhores momentos, como reitera Herman Lima. Finalizo com dois trechos do autor da *História da Caricatura no Brasil*:

> O caricaturista italiano se distinguia de todos os demais artistas do mesmo gênero, até então aparecidos entre nós, não somente pela perfeição e originalidade de suas charges, nas quais o trabalho litográfico ia de par com o desenho, como por uma verve especial, um acento satírico nunca vistos no jornalismo brasileiro. Diante do traço clássico de Agostini, cujo desenho, realmente admirável como é, foi, no entanto, sempre um tanto "lambido", as grandes composições de Borgomainerio, repletas de tipos grotescos, movimentados com um toque de perversidade tão comum nas sátiras de Daumier, davam-lhe, com toda a justiça, uma posição de alta predominância entre os demais. Não foi por menos, por sinal, que por ocasião de sua morte escreveu o próprio Agostini o que valeria mesmo como seu melhor epitáfio: "o mais eminente dos artistas que têm vindo ao Brasil" (LIMA, 1963, p. 2-872).

A entrada de Candido Aragonez Faria no *Figaro* acontece em 27 de maio de 1876 e coincide com a estreia de Aluísio de Azevedo como caricaturista profissional. Três meses depois, Faria substitui Joseph Mill na condução do visual da revista. Mas ficará ali apenas uns meses. Do *Figaro* ele sai para o *Ganganelli,* em outubro de 1876. No ano seguinte passa para *O Diabrete.* A última edição do *Figaro,* com número 113, circulou em 13 de abril de 1878.

A *REVISTA ILLUSTRADA*:
RECORDISTA DE VENDAS NA AMÉRICA LATINA

Admirador confesso do gravador e revisteiro alemão Henrique Fleiuss, a quem dedica seu livro *História da fotorreportagem no Brasil,* o pesquisador Joaquim Marçal Ferreira de Andrade faz alguns malabarismos para conter seus comentários sobre o trabalho e o ineditismo do italiano Angelo Agostini – o que não deve ter sido tarefa fácil.[4] Angelo é uma daquelas figuras que roubam a festa. Como se diz, não tem para mais ninguém.

O trabalho de Agostini já foi abordado por pesquisadores de peso – alguns desses melhores estudos são de Antonio Luiz Cagnin *(Foi o Diabo!),* Marcus Tadeu Daniel Ribeiro *(Revista Illustrada [1876-1898], síntese de uma época)* e o de Gilberto Maringoni de Oliveira *(Angelo Agostini, ou impressões de uma viagem da Corte à Capital Federal [1864-1910])*[5] – e não é objetivo desta pesquisa deter-se longamente na figura de Agostini, apenas analisar algumas de suas produções – e foram muitas[6] – no contexto da história das revistas do século XIX.

---

4 Esse comentário é feito com todo o respeito pelo brilhante trabalho de Ferreira de Andrade, que proporcionou referências preciosas para a realização desta pesquisa. Como funcionário da Biblioteca Nacional, Joaquim Ferreira de Andrade conhece, domina e sabe compartilhar o que aprendeu em sua pesquisa.

5 Tese de doutoramento apresentada ao Programa de Pós-Graduação em História Social do Departamento de História da Faculdade de Filosofia, Letras e Ciências Humanas da Universidade de São Paulo, em 2006, foi lançada em livro em 2011. Arquiteto, jornalista, ilustrador e caricaturista, Maringoni tem um olhar privilegiado nas análises que faz da técnica e dos recursos de Agostini. Também deu boas sugestões para o andamento deste trabalho

6 Em seu tempo, foi o artista gráfico mais atuante na imprensa, tendo produzido cerca de 3,2 mil páginas ilustradas segundo cálculo de Maringoni (2006, p. 27).

Intencionalmente já deixamos de analisar com maior profundidade a produção da fase paulista de Agostini: as publicações *Diabo Coxo* (1864-1865) e *Cabrião* (1866-1867), por se tratar de trabalhos recentemente lançados em edição fac-símile. Já comentamos no capítulo anterior sua breve passagem pelo *Arlequim*, seguida dos produtivos anos à frente de *A Vida Fluminense* e, depois, *O Mosquito*. Passemos agora para seu maior sucesso, a *Revista Illustrada*.

A chegada de uma publicação de Agostini lembra o impacto daquelas cenas de cinema: a festa segue animada quando, de repente, aparece a esperada diva. Por um instante cessa o ruído e todos os olhares se fixam nela. Foi assim quando ele assumiu a direção visual de *O Mosquito:* a capa gritava, impunha sua presença. É esse o efeito visual que se tem ao olhar a primeira página do número 1 da *Revista Illustrada*. No alto da página, lado esquerdo, numa tipografia limpa, parecida ao tipo *courrier,* o local e a data: Rio de Janeiro 1º de Janeiro de 1876. No oposto, à direita: Anno 1, nº 1. Num requadro, fio fino, a imagem de impacto: uma imensa folha, tipo pôster, despenca sobre a cidade, trazida/carregada por doze garotos, misto de duendes e arlequins. Pendurados, a cavaleiro, deslizando, rompendo a base do pôster, eles tocam trombetas e seguram *crayons*, o lápis litográfico (símbolo do desenho, da caricatura, do traço). Na parte inferior do desenho, o tumulto e a expressão de susto daquela multidão composta de militares, homens de negócio, cônegos, muitas cartolas (há apenas uma figura que parece ser mulher no meio do grupo), todos evitando ser atingidos pela espécie de bólido composto por uma garrafa (no rótulo a palavra "espírito", numa visível polissemia) com uma vela acesa no gargalo, que leva atada uma pena e o *crayon:* o texto e a imagem. Na amarração, uma faixa diz "Ridendo castigat mores".[7]

---

7   A mesma expressão encabeçava o lotogipo da *Semana Illustrada,* de Henrique Fleiuss, uma referência ao ditado latino da crítica pelo humor (rindo, corrige os costumes), já comentado anteriormente.

No cartaz, o que seria o logotipo e os créditos: "Revista Illustrada, publicada por Angelo Agostini. Sahirá todos os sábados a partir de 1º de Janeiro de 1876. Assigna-se na Rua do Ouvidor nº 65 na Livraria do Sr. Garnier e na Rua da Assemblea 44. Officina Lithografica a vapor da Revista Illustrada. As correspondencias e reclamações deverão ser dirigidas à Rua da Assemblea nº 44".

A seguir, os preços das assinaturas: 16$000 anual; 9$000 semestral; e 5$000 trimestral. Nas províncias, o preço sobe para 20$000 anual; 11$000 semestral; e $500 o número avulso. Como já se disse, o preço do exemplar avulso era praticamente o mesmo praticado por todas as semanais ilustradas do período. Caro, comparado com o preço dos jornais diários.

No pé da página, a legenda: "Apparece a Revista Illustrada, é mais um; não importa, o campo é vasto". Uma bela frase feita, que lembra o "A arena é vastissima, há logar para todos" com que se apresentara, dois anos antes, o *Mephistopheles...*

A análise do conteúdo desse primeiro número revela que a autoconfiança de Agostini era alta: tinha consciência do que seu nome já representava no mundo das semanais ilustradas da corte. Mas consegue pouco nessa edição inaugural, talvez pelo esforço de ser engraçado com tentativas de metalinguagem: um suposto editor, A. (o próprio Angelo) sai à busca de novos colaboradores para escrever para seu jornal. A leitura perde espontaneidade e leveza, mostrando falhas de carpintaria nesse discurso. Agostini cresce no adiantado da hora, no sufoco do fechamento. Esse número inaugural parece ter sido muito "ensaiado" e pensado e por isso talvez consegue apenas ser fraco.

A apresentação, com a receita habitual dos primeiros números de publicações, busca dizer a que veio a revista. O texto abre triunfal:

> Abram caminho! Abram-o bem franco! É mais um campeão que se apresenta na arena, de lapis em riste, prompto a combater os abusos, de onde quer que elles venham, e a distribuir justiça com a hombridade de um Salomão. Abram caminho! E notem bem que não sou nenhum caloiro que pretenda entrar com pés de lã na contenda jornalistica para afinar a sua voz pelo diapasão da grande orchestra da imprensa humorística da côrte. Sou, pelo contrario, um veterano, já muito callegado nas lides semanaes, que tendo se recolhido temporariamente nos bastidores, volta agora resfolgado á scena e mais decidido do que nunca a não deixar de dar a Cesar o que é de João Fernandes. Abram caminho! O meu

programa é dos mais simples e póde ser resumido nestas poucas palavras: "Fallar a verdade, sempre a verdade, ainda que por isso me cáia algum dente". Quem se zangar conmigo, fique certo que perde o seu latim. Estão previnidos? (PR SOR 00167-1, 1, p. 2).

A seguir, emenda: "O pior é que o primeiro artigo de fundo de uma folha [...] deve conter uma espécie de prospecto, um panno de amostra do que ha de ser no futuro". Não basta dizer, acrescenta, que o programa seja falar a verdade, a verdade sempre. Convém pôr mais pontos nos ii e é isso que a revista se propõe.

E sai então o editor, no texto desse número, a consultar pessoas, convidar para que escrevam artigos. Como se disse, o resultado dessa tentativa não deu liga. Há apenas alguma graça, nessas quatro páginas de texto, como a expressão "favo de fel"... O melhor achado é uma espécie de ensaio "Ao rodar do bonde", que lembra um pouco as vinhetas do jornalista argentino Roberto Arlt, pela riqueza da escrita. Damos uma amostra aqui:

> Gosto de bonds e tenho minhas razões. A locomotiva tem admiradores, o telegrapho seus apologistas, o espiritismo seus adeptos./Eu gosto de bonds./Entre todos os inventos que a civilisação moderna reclama como gloria sua, eu dou aos bonds o primeiro lugar./Haverá muito quem não me dê razão, paciencia!... pensarão conmigo todos os accionistas de S. Christovão./Já houve quem dissesse que o telegrapho é a mais bella conquista do nosso seculo. Quem assim fallou não conhecia por certo os bonds. O telegrapho é um luxo caro, o bond é uma necessidade barata./ Pelo telegrapho manda-se; no bond vai-se: quem quer vai, quem não quer, manda (PR SOR 00167-1).

O texto segue com essa graça, mas o melhor, sem dúvida, são os desenhos. Como o da página 5, em que Beltrano, "mascote" ou "alter-ego" do periódico (e do próprio Agostini), se apresenta, ladeado pelos 12 meninos duendes-arlequins, que ele chama de "mariolas". Diz a legenda:

> Permitti que me apresente perante vós, respeitavel e illustradissimo publico (estylo de quem precisa de assignantes). Estou encarregado pela "Revista" de illustrar as suas paginas. Chamam-me Dom Beltrano,

minha familia é bastante conhecida: sou filho de Dom Fulano e irmão gemio de Dom Cicrano. Estes mariolas são meus reporters, meninos um tanto malcriados mas muito ladinos. Feita esta apresentação, tenho a pedir ao bom publico, antes de começar minha tarefa, que releve qualquer graça que achar sem graça e que não fique mal conmigo quando eu for por demais engraçado. No mais, tenho a honra de... os cumprimentar. (safa! Que tirada!) (PR SOR 00167-1).

Na parte inferior da página, em outro belo desenho, Beltrano/Agostini dá instruções a seus mariolas: "Vão, corram, observem bem o que se passa por ahi e voltem a dar-me noticias de tudo quanto viram. O publico fluminense é muito curioso e quer novidades mesmo quando não as ha". A reportagem é uma das marcas do trabalho de Agostini, de algum modo na contramão do jornalismo que se praticava então.[8]

Nos números seguintes, a revista vai se soltando, num humor mais fluido. O número 2 já apresenta o título num cabeçalho mais trabalhado e com tipografia bastante elaborada. A imagem da capa é outro trabalho de impacto: Beltrano está numa arena e se dirige à bancada onde os editores das publicações periódicas da corte perfilam como num julgamento: estão ali *Jornal do Commercio*, *O Globo*, *Diario do Rio*, *A Nação*, *A Reforma*, *Gazeta de Noticias*, *O Figaro*, *O Mequetrefe*. Beltrano tem nas mãos uma coroa de flores de que pendem fitas, com o nome desses jornais, como se fossem *corbeilles* enviadas à nascente ilustrada. Diz a legenda: "Illustres collegas diários e semanarios: reconhecido pelas palavras bondosas com que haveis recebido a minha apparição na scena jornalistica venho agradever-vos de coração e prometter de não desmentir as phrases lisongeiras com que me haveis accolhido".

Ao lado do Beltrano, dois de seus mariolas mostram ao leitor um aviso:

A empresa da Revista Illustrada resolveu mandar entregar um exemplar a cada assignante do Mosquito e do ex-Mephistopheles. O unico fim

---

8   Sobre a alma de repórter de Angelo Agostini, Maringoni relata uma história exemplar: havia um padre de que muito se falava na cidade e não havia modo de o caricaturista conseguir referência iconográfica sobre o personagem. Então, não teve dúvida: encomenda uma missa de sétimo dia e vai até a igreja, coloca-se atrás de uma coluna e desenha, no bloco de notas, um esboço da figura do padre. Estava pronta a referência para o desenho na pedra litográfica (MARINGONI, 2006, p. 107).

que tem em vista n'isso é tornar conhecida a folha por entre as pessoas que costumam assignar jornaes illustrados. Podem pois receber sem
escrúpulo os primeiros numeros deste semanario, certos de que nada
ficarão devendo a empresa pelas folhas no principio d'esta publicação,
promettendo empregar todos os esforços para que em breve ella fique de
todo bem regularizada; e para isso desejamos que todos aquelles que não
receberem as folhas reclamem imediatamente enviando-nos por escripto
o seu endereço para não haver mais enganos. As pessoas que presente-
mente desejam assignar, terão a bondade de inscrever o seu nome em
casa do Sr. Garnier, R. Ouvidor 65, que obsequiosamente se presta a
tomar as assignaturas (PR SOR 00167-1, 2, p. 1).

Na página 2 (a revista não usa numeração contínua e essa é uma das marcas
de Agostini), a ilustrada introduz uma seção com que sempre abrirá seus textos:
"Livro da porta", seguindo a tradição das publicações da época de resenhar ou
registrar o recebimento de exemplares ou comentários de outras publicações. *O
Figaro*, *Gazeta de Noticias*, *O Mequetrefe*, *O Mosquito* são citados entre os periódicos que mencionaram e fizeram elogios ao aparecimento da *Revista Illustrada*. Que
aqui, novamente, agradece as menções. A seguir, o redator retoma um pouco o
discurso do número anterior: a que veio a publicação. Mas rapidamente o discurso
encontrará seu rumo. Dois extratos dessa introdução:

Se algum curioso chegar-se a mim e perguntar-me repentinamente para
o que foi que nasci, hei de ficar muito atarantado para responder, porque
na verdade não sei. Do que, entretanto, tenho plena certeza é que não foi
para andar para traz como carangueijo. Convença-se pois, o leitor desde já
que nunca me ha de vêr mettendo a mão na seára do anno findo. Vim ao
mundo no dia 1 do corrente. Como já é publico e notorio aqui, ali e acolá;
é portanto somente dos factos occorridos depois desse dia que tenho de
occupar-me. Tanto mais que se discorresse sobre os acontecimentos anteriores ao meu nascimento, não escreveria senão uma especie de chronica
inter-uterina. E a obstetricia não é o meu forte, podem crer. [...] O facto
mais notavel da semana foi o calôr, que esteve desabrido, insupportavel,
capaz de fazer damnar qualquer cachorrinho, até mesmo de gesso. [...]
Se por um desses caprichos que não têm facil explicação, o redactor do
Apostolo sahisse alguma vez a passeio com rodelas de limão espetadas nas

costas e um raminho de salsa entre os dentes, não voltaria para casa inteiro, tão certo como 2 e 2 serem 22 (PR SOR 00167-1, 2, p. 2).

Na sequência de edições, a revista abordará muitos temas. O número 3 fala da seca, sobre teatro, criticará alguns pintores (notadamente Pedro Américo e Victor Meirelles), dará conta de brigas entre aguadeiros e empregados da irrigação ("Ao ver a nova empresa de limpeza da cidade, a febre amarela espera ter muito o que fazer este anno").

O número 5 (29 de janeiro) traz uma bela capa com São Sebastião, o padroeiro do Rio, registra o comentário elogioso publicado pelo *Diario de São Paulo* ("obsequiosas palavras de extrema benevolência"): a revista começa a repercutir fora da corte. E comete belos trocadilhos: "Como passas?/Pois eu não como/O que?/Não como passas – fiquei passado com a resposta". Comenta a festa de São Sebastião que devido a tanta chuva, deveria ser recrismado como São Chuveiro.

Ainda no número 5, a revista comenta a futura apresentação da *Missa de Requiem,* de Verdi, com apresentações previstas para de 1 a 4 de fevereiro no Cassino Fluminense. Faz graçolas com o barítono canhoto que quer cantar do lado esquerdo, sobre músicos e cantores amadores que se saem tão bem: "Graças ao Sr. Arthur Napoleão e ao valioso concurso de nossos melhores dilettantes fluminesnse, o publico d'esta Côrte terá brevemente occasião de ir delectar os seus ouvidos no Cassino Fluminense", pode-se ler na legenda de uma história em quadrinho sobre a obra de Verdi. "Dizem que em Milão um paralytico, ao ouvir esta bella musica, deu quatro pinotes e ficou inteiramente curado. Os alumnos do Collegio de Surdos e Mudos, apenas acabou o *Requiem,* gritarão *[ou seja, gritaram]*: Bravo, Verdi, bravissimo".

Também aqui a atriz Apollonia, já mencionada acima quando se falou de *O Figaro,* é celebrada por seu papel de Margarida, na peça *Fausto*, que reestreia no Phoenix Dramatica. Sabemos ainda que "a companhia que se apresenta no Pedro Segundo tem dado *As duas orphãs* e o *Anjo da meia noite,* e, enquanto ensaia o *Galé,* representará a *Morgadinha de Val-Flor,* cuja protagonista será feita pela Sra. Helena Cavalier. Estaremos nós em São Paulo?", pergunta-se o redator.

Na semana seguinte, o tema é a polêmica, já mencionada acima, dos três caricaturistas, Agostini, Bordallo e Borgomainerio, acusados pelo redator do *Jornal do Commercio* de extrapolar em suas críticas contra o governo, sendo estrangeiros:

esses caricaturistas deveriam sair do país e ir tentar sorte em Paris, dissera o folhetinista. Agora, com a palavra, Agostini, na longa resposta dada ao colunista dia 5 de fevereiro de 1876:

> O illustre folhetinista do *Jornal do Commercio* no seu folhetim de Domingo, 30 de Janeiro, occupando-se dos caricaturistas das folhas illustradas que se publicam n'esta corte, faz-lhes uma censura um tanto severa, acerca da liberdade illimitada d'esses jornaes. O illustre folhetinista está no seu pleno direito de criticar qualquer abuso que appareça n'uma folha seja illustrada ou não [...], mas não é a vontade de criticar-nos, mas sim o desejo de sêr agradável a *alguém* que fez com que tomasse tanto a peito a defeza do Sr. Duque de Caxias por ter este sahido em caricatura no *Mosquito*. Acho que o illustre Duque teria preferido que o seu defensor calasse e deixasse ficar no esquecimento um desenho que, se de algum modo o poderia offender, nunca o faria tanto como o folhetinista do *Jornal do Commercio* em tornar essa caricatura mais publica e fazer constar aos quatro cantos do mundo que esse illustre brazileiro que está com as redeas do Estado etc, etc, vem caricaturado em fórma de um macaco. Diz La Fontaine: "mieux vaut un bon ennemi qu'un ignorant ami". Não foram nem o Sr. Borgomainerio nem o Sr. Bordallo Pinheiro nem este seu criado que fizeram essa caricatura. Foi um desenhista que não é d'aquellas terras europeas a que allude o illustre folhetinista, mas sim "o apto e aproveitavel Sr. Faria",[9] artista nacional, como S. S. bem sabe, o qual assignou o desenho alludido. E' pois pouca generosidade da parte do illustre folhetinista imputar essa caricatura a artistas estrangeiros, com o unico fim de chamar a odiosidade do publico sobre elles (PR SOR 00167-1, 5, p. 2).[10]

---

9   Como conta Herman Lima, foi Aragonez Faria que deu margem ao ruidoso incidente em que estiveram envolvidos os três grandes caricaturistas estrangeiros da época, cuja expulsão do país foi sugerida pelo folhetinista do *Jornal do Commercio*, Ferreira de Meneses (LIMA, 1963, p. 808). O motivo foi uma caricatura publicada em *O Mosquito* de 26 de janeiro de 1876, atacando os ministros, Barão de Cotegipe, João Alfredo e Duque de Caxias. A má fé de Ferreira de Meneses é evidente, pois o autor da peça era brasileiro, mas era boa ocasião para atacar os lápis que incomodavam os donos do poder.

10 O comentário de Agostini é longo e espirituoso, ocupando duas colunas e parte da terceira, mas esses dois trechos captam bem o núcleo de sua argumentação: o áulico Ferreira de Meneses ao defender Caxias lhe presta um desserviço, chamando a atenção do público para o fato de ele ter sido caricaturizado na forma de um macaco. Teria sido mais negócio não dar tanta visibilidade ao fato.

Na semana seguinte, Agostini volta à tona com a discussão, abordando na capa o tema de "espirrar com meu tabaco", uma referência à canção infantil francesa *J'ai du bon tabac dans ma tabatière,* citada pelo escritor do *Jornal do Commercio*. Há grande semelhança na temática e na composição com a capa criada por Bordallo na revista *O Mosquito*, que circulou no mesmo dia 12 de fevereiro de 1876.

Um ano depois, na edição de 3 de fevereiro de 1877, a *Revista Illustrada* ironiza a fala do trono, feita pela regente Princesa Isabel. A crítica ocupa a dupla central e, em 16 quadrinhos, Agostini realiza uma de suas obras-primas.

Na primeira fila, a princesa abre o Parlamento e cumprimenta os "digníssimos representantes das tricas eleitorais". A seguir ela se diz entusiasmada por estar ocupando a regência pela segunda vez. Informa que suas Majestades continuam viagem "pelas cinco partes do mundo" (o quadrinho mostra o casal imperial diante das pirâmides do Egito), fala do nascimento de seu filho, príncipe do Grão-Pará (o desenho mostra a criança com a cabeça perdida numa imensa coroa). Garante que "o estado sanitário da Côrte e das províncias é satisfactorio" (no quadrinho, em frente a uma casinha com a plaqueta Junta de Hygiene, descansa uma porca que leva escrito no dorso: cidade do Rio de Janeiro).

A segunda fileira mostra a fala sobre a tranquilidade pública, segurança, reforma da Justiça, nova lei eleitoral, e o quadro do alistamento militar voluntário (o desenho ironiza, mostrando um "quadro" como tela de exposição).

A terceira e última fileira reproduz a fala da princesa sobre a instrução pública (o ministro da educação Zé Bento *[José Bento da Cunha Figueiredo]* acaricia um burro) e, no mais engraçado de todos, transcreve a fala da regente que menciona "são ainda penosas as circunstancias da lavoura, ella carece de braços livres", Agostini desenha uma figura de mulher sem braços, tendo na gola escrita a palavra "lavoura". Um primor de ironia esse contraponto.

No mesmo número, a revista dá uma panorâmica sobre o que há para ver, as peças em cartaz nos teatros da corte:

> Na Phoenix milita ainda o *Filho do Regimento*, pouco parecido com sua irmã a *Filha* do dito, mas tambem cousa para se vêr, ao menos uma vez. Não obstante, ainda é salvaterio ali a *Filha de Maria Angú*, a qual já conta um anno de existencia e começa a andar de gatinhas. Entanto a empreza não trata ainda a desmamal-a (PR SOR 00167-2, 5, p. 6).

Ironiza no texto a "fala do Trono", proferida pela regente princesa Isabel:

> Suas Magestades não têm soffrido em sua preciosa saude, achando-se felizmente a Imperatriz quasi restabelecida dos seus incommodos. Como

é que uma creatura que *não soffre em sua preciosa saúde* póde estar quasi restabelecida! Palavra que já suei mais de tres camisas de flanella e não pude achar a chave do enigma. Felizmente consolei-me lendo outros periodos ainda menos intelligiveis. [...] Houve uma cousa de que não disse muito bem a falla do throno; é o estado do thesouro. Depois de ter dito maravilhas de tudo quanto vai mal, porque esta excepção? Só se é por estar o Sr. Cotegipe em divida com Fr. Vital de Pernambuco, onde o *conjungo* vai começando a ser abolido (PR SOR 00167-2, 5, p. 6).

Na edição seguinte, continua nas páginas centrais a ironia sobre a fala do trono, dividindo espaço com a visita do imperador ao papa Pio IX, em Roma. Outro momento imperdível da arte de Agostini: em 11 quadrinhos distribuídos em uma página, a figura 1 mostra Saldanha Marinho furioso com a visita de S. Majestade a Pio IX. "O imperial viajante deveria esperar que S. Santidade lhe mandasse oferecer a casa". S. M. porém não queria na sua volta dizer-nos "Fui a Roma e não vi o papa". Ele que viu o mundo inteiro (no quadro, o imperador monta um camelo e olha a pirâmide com um binóculo). O papa o recebe. Na cena seguinte, estão à mesa: o imperador come feijoada, o papa macarronada. Fazem um acordo de misturar as duas iguarias. Finalmente, cada um vai para seu lado: "Todavia preferimos que S. M. coma o seu feijão e deixe o infallivel carcamano saborear seu macaroni".

Muito se poderia falar e mostrar sobre a *Revista Illustrada* e sobre Angelo Agostini no auge de sua maturidade como caricaturista. Poderíamos abordar a implicância do artista com os pintores acadêmicos, notadamente Pedro Américo e Victor Meirelles. Dos tipos urbanos que vai desenhando, o vendedor ambulante, a aia fofoqueira, o engraxate, os festejos do carnaval, o imperador dormindo nas sessões do Instituto Histórico, da militância incansável do periódico pela causa da abolição da escravatura – tanto que nas comemorações após o 13 de maio, a revista e seu criador recebem ovações tão marcantes como as prestadas a José do Patrocínio ou Joaquim Nabuco. O mesmo Nabuco que se referiu à *Revista Illustrada* como "a bíblia da abolição dos que não sabem ler". Sem aprofundar-se num debate estéril de ideias, Agostini usou a reportagem gráfica para realizar aquilo que hoje se ensina em jornalismo: não conte, mostre. E o caricaturista mostrou as desfaçatezes cometidas pela elite escravocrata, aumentando o tom de sua denúncia ao longo da década de 1880:

A série de desenhos e narrativas gráficas produzidas por Agostini, a partir de 1886, denunciando os horrores do cotidiano escravocrata representa possivelmente o ponto alto de sua obra. Exibem denúncia política e completo domínio das técnicas dramático-narrativas, aliados a uma grande capacidade de provocar indignação de parcelas crescentes dos leitores, ao mesmo tempo que incomodava outro tanto. As imagens retratam, com uma crueza poucas vezes vista, o cotidiano de torturas, mutilações e assassinatos cometidos contra os escravos (MARINGONI, 2011, p. 109).

Em 18 de fevereiro de 1886, Agostini publica uma das mais contundentes denúncias: mostra na dupla central, em quatorze quadros, a tragédia vivida pelo negro escravizado.[11] É um quadro dantesco: homens amordaçados e levados a queimar no forno, açoitados, enfim, violências sem conta. Segundo Herman Lima, "Quatorze quadros que são quatorze passos da paixão do nosso irmão cativo, em torturas que somente seriam revividas setenta anos depois, nos campos de concentração nazista" (LIMA, 1963, p. 1-120). A revista, na mesma edição, publica a história, documentada com foto de que o artista reproduziu o desenho, de duas adolescentes seviciadas pela proprietária, em pleno bairro de Botafogo. As imagens da *Revista Illustrada* fizeram mais pela causa da abolição que muitos ou quase todos os discursos no Parlamento.

Quando a Lei Áurea é tramitada no Congresso, a *Revista Illustrada* 497, de 13 de maio de 1888, faz um belo trabalho de reportagem, narrando cenas dos bastidores e da movimentação na Câmara, num texto assinado por Julio Verim:

> **A approvação do projecto.** Era difficil, na quinta-feira, tranzitar pelos arredóres da Camara, tal era a multidão que ahi estacionava. Deutro *[erro tipográfico, dentro]* não havia um só lugar vasio. A sessão tomava, desde o principio, um caracter solemne, como jamais vimos no Parlamento Nacional. Logo em principio, o nobre deputado, Sr. Affonso Celso Junior apresentou um projecto, para que o dia da promulgação da maior lei do Brazil fosse de grande gala. [...] Foi aprovado.
>
> **O Povo:** Finda a sessão, quatro ou cinco mil pessoas desfilaram, em prestito imponente, pela rua do Ouvidor, afim de saudarem a imprensa.

---

11 Em "Linchamento na província", Gilberto Maringoni conta a história do delegado Joaquim Firmino de Araújo Cunha, da cidade de Penha do Rio do Peixe (atual Itapira), em São Paulo, assassinado por dar guarida a negros fugitivos. Simpatizante da causa abolicionista, foi linchado e o assunto ocupou diversas edições da *Revista Illustrada*. Os criminosos, fazendeiros e notáveis de Rio do Peixe, foram absolvidos. Tamanha foi a repercussão do fato que a cidade mudou o nome para Itapira, para despegar-se de um nome que se tornara símbolo de opróbrio (MARINGONI, 2011, p. 116).

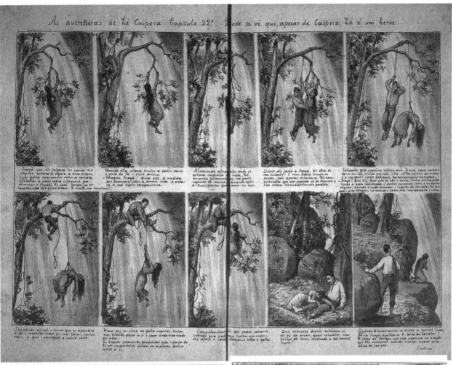

Muitos discursos, eloquentes e arrebatadores, foram pronunciados. saudando o *Paiz*, a *Gazeta de Noticias*, e o *Diario de Noticias;* o prestito dirigiu-se para a rua de Gonçalves Dias, estacionando em frente a redacção do nosso jornal. O aspecto da manifestação era importante. De uma das janellas, o nosso collega Luiz de Andrade recebeu os manifestantes, levantando vivas á Camara dos deputados, ao Povo fluminense e á Confederação Abolicionista. Tomaram a palavra, o capitão Serzedello, professor da escola militar e uma das grandes esperanças da nossa patria; João Clapp, Dr. Bricio Filho e outros oradores que em inspirados improvisos saudaram Angelo Agostini, a redacção da *Revista* e o nosso visinho e amigo Seixas Magalhães, abolicionista da mais fina tempera. Em seguida dissolveu-se a imponente reunião, entrando numerosos amigos para a redacção do nosso jornal, aonde em calorosos brindes, foram saudados Joaquim Nabuco, Senador Dantas, José do Patrocinio, José Mariano, Angelo Agostini, João Clapp, Luiz de Andrade, Fritz Harling, Bricio Filho, o exército brazileiro, a marinha nacional, a imprensa, as escolas, a magistratura, a representação nacional, o ministerio de dez de março, assim como quasi todos os batalhadores da grande causa, em cujo numero entravam Antonio Bento, João Cordeiro, Conselheiro Prado, João Ramos, tendo nós a satisfação de vêr que ninguem era esquecido. Um respeitoso e enthusiastico brinde foi levantado á Princeza Regente e á Familia Imperial. Depois de mil effusões imdescriptiveis, para as quaes não ha narração possivel, dissolveu-se a reunião, na melhor ordem. Confessamo-nos gratos ao povo fluminense pelos testemunhos de apreço que timbrou em dar, n'esses dias, ao nosso jornal, e d'estas columnas lhe protestamos, que nos ha de encontrar sempre na defeza dos seus direitos e da causa sagrada da liberdade! A todos esses, que assim nos penhoraram, d'aqui lhes protestamos a nossa immorredoura gratidão. N'este momento, resumimos todas as nossas impressões, n'estas simples palavras: Viva a Patria Livre! (PR SOR 00167-13, 497, p. 6).

O coro reconhecido pelo papel exercido pela revista vem desde o artigo "A caricatura no Brasil", publicado por Monteiro Lobato em 1919 no livro *Ideias de Jeca Tatu*.

Não havia casa em que não penetrasse a Revista e tanto deliciava as cidades como as fazendas. Quadro típico de cor local era o fazendeiro que chegava cansado da roça, apeava, entregava o cavalo a um negro, entrava, sentava-se na rede, pedia café à mulatinha e abria a Revista. Os desenhos bem acabados, muito ao sabor de sua cultura e gosto, desfiavam ante seus olhos os acontecimentos políticos da quinzena. O rosto do fazendeiro iluminava-se de saudáveis risos. "É um danado esse sujeito", dizia ele de Agostini. E ali na rede via o império como nós hoje vemos a história no cinema (LOBATO, 1956, p. 16-17).

A revista terá longa vida, como se sabe: circulará por 23 anos, até agosto de 1898. No auge da fama, aclamado com um dos artífices da Abolição, Agostini se envolve num escândalo familiar e, em outubro de 1888, segue para uma espécie de exílio forçado na França. Os planos eram de uma curta estadia, mas ele só retorna ao Brasil no final de 1894 (mas não retomou a publicação, ficando de fora). A *Revista Illustrada* continuou sem o capitão do time, e por um bom tempo conseguiu manter o nível, mas aos poucos esvaziou a forma, sucumbiu à política da "cavação", para usar a expressão de Lobato, perdeu credibilidade e importância. Os tempos também eram outros. Os artífices da república não herdaram a tolerância da monarquia e os ventos da liberdade de imprensa se tornavam coisa do passado.

AS ILLUSTRAÇÕES BRASILEIRA, DO BRAZIL E POPULAR

No ano que o pesquisador Ferreira de Andrade qualificará de "heroico" pelo número de bons lançamentos editoriais, mais três revistas chegavam ao público no início do segundo semestre – e duas por iniciativa do mesmo editor, Carlos Vivaldi – ou Charles, segundo a ficha catalográfica da Biblioteca Nacional.

A primeira delas, *Illustração Brasileira: jornal de artes, sciencias e lettras,* é uma tentativa de Henrique Fleiuss de retomar um espaço que já foi seu. Teve seu primeiro número lançado em 1 de julho de 1876: publicação quinzenal, como parece ter sido a fórmula dessas ilustradas de maior porte, chegará ao número 40, encerrando atividades em abril de 1878.

A *Illustração do Brasil,* de Carlos Vivaldi, começou a circular a 29 de julho de 1876, também com periodicidade quinzenal, embora menos regular, e é editada até abril de 1880, completando 80 edições. A terceira dessas revistas, a *Illustração Popular,* foi lançada pouco depois, a 7 de agosto, pelo mesmo Vivaldi. Com periodicidade semanal, teve vida mais breve, fechando as portas no ano seguinte, em setembro, ao completar 44 números.

As últimas publicações de Fleiuss

Com a *Illustração Brasileira: jornal de artes, sciencias e lettras* Henrique Fleiuss tentava produzir uma revista de esmerada apresentação gráfica (ANDRADE, 2004, p. 178), com as mesmas proporções das que se encontravam na França e na Inglaterra, todas ilustradas por xilogravuras e com muita aceitação por parte do público leitor daqueles países. Porém, quando dois anos depois, em 1878, morre seu irmão Carlos Fleiuss, esse projeto de criar uma revista ilustrada de grandes proporções fracassa, juntamente com o Imperial Instituto Artístico, que já não gozava do prestígio de outros tempos.

> A maioria das gravuras da *Ilustração Brasileira* era importada, mas trazia também algumas feitas no Rio, copiadas de fotografia. Ela se distinguirá também pela colaboração de dois artistas alemães que tinham estado no país: o pintor e engenheiro Franz Keller [...], e seu irmão, o pintor Ferdinand Keller. Encarregado pelo governo brasileiro, em setembro

de 1867, de explorar certa região amazônica onde se planejava construir uma ferrovia, Franz havia publicado em 1874 o livro *Vom Amazonas und Madeira* [...] A revista francesa *Le Tour du Monde* publicou um resumo dessa obra de Franz, sendo dali que provavelmente Fleiuss foi reproduzindo *[o material de algumas edições de sua revista]*, dando-lhe o título de "Viagem e Exploração ao Amazonas e Madeira (FERREIRA, 1994, p. 192).

Dois anos depois, em 1880, Henrique Fleiuss tentou sem sucesso lançar *A Nova Semana Ilustrada,* com a intenção de reviver a sua antiga e consagrada revista. Essa empreita malograda, "em desespero de causa" (LIMA, 1963, p. 2-758) foi sua última realização: faleceu em 15 de novembro de 1882 aos 59 anos. "Morreu paupérrimo, segundo acentuava o *Jornal do Commercio* em artigo que lhe consagrou, exaltando-lhe o amor ao Brasil e o descalabro progressivo que lhe atingira antes as empresas a que dedicara o melhor de seus esforços (LIMA, 1963, p. 2-759).

As Illustrações de Vivaldi

Analisando a primeira das publicações de Carlos Vivaldi, Joaquim Marçal Ferreira de Andrade elogia a qualidade gráfica da *Illustração do Brasil,* que chama de luxuosa.[12] Em seu primeiro número, a revista traz na capa o casal regente: a princesa Isabel e Gastão de Orleans, o conde d'Eu. Isabel tem no colo o filho nascido no ano anterior, a 15 de outubro, que faz jus ao título de Príncipe do Grão-Pará. Ferreira de Andrade explica que a xilografia da capa é uma montagem de duas fotos.[13] A revista, no texto de abertura, diz que por meio de gravuras atrativas buscará despertar a atenção do leitor para uma leitura amena. E descreve a imagem da capa: "uma criança, que no regaço de sua mãe bebe-lhe os sorrisos, rouba-lhe as carícias, é o futuro do Brasil".

---

12   Como a presente pesquisa foi realizada a partir dos microfilmes da Biblioteca Nacional, é importante a observação de Ferreira de Andrade, que, pelo fato de ser pesquisador da própria instituição, pôde manusear os exemplares originais – com o que se explica a citação.

13   Ferreira de Andrade explica que a xilografia da capa é uma montagem de duas fotos: ele localizou no acervo da BN a foto original, dos fotógrafos alemães Henschel & Benque. A imagem da princesa tem a lateralidade invertida, na capa, pois o gravador não se preocupou em invertê-la na confecção da matriz (ANDRADE, 2004, p. 168).

O texto encaminha o leitor para o trabalho de decifrar a imagem, direcionando a leitura. Coisa que a revista fará com frequência – sobretudo na cobertura que realiza da viagem do casal imperial pela Europa e, logo a seguir, em território americano, onde Pedro II fora para assistir à Exposição Internacional da Filadélfia, marco da celebração do centenário da Independência americana. Há diversas imagens, nesse número I, reportando essa viagem do imperador. São cenas de seu desembarque em Nova York, passeando no Central Park, partindo de trem para a Califórnia. Todas mostram algum acontecimento e em nenhuma delas o imperador está posando para a câmara – o que comprova tratar-se de pura ilustração e não desenho sobre fotos, alerta Ferreira de Andrade, pois a tecnologia da fotografia naquele período ainda não possibilitava a produção de instantâneos (ANDRADE, 2004, p. 171).

Curiosamente – e essa observação é ainda de Ferreira de Andrade –, quando a publicação noticia a volta do imperador de sua viagem, não publica nenhuma imagem do desembarque no Rio. O que permite deduzir que as gravuras da "cobertura foto-jornalística" da viagem pelos Estados Unidos tenham sido fruto da compra das chapas produzidas por revistas dos EUA. A falta de desenhistas nacionais é um problema:

> O exame mais detalhado de um número – de maio de 1878, por exemplo – serve para atestar: afora a capa, onde corre uma "Vista do Jardim Botânico do Rio de Janeiro", o que temos é o "Transporte do obelisco Cleópatra, oferecido à Inglaterra pelo kediva do Egito", "Crueldades turcas na última guerra" (contra a Rússia), "Instrumentos de música em uso na Índia Oriental"... Como se vê, algo inadequado para um periódico de nome *Illustração do Brazil* (ANDRADE, 2004, p. 173).

Um personagem de vida quase fabulosa (no entender de Orlando da Costa Ferreira), contada por seu descendente Vivaldo Coaracy, infelizmente de modo inadequado (FERREIRA, 1994, p. 212), Carlos Vivaldi seria um italiano de crença protestante, talvez pastor de alguma denominação evangélica, com passagem pelos Estados Unidos. Ali, sempre segundo Vivaldo Coaracy (no livro *Todos contam sua vida*, citado por Nelson Werneck Sodré), teria estabelecido contatos e fechado contrato em Nova York que lhe facilitavam selecionar gravuras publicadas por periódicos americanos, quando lhe parecessem oferecer interesse para o público brasileiro: paisagens, fantasias, cenas de costumes, episódios da guerra turco-russa que então acontecia nos Bálcãs. O custo era apenas o do material. Aqui, mandava escrever textos ou artigos adequados às ilustrações (SODRÉ, 2004, p. 222).

Aos poucos a revista passa a ter circulação irregular, faz tentativas de atrair assinantes para a sua carteira. Recorre à receita comum na época, que era contar com textos de escritores como Machado de Assis, Artur de Azevedo ou Joaquim Serra. Sem, no entanto, conseguir maior êxito. Em 1880, enquanto na Europa e nos Estados Unidos publicações de luxo, com alta qualidade gráfica, conquistavam público, iniciando um processo de transição para a reprodução fotomecânica (a autotipia), a revista criada por Vivaldi chegava ao fim. Segundo Werneck Sodré, a iniciativa não poderia encontrar bases suficientes para durar, pois a experiência similar de Henrique Fleiuss com sua *Illustração Brasileira* provara que o momento era de crítica, vibrações e combate. Faltava o "sal", escreve Sodré, que as semanais ilustradas ofereciam, "aquilo que está ligado ao conteúdo e que foi o segredo do sucesso da revista de Agostini". Era o que o público esperava (SODRÉ, 2004, p. 223).

Illustração Popular: um olhar para a baixa renda

A segunda revista lançada por Carlos Vivaldi pode despertar mais atenção, por aparentemente destinar-se a um público de baixa renda, algo nunca levado muito em conta pelos editores nacionais. Em formato um pouco menor (30 x 22 contra os 37 x 28 da *Revista Illustrada* de Agostini, por exemplo), seguia o mesmo modelo de 8 páginas, metade texto, metade imagem. Também utilizava xilogravuras importadas, buscando baratear custos e viabilizar uma publicação de baixo preço ($100 reis, contra os $500 das semanais ilustradas) acessível a todas as classes sociais, como afirmava a revista em sua apresentação.

Dirigida por Corina de Vivaldi, filha do proprietário, a revista tinha uma seção, "Conversações com minha filha", assinada por Aniroc (a inversão do nome de Corina), que revela bem o tom conservador da proposta editorial. No número 1, com o título "A Mulher Litterata", conta a história de Maria, pega em flagrante por sua mãe. O texto é escrito em primeira pessoa:

> Maria folheava alguns jornaes illustrados e parecia tão attenta que não vio quando appoximei-me della. Segui silenciosa a direcção de seus olhos sobre as paginas e vi que lia um conto, um daquelles milhares de contos – para não dizer milhões – que vêm e passam, e vão deixando, como as neblinas, o tempo como os acharam. Estava assignado com um nome de mulher. Maria tinha as faces inflammadas e quando acabou de lêr, levantou-se de um salto; só então percebeu minha presença (PR SOR, 03945-1, p. 1-6).

A menina mostra à mãe que o texto é assinado por uma amiga do colégio, de apenas 18 anos, e já publicando trabalhos literários em revista. "Não desejava que essa autora fosse minha filha", responde a mãe. E começa a tecer críticas à mulher letrada, pois a condição intelectual não condiz com a condição feminina. A filha não aceita os argumentos e a mãe opina sobre o talento feminino e como as mulheres devem se comportar, evitando as incursões literárias para não cair no ridículo, pois seriam quando muito toleradas, jamais admiradas. A mulher deve, pois, deixar o trabalho intelectual para os homens. Diz a mãe: "Serei severa com aquellas meninas que, com a memoria cheia de leituras de Dumas e Ponson du Terrail, e de suas composições escolasticas, porque de vez em quando têm uma phrase feliz, porque sabe colocar o substantivo antes do verbo, se persuadem de que o publico deve ouvil-as em extasis". E conclui: "A palheta do artista é séria demais para as mãos da mulher, e os seus dedos se estragam entre as differentes tintas".

No longo diálogo (duas colunas) entre mãe e filha, a primeira deixa claro que a mulher não deve perder tempo com criações literárias: por que cansar-se para dar ao mundo provas raquíticas de mediocridade?

Mais adiante, fazendo uma crônica dos acontecimentos da semana, a revista reforça a intenção de utilizar um texto com tom vivo, alegre, ligeiro, pois uma leitura amena para o povo exige simplicidade. É com esse foco que as audiências da princesa regente, as apresentações do teatro e pequenos acontecimentos da corte são passadas em revista. Há um tom moralista nos comentários:

> Em um destes dias foi cercada uma casa de jogo, em que se achavam homens de elevada posição e de distinctos talentos. O jogo que por si só representa todos os vícios deve ser evitado e punido pela policia séria e

moralisada. Louvores merece toda a autoridade que, neste terreno, tem a coragem de cumprir o seu dever (PR SOR, 03945-1, p. 1-7).

Curiosamente, a publicação que "pretendia, ilusoriamente, como outras daqui e do estrangeiro, ser hospedada na mansão do pobre" (FERREIRA, 1994, p. 212) lança mão de expressões francesas (ao abrir a "Chonica da semana" com uma nota sobre a visita do núncio apostólico Monsenhor Roncetti à princesa regente, diz "como se concede à tout seigneur, tout honneur", supondo que as classes populares saberiam o significado da expressão francesa; mais adiante, ao comentar um tumulto no Cassino, menciona raios "des étoiles filantes". Povo de baixa renda poliglota esse que a revista queria atingir.

Essa falta de foco terá sido um dos motivos de a publicação não agarrar viagem e não conseguir longa trajetória. Como se disse, encerrou as atividades no ano seguinte, em setembro de 1877, completando 44 números.

RAPHAEL BORDALLO PINHEIRO À FRENTE DE *PSIT!!!* E *O BESOURO*

Como se viu no capítulo anterior, *O Mosquito* fechou em maio de 1877, dois anos após a entrada do caricaturista português Bordallo Pinheiro. Não demorou muito e, menos de quatro meses depois, em 15 de setembro, Bordallo estaria de volta com num novo jornal, *Psit!!!: hebdomadario cômico,* que circulou de 15 de setembro a 17 de novembro de 1877, fechando no número 9.

Bordallo havia chegado ao Brasil dois anos antes, com 29 anos. Tinha um contrato de 50 libras acertado com o proprietário de *O Mosquito* e acumulava esse trabalho com as tarefas de representante comercial da empresa Valle e Silva, importadora de embutidos de porco do Alentejo. Conseguiu, nos quatro anos em que morou no Rio, ter vida boêmia e confortável (MARINGONI, 2011, p. 90). A impressão do *Psit!!!* estava a cargo da Lithographia a vapor de Angelo & Robin – havia uma relação de respeito entre Bordallo e Agostini, como se viu na polêmica que envolveu os caricaturistas estrangeiros.

A publicação teve vida curta. *Psit!!!* chamou pouco a atenção e não soube atrair os antigos compradores dos bons tempos de *O Mosquito*.

Mas a investida seguinte de Bordallo Pinheiro contaria com um suporte financeiro mais sólido que os anteriores: ele conseguiu o apoio do Visconde São Salvador de Matosinhos, um rico empresário português radicado no Rio de Janeiro. Com tal suporte, e contando com colaboradores como os conhecidos jornalistas José do Patrocínio, Arthur de Azevedo, Alberto de Oliveira e Guerra Junqueira, *O Besouro: folha illustrada, humorística e satyrica* chega aos leitores no dia 6 de abril de 1878. Era preparado na Lithografia a vapor de Angelo & Robin, de propriedade da *Revista Illustrada*.

No substantivo, a revista segue a fórmula das semanais ilustradas que vêm sendo analisadas e descritas nesta pesquisa. O número 1 tem uma capa enriquecida de arabescos, quase prenunciando o que será o *art nouveau* anos depois. Do alto da página desce, pelo lado esquerdo, uma série de folhagens: bananeiras e trepadeiras, tendo na base o desenho de um gato.

Nessa coluna de metáfora tropical se esconde um homem de cartola e monóculo (um autorretrato de Bordallo). Ele desdobra uma faixa vertical onde se lê o preço da assinatura (20$000 a subscrição anual, 11$000 a semestral, 6$000 o trimestre, para a Corte e Nitheroy; o exemplar avulso sai pelos costumeiros $500 reis). Embaixo do logotipo, outro arabesco com folhas, no centro uma abelha, e o texto: "Folha illustrada, humorística e satyrica, publicação hebdomadaria no Rio de Janeiro. Escriptorio da redacção Rua do Ouvidor 130, 1º andar".

À direita, outra faixa vertical com o preço das assinaturas para as províncias (24$000 anual, 14$000 a semestral, 8$000 o trimestre; o exemplar avulso os mesmos 500 reis). Embaixo dessa faixa, a figura de um cachorro. No centro, a figura um tanto chinesa de um senhor barbudo e jeito de profeta, em meio a aparelhos de física. A legenda esclarece pouco: "Innovador. 1º construtor e introductor do thelefono e companhias electricas no Brasil, a quem dez annos de trabalho dão direito de reputar-se e intitular-se seu estabelecimento: a 1ª casa de electricidade. 107 rua do Ouvidor". Seria o primeiro caso de publicidade editorial da história de nossa imprensa?

Essa primeira edição fora precedida de um cartaz solto, publicado em 2 de março de 1878, anunciando a chegada futura da publicação. Com outro logotipo (Bordallo mudará sistematicamente a tipografia do nome da revista), os mesmos arabescos florais, bananeiras, gato, abelha e cachorro incluídos, antecipa: "Folha illustrada, humorística e satyrica, publicação hebdomadaria no Rio de Janeiro, A COMEÇAR EM 6 D'ABRIL DE 1878". E promete: "Aos Srs. Assignantes será offercida no dia 9 de março, uma revista carnavalesca d'este anno". Escriptorio da redacção, Rua do Ouvidor 130, 1º andar. No centro, a imagem de uma mulher composta de flores, ao estilo de Giuseppe Arcimboldo, com a legenda: "c'esta folhinha que offerecemos aos nossos assignantes, emquanto lhes não damos a folha da arvore das patacas".

Essa folhinha foi uma espécie de encarte de quatro páginas, todas litografadas. Nas duas páginas centrais, o ano está deitado e sobre ele o calendário de todos os meses. Cada mês traz o calendário e alguns dizeres. Janeiro é o mês ministerial, o das economias e fardas novas e viradas. Fevereiro é o mês febril, pertence ao Dr. Pertence e aos seus dignos colegas, boticários e às empresas funerárias. Março é o mês carnavalesco-religioso. Abril: partida para a exposição, o mês das costas voltadas, ainda que ele assevere que é a barriga. Maio: mês do falatório, quando canta o sabiá. Junho: mês teatral, é a vez de todos os srs. que se caracterizam, pintam e disfarçam. Julho: mês lírico, de todos os Ferrari, Castellões e Huelvas, das aves que aqui gorjeiam. Agosto é o mês da glória, consagrado à facadinha. E de todos o mais perigoso para a barriga, único remédio é tê-la às costas. Setembro: mês do grito, a grande orquestra é do Ipiranga, do verbo irregular, das luminárias e da coroa de gás de José Bonifácio. Outubro: mês do café e da Penha, bem bonzinho para a barriga. Novembro: Petrópolis e ducha. Oh, quem dera, este mês deveria durar o ano todo, por causa da brotoeja. Dezembro: mês do presépio. Mês do chapéu na mão, exclusivo dos barbeiros, carteiros. E de todas as barrigas que não se encheram nos outros meses.

A composição é magistral: mais de 50 pequenos desenhos se espalham sobre a gorda figura, meio desdentada, do ano retratado. Um coche fúnebre, por exemplo, ilustra fevereiro. Um maestro regendo orquestra ilustra julho. Bordallo realizou esse imenso trabalho em fevereiro de 1878, e é assim que assina, na sola do sapato da figura maior.

O suplemento termina com o desenho de "As Quatro Estações", outro trabalho magistral. A página mostra quatro homens (contra a tradição de serem mulheres a representar as passagens do ano). Mesmo a primavera eterna, com vestes femininas, é um homem de bigodes. O estio, ou verão, fala das trovoadas de maio. E o outono é bananeira que já deu cacho.

Ao encerrar o primeiro ano, a revista publicará a relação de colaboradores e redatores: Henrique Chaves, José do Patrocínio, Dermeval da Fonseca, Luiz de Andrade, Lino de Assumpção, Alfredo Camarate, Dr. Ferreira de Araújo, Guerra Junqueira, Lucio de Mendonça, Affonso Celso Jr., entre outros.

José do Patrocínio, já então jornalista prestigiado no Rio, folhetinista da *Gazeta de Notícias,* teria participação importante n'*O Besouro,* tendo escrito o editorial do primeiro número da publicação (ANDRADE, 2004, p. 189).

A REVISTA NO BRASIL DO SÉCULO XIX 357

Procederemos uma análise mais detida do número 5, de 4 de maio de 1878. A revista segue a numeração contínua e esse exemplar vai da 33 à 40. Mas esta edição vem com uma sobrecapa (quatro páginas não numeradas). A primeira página desta sobrecapa traz em letras garrafais na vertical do lado direito a chamada: Tiragem 5.000 exemplares (seis exclamações). O tema desta sobrecapa é a oferta de publicação de anúncios na revista, a "preços convencionaes", como se fosse uma página promocional. A segunda página desta sobrecapa contém 7 anúncios de diferentes tamanhos. O maior é o de Antonio Aragão, da Rua do Ouvidor, n° 181. Parece ser uma sapataria, mas uma leitura atenta revela que é um calista, o terror das joanetes. Seguem-se em tamanhos menores anúncios de seguro, da loja de apparelhos electro-medicinaes "Ao rei dos magos", luvas de pelica, alfaiates.

Sem logotipo em destaque, a que seria a capa (numerada como página 33) mostra uma caricatura de Pedro II. O título é "Política. O juramento de todos os Príncipes – a garantia de todos os Povos". O imperador, sentado, é empurrado por personagens, políticos e cônegos. A legenda diz: "Nenê, diz comigo 'Juro manter a religião Catholica Apostolica Romana, ser obediente á mamãi, papai e vôvô, e ser fiel ás leis'." Nenê: "Ahrnn! Ahrnn, Ahrnn! Ahrnn". Governo: "Está feito o juramento e garantida a monarchia. D'aqui a trinta annos sua alteza cumprirá o que diz hoje; os príncipes fazem sempre o que dizem, ainda mesmo no collo das amas, de biberon em punho em vez do sceptro que tomaráó mais tarde. – Pode Vossa Alteza ir passear, sem lincença de mais ninguém. – A monarchia está segura e o povo tranqüilo".

As páginas de texto (34 e 35-38 e 39) são enriquecidas de pequenas vinhetas e grandes capitulares. Assim, o "L" é um grande sapato com um garoto fazendo o papel da haste da letra. A letra "A" é desenhada na forma de um velho reclinado a tocar uma tuba. Dois temas perpassam a edição. Um é o sucesso de *O Primo Basílio*, do escritor português Eça de Queiroz. O outro a seca do Ceará, de que se falará adiante.

Sobre o romance de Eça, a revista de Bordallo fará ironia sobre as críticas e reparos que o livro recebeu no Brasil – notadamente de Machado de Assis, que parece ser o alvo da irritação do caricaturista português. "Agarrou-se á cabeça dos Srs. litterattos e tem d'alli extrahido, como um verdadeiro ungüento puxativo, uma serie interminavel de artigos, de que já não ha maos a medir. Aquelle primo não se devia chamar *Basilio*, mas sim Basilicão!". Sobre a seca no Ceará, a nota "A cal" faz denúncia grave: uma grande partida de farinha enviada como socorro às famílias do Norte do país apresentara mistura de cal, "insufficiente é verdade para caiar convenientemente todas as peças das habitações desses patrícios, mas bastante para estragar-lhe as diversas dobras dos intestinos, e fazel-os, como cal que é, ficarem calados – e por uma vez".

A situação da seca do nordeste estava implícita no comentário, colunas antes, sobre os retirantes. "O retirante, que symbolizava uma calamidade, passou a ser o emigrado que symbolisa uma iniqüidade", escreve o redator sobre o fato de meninas cearenses se virem na necessidade de se prostituir no Rio para garantir a sobrevivência. "A consequencia é serem tiradas do seio das infelizes familias, moças que se resgatam da fome pela prostituição, e isso sem que de leve reflictam na baixeza em que vão cahir".

A revista se posiciona: "O Besouro abre um parenthesis aos seus zumbidos alegres, a sua jovialidade innata, para pedir um pouco de attenção para semelhante facto".

A contracapa desse número (página 40) traz retrato de Eça de Queiroz, "autor do célebre, belissimo livro O primo Basílio", homenagem de Bordallo Pinheiro.

A seca do Ceará está presente em diversas edições de *O Besouro*. A revista se referiu a ela em tom cáustico na edição de 20 de abril de 1878, no artigo "A seca do Ceará". Bordallo Pinheiro volta ao tema em 20 de julho, com a capa "Páginas tristes", apontada por Joaquim Marçal Ferreira de Andrade como nossa primeira fotorreportagem. É o próprio pesquisador da Biblioteca Nacional quem conta:

> O então jovem jornalista José do Patrocínio partiu em viagem a 13 de maio de 1878. Até alcançar o Ceará, o navio em que viajava fez várias escalas ao longo do litoral nordestino, oferecendo aos olhos de Patrocínio um espetáculo variado de encanto e miséria. O hábil jornalista transformou essas imagens em artigos enviados à redação da *Gazeta,* e publicados sempre ao pé da primeira página, sob o título de *Viagem ao Norte.* Ao chegar finalmente ao Ceará, Patrocínio depara um cenário ainda mais chocante e miserável do que tudo que tinha visto. A população doente e inválida, que morria nas ruas como insetos secos, impressionaria qualquer observador e sensibilizou ainda mais os olhos e a pena de Patrocínio. As reportagens que nasceram da experiência desses dias constituiriam, nas palavras de Raimundo Magalhães Júnior, o primeiro trabalho jornalístico importante que apareceu na imprensa brasileira sobre o problema das secas nordestinas (ANDRADE, 2004, p. 191).

Como se sabe, o impacto do texto é menor do que o da imagem. Por isso, Patrocínio conseguiu de um fotógrafo cearense duas imagens, em formato *carte--de-visite*, espécie de cartão postal de então, muito populares e de ampla circulação na segunda metade do século XIX. Duas dessas fotografias foram reproduzidas por Bordallo Pinheiro na capa de sua revista em 20 de junho. Como se disse, embaixo do título "Páginas tristes" se lê: "Scenas e aspectos do Ceará, Para S. Magestade, o sr. Governo e os srs. fornecedores verem – cópias fidelíssimas de photographias que nos foram remetidas pelo nosso amigo e collega José do Patrocinio". Embaixo, a legenda: "Estado da população retirante... e ainda ha quem lhes mande farinha falsificada e especule com elles!!!"

A imagem dessa capa despojada para o padrão de Bordallo mostra uma mão de esqueleto humano, punho de camisa fechado com uma abotoadura, segurando as duas *cartes-de-visite* com a fotografia de duas crianças vitimadas pelas consequências da seca. Na segunda página da revista, o texto "O Ceará":

> O nosso amigo José do Patrocinio, em viagem por aquella provincia, enviou-nos as duas photographias por que foram feitos os desenhos de nossa primeira pagina. São dois verdadeiros quadros de fome e miseria. É n'aquelle estado que os retirantes chegam á capital, aonde quasi sempre morrem, apezar dos apregoados socorros que segundo informações exactas são distribuidos de uma maneira improficua. A nossa estampa da primeira pagina é uma resposta cabal áquelles que acusavam de exageração a pintura que se fazia do estado da infeliz provincia (PR SOR 02167-1, p. 121).

Bordallo, além desse lado combativo, que levava a tão contundente crítica, também parecia ter bom olho para os negócios publicitários, como revelam alguns anúncios que a revista vai publicando, algo ainda não explorado devidamente pelas semanais ilustradas (e Agostini, como se sabe, abominará a venda de espaço publicitário). Há em *O Besouro* páginas divididas em 4 anúncios, de tamanhos distintos: ½, ¼ de página e menos. Apenas com texto (como o anúncio do Armazém Central, de Pinto Caldeira, na rua da Quitanda, n° 34, que "vende boa seda, optimo gorgorão, fino velludo, luzidio setim: Pinto Caldeira é o amigo da alegria e da tristeza, tem enxovaes completos para as doçuras do hymineu e artigos os mais contristadores para luto") ou com texto e ilustrações, como o do Grande Hotel Santa Tereza, Rua do Aqueduto, n° 48, que anuncia, com a imagem de um trompetista, seus almoços a 2$000 e jantares a 8$000 para "familias e cavalheiros dignos de boa sociedade".

Há anúncios de página inteira, como o de J. M. Queiroz, loja de calçado da Rua da Quitanda, n° 91. A página traz sete trabalhadas vinhetas: uma mulher provando sapatos, atendida por dois cavalheiros, dois senhores de bigode e cartola, entre sapatos e botas, dois brasões e duas moedas a insinuar tratar-se de casa fornecedora do imperador. No alto, desenho de um prédio de três andares, três portas e três janelas nos andares superiores. Abaixo, outra composição de mulheres e sapatos. Não traz autoria do desenho, mas a presença de cartolas e firulas remete ao estilo de Bordallo.

Já o anúncio de meia página, anteriormente citado, louvando as virtudes de Antonio Aragão no combate a joanetes e calos ("É o pé formoso que faz morrer de fome e de terror todos os calistas") traz as iniciais RBP, de Raphael Bordallo Pinheiro.

Uma revista que ia tão bem de conteúdo e de suporte financeiro faria pensar numa trajetória mais longa. No entanto, algo mudará os rumos da permanência de Raphael Bordallo no Rio de Janeiro. A principal delas é sua famosa polêmica com Angelo Agostini, de quem fora amigo, apesar das farpas já trocadas. De resto, algo muito comum entre egos de artistas numa década em que a imprensa carioca abrigou e produziu tantos nomes ilustres. Herman Lima, em sua história da caricatura, se estende longamente sobre trocas de insultos e insinuações de plágio entre diversos desenhistas. Mas nada chegou à temperatura do rompimento entre Agostini e Bordallo.

A polêmica se iniciou a partir de uma ironia feita pelo redator José Ribeiro Dantas Júnior, ao resenhar, na seção "Pelos Teatros", da *Revista Illustrada,* a apresentação nos palcos cariocas da ópera *Eurico,* de autoria do maestro português Miguel Angelo Pereira, adaptação do romance *Eurico, o presbítero*, de Alexandre Herculano. Essa crítica deu muito que falar entre a numerosa colônia portuguesa radicada no Rio, muitos deles assinantes da revista de Agostini. Estes não apenas cancelaram assinatura, como fizeram o boca a boca pelo cancelamento. Como relata Maringoni, a disputa entre Agostini e Bordallo rendeu muitas charges e lavação de roupa suja nos números seguintes da *Illustrada* e de *O Besouro*:

> Bordallo investiu pesado num suplemento do *Besouro* 37, de 7 de dezembro de 1878: desenha 6 páginas de quadrinhos onde chama o italiano de panfletário pulha, safardana em artes, urubu do lápis. É fácil supor que isso não ficou sem troco: Agostini já chamara Bordallo de vendedor de

chouriços. O embate entre Agostini e Bordallo, ao que parece, teve por base vaidades pessoais. Em um ambiente cultural restrito e rarefeito, a vida cultural era constituída por igrejinhas e panelas, como se diz popularmente (MARINGONI, 2011, p. 92).

A briga chegou a tal ponto que José do Patrocínio se afastou de Bordallo. E as coisas não iam bem para o português, que sofreu duas tentativas de assalto ou atentados. Numa, escapou de uma navalhada porque o instrumento acertou em sua cigarreira de prata. Na outra, flagra-se um negro escondido no portão de sua casa, porrete em punho, pronto para golpeá-lo, a mando de alguém que nunca se esclareceu quem fora. Herman Lima, que recolhe essas histórias, conclui: instado pela esposa e aconselhado pelos amigos, Raphael regressa a Portugal no início de 1879 (LIMA, 1963, p. 3-898). Em março daquele ano, com número 49, *O Besouro* circulava pela última vez.

> No lustro que vai de 1875-79, pode-se dizer que nenhum aspecto da vida política, social e artística do Brasil deixou de ter seu registro no lápis de Raphael Bordallo que, às diabruras do comentário mais irreverente aos maiorais da terra, juntava a graça e a beleza gráfica dos croquis de todos os fatos dignos de nota no correr da semana. A política era naturalmente o assunto principal de sua colheita feroz. [...] Ao lado porém das charges cruéis, com que verberava tanta vez injustamente o clero brasileiro, a crônica impressa do Brasil ficou a dever-lhe muitas páginas duma alta expressão artística e dum enternecido lirismo. (LIMA, 1963, p. 3-889-890).

CAPÍTULO VII

AS PUBLICAÇÕES DO FINAL DE UMA ÉPOCA:
1879-1900

A literatura forma parte do mundo de seu público ao mesmo tempo em que contribui para conformá-lo, produz a partir de convenções sociais e, ao mesmo tempo, as modifica, propõe e adota formas imaginárias, figuras semânticas, sistemas semióticos. Iuri Lotman demonstrou de que modo ideais estético-literários contribuíram na produção de formas de vida, estilos epistolares, disposição interna das residências, gestos de cortesia. Ele concebe a cultura como um sistema de modelização que junto com outros sistemas configuram o perfil de uma sociedade.

Beatriz Sarlo. *El imperio de los sentimientos.*
Buenos Aires: Norma, 2000, p. 181.

1879

A Estação: jornal illustrado para a família
Rio de Janeiro, RJ: Typ. Lombaerts & Comp., 1879-1904 (584 números)
Proprietários-redatores: Jean Baptiste Lombaerts e Henri Gustave Lombaerts
Colaborador: Machado de Assis, em sua maturidade como escritor
A Infância
Rio de Janeiro, RJ: Typ. do Magdalenense, 1879 (1 número),
publicação de proposta didática
Revista Brazileira 2ª fase: jornal de sciencias, lettras, artes
Rio de Janeiro, RJ: Typ. J. D. de Oliveira, 1879-1881 (10 números)
Dirigida por Nicolau Midose
Revista de Engenharia
Rio de Janeiro, RJ: Typ. Econômica, 1879-1887 (3 números)
Diretor: Francisco Picanco
Redator-proprietário: José Américo dos Santos

1881

Binóculo
Rio de Janeiro, RJ: Typ. e Lith. de Almeida Marques, 1881-1882 (31 números)
Colaboradores: Raimundo Correia, Filinto de Almeida e Raul Pompéia
Desenhos de: Ignotus, Huascar e Belmiro
Sciencia para o Povo: serões instructivos
Rio de Janeiro, RJ: Typ. Lombaerts & C., 1881 (2 números)
Editor-proprietário: Felix Ferreira
A Mulher: periódico illustrado de litteratura e bellas artes....
Nova York, EUA: Typ. de E. Perez, 1881-1883 (7 números)
Redatores: Josefa A. F. M. de Oliveira e Maria A. G. Estrella

1885

Distraccao: semanário humorístico e satyrico
Rio de Janeiro, RJ: Typ. de J. P. Hildebrandt, 1885-1887 (41 números)
Ilustrador: C. Idoux; P. L'Epiny
A Semana
Rio de Janeiro, RJ: Typ. da Semana, 1885 (2 números)
Diretor: Valentim Magalhães
A Vespa
Rio de Janeiro, RJ: Typ. Hildebrandt, 1885 (4 números)
Desenhos de Pereira Netto

1886

Gryphus: revista litteraria, humorística e ilustrada
Rio de Janeiro, RJ: Typ. da Distraccao, 1886 (8 números)
Ilustrador: Pereira Netto
Rataplan: semanario litterario, humoristico e illustrado
Rio de Janeiro, RJ: Typ. Lith. Almeida Marques, 1886 (5 números)
Proprietarios: Lopes Cardoso & C.
Ilustradores: Belmiro de Almeida, D. Villares e Pereira Netto

1888

A Família: jornal litterario dedicado a educação da mãe de família
São Paulo, SP: Typ. União, 1888-1894 (159 números)
Proprietária-redatora: Josephina Álvares de Azevedo

1889

O Quinze de Novembro do sexo feminino: periódico quinzenal, litterário,
recreativo e noticioso
Rio de Janeiro, RJ: Typ. Universal, 1889-1890 (7 números)
Proprietaria-redatora: Francisca Senhorinha da Motta Diniz

1895

A Cigarra
Rio de Janeiro, RJ: Officinas Graphicas de J. Bevilacqua & C., 1895-1896
(37 números)
Proprietário: Manoel Ribeiro Junior
Redator: Olavo Bilac e Pedro Rabello
Diretor: José Barbosa
Ilustrado por: Julião Machado
Don Quixote: jornal illustrado de Ângelo Agostini
Rio de Janeiro, RJ: Typ. L'Express, 1895-1903 (164 números)
Revista Brazileira 3ª fase: jornal de sciencias, lettras e artes
Rio de Janeiro, RJ: Imprensa Nacional, 1895-1899 (18 números)
Dirigida por José Veríssimo

Rio Revista
Rio de Janeiro, RJ: 1895 (2 números)
Desenhos de: Julião Machado, Isaltino Barbosa e Arthur Lucas

1898

Rua do Ouvidor
Rio de Janeiro, RJ: Typ. Casa Mont'Alverne, 1898-1912 (60 números)
Proprietário: F. J. Serpa Junior & Cia

1900

Revista da Semana
Rio de Janeiro, RJ: Officinas da Revista da Semana, 1900-1959
Redator-chefe: Fernando Mendes de Almeida
Redatores: Candido Mendes e Gaspar de Souza.
Ilustradores: Raul, Bambino, Amaro do Amaral e Luis Peixoto

A ESTAÇÃO E O PAPEL DOS LIVREIROS. BINÓCULO. GRYPHUS. A VESPA. RATAPLAN. A LEITORA: MULHER E A FAMILIA. A VIDA FLUMINENSE EM NOVA FASE. O ALBUM. A CIGARRA. A BRUXA. DON QUIXOTE. A RUA DO OUVIDOR. A REVISTA DA SEMANA.

O Império está chegando a seu fim. E a República que o sucede em 1889 não foi resultado de campanhas e discussões nacionais levadas a termo pelos clubes republicanos que se instalaram em diversas cidades do país a partir da década de 1870. Como ensina José Murilo de Carvalho, a população do Rio de Janeiro assistiu ao golpe de 15 de novembro pensando tratar-se de uma parada militar. De fato, a proclamação não foi realizada pelos principais agentes econômicos do Império, os cafeicultores paulistas, que há anos buscavam a mudança de regime. Ela aconteceu pela confluência de interesses estruturais com descontentamentos circunstanciais no interior da burocracia imperial.

> Assim, quem proclama a República não são as frações de classe mais profundamente interessadas nela, mas um setor que tinha atritos pontuais com o regime. Essa contradição gera uma década de instabilidade e de intensa luta política, até a oligarquia cafeeira assumir a plena hegemonia do processo, a partir de 1898, com a chegada do paulista Campos Salles ao palácio. Assim, em vez de ser o desenlace de um ciclo de disputas, o 15 de novembro inaugurou um novo período de confrontos, choques, conspirações, rebeliões e debates, mostrando que a unanimidade acerca da nova situação estava longe de acontecer (MARINGONI, 2011, p. 157).

O fato é que o início da República marca um rearranjo de forças políticas na busca da inserção do país na economia internacional e da possibilidade de atrair capital para enfrentar novos desafios, como a criação de infraestrutura para a exportação de produtos: o país se tornara fornecedor de matérias-primas para os países que se haviam industrializado. O Império se assentara num rígido sistema monetário, pouco flexível para as necessidades de expansão da economia, às voltas com a produção do café, base das exportações, e da necessidade de investimento para a política de imigração e para o pagamento do trabalho livre. A saída da administração republicana foi liberar a emissão de moeda e a abertura descontrolada de crédito inaugurou um período de especulação desenfreada.

> Emissões sem lastro, negócios em profusão e confusão jurídica. Está montado o terreno para que os primeiros anos do novo regime aconteçam sob o signo da especulação desenfreada. Criam-se bancos e empresas fantasmas. [...] Lançam-se ações na bolsa, compra-se barato para se vender caro. Fortunas fazem-se e desfazem-se da noite para o dia. Dinheiro e poder mudam de mãos em poucos meses. É a farra do *Encilhamento* (MARINGONI, 2011, p. 159).

A falta da legitimidade do apoio e da decisão popular gerou desconfianças e melindres entre os novos dirigentes republicanos. Implantou-se a censura à imprensa um mês após a proclamação. No dia 23 de dezembro de 1889 foi criado um Tribunal Excepcional Militar para julgar possíveis atos e condutas que pusessem o regime em perigo. O periódico monarquista *A Tribuna Liberal*, de propriedade do Visconde de Ouro Preto, último chefe de gabinete do Império, é pressionado até fechar, circulando pela última vez em 25 de dezembro de 1889. Com novo nome, agora apenas *Tribuna*, volta a circular seis meses depois, mas sua sede foi invadida e as instalações depredadas. Pelos estados, jornais de oposição são fechados, têm suas edições apreendidas, os redatores presos ou redações e as oficinas destruídas (MARINGONI, 2011, p. 162). É com esse quadro de desconforto que a implantação da República enterra os tempos das "publicações alegres". A liberdade de imprensa e as ousadias de alguns caricaturistas, que chegou a chocar visitantes estrangeiros, passam a ser coisa do passado.

O PAPEL DOS LIVREIROS – E A REVISTA *A ESTAÇÃO*

Chamado de "o século do otimismo", uma das marcas do século XIX foi a crença no progresso da ciência e nos benefícios que algumas de suas invenções, resultado dos avanços na física, na química e na mecânica, trariam para a humanidade como um todo. Essas invenções tinham aplicações práticas e, introduzidas no cotidiano, mudavam o ritmo e a qualidade de vida. Foi o que ocorreu com a adoção da máquina a vapor, a disseminação do telégrafo, da eletricidade, da fotografia e do telefone, como já se falou no capítulo 1. Um somatório de fatores importantes para que as pessoas dispusessem de maior e melhor acesso às informações. No marco dessa busca de acesso ao conhecimento o papel desempenhado pelos livreiros foi importante. Sobretudo no Brasil, com seu *déficit* histórico de leitura.

Havia no Rio de Janeiro, em 1813, apenas duas livrarias, de propriedade de negociantes franceses, Paul Martin Filho e Jean Robert Bourgeois (SODRÉ, 1999, p. 38). Oito anos depois, esse número saltava para 21. Em 1823, proclamada a Independência, surgiram outras oito. Dois anos depois, em 1825, outras sete se juntavam ao grupo.

> Eram algumas vezes lojas mistas. Mas já a imprensa dava sinal, em anúncios, de venda de livros usados. E, em 1823, o livreiro Francisco Saturnino da Veiga, desejando contrair segundas núpcias, auxiliava os filhos a abrirem nova casa do gênero [...] prova de que o negócio de livros dava para viver. Aí, Evaristo da Veiga se iniciou no ramo, vendendo, por exemplo, o *Curso de Política Constitucional,* de Benjamin Constant, Benthan, Blackstone, Foy, Ricardo, Say, Rousseau, Montesquieu, Beccaria, fontes prediletas do pensamento político dos primeiros legisladores brasileiros. [...] O ramo, aliás, teve muitos franceses a exercê-lo: M. Cremière, Cogez, Ogier, Plancher. A partir da época da Regência, Paula Brito tinha loja, no Largo do Rocio. Havia, assim, um público razoável, considerando o peso dos longos séculos de passado colonial e de tudo o que isso significou sempre, e aqui particularmente, de atraso, ignorância e miséria. Essa expansão do comércio de livros estava em consonância com as condições políticas que evoluíam rapidamente: era um país novo que começava a emergir, com a sua camada culta ansiosa por definir-lhe os rumos e necessitada, para isso, de informar-se (SODRÉ, 1999, p. 38-39).

No entanto, mesmo em 1830 eram poucos os pontos de distribuição de livros, como afirma Lajolo e Zilberman (2002, p. 117). De Pierre René François Plancher de la Noé já se falou (no capítulo 2). Ele trouxe, além de máquinas modernas, algumas práticas de *marketing* em uso na França, como a loteria de livros. Seus sucessores, tanto no *Jornal do Commercio* como no negócio de venda de livros, Villeneuve e Mougenot, investiram forte em promoções e, sobretudo, importaram da França os folhetins. Havia ainda a Livraria de Luis Mongie, onde se reunia uma espécie de clube literário, algo que viria a acontecer também na loja de Francisco de Paula Brito, com a sua Sociedade Petalógica.

> Não obstante tantas e tão beneméritas iniciativas, livrarias e editoras, até a primeira metade do século XIX, representam esforços e projetos descontínuos. Jamais figuraram atividades coesas que, secundando um projeto educacional consistente, sustentem (e se sustentem de) uma sólida prática social da leitura (LAJOLO & ZILBERMAN, 2002, p. 118).

Um novo estágio ocorre com os livreiros da segunda metade do século XIX: foram os negociantes de livros que, cientes das inovações tecnológicas de impressão e do barateamento do custo de produção em larga escala, passaram a lançar no mercado obras capazes de agradar aos diferentes componentes do público leitor ainda em formação. O leitorado ia aumentando aos poucos devido ao desenvolvimento da capital federal, à quantidade cada vez maior de homens livres, à vinda de imigrantes europeus, ao aumento progressivo de profissionais liberais, à ampliação de uma população assalariada, dentre outros fatores.

Segundo o censo de 1890, enquanto 80% da população brasileira era composta por analfabetos, no Rio de Janeiro quase metade de população sabia ler e escrever. Detalhe: era uma cidade majoritariamente habitada por homens: 57,9% de população masculina contra 43,8% de mulheres. E era justamente entre as mulheres que o analfabetismo apresentava números mais elevados. Dos 4 milhões de brasileiras contabilizadas da década de 1870, apenas 550 mil – menos de 14% – estavam alfabetizadas. Para complicar a situação, boa parte da sociedade ainda tinha dúvidas se a mulher deveria ou não ter acesso à educação.

Esse novo tipo de comerciante livreiro tentou atingir a parcela da população ainda pouco explorada pelo mercado editorial, assim como os novos leitores que surgiam. Nessa época aparecem diversas obras consideradas populares, mas não no sentido de serem direcionadas às camadas de pouco poder aquisitivo, mas sim por serem produtos de baixo custo – algo que havia dado bons resultados sobretudo na França, com as edições de romances em papel barato.

Os livreiros estrangeiros desse momento – último quartil do século XIX – representavam em geral firmas francesas interessadas em manter suas filiais num mercado que, mesmo limitado, sempre se mostrara bastante francófilo. Entre esses livreiros se destacaram os irmãos Laemmert, Baptiste Louis Garnier e Francisco Alves.

A Laemmert iniciou suas atividades como Livraria Universal em 1833. Dirigida por dois irmãos, Heinrich e Eduard Laemmert, passou a editar livros a partir de 1837, inaugurando a Typographia Universal. Entre suas publicações, a mais famosa foi o *Almanack Laemmert,* de que já se falou no capítulo 3. Os Laemmert, de origem germânica, publicavam obras gerais, como dicionários, coleção de máximas, manuais de medicina, seleção de poesias brasileiras. Publicavam ainda livros traduzidos do francês, mas o carro-chefe sempre foram os autores alemães: editaram Goethe e foram pioneiros na literatura infantil, publicando, entre outros, *As Aventuras do Barão de Münchausen.* A editora aventurou-se, também, embora em menor escala, na edição de livros didáticos.

A Livraria Garnier dividia com a Laemmert (Universal) o mercado de livros, concentrando-se na publicação de literatura. Dirigida pelo francês Baptiste Louis Garnier, seus livros eram impressos em Paris e, às vezes, em Londres. Baptiste Louis, caçula de uma família ligada ao comércio de livros, chegou ao Rio de Janeiro em 1844 e, dois anos depois, abria sua livraria (LAJOLO & ZILBERMAN, 2002, p. 119).

Considerada uma das pioneiras no desenvolvimento editorial brasileiro, a Livraria Garnier teve a seu favor pontos importantes como o pagamento regular de direitos autorais, a boa remuneração aos tradutores, a formação de um corpo qualificado de redatores-revisores e o maciço investimento em literatura, tanto europeia quanto nacional. Baptiste Louis Garnier publicou, entre outros, Honoré de Balzac, Walter Scott, Charles Dickens, Alexandre Dumas e Oscar Wilde. Com forte sentido comercial, considerado um tanto sovina e pouco ousado quanto a enfrentar riscos, Garnier priorizava a edição de autores consagrados. Ou seja, apostava no garantido. Editou obras dos romancistas brasileiros mais importantes de seu tempo. Seu numeroso portfólio incluía José de Alencar, Joaquim Manuel de Macedo, Graça Aranha, Gonçalves Dias, Álvares de Azevedo, Joaquim Nabuco, Sílvio Romero, Olavo Bilac, José Veríssimo, Artur de Azevedo, Bernardo Guimarães, Paulo Barreto (o João do Rio). Garnier foi também o principal editor de Machado de Assis.

A casa editorial Francisco Alves nasceu com o nome de Livraria Clássica, criada em 1854 por Nicolau Antônio Alves, tornando-se o terceiro grupo editorial e livreiro do Segundo Império. Em 1863 Nicolau se associou com o sobrinho Francisco Alves de Oliveira, dedicando-se a partir daí ao promissor negócio do livro didático. Tinha um catálogo, naquele ano, de 30 títulos dedicados ao uso nas escolas – com o tempo, os manuais escolares chegaram a constituir quase 90% do acervo.

> Foi assim, primeiro pelas mãos de Laemmert e Garnier, depois pelas de Alves, que a imprensa no Brasil abandonou o regaço estatal e saiu para as ruas, à procura do lucro que vinha sob a forma dos compradores. Lucros parcos, é verdade, talvez na mesma proporção dos leitores (LAJOLO & ZILBERMAN, 2002, p. 121).

Um livreiro que fugiu um pouco desse tipo de negócio foi Jean Baptiste Lombaerts, que juntamente com seu filho, Henri Gustave, optou por trabalhar principalmente com jornais e revistas importadas, em vez de competir com os livreiros já estabelecidos e que dominavam esse mercado. Eles foram editores e proprietários da Livraria e Tipografia Lombaerts e Comp., também localizada no Rio.

Uma das mais importantes publicações importadas que essa livraria revendia no Brasil era o periódico francês *La Saison,* impressa por Gustave Lyon Societé Anonyme em Paris desde 1872. Esse periódico retratava a moda parisiense, que já na época influenciava as tendências do mundo todo, e as novidades do vestuário na Europa. De 1872 a 1878 Lombaerts produziu um suplemento em português que acompanhava a revista francesa.

Foi somente em 15 de janeiro de 1879 que o livreiro e tipógrafo passou a editar uma versão brasileira, chamada *A Estação: Jornal Illustrado para a Família*, que noticiava a moda europeia, com a novidade de trazer uma seção nacional dedicada à literatura, por onde passaram nomes famosos, como Machado de Assis. Além disso, a revista era um cardápio rico de sugestões de bordados, manualidades, moldes de roupas, acessórios femininos em geral. Publicada duas vezes por mês, saía com datas dos dias 15 e 30, e circulou até 14 de fevereiro de 1904.

Para marcar a continuidade com a edição francesa, a primeira edição de *A Estação, Jornal Illustrado para a Família* saiu com a numeração de ano VIII, número 1. Afinal, a publicação não era um produto novo e sim uma continuação da *La Saison*, que deixara de circular por aqui sua edição francesa naquele mesmo ano de 1879.

Impressa no mesmo formato de 37 x 27 cm, suas páginas eram compostas por muitos desenhos que recriavam as fotografias tiradas pelos retratistas profissionais:

apesar de já ter sido inventada mais de quatro décadas antes, ainda não se havia descoberto como fazer a impressão direta da fotografia, algo que aconteceria daí a poucos anos. Com isso, os meios impressos de comunicação não publicavam a foto e sim a sua reprodução em desenho.

A revista abre com o texto "Aos nossos leitores":

> Começa com este numero o oitavo anno do nosso jornal, e foram tantas as provas de animação dispensadas a esta empreza, desde o começo, pelo respeitavel publico em todo o Imperio que afinal vemos os esforços constantes, as lutas de sete annos, prestes a serem coroadas do mais feliz exito e cada vez mais nos approximamos do fim á que desde o principio nos propuzemos: crear um jornal brazileiro indispensavel a toda mãi de familia economica que deseje trajar e vestir suas filhas, segundo os preceitos da época. [...] Acabamos de folhear a collecçao completa dos numeros publicados sob o titulo *La Saison,* edição para o Brazil, e não é sem experimentarmos um intenso sentimento de satisfação que vimos as provas do pouco que temos feito, mas que muito foi, para attingirmos ao alvo que almejamos. As nossas amaveis leitoras, aquellas principalmente que nos acompanham desde 1872 perguntaremos: cumprimos nós fielmente o nosso programma, auxiliando e aconselhando as senhoras mais economicas, fornecendo-lhes os meios de reduzirem a sua despeza, sem diminuição alguma do grão de elegância á que as obrigava a respectiva posição na boa sociedade? (PR SOR 04641 [1]).

Ciente de que a moda criada para o inverno de Paris não seria a mais adequada ao correspondente verão da corte do Rio de Janeiro, o editor se antecipa:

> A revista promete adaptar as novidades parisienses ao clima do Rio, sem fugir do bom senso: Ainda encontrarão nossas leitoras nas nossas páginas pesados mantos no verão e toilettes leves no inverno, porém junto a isso que não podemos eliminar sob pena de não mais reproduzir a moda pariziense, encontrarão tambem todas as explicações que lhes indicarão os meios de tirar alguma vantagem desses objectos, conformando-se com as exigencias de nosso clima. Por esse lado continuará o nosso jornal a ser pariziense (PR SOR 04641 [1]).

Para compensar o *gap* de estações, a revista promete investir em boa leitura:

Por outro lado, porém, na parte agradável e recreativa, deviamos torna--lo nosso, e assim o fizemos. Confiamos a parte litteraria da Estação a pessoa de reconhecida habilidade, e n'este numero encetamos a publicação de uma producção de um dos nossos mais talentosos e festejados romancistas, que especialmente para o nosso jornal a escreveu e cuja corôa brilhante va por esse motivo adquirir mais um luzido florão (PR SOR 04641 [1]).

Mais adiante, ainda sob a promessa de boa leitura, a revista antecipa:

Escolheremos no que de melhor se publicar nos jornaes de senhoras mais acreditados da França, Bélgica, Allemanha, Inglaterra, aquelles artigos cujo assumpto possa interessar a nossas leitoras, cuidado esse tambem a cargo de pessoa muito experimentada, cuja collaboração tivemos a fortuna de adquirir (PR SOR 04641 [1]).

Outra novidade prometida nessa apresentação do primeiro número da versão brasileira de *La Saison:* uma consultora local fará ajustes, acrescentará dicas.

Uma senhora, que se acha em contacto immediato e constante com a sociedade elegante e escolhida dos nossos salóes fluminenses, dignou-se de tomar o encargo de quinzenalmente contar ás nossas leitoras como são interpretadas pelas nossas bellas patrícias os preceitos de elegância dos salóes do faubourg St. Honoré.

As páginas da revista a partir dessa abertura virão recheadas por textos descritivos, de linguagem acessível e específica (como fazer, como pintar, como bordar) e detalhada, revelando medidas e materiais a serem usados para a fabricação artesanal das vestimentas e dos acessórios e objetos sugeridos. Na página 2 temos: 1, 2 e 57: Vestuario para máu tempo (1 e 2 são os figurinos mostrados no desenho da capa; 57 é o modelo que aparecerá na página 4: o paletó justo do modelo 2, visto de costas). Diz o texto-legenda:

1. Costume de manto comprido: Molde do manto: vide o número 1 de Novembro, desenhos 40 e 42. Esse manto muito comprido e com

largas mangas é de panno acolchoado guarnecido de franja de penas com contas e grega de seda. Costume com tunica comprida de cachemira da Índia, guarnecida de velludo e lanços de fita de setim. Chapéo de velludo com fitas de setim: os pingos do véo são de ouro.

A página tem ainda uma média de 15 imagens e legendas, que vão de "anteparo" a "avental para a menina", "vestido com corpinho e blusa", "vestido para baile", "borda para almofadas", "cesta para trabalho", "guarnição", "tamborete", "mobília para boneca", "laço para gravata enfeitado com renda de birro", "dois leques para baile", "tapete bordado", "enfeite de flores e fitas", "cesta de pães", "saia e corpinho", "leque enfeitado com flores e penas". A variedade de acessórios era grande (algumas páginas podiam trazer três dezenas de sugestões e ideias), mas sempre convergentes, em um mesmo estilo que passa um tom de elegância e distinção (confira as imagens).

Alguns exemplos: "Cesta de pão – esta cesta para pão, de tília, é enfeitada com pintura sobre a madeira; a sépia em fundo acinzentado, cujo motivo vai indicado na figura 26. O fundo é rodeado de preto; a beira externa mais escura faz sobressair o motivo da pintura"; "Toilette para baile. Vestido à princesa com chale de renda. É de seda clara e tarlatana, tendo fios de prata no tecido e enfeitado com renda *blonde*. O chale apanhado é preso sobre o penteado por uma flexa ou um tufo de rosas faria um toilette encantador para o teatro ou concerto". "Dois enfeites de flores para toilette de baile: as flores e fitas sempre foram os enfeites preferidos para vestuário de baile e este ano não faz exceção à regra. O enfeite de flores, desenhos 41 e 42, arma-se sobre cordão prateado; os desenhos 43 e 44 representam um rasto de rosas misturado com laços e pontas de fita de setim". Um número regular da revista podia apresentar quase uma centena de ideias. Assim, o número 1 traz 97 figuras; o número 6 (31 de março de 1889) chega a 94. Certamente as leitoras se deliciavam.

> Festejando o vigésimo ano de sua introdução no país, a revista publicou na imprensa um longo anúncio (como no número inaugural do *Jornal do Brasil,* de 9 de abril de 1891), divulgando uma estatística do seu conteúdo pictural anual: 34 figurinos coloridos, mais de dois mil desenhos, quatorze folhas desdobráveis com mais de duzentos moldes, mais de quatrocentos riscos de bordados. Era nessa época editada pela sociedade Lombaerts,

380 CARLOS COSTA

Marc Ferrez & Cia. e dizia-se uma das vinte edições do mesmo jornal francês,[1] publicado em quatorze idiomas (FERREIRA, 1994, p. 211).

É possível notar na leitura das páginas de *A Estação* como o texto das publicações brasileiras dessas duas últimas décadas do século vai aos poucos deixando o tom de oratória, o discurso do púlpito, que foi uma das características de seu início, na entrada dos anos 1830. Agora o discurso assume um aspecto quase coloquial, de conversa entre amigas. A imprensa, em seus primeiros anos entre nós, sofreu muito a influência da retórica eclesiástica, pela presença de clérigos, que de algum modo marcaram o tom do que seria o texto jornalístico por décadas (era frade o editor da *Gazeta do Rio de Janeiro;* era cônego o fundador do *Revérbero Constitucional Fluminense*, Januário da Cunha Barbosa; eram frades o Frei Caneca, do *Tifis Pernambucano,* e o criador de *O Carapuceiro* foi o padre Lopes Gama). Situação reforçada pela substantiva presença dos bacharéis, tanto os formados em Coimbra, nos primeiros momentos da nossa imprensa, como depois os advogados saídos das escolas de Direito de São Paulo e Recife. Embora a presença de bacharéis vá marcar ainda as próximas cinco décadas, o viés eclesiástico agora é coisa de um passado, como lembra Isabel Lustosa, ao concluir seu comentário sobre a pioneira *Gazeta do Rio de Janeiro*:

> Era uma imprensa com as características da imprensa européia do século anterior. Ao contrário do que já se conhecia na Europa, são raros nesse cenário os jornalistas profissionais. Muitos seriam os padres que

---

[1]   Essa informação derruba a afirmação recorrente de que a revista *Seleções do Reader's Digest* teria sido a pioneira na internacionalização de uma marca de publicação. Criada em 1922 por DeWitt Wallace e sua mulher Lila Acheson Wallace, *Seleções* logo teve sucursais na Europa traduzindo seus textos curtos e resenhando temas com abordagem "construtiva" e acrítica. A edição em espanhol, para a América Latina, era feita em Cuba desde 1940. Em 1942, foi lançada a versão brasileira, editada por Afrânio Coutinho em Nova York. A seguir, a edição brasileira se transferia para Cuba, vindo para o Brasil apenas em 1951. Hoje, após os revezes dos anos 1970 e 1980, quando chegou a ser editada em Portugal, *Seleções* é a terceira revista mensal de maior circulação do país, superada apenas pelas revistas Nova Escola, da Fundação Victor Civita, e Claudia, da Editora Abril, segundo dados da ANER/IVC (Associação Nacional de Editores de Revistas e Instituto Verificador de Circulação). Com 48 edições "nacionais" em 19 línguas diferentes, *Seleções* seguiu um caminho aberto pela *Saison* francesa.

A REVISTA NO BRASIL DO SÉCULO XIX

acumulariam a condição de eclesiásticos com as de funcionário público e jornalista. A redação de *A Gazeta do Rio de Janeiro* era uma mistura de redação propriamente dita com repartição pública e claustro, não só por conta do grande número de funcionários públicos e padres que nela escreviam, mas também, apesar de se classificar como um empreendimento de particulares, por funcionar numa secretaria de governo (LUSTOSA, 2000, p. 71).

Outro detalhe apontado por diversos pesquisadores: mesmo em suas páginas dedicadas a bordados e figurinos, as moças mostravam, além de belos vestidos, o costume da leitura. Muitas vezes nos desenhos as modelos traziam um jornal ou livro nas mãos. Uma mensagem para a leitora: consumir publicações é chique e sinal de estilo.

E foi justamente com sua seção literária que a revista mais brilhou: ali se publicaram boa parte dos contos machadianos (ao lado de *O Jornal das Famílias* e da *Gazeta de Notícias)*,[2] além de alguns dos seus romances mais conhecidos, como *O Alienista* (1881) e *Quincas Borba*, que apareceu em pequenas entregas entre 15 de junho de 1886 e 15 de setembro de 1891, os minicapítulos (folhetim). Machado de Assis colaborou de 1884 a 1891 e chegou a assinar notas de eventos, como o "Cherchez la Femme", em que se anunciava a criação do Liceu de Artes e Ofícios Femininos, solicitando fundos às leitoras, "em nome da elevação moral da família". Olavo Bilac, outro grande redator de revistas, também participou de *A Estação*, colaborando com crônicas, contos e poesias, como Dantas Júnior, que teve muitas de suas crônicas publicadas ali. Em 1885 começou a aparecer uma série de textos intitulados "Croniquetas", trazendo a assinatura de "Eloy, o heroi", pseudônimo utilizado por Artur de Azevedo. Algumas jornalistas mulheres, como Ignez Sabino, Presciliana Duarte de Almeida e Julia de Almeida, enviaram colaborações para essa

---

2   De algum modo, Machado de Assis usou a técnica de escrever seus contos para a imprensa como trampolim para sua posterior publicação. Talvez a pressão do prazo fosse um atrativo. O certo é que *Contos Fluminenses* (1870), a primeira das muitas antologias de contos que ele organizará, trazia entre os textos seis contos publicados anteriormente na revista *Jornal das Famílias,* criada em 1862 por seu editor, Baptiste Louis Garnier. A segunda antologia, *Histórias da Meia-Noite* (1873), será composta apenas por contos publicados nessa mesma revista. A partir de 1882, com *Papéis Avulsos* (e as coletâneas seguintes: *Histórias sem Data*, de 1884; *Várias Histórias*, de 1886; e *Papéis Recolhidos*), serão compostos por contos publicados por ele em *A Estação, Jornal das Famílias* e no jornal *Gazeta de Notícias*.

revista, o que era ainda uma novidade naquele momento em que escrever não era uma atividade feminina. A revista *A Estação* trazia, ainda, escritos sobre higiene, poesias, indicação de livros e sugestões de leituras para suas assinantes.

Sua parte mais importante, o "Supplemento Litterario", circulou durante 24 anos, de 15 de janeiro de 1880 a 15 de fevereiro de 1904, e teve a colaboração dos mais conhecidos escritores nacionais. Foi principalmente esse suplemento que trouxe ao Brasil talvez as mais magníficentes xilogravuras estereotipadas ou galvanotipadas francesas da época, algumas mesmo de grande beleza e impressionante realismo, em sua maior parte, como era natural, copiadas de fotografias, já quando o meio-tom fotomecânico se estava popularizando no país (FERREIRA, 1994, p. 211).

Após circular oito anos em francês, na "edição para o Brazil", *La Saison* ganha versão local em 1879.

Um número regular da revista podia apresentar em desenhos quase uma centena de ideias. Ao chegar aos 20 anos, a revista fez um balanço: 34 figurinos coloridos, mais de 2 mil desenhos, 200 moldes, 400 riscos de bordado.

Em 15 de fevereiro de 1904, *A Estação* fechou as portas, após 25 anos de existência como a maior revista feminina de seu período. A Casa Lombaerts chegou a gozar de um reconhecimento tão grande que é mencionada em pelo menos duas obras. A primeira foi *O Ateneu*, de Raul Pompéia (1888), que cita a casa publicadora em seu capítulo VI. Ali se lê: "A sociedade tinha o seu órgão, *O Grêmio*, impresso no Lombaerts (...)". A segunda é uma crônica de 1911, de Lima Barreto, chamada *Feiras e Mafuás*: "Dos jornais e folhetos distribuídos por aquela ocasião, eu me lembro de um pequeno jornal publicado pelos tipógrafos da Casa Lombaerts. Estava bem impresso, tinha umas vinhetas elzevirianas, pequenos artigos e sonetos (...)".

NOVA GERAÇÃO DE ILUSTRADORES: *BINOCULO, GRYPHUS, A VESPA* E *RATAPLAN*

A partir de 1880, quatro novas publicações serão espaço para uma nova leva de caricaturistas de admirável vocação, um deles vindo a ocupar especial lugar nas artes plásticas brasileiras, Belmiro de Almeida – o outro firmando-se como um dos mais originais caricaturistas nascidos aqui, Pereira Netto.[3] Com a colaboração de Belmiro ou por sua iniciativa surgiram *O Binoculo*, em 1881, o *Gryphus*, no ano seguinte, e o *Rataplan*, em 1886, prenunciando a chegada de novos tempos na arte da caricatura, pela preferência do traço contínuo, nervoso, elegante, que no início deixa transparecer forte influência do mestre português Raphael Bordallo Pinheiro (LIMA, 1963, p. 123). Pereira Netto brilhará na *Gryphus* e em *A Vespa* – e dali irá substituir Angelo Agostini na feitura de *A Revista Illustrada*, a partir de 1888.

Binoculo

A revista *Binoculo* era impressa na tipografia e litografia de Almeida Marques (mudando-se mais tarde para a conceituada casa impressora de João Paulo Hildebrant, de quem falamos no capítulo anterior), e circulou de 6 de agosto de 1881 a 6 de maio do ano seguinte, somando 31 números. Na revista colaboravam nomes que iriam compor a próxima geração de revisteiros: Raimundo Correia, Filinto de Almeida e Raul Pompéia, alguns com passagem anterior pela *Mequetrefe* (1875-1893), focalizada no capítulo anterior – e ainda em circulação e prestígio entre o público leitor dessa época. Mas foi nela que se revelou o talento de um caricaturista que será depois um grande artista plástico, Belmiro.

Belmiro Barbosa de Almeida Júnior, mineiro nascido na cidade do Serro em 1858, era pintor e escultor e começou a colaborar com a imprensa carioca na

---

3   Apontado pelo crítico Ruben Gill como o primeiro grande caricaturista natural do país, Herman Lima (1963, p. 3-903) pontua que este é um comentário que não faz justiça a outro grande nome – Candido Aragonez Faria, que quase quinze anos antes já havia deixado a marca de sua arte – antes de trasladar-se para Porto Alegre, dali para a Argentina e finalmente para a França – onde se estabeleceu e foi um dos criadores dos primeiros cartazes para a nascente indústria cinematográfica.

Comédia Popular (1877-1878), assinando Bel (outras vezes assinará como Romibel ou Bromeli, variações de Belmiro). Em seus primeiros trabalhos, nota-se a influência de Raphael Bordallo Pinheiro. Mas foi no *Binoculo* (1881-1882) que teve oportunidade de se exercitar, ao ter de ilustrar semanalmente a publicação. No *Binoculo*, de início dividiu as tarefas com Huáscar de Vergara, cuja parceria renderá bons momentos (LIMA, 1963, p. 3-950). Dublê de jornalista, ilustrador e cenógrafo, sabe-se pouco sobre a vida e as andanças de Vergara.[4]

Joaquim Manoel de Macedo na capa do *O Binoculo* 29: desenho de Belmiro.
Página da *Gryphus* 6, com trabalho de Pereira Netto.

---

4   Segundo Gilberto Maringoni (2011, p. 47), as referências sobre Vergara são vagas e lacônicas. Sabe-se que ele colaborou com *O Polichinello* (1876), de Luiz Gama, em São Paulo. Herman Lima (1963, 3, p. 949-952) relata seu trabalho no *Mosquito* (1870), na *Vida Fluminense* (1871), n'*A Lanterna* (1878) e no *Binoculo* (1881), além de ressaltar suas qualidades como cenógrafo.

A Gryphus

Com o nome completo de *Gryphus, revista litteraria, humoristica e illustrada*, esse periódico foi uma publicação semanal de menor duração, sobrevivendo apenas três meses. Seu primeiro número, impresso na Typographia da Distracção, circula com data de 9 de outubro de 1886 e chegará apenas ao número 9, impresso em 4 de dezembro do mesmo ano. Teve como principal ilustrador outro grande nome da nova geração, Pereira Netto.

Antonio Bernardes Pereira Netto, conhecido apenas com os dois últimos nomes, já se disse acima, foi a grande estrela dessa geração. Sobre ele diz Herman Lima:

> De vocação inegável para o desenho crítico, dum traço firme e plástico, usando indiferentemente, com a mesma perícia, o esfuminho e o bico-de-pena, capaz de compor uma alegoria ou uma sátira, um retrato rigorosamente fiel ou um *portrait-charge* de irônica similitude, Pereira Netto jamais se quis firmar como um criador autêntico, explorando sua própria personalidade. Preferiu deixar-se ficar à sombra de outro artista, é certo que sempre um verdadeiro mestre, como Grévin ou Angelo Agostini. Do último, particularmente, ao fim da vida, se tornaria mesmo quase um duplo, pela facilidade inaudita com que substituiria o mestre italiano, a ponto de passar a fazer sozinho a *Revista Illustrada* durante anos, a partir de 1888, sem maiores quebras de seu alto padrão artístico e sem que o leitor comum se apercebesse da substituição (LIMA, 1963: 3-903).

Em realidade, Pereira Netto via-se mais como um resolvedor de problemas, aquele que no calor do fechamento desenha, faz a legenda, fecha e manda para a impressão, do que um grande criador de cenas.

Começou a desenhar no *Figaro* (1876-1878), em substituição a Candido Aragonez Faria. Do *Figaro* foi para a *Lanterna* e dali para o *Mequetrefe* (1875-1893) – publicação que reuniu muitos aprendizes que depois vieram a formar essa segunda geração de revisteiros do final do século XIX. Ali fez algumas composições de página dupla com pequenos desenhos, ao estilo de Bordallo Pinheiro. Mas Angelo Agostini será seu grande modelo e referência. Na *Gryphus* Pereira Netto teve oportunidade de se soltar e produzir algumas de suas melhores criações, inovando nas imagens em branco com fundo negro, algo difícil de realizar com os equipamentos a pedra da litografia da época.

Na capa do número 1 da revista, 9 de outubro de 1886, um janota, apelintrando-se diante de um brasão com a legenda "Ridendo", expõe a missão da revista: "a crítica polida, a crítica elegante, que toma por legenda o clássico *Ridendo,* que tem na flor do lábio um Grifo hilariante, eis, leitor, a missão que realizar pretendo". Nos 9 números que durou a revista, todas as páginas ilustradas foram trabalhos realizados por Pereira Netto com exceção de uma – informa Herman Lima (1963, p. 3-905), no último número, assinada por Bento Barbosa.

A capa do nº 1 da *Gryphus* declara sua missão: a crítica polida e elegante. E a figura aponta para o emblema: "Ridendo castigat mores".

A Vespa

Outra revista que teve a contribuição decisiva de Pereira Netto foi *A Vespa*, lançada no Rio de Janeiro, produzida também na casa tipográfica do impressor alemão João Paulo Hildebrandt, e que circulou de 10 de janeiro a 23 de setembro de 1885, somando 20 edições. Mas serviu para que Pereira Netto fosse amadurecendo suas habilidades no controle das etapas de produção de um semanário ilustrado. Nesse periódico publicou charges políticas e de costumes.

Para ficar num exemplo, na última página do número 6 da revista, um desenho de Pereira Netto fez sensação, chamando atenção para um trabalho que se impunha: uma bela jovem, fantasiada de *pierrette*, passeia pela Rua do Ouvidor, cortejada por um bando de carnavalescos que a inundam de bisnagadas. A rua dos armarinhos e das casas editoriais já era a sensação da capital do agonizante império.

Rataplan

O nome completo dessa revista semanal de grande formato (36 x 32 cm) e curtíssima duração era *Rataplan, semanario litterario, humoristico e illustrado*. Lançado no dia 6 de novembro de 1886, foi impresso na Typographia Almeida Marques, para o editor Lopes Cardoso. Durou apenas cinco edições, com seu número 5 circulando com data de 25 de dezembro de 1886. No entanto, foi tempo suficiente para que em suas páginas brilhassem o traço de Belmiro e de Pereira Netto.

Na capa do primeiro número, um tamborzinho elegante e viril bate continência, numa admirável composição de "traço firme e dúctil, diferente de tudo o que se fazia então ordinariamente, sob a tutela do esfuminho de Agostini". A influência deixada pelo lápis de Bordallo no trabalho do jovem Belmiro, que, segundo Herman Lima, depois seria pintor renomado de várias obras-primas, dilui-se pouco a pouco, firmando-se sua plena maturidade.

Sobre Belmiro, diz Gonzaga Duque: "A bem da verdade, deve-se dizer que depois de Borgomainerio e Bordallo Pinheiro, ninguém tem feito, no Brasil, melhores caricaturas" (*apud* LIMA, 1963, p. 3-922). Formado na Academia Nacional de Belas Artes, onde se matriculara em 1877, passa uma temporada em Paris. De volta, retoma o trabalho na imprensa, participa de muitas publicações como *O*

Malho (lançado em 1902) *Fon-Fon, Gazeta de Noticias,* e dá aulas na Academia de Belas Artes até 1916, quando se muda definitivamente para Paris, onde vive até a morte, em 1935.

A LEITORA E NOVAS REVISTAS FEMININAS:
MULHER E *A FAMÍLIA*

Em seu livro *Testemunha ocular: história e imagem,* o historiador Peter Burke desenvolve, no capítulo VI ("Visões de sociedade"), uma bela reflexão sobre a mulher como leitora. Diz ele:

> A instrução da mulher bem como o seu trabalho podem ser acompanhados através do tempo graças a imagens, a partir da Grécia antiga. Um vaso grego mostra duas moças de mãos dadas e inclui um pequeno detalhe significativo. Uma das figuras está carregando suas tábuas de escrita presas por uma tira, como se houvesse a expectativa de que algumas moças aprenderiam a escrever. Algumas das primeiras imagens modernas de escolas mostram a segregação dos gêneros, com rapazes e moças ocupando carteiras em lados opostos, como na gravura de uma escola rural francesa do século 18. Deve-se notar que os rapazes possuem uma mesa de apoio para escrever, ao passo que as moças sentam com as mãos no colo, como se fossem simplesmente escutar, o que implicaria que estariam aprendendo a ler mas não a escrever (BURKE, 2004, p. 139).

Burke lembra o fato de que a representação de mulheres (a Virgem Maria, sobretudo) lendo era uma constante no Renascimento, e o declínio desse tipo de representação depois de 1520 seria consequência da demonização da leitura (a leitura como fonte de males e de subversão) feita pela Igreja Católica depois da Reforma Protestante. Já vimos como Portugal aderiu à ideia e proibia não apenas a impressão, como a entrada de livros em sua colônia.

Igreja Católica e soberanos portugueses à parte, o fato é que a imprensa feminina surgia já no final do século XVII, nomeadamente na França e na Inglaterra, e inaugurava a prática, presente até os dias atuais, de deixar claro no título dos periódicos que se tratava de leitura para mulheres (tanto que revistas de sucesso adotam nomes femininos: *Claudia, AnaMaria, Carícia,* enquanto poucas revistas masculinas adotaram nomes de homens, como a *George,* de John Kennedy Jr., a *Getulio* ou a recente *Samuel).*

Quando surgiram no Brasil, na segunda metade do século XIX, as publicações genuinamente feitas de "mulher para mulher", a ideia desse (e sobre esse) público ainda era bastante confusa. Afinal, os homens eram os letrados e os que tinham acesso à leitura de jornais e revistas; às mulheres cabia entender de fogão, da administração da casa e da educação dos filhos, herança moura apropriada pelo colonizador português.[5] De algum modo, as publicações femininas servem de termômetro para aferir os costumes de uma época, pois retratam os paradigmas vigentes. A estudiosa francesa do fenômeno da imprensa feminina Evelyne Sullerot afirma (conforme citado pela pesquisadora Dulcília Buitoni):

> A história desta imprensa é apaixonante porque nela lemos a história dos costumes: não a "pequena história" feita de anedotas sobre os grandes deste mundo, mas um reflexo significativo da vida cotidiana, da economia doméstica, das relações sociais, das mentalidades, das morais e dos esnobismos apaixonados, no seu monótono frenesi de novidade (BUITONI, 1981, p. 9).

Na década de 1880 surgirão algumas tentativas de implantação de publicações femininas. Houve por exemplo *A Mulher, periódico illustrado de litteratura e bellas artes...* Editado em Nova York pelas brasileiras Josefa A. F. M. de Oliveira e Maria A. G. Estrella, que havia se mudado para os Estados Unidos para poder seguir o curso de medicina. "Consagrado aos interesses e direitos da Mulher Brazileira", segundo a ficha catalográfica da Biblioteca Nacional, a publicação tinha um nítido tom pró-americano: não apenas as autoras reconheciam nos Estados Unidos "o país dotado por Deus para ser o berço da emancipação feminina", como trazia

---

5   É curioso notar que mesmo um pintor, como o paulista Almeida Júnior, que retratou em muitas telas cenas em que a mulher sentada lê um livro (como *A Leitura,* de 1892, na mostra permanente da Pinacoteca do Estado de São Paulo), em um de seus quadros mais famosos, *A Família de Antônio Augusto Pinto* (de 1891, também no acervo da Pinacoteca), retrata o pai de família lendo um jornal e um dos cinco filhos folheando um livro. A esposa se entretém com a costura, no que é observada por uma das filhas.

"Junto ao título na folha de rosto o desenho de uma águia com a inscrição Pluribus Unum",[6] tirada dos símbolos americanos (PR SOR 00086 [1]).

Outra dessas publicações é criada em São Paulo, em 1888, por Josefina Álvares de Azevedo: *A Familia, jornal litterario dedicado a educação da mae de familia*. Como ocorrera uma década antes com a publicação mineira *O Sexo Feminino*, também esse periódico se muda para o Rio de Janeiro: afinal, sendo a sede do governo, eram ali que iniciativas desse porte ganhavam dimensão nacional. Até o número 23 foi publicada em São Paulo, e a partir do número 24, passa ser editada no Rio de Janeiro.

Como ensina a professora Nely Novaes Coelho, sinal das mudanças que iam ocorrendo na sociedade no momento, observa-se que, na primeira fase desse periódico o objetivo declarado do jornal era "facilitar às mães de família uma leitura amena que as iniciasse nos deveres de esposa e mãe". Quando já publicado no Rio de Janeiro e posteriormente à Proclamação da República, acrescenta aos objetivos que a folha tinha surgido "para advogar a causa da emancipação da mulher" (COELHO, 2001).

A revista *A Familia*, segundo informa a Biblioteca Nacional, teve diversos números especiais com retratos e textos sobre pessoas ilustres da época, que deram depois origem à *Galeria ilustre: mulheres célebres*. Em formato semelhante ao então usado por editores masculinos para colecionar figuras exemplares de homens notáveis, essa *Galeria* de celebridades femininas sinalizava claramente para os novos papéis sociais imaginados por sua autora para as brasileiras, ao expor retratos de famosas, entre elas rainhas e figuras políticas, além de outras nada exemplares para os padrões da época, como Cleópatra e George Sand.

A Familia foi, dos jornais femininos, o que teve maior duração (1881-1897); e também um dos que registrou o maior número de colaboradoras escritoras (Inês Sabino, Anália Franco, Maria Amélia de Queirós, Corina Coaracy, Marie Benotte, Revocata de Melo e outras). Seus temas feministas abrangeram o "direito de voto", o direito de serem médicas, advogadas, professoras ou seguirem a carreira teatral (que era então considerada caminho para a prostituição).

---

6   Um dos lemas americanos (o outro é "Confiamos em Deus"), a citação "Ex-pluribus unum" (ou e-pluribus unum), "de muitos um", aplicada à união das 13 colônias do Leste americano, é retirada das *Confissões* de Santo Agostinho.

NOVA FASE DE *A VIDA FLUMINENSE* E *O ALBUM*

A tentativa de reviver títulos é recorrente no mercado editorial. Alguns nomes deixam apelo e lembranças no imaginário do leitor. Foi assim com títulos com a palavra "espelho" no nome ou mesmo o de *O Beija-Flor* – embora em quase todos os casos a segunda tentativa não tenha muita ou nenhuma relação com a que a precedeu. É esse o caso da segunda fase de *A Vida Fluminense*. A revista original foi abordada no capítulo 5 (cf. "O palco da guerra nas páginas de *A Vida Fluminense*").

Lançada em 15 de setembro de 1889, com o título de *Vida Fluminense: periodico illustrado, litterario e sportivo*, circula no Rio de Janeiro outra revista semanal, que somará 37 edições até colocar na praça seu último número em junho do ano seguinte. Impressa na Casa Litotipográfica de Pereira Braga, estava sob a direção de Henrique Stepple, tendo como seus redatores França Junior, Artur de Azevedo e Pereira da Silva, com as ilustrações a cargo de Teixeira da Rocha Valle e Hilarião Teixeira.

Vale mencionar a revista justamente pela exposição que deu a esse jovem artista, que substitiu Pereira Netto durante o período em que este continuador do trabalho de Angelo Agostini na confecção da *Revista Illustrada* viajara para a Argentina.

Aluno da Imperial Academia de Belas-Artes em 1884, Hilarião Teixeira ganhara certo destaque com seus desenhos em certames acadêmicos. Trabalhou como desenhista na Casa da Moeda, onde fez carreira, formando outros designers.

Já seu parceiro nas ilustrações da revista, Teixeira da Rocha, conseguiu uma maior projeção. Também aluno da Academia de Belas-Artes, Texeira da Rocha nasceu em Alagoas em 1863. Esforçado, ganhou a medalha de ouro por seus trabalhos exibidos na Exposição Universal de Paris de 1889. Também em parceria com Hilarião Teixeira, editara a revista *Monoculo*, de curta duração (lançada em 1884, teve apenas 4 números), voltando os dois a encontrar-se nessa nova versão da *Vida Fluminense*.

Impressa pela prestigiada casa impressora H. Lombaerts, a revista *O Album* foi lançada em 1893 e marca uma tentativa de experimentação no mercado revisteiro do Rio de Janeiro. Fundada e dirigida por Artur de Azevedo, mestre tarimbado então com apenas 38 anos, reuniu à sua volta revisteiros em formação, como Olavo Bilac (27 anos), Pedro Rabelo (24 anos), Guimarães Passos (25 anos) e Paula Ney (33 anos) para criar uma publicação que seria das primeiras a veicular fotografias na imprensa brasileira. Eram retratos de escritores, artistas, jornalistas, políticos, cientistas, fotografados por João Gutierrez e com suas imagens impressas pelo processo de fototipia, uma novidade para a época e que irá revolucionar a maneira de editar imagem nas publicações. A novidade da revista, além do texto engajados dos jovens redatores, era trazer a cada número um retrato.

O editorial do primeiro número anunciava que cada edição traria o retrato de uma pessoa notável, que constituiria o "álbum", propriamente dito, "uma interessante galeria na qual figurarão, em curiosa promiscuidade, todas as classes sociais". O redator cita a renovação que se atravessava então, e entende que uma folha "desse gênero terá mais tarde o seu valor documentário". Escreve ele que a fotografia matou a gravura desde que se conseguiu imprimi-la em grandes tiragens, dando-lhe ao mesmo tempo uma inalterabilidade indiscutível. "A fototipia é, como se vê, o triunfante processo dos nossos retratos, que não hesitamos em recomendar como verdadeiros modelos do gênero" (ANDRADE, 2004, p. 226).

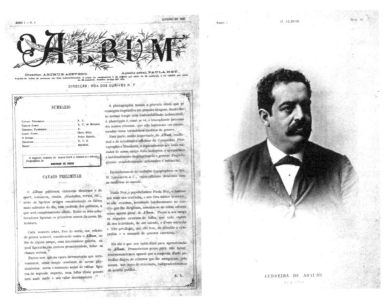

A capa do número 1 de *O Album*, de Artur Azevedo, promete para o número seguinte uma foto de Machado de Assis. À direita, a foto de Ferreira de Araújo, criador da *Gazeta de Notícias*, destaque do número 3.

Os dois primeiros números da revista, que circularam em janeiro de 1893, trazem respectivamente um retrato de Carlos Gomes e de Machado de Assis, iniciando o álbum de fotografias que ficaria a cargo da Companhia Fotográfica Brasileira e, a partir do número 35, da Fototipia J. Gutiérrez, enquanto a impressão do restante da revista era de responsabilidade da empresa de H. Lombaerts. Fotógrafo de origem espanhola, naturalizado brasileiro, Juan Gutiérrez Padilla "foi sem dúvida um dos mais importantes precursores da nossa fotografia jornalística" (ANDRADE, 2004, p. 227).

A CIGARRA E *A BRUXA*

O aparecimento de revistas como *Rataplan* e *Binoculo,* animadas pela fantasia de Belmiro, é seguido nos anos seguintes de outras boas surpresas, como pode ser o "fulgor", como diz Herman Lima, de *A Cigarra* e de *A Bruxa,* resultado da parceria de Olavo Bilac e do caricaturista Julião Machado. Julião, como Belmiro, marcaria bem a transição de gêneros em que se caracterizou a nossa arte da caricatura – e com a cara nova que ela irá fazer a passagem para o século XX.[7]

---

7   Julião Félix Machado nasceu no dia 19 de junho de 1863 em São Paulo de Luanda, capital da Angola. Seu pai era um açoriano que, na África, se tornou um negociante poderoso e mandou o filho estudar em Coimbra. Julião gostou mais das farras da cidade universitária que dos bancos escolares – o que levou o severo pai, Antonio Felix, a trazê-lo de volta e obrigá-lo à rotina do comércio. No casa bancária onde se empregou, seus desenhos provocaram escândalo, sendo o pai forçado a permitir a ida do filho a Lisboa, onde participou do círculo artístico e literário frequentado por Raphael Bordallo Pinheiro, Columbano Pinheiro (irmão de Bordallo), Antonio Ramalho. A morte do pai proporcionou a Julião uma bela herança e ele investiu parte dela no lançamento da luxuosa revista *Comédia Portuguesa* – fina demais para os padrões portugueses da época, 1889. Falida a revista, Julião declina o convite feito por Bordallo Pinheiro para participar do periódico *Pingos nos ii* – e vai estudar em Paris. De lá, ilustra o livro de contos *O País das Uvas,* de Fialho d'Almeida, brinde de final de ano de 1893 para os assinantes da *Gazeta de Noticias,* do Rio de Janeiro. Gasta toda a herança, compra uma passagem para Buenos Aires em fins de 1894. Na escala do navio no Rio de Janeiro, desce para visitar a cidade e é descoberto por um amigo – e a viagem termina ali. No Rio, passa a colaborar com o jornal *Gazeta de Noticias* – Eça de Queirós e Ramalho eram colunistas fixos do periódico. Conhece Olavo Bilac e Guimarães Passos. Foi com Bilac que ele fez parceria em revistas que renovariam e revigorariam o fazer revisteiro na virada do século.

As páginas 1-2-4-5 do primeiro número de *A Cigarra*, empreitada de Olavo Bilac e Julião Machado. A revista chegará até o número 37, circulando de maio de 1895 a dezembro de 1896.

Olavo Bilac foi figura carimbada na imprensa desde os tempos de *O Mequetrefe* (1875-1893), onde conviveu com caricaturistas como Candido Aragonez Faria, Antonio Alves do Valle, Pereira Netto, Joseph Mill e Aluísio de Azevedo, e trocou figuras com outros redatores como Artur de Azevedo, Henrique Lopes de Mendonça, Raimundo Correia, Filinto de Almeida, como já foi dito no capítulo anterior.

A Cigarra é lançada em 1895 e *A Bruxa* segue seu caminho, um ano depois.

Com o título e subtítulo de *A Bruxa, hebdomadario illustrado,* a segunda das duas revistas foi produzida nas Officinas Graphicas de J. Bevilacqua & C., no Rio de Janeiro. Semanal, tinha o formato de 34 x 27 cm, chegando à marca de 56 edições – circulou de 7 de fevereiro de 1896 até dezembro de 1904. Tinha no cabeçalho o nome da dupla que lançara um ano antes *A Cigarra*: Julião Machado e Olavo Bilac. Os textos passavam pelo crivo do redator e publicitário, além de poeta, Olavo Bilac. O visual da revista era trabalho de Julião Machado com aportes de Calixto Cordeiro, o K. Lixto, e Raul Pederneiras, nada menos que dois dos maiores nomes da ilustração nas revistas do século XX.

Mas foi *A Cigarra,* lançada um ano antes, a publicação que deu a largada para parcerias que deixarão história e marca nas revistas que se criarão nas décadas seguintes.

Impressa nas mesmas Officinas Graphicas de J. Bevilacqua & C., a revista chegará a circular até o 37º número, de 9 de maio de 1895 a dezembro de 1896. Tem o formato das semanais ilustradas do período anterior: 8 páginas. Mas já não segue o rígido modelo das duplas de ilustração seguidas das duplas de texto, revelando que um lado da folha fora impressa em tipografia, o outro em litografia: os tempos são outros.

Assim, o número 1 de *A Cigarra,* que circulou com data de 9 de maio de 1895, uma quinta-feira, trazia texto e gravura na primeira página; a segunda página, com duas colunas de texto, trazia no alto uma pequena caricatura e, na coluna da esquerda, embaixo, uma pequena vinheta (8 pássaros pousados numa linha, sob a grife "Política"). A página 3, novamente de texto em duas colunas, é ilustrada com uma vinheta mostrando um grupo de mulheres – uma delas com asas de borboleta, talvez denotando uma cigarra. A dupla central (páginas 4 e 5) mostra desenhos, mas a da esquerda tem aplicação de texto: na realidade um comercial convidando as leitoras a fazer assinatura da revista. As páginas 6 e 7, tradicionalmente reservadas aos blocos de texto, são aqui ocupadas por um desenho de página inteira à esquerda (crônica teatral) e por textos (página 7). A página 8 segue o modelo: 7 desenhos de Julião Machado falam da "polícia e os diabéticos".

Passemos a uma análise das ofertas editoriais desse número.

A capa, página 1, traz no cabeçalho o local e a data: Rio de Janeiro, quinta-feira, 9 de maio de 1895. O logotipo *A Cigarra*, hebdomadario. À esquerda do logo, as "condições de assignatura": anno = 48$000, semestre = 25$000. Avulso = 1$000. Escriptorio, Rua Ouvidor 115. Abaixo, a epígrafe: "il est hyver: danse, fainéante. Appren des bestes, mon ami (Baif).[8]

---

8   Provavelmente uma citação do poeta Jean-Antoine Baïf, que poderia dizer "É inverno, dance, não faça nada, aprenda com os animais, meu amigo" – embora a grafia francesa pareça bastante machucada na citação.

Sob o logotipo, o expediente da publicação: "Redacção de Olavo Bilac, Illustrações de Julião Machado. Administração de Manoel Ribeiro Junior". Tal esclarecimento não era comum até então – os pesquisadores agradecem a ajuda!

Dominando a capa, a imagem de uma mulher cigarra, asas de borboleta, guitarra nos braços, a cantar. Parece que seu canto espanta três personagens da parte de baixo – dois homens e uma mulher, que tapam os ouvidos e saem em desabalada carreira. Acima, outros dois homens e uma mulher parecem jogar folhas ao vento. Escrito a mão, um verso de La Fontaine: "Nuit et jour à tout venant, je chantais ne vous déplaise".[9]

À esquerda da ilustração, o texto em que a publicação diria a que veio. "Que é isso", se pergunta. E o redator dá três respostas. A do naturalista circunspecto, que "a fazer inveja a Emilio Goeldi" definiria a cigarra como um inseto da ordem dos hemípteros... Um burguês severo, homem prático, agarrado à terra como a hera ao muro, diria "Cigarra? Um bichinho incommodo e tolo, que durante o verão apunhala os ouvidos da gente". Um poeta, com olhar babado de ideal, a voz quebrada de soluços, suspiraria: "Oh, a cigarra, alma do estio, voz saudosa da tarde"... Na página 2, a resposta da revista:

> Nós, porém, e o publico, só queremos saber que *A Cigarra* é um jornal illustrado, que não tem programma nenhum e terá muitos assignantes. Esta cigarra vae cantar enquanto para isso houver forças; e as forças não faltarão emquanto o dinheiro chover dentro d'este escriptorio como já está chovendo [...] A Cigarra espera ficar donzella [...] casará platonicamente com o publico, e, graças a uma rigorosa hygiene matrimonial (leia-se: graças a uma despotica administração do Manoel Ribeiro), atravessará invernos e verões, estridulando e cantando. Não é preciso dizer mais nada: *A Cigarra* quer dar mais do que o que promette. Abram-nos espaço a fulgurante *Noticia*, a velha sempre moça *Revista* e o altivo e bello *D. Quixote*. Para todo o mundo ha logar debaixo do sol e... dos quarenta e oito mil réis da assignatura annual (PR SOR 00070 [1]).

---

9   Citação da fábula clássica de La Fontaine, *A Cigarra e a Formiga:* a tradução seria, "Noite e dia, eu cantava no meu posto, Sem querer dar-lhe desgosto".

A "rigorosa hygiene" faz eco a uma das palavras de ordem dessa época na capital federal, cidade com históricos problemas de saneamento básico.

A seguir, sob a retranca "política", um texto delicioso. O autor fala da saudade do tucano, ou seja, do manto de papo de tucano que o imperador usava na fala do trono. "Agora, não há imperador, não há papo, não há coches de gala"... Não se trata de saudade do imperador, esclarece o redator, que assina L. F., mas sim que a coisa tinha o sal da oportunidade e a cor local: nada como ir um tucano abrir uma assembleia de periquitos!

Segue-se, já na página 3, a crônica. Um texto que começa afirmando ser maio o mês das flores. Mas... "Flores não fallam, flores não amam, flores não beijam, flores não enganam, como mulheres... E mez das mulheres é que Maio é".

A partir daí, a crônica deslancha a falar das mulheres, do espetáculo que é vê-las circulando pela Rua do Ouvidor, entrando em lojas, quando "todos os armarinhos, ás trez da tarde, se enchem de um quente aroma feminino, que entontece e allucina". O redator conclui: ficará de fora dos temas da política, para ater-se apenas às mulheres:

> Pódem as ruas alagar-se ou não, á vontade dos partidarios do recúo ou dos partidarios do statu quo! Que os noticiarios arfem, carregados de casos de adulterios, de sangue, de roubo, de guerra! Que os cabos telegraphicos se reforcem de desenferrugem, transmittindo noticias espantosas, grèves, terremotos, crises, revoluções, amores escandalosos de Oscar Wille *[sic]* e lord Alfred, constipações do rei da Hespanha, pneumonias do duque de Orléans, torcicollis de Felix Faure, rheumatismos de Muley Pachá, carraspanas do Grão Mogol, crises hystericas do imperador Guilherme, indigestões da rainha Victoria. Que a Europa se conflagre! que a Ásia se deixe inundar! que a Africa torrada á secca se desfaça em pó! Que tenho eu com o resto do mundo? O mundo para mim é a Rua do Ouvidor, radiante viella por onde passa, em ondas que cantam, o rio da belleza humana! Maio é o mez das mulheres! [...] para que precisa o Rio de Janeiro de tanta mulher bonita!? (PR SOR 00070 [1]).

Esse texto, assinado por Fantasio, pode ter sido de Bilac – são poucos os textos da revista e a saída do redator, meses depois, será lamentada na capa. No entanto, embora nessa crônica cite três vezes o desenho com que Julião Machado fará tributo à beleza das mulheres, mencionando expressamente o ilustrador, o redator esconde-se no anonimato de um pseudônimo.

Mais ou menos como o próximo texto, "A promptidão", que encerra a parte textual do número e será assinado por um tal Serapião Fagundes – nome não mencionado no expediente.

É outro delicioso texto em que o autor se apresenta como "um homem serio: tenho cincoenta e seis annos de edade; sou casado; alimento mulher, tres cunhadas, oito filhos; sou porteiro de uma repartição publica". Trata-se de um ensaio divertido sobre a força dos boatos na cidade do Rio de Janeiro. O autor revela ter sido promovido a major pelos méritos de ter ficado, "durante a revolta á causa legal, abrindo e fechando todos os dias a porta de uma repartição em que ninguém entrava e de onde ninguém sahia".

Cita a fábula de La Fontaine *Les femmes et le secret:* um homem, para testar a discrição da consorte, segreda-lhe que havia posto um ovo, mas pede que mantenha segredo sobre o fato. Dito e feito, antes do pôr do sol toda a aldeia sabia que o homem havia botado não um, mas cem, mil, "um Hymalaia de ovos". O mesmo ocorre no Rio, onde a briga de dois soldados se converte no confronto entre dois pelotões, daí a pouco um enfrentamento entre dois regimentos, deixando a cidade em polvorosa. O nosso abridor de portas, major por merecimento, acorda cedo e vai conferir com seus próprios olhos: não há rebelião nenhuma na cidade. Apenas:

> Uma só cousa anormal havia na cidade: a promptidão. Promptidão da armada, promptidão do exercito, promptidão da guarda nacional, promptidão do corpo de bombeiros, promptidão de tudo – até mesmo da industria e do commercio, que não podendo trabalhar em paz, a todo momento preparam as malas, promptas para uma viagem ao Cairo, a Malta, a Nazareth (PR SOR 00070 [1]).

Esse texto sobre os rumores e boatos, que lembra muito algumas crônicas de Bilac publicadas na *Gazeta de Noticias*,[10] é o tema do principal desenho de Julião

---

10 O estilo e o tom lembra muito, por exemplo, "Fotojornalismo", crônica reunida por Antonio Dimas no livro *Vossa Insolência,* seleção de crônicas de Olavo Bilac. São Paulo: Companhia das Letras, 1996, p. 165.

Machado, na página 5: a indústria e o comércio, representados por uma senhora alta e um senhor gorducho e de bigode, se preparam para viagem, malas e pacotes à mão, com etiquetas onde se lê: Malta, Nazareth, Cairo, Egypto e "mundo infinito".

A outra ilustração, da página 4, mostra um casal no quarto de dormir. O marido se esconde por trás de um jornal, *A Noticia,* e a mulher lê uma revista, formato menor. Claro, a revista é *A Cigarra!* Diz o texto:

> Domingo de inverno, como é doce a meia luz do quarto... [...] mas quando o habito já esfriou os primeiros transportes, só há um meio de poder ficar na penumbra suave da alcova sem tédio: é ler *A Cigarra.* O bom despertar faz o bom dia. Lêr jornaes políticos... que horror! Conversar sobre arranjos da casa... shoking! Lêr a *Cigarra!* Lêr a *Cigarra!* Isto é um jornal feito para bellos olhos e para almas finas (PR SOR 00070 [1]).

Bilac dá mostras do excelente publicitário que também foi.

No número 5, de 6 de junho, a revista inaugura a seção "Cigarras e Formigas", homenageando na primeira literatos e intelectuais (cita Machado de Assis, José do Patrocínio, Joaquim Nabuco, Angelo Agostini, Aluísio de Azevedo, entre outros, seriam as "cigarras"); alternadamente, na segunda serão homenageados comerciantes, políticos, financeiros e diplomatas, as "formigas". Essa edição abre com uma homenagem a Lulu Senior, pseudônimo de Ferreira de Araújo, cronista e fundador do jornal *Gazeta de Noticias,* retratado por Julião Machado.

Outros números adiante *A Cigarra* dá ecos à questão diplomática entre Brasil e Inglaterra na questão pela posse da Ilha da Trindade, que deixou os dois países eriçados por volta dos meados de 1895. No número de 1º de agosto há uma charge de John Bull (equivalente britânico do Tio Sam), vestido de turista inglês, fugindo no escuro, com a ilha debaixo do braço e a imprensa brasileira, de lanterna em punho, a denunciá-lo, enquanto ao fundo da cena surgem cabeças alvoroçadas, movem-se lanças no alto, aos gritos: "Não pode!, não pode!"

No número 26, da quinta-feira 31 de outubro de 1895, a revista lamenta a saída de Bilac:

Olavo Bilac, que desde o primeiro numero da *Cigarra* deu a esta illustração o concurso inestimavel e inegualavel do seu talento, por motivos alheios á vontade dos que ficam, mas mantendo integra a solidariedade de imprensa que a estes o ligava, deixou o cargo de redactor-chefe da *Cigarra*. Se esta sahida nos desconsola e desalenta, os protestos de amizade e solidariedade com que ao realisal-a nos penhorou, e a promessa formal de escrever a Chronica, fazem com que saibamos, n'este abandono cruel, ver no camarada de hontem o amigo de hontem, de hoje e de sempre (PR SOR 00070 [1]).

A revista chegará ao número 37 sem manter regularidade de publicação (de semanal passa praticamente a bimestral no segundo ano), encerrando atividades em dezembro de 1896. Parece que o dinheiro não choveu como o redator previa no texto de apresentação do primeiro exemplar.

UMA PAULISTA SE FIRMA: *A MENSAGEIRA*

Quase um anos depois, São Paulo assistia ao lançamento de outro periódico feminino, *A Mensageira: revista literária dedicada à mulher brazileira,* criada pela escritora mineira Presciliana Duarte de Almeida em 15 de outubro de 1897 e que circulou até 1900.

A imprensa feminina brasileira que surgiu na segunda metade do século XIX se caracterizava pela miscelânea de assuntos abordados, o que de resto ainda permanece como um de seus traços. Poesia, receita de bolo, reportagens, figurinos, artigos de psicologia, horóscopo, fofocas, arquitetura, educação infantil, saúde, corte e costura e o indefectível consultório sentimental – presente já no que é considerado o primeiro periódico feminino, o *Lady's Mercury,* editado na Grã-Bretanha em 1693 (BUITONI, 1981, p. 10). Tudo parece pertencer ao universo feminino, no que é apenas uma herança dos populares "almanaques", os antecessores da imprensa feminina.

Sucesso de vendas com a popularização do invento de Gutenberg, os almanaques traziam conselhos práticos de economia doméstica, medicina caseira, os santos do dia, recomendações de agricultura, fases da lua, época adequada de plantio, eram um manual de dicas e conselhos práticos para uma sociedade eminentemente rural. Deles as revistas femininas herdaram o tom e a aplicabilidade dos conselhos.

A revista criada por Presciliana Duarte de Almeida é um bom exemplo disso. Filha do tenente-coronel da Guarda Nacional Joaquim Roberto Duarte e Rita Vilhena de Almeida Duarte, ela nasceu em 3 de junho de 1867 na cidade de Pouso Alegre, no sul de Minas Gerais. Na cidade natal, seus poemas começam a aparecer no jornalzinho *O Colibri*, escrito a mão e criado em parceria com Maria Clara da Cunha Santos. Em 1890 ela publica seu primeiro livro de poesias, *Rumorejos*, editado em conjunto com *Pirilampos*, de autoria da amiga Maria Clara, e com prefácio de Adelina A. Lopes Vieira. Nesse primeiro trabalho Presciliana fala de saudade, tema recorrente nas cartas enviadas a seu primo e futuro marido, o poeta e filólogo Sílvio Tibiriçá de Almeida. Já nesse período ela colabora com importantes periódicos da corte, entre eles o *Almanaque Brazileiro Garnier*, *A Estação*, *Rua do Ouvidor* e *A Semana*. Em 1892, casa-se com o primo que fora inspiração para tantos poemas e muda-se de Pouso Alegre para São Paulo, e ali colabora na revista *O Lutador*.

MARIA CLARA DA CUNHA SANTOS

Vivendo em São Paulo, teve três filhos, causa ou efeito de sua extensa produção literária infantil, gênero de que foi uma das pioneiras entre nós. Entre seus livros do gênero estão *Páginas Infantis* (1908) e *O Livro das Aves* (1914). Os afazeres domésticos não a impediram de continuar suas colaborações na imprensa e dar seu voo maior, o lançamento de uma revista escrita por e dirigida a mulheres.

Assim, em 15 de outubro de 1897, começava a circular *A Mensageira – Revista literária dedicada á mulher brazileira*, de orientação feminina, que teve importância tanto pela fama de suas colaboradoras, como por sua ampla distribuição e pelas ideias que defendia (o acesso das moças à educação superior e o voto feminino, em favor de uma maior participação da mulher na sociedade, sem que isso interferisse no seu papel prioritário de mãe e esposa no lar; nas palavras da poetisa, "a igualdade pela diferença").

Publicado quinzenalmente, o periódico contou com a colaboração de importantes escritores e sobretudo escritoras de sua época, como Júlia Lopes de Almeida, Zalina Rolim, Júlia Cortines, Anália Franco, Josefina Álvares de Azevedo, Amélia de Oliveira. Não por acaso, em sua linha fina, com o "lema da revista", *A Mensageira* se auto-intitula "revista literária dedicada à mulher brasileira". Era o mais comum, como ensina Dulcília Buitoni:

> Vários jornais e revistas eram publicações de associações literárias femininas. Assim, as épocas iniciais da imprensa abriram para a mulher um campo que não lhe era próprio, tanto na Europa e EUA, como no Brasil. Provavelmente não houve aqui, no século passado, nenhuma folha ou revista feminina que não apresentasse parte literária. Quase todas qualificavam-se de "folha literária" ou "revista de literatura" (BUITONI, 1990, p. 40).

Mas passemos à análise da revista. *A Mensageira* tem o formato de livro, com 22,5 cm de altura e 15,5 cm de largura da página (31 cm no formato aberto). Cada exemplar é composto de 16 páginas e a publicação adota o sistema da numeração contínua, ou seja, a primeira página do número 2 levará o número 17 etc. Paginada em duas colunas, com apenas um fio na cabeça da página, a revista praticamente não usa imagens – apenas minúsculas vinhetas, ora uma andorinha, uma rosa, ora um anjinho (cabeça e asa), um pássaro pousado num ramo (um centímetro de largura, realmente minúsculo). Essas reduzidas vinhetas são alternadas com alguns arabescos. No entanto, a mancha da revista não se revela pesada: é agradável de ler.

Como recurso gráfico, usa ainda diminuir dois pontos o corpo da letra quando introduz algum poema. Muito raramente, a capa mostra uma imagem, como no número de 15 de outubro de 1898, quando a revista conclui seu primeiro ano de existência: vemos a figura de Maria Clara da Cunha Santos, a amiga dos tempos de mocidade da editora em Pouso Alegre, com quem redigira o jornal manuscrito *Colibri,* e que nessa altura, residindo no Rio de Janeiro (na Rua Conde de Bonfim, 12A, na Tijuca) era a representante da revista para o público carioca.

Em seu primeiro exemplar, a revista é assertiva: "esta revista garante a sua publicação durante um anno. Publica-se nos dias 15 e 30 de cada mez". Entre fios simples e fios duplos, único elemento visual a se destacar na capa, as informações: pagamento adiantado, preço da assinatura 12$000 por ano, custando o número avulso 1$000 (o dobro do preço do exemplar pela assinatura anual).

Depois do cabeçalho, com a página já dividida em duas colunas, à esquerda há um sumário, relacionando o conteúdo do número: 1) Duas palavras; 2) Entre amigas; 3) Do "livro da saúde", soneto; 4) Uma carta e brilhantes brutos; 5) Recuerdos, soneto; 6) Cartão de parabéns; 7) O deserto, soneto; 8) Chronica omnimoda; 9) Contrate, soneto; 10) Selecção; 11) D. Alzira e meu filhinho, poesias; 12) notas pequenas.

O texto maior é o conto de fundo moral/didático "Brilhantes brutos", que analisaremos a seguir. Nos critérios de hoje, essa seria a "matéria de capa". Segue, em tamanho, o texto "Entre amigas", assinado pela famosa escritora Júlia Lopes de Almeida, um *best-seller* em sua época, e que funciona como uma segunda apresentação. O terceiro texto, em tamanho, é o "Cartão de parabéns", assinado por Sílvio de Almeida: o já apresentado poeta e filólogo, marido da criadora de *A Mensageira.* Mas repassemos o conteúdo das 12 matérias relacionadas no sumário.

"Duas Palavras" é o texto de apresentação da revista, assinado por Presciliana Duarte de Almeida. Ocupa parte da primeira coluna e a segunda, da primeira página. E conclui com mais duas colunas da página 2. A criadora fala da missão de sua criatura e do que se propõe ao lançar esse periódico (textos retirados da edição fac-similar):

> Estabelecer entre as brazileiras uma sympathia espiritual, pela comunhão das mesmas ideias, levando-lhes de quinze em quinze dias, ao remansoso lar, algum pensamento novo – sonho de poeta ou fructo de observação acurada, eis o fim que, modestamente, nos propomos.

Será recebida com indifferença a *Mensageira* – portadora feliz da prosa amena e discreta de Julia Lopes de Almeida e dos versos artísticos e sentidos das mais festejadas e conhecidas poetisas brazileiras? Não o cremos! e é por isto que nos arrojamos a uma empreza desta ordem.

Ha tempos o *Correio Paulistano*, publicando um bello soneto de Georgina Teixeira, dizia, entre outros enthusiasticos conceitos, as seguintes palavras, que nos lisongearam sobremodo: "Decididamente a epoca é do renascimento das letras. De toda a parte surgem novos livros de prosadores e poetas e percebe-se que a actividade intelectual segue resolutamente nu'a marcha gloriosa em busca do ideal artistico. Das senhoras que trabalhavam na republica das letras tinhamos, até ha pouco, apenas Narciza Amália, que já se recolheu ao silencio, Adelina Vieira e Julia Lopes. Agora, além dessas, temos Francisca Julia da Silva, Zalina Rolim, Julia Cortines, Presciliana Duarte de Almeida, Josephina Alvares de Azevedo e Georgina Teixeira, que surge agora no horizonte num esplendor de luz auroral".

Note-se como Presciliana faz referência à grande escritora da época, Julia Lopes de Almeida, logo no segundo parágrafo, e como transcreve um longo trecho do jornal *Correio Paulistano,* para também se dar o aval de ter sido nomeada entre as nascentes estrelas das letras. A autora segue sua apresentação, na p. 2:

Não é, porém, sómente na literatura que a sua aptidão se revela, e, para prova, basta citarmos o nome da Doutora Ermelinda de Sá, essa pujante mentalidade que se affirmou na Academia de Medicina do Rio de Janeiro, onde fez um curso brilhantissimo, merecendo treze distincções nos exames das series lectivas, de clinicas e de these e que hoje, como judiciosamente notou Arthur Azevedo no *Album*, conta em cada cliente uma fervorosa e convicta propagandista da sua perícia e dedicação profissionaes!

Linhas depois, ela conclui, abrindo o convite a novos talentos:

Que a nossa revista seja como que um centro para o qual convirja a intelligencia de todas as brazileiras! Que as mais aptas, as de mérito incontestavel, nos prestem o concurso de suas luzes e enriqueçam as nossas paginas com as suas produções admiraveis e bellas; que as que começam manejar a penna, ensaiando o vôo altivo, procurem aqui um ponto de

A REVISTA NO BRASIL DO SÉCULO XIX

apoio, sem o qual nenhum talento se manifesta; e que finalmente, todas as filhas desta grande terra nos dispensem o seu auxilio e um pouco de bôa vontade e benevolencia.

O artigo seguinte, "Entre amigas", abre a página 3 e concluirá na página 5, ocupando sua primeira coluna: no total o texto ocupa 5 colunas da revista. É uma espécie de ensaio assinado por Julia Lopes de Almeida, que ameaça o tempo todo discorrer sobre o papel da mulher na educação dos filhos, a ambivalência da relação homem e mulher em seu tempo e, sobretudo, o preconceito contra a instrução das filhas, mas retrocede:

> É frequente ouvirmos dizer: que sempre é mais barato e mais fácil educar as meninas do que os rapazes... O assumpto é tão melindroso, que eu o evito sempre, e se lhe toco hoje, é porque a índole especialissima deste jornal a elle me chama com certa imposição e insistência.

Julia se exime dizendo, ao final, que "não sei qual é o programma da *Mensageira*, escrevo de longe, para satisfazer ao desejo de uma amiga caríssima. [...] mas esta nova revista, dedicada ás mulheres, será para as mulheres um apoio forte e um conselho generoso e bom"... E assim ela sai pela tangente.

A segunda coluna da página 5 é ocupada por um soneto de Zalina Rolim, "Do Livro da Saudade" *[fora grafado erradamente no sumário como "Livro da Saude"]*. Ainda nesta coluna, separada pela vinheta de uma andorinha, inicia o texto "Uma carta", enviada do Rio por Maria Clara da Cunha Santos, a moça que terá sua fotografia estampada na capa da revista um ano depois. Nessa carta, Maria Clara, que a partir do segundo número se tornará colunista fixa, assinando a "Carta do Rio", comenta sobre outra publicação, *Colibri,* revista bimensal manuscrita, feita em parceria com Presciliana nos tempos de Pouso Alegre.

A seguir, e estamos na segunda coluna da página 6, inicia a crônica "Brilhantes brutos", o texto mais longo dessa edição. Nele, a mesma Maria Clara da Cunha Santos nos conta a história de um médico francês, Charles Rochefort, que foi residir e clinicar numa cidade perdida nas profundezas de Minas Gerais. Ali se casa com a filha de um fazendeiro local. A autora pergunta como "uma moça ignorante, grosseira e analphabeta, sem encantos de espírito, poderia inspirar paixão a um homem fino, talentoso e de aspirações, como o Dr. Charles?". Na própria noite do casamento, ocorrido no sábado, véspera de carnaval, a roceira dá mostras de sua falta de refinamento, caindo na dança do cateretê, "muito semelhante ao batuque e que não prima absolutamente pela decência", escreve a redatora.

Até 4 da madrugada, seguiu o baile, com o noivo visivelmente contrariado. "O noivo, sempre calado, era a nota dissonante e triste daquella festa tão alegre". Recolhem-se a seus aposentos mas logo às 9 da manhã de domingo estava a noiva outra vez a sacarotear-se. "Ella parecia despreocupada inteiramente do marido e entrou a jogar entrudo com desembaraço de louca. Molhada completamente *[pelas águas de limão que se jogavam uns aos outros, típico do carnaval de então]*, com as roupas grudadas ao corpo, deixando apparecer as formas". O tempo fecha quando os convivas tentam jogar água de cheiro no noivo. Ele agarra a mulher e vai para a casa, distante do vilarejo. Nunca mais são vistos. Tempos depois, circula a notícia: foram para a França.

Passam-se os anos, e a autora conhece no Rio uma senhora requintada e fina: "A Madame era encantadora de graça, de belleza e de meiguice. Teria 36 annos, se tanto!". Viúva recente, Madame Rochefort voltara da França com seu filho, formoso mancebo de 18 anos, que cursava a Escola Polytechnica. "Correcta, polida, instruída", era ela, a roceira inculta, o diamante bruto a que se referia o título da crônica. Essa é a lição moral dessa edição. Ir viver na França transforma qualquer roceira numa senhora fina.

A página 9 se completa com o soneto de Hippolyto da Silva, escrito em Campinas, em 1880, e que se chama "Recuerdos".

As páginas 10 e 11 trazem o "Cartão de parabéns", assinado por Silvio de Almeida: como se disse, o marido de Presciliana. Escreve ele, nos parágrafos 2 e 3:

> Esta revista apparece aos olhos, talvez espantados da velha educação burgueza, como um brado eloquente em favor da emancipação intellectual do eterno e doce feminino, que aprendemos a extremecer no olhar de bençam de nossas mães, santificadas no culto da mais nobre veneração pelos seus sacrificios, e acabamos finalmente por idealisar no paraíso terrestre do sorriso de felicidade de nossas esposas amoraveis. [...] Oxalá vejamos aqui um testemunho valioso da exhuberancia mental das filhas de Eva, que a grosseria masculina tem querido até hoje reduzir á mera condição de corpos sem alma, embora tenha sido sempre o seu coração incomparavel o secreto manancial de inspiração dos mais nobres commetimentos do Homem.

Já no final, emenda:

> Aberta aos talentos feminis, não tem esta revista por alvo uma ridicula ostentação literaria: ella visa sobretudo o elevado fito da justa dignifica-ção da mulher, o elemento central da familia e da sociedade. [...] Por isso fazemos votos para que ventos favoraveis entufem as velas gloriosas deste bergantim doirado, a revista *Mensageira*!

Outro soneto, "O deserto", de Julia Cortines, completa o espaço da página 11.

A página 12 inicia com a "Chronica omnimoda", que virá a ser uma seção fixa da revista, assinada por J. Vieira de Almeida. Nesse primeiro número, o tex-to, um tanto rebarbativo, fala das comemorações dos 400 anos da descoberta da América (a data ocorrera 5 anos antes) e da travessia de Vasco da Gama. O soneto "Contraste", de Áurea Pires, preenche a página 13, completando a dupla.

As páginas 14 e 15 são compostas de textos curtos. Abre com "Seleção", uma pequena antologia de textos, entre outros um extrato de *O Livro das Noivas,* de Júlia Lopes de Almeida. Vale ler os pensamentos de Gracia H. C. Mattos:

> A sorte das mulheres depende muitas vezes da educação moral que se lhes dá, ou da instrucção scientifica que adquirem. Os homens zombam da ignorancia das mulheres, sem se lembrarem de que as educam como ás escravas, que só necessitam saber obedecer. Ha muitos homens que perdoam com mais difficuldade ás mulheres o talento do que os vicios.

Na página 15 aparecem dois poemas "D. Alzira" e "Meu Filhinho", assina-dos pela própria Presciliana. E as notas pequenas, quatro reportagens sobre a Maternidade de S. Paulo, "Canudos", sobre a repercussão nacional da "victoria das forças legaes em Canudos", a que se junta a *Mensageira*, "de todo alheia ás lutas po-liticas", mas feliz pelo desfecho: "Á distincta e abnegada esposa do glorioso general Arthur Oscar enviamos os nossos effusivos parabéns". Outra nota sobre a exposição de pintura da Escola Nacional de Bellas-Artes, no Rio, destacando a presença de pintoras como Alina Teixeira e Beatriz Miranda, além de Clara da Cunha Santos, já referida. E, finalmente, uma nota sobre o "Diccionario em projecto", que estaria sendo produzido, em Paris, pela viscondessa de Cavalcanti. Uma espécie de "who's who" do Brasil de então. E assim se encerra o número.

Numa avaliação bondosa, pode-se dizer que os temas enfocados pela revista literária *A Mensageira* eram os mesmos dos periódicos femininos publicados até então. Assim como em outras revistas feitas por mulheres e para mulheres, as discussões de *A Mensageira* giram em torno do papel da mulher na sociedade e a luta feminina pela emancipação. Prega-se a valorização da mulher como pedra-base da família e respeito às vocações. Mas no fundo a superioridade masculina ainda é aceita como o correto, até mesmo pelas mulheres. Nesse sentido, Presciliana Duarte de Almeida não inovou, apenas reproduziu fórmulas. E, como ocorreu com publicações anteriores, não escapou das contradições que o contexto histórico-social impunha. Isso pode ser exemplificado com um trecho da já mencionada coluna de J. Vieira de Almeida (a "Chrônica Omnimoda"), publicada na abertura do nº 3, de 15 de novembro de 1897, quando se comemorava o oitavo aniversário da República:

> Nem a mulher que vota, nem a mulher que mata! Nem Luisa Michel, nem Carlota Corday!... Parece-me que é mais luctuosa do que risonha a data que hoje se commemora. Ainda se não conta um decennio da proclamação da República e dir-se-ia que um seculo transcorreu já, tão cruciantes agonias constringem a alma nacional! [...] em menos de dez anos de novo regimen, o coração das brazileiras patriotas se tem compungido, ante as scenas da mais requintada barbaria! [...] Não quero aqui resvalar para o terreno escorregadio e integrado da política... Detesto a mulher que vota, como a mulher que mata... Meu ideal é Cornélia, mãe dos Grachos!... Abomino por igual a Luiza Michel e a Carlota Corday!..."[11]

O texto é autoexplicativo. Num momento em que as mulheres começam a lutar por sua libertação moral, uma revista feminina que defende seus direitos expõe uma crítica retrógrada às ideias defendidas.

---

11   Louise Michel é uma figura emblemática do anarquismo francês: poetisa, jornalista, professora, escritora, militante e conferencista, era filha de mãe solteira, nasceu em 1830 e morreu em 1905, tendo participado do levante da Comuna de Paris (primeiro governo operário da história, 1871). Carlota Corday foi outra jovem idealista francesa: assassinou em 1793 o revolucionário Jean-Paul Marat com uma punhalada certeira no coração.

No entanto, coube a periódicos como *A Mensageira* modelar a figura da mulher rainha do lar, emancipada, educadora, esportista, forte e moderna, quando o mundo era, predominantemente, voltado ao masculino. São dessa época as primeiras notícias de brasileiras fazendo cursos universitários e de certa abertura do mercado de trabalho para as mulheres. Em 15 de outubro de 1899, no início do terceiro ano da publicação, por exemplo, aparece na revista um artigo intitulado "O feminismo", que saudava a abertura do mercado de trabalho à mulher nestes termos:

> Abrir também ao belo sexo a função da advocacia constitui um simples corolário da liberdade profissional, que a Constituição da República sabiamente consagrou. Não seria congruente que as nossas patrícias pudessem, como podem, conquistar nas academias um diploma scientifico e ficassem, ao mesmo tempo, privadas da eficácia desse diploma, tão duramente conquistado. Com que fundamentos vedariam à mulher o campo da actividade honesta, se a nossa pessima organização social não a pode muitas vezes salvar dos horrores da miséria ou das especulações do vicio?

Em seu segundo número, publicado em 30 de outubro de 1897, a jornalista Maria Emília escreve o texto de abertura, "Falso encanto".

> Sempre que se fala em modificar a educação da mulher ou ampliar os seus meios de acção, apparece alguem que faça a apologia da mulher como rainha que deve ser... pela fraqueza! Que o encanto da mulher está justamente na sua ignorancia, na sua timidez, na sua infantilidade! Pensem assim ou não, entretanto, queiram ou não queiram, a mulher instruida, forte, capaz de velar á cabeceira de um filho enfermo, auxiliando as prescrustações da sciencia; ou de repellir com energia as chalaças de qualquer imbecil, será a mulher do futuro, será a verdadeira companheira do homem, que sabe participar de seus pensamentos e ajudal-o em todas as resoluções difficeis. A posição negligente de tutelada deixará de existir quando a mulher comprehender que sobre seus hombros pesam também as responsabilidades sociaes.

Sobre a polêmica de não ser uma revista escrita apenas por mulheres, o marido da editora, Silvio de Almeida, escreveu, também no terceiro número:

> Arthur Azevedo, em sua Palestra de 21, aconselha a directora da *Mensageira* a supprimir a collaboração de homens, para que esta revista adquira uma nota mais original e sympathica. Sentimos discordar completamente, neste ponto, do notável homem de letras que tão assignaladamente abrilhanta as columnas do *Paiz*.
>
> Em primeiro lugar, já não seria uma *originalidade*, mesmo aqui no Brazil, uma publicação periodica exclusivamente feita por mulheres; e, por outro lado, parece nos que em nada se apouca a sympathia desta revista por admittir em suas columnas algumas pennas masculinas.
>
> Os melhores salões estão sempre abertos aos dois sexos, e a absoluta exclusão dos *marmanjos* só se poderia exigir em um convento de freiras. Si o próprio *Paiz*, que é um jornal militante e forte, nunca se negou ás escriptoras, por que razão havia de excluir aos homens a *Mensageira*, que deve ser toda gentil?

A Mensageira durou apenas três anos, fechando em 1900. Mas deixou lastro, sobretudo na consolidação do leitorado feminino. Presciliana Duarte de Almeida seguiu com suas colaborações na imprensa (em alguns periódicos, assinava com o pseudônimo de Perpétua Vale), e participou da fundação da Academia Paulista de Letras, a 5 de outubro de 1909, ocupando a cadeira de número 8. Em 1939, com 75 anos de idade, publicou seu último livro, *Vetiver*, cujos versos são indicados como "de vários tempos". Talvez seja uma mostra de que a autora, mesmo tendo vivido A Semana de Arte Moderna de 1922, não conseguira aderir aos novos tempos. Presciliana Duarte de Almeida faleceu em Campinas, dia 13 de junho de 1944.

A VOLTA DE AGOSTINI: O *DON QUIXOTE*

Esse periódico marca a volta de Angelo Agostini à imprensa ilustrada carioca após sua saída, um tanto abrupta, logo após o término da campanha pela Abolição da Escravatura, em 1888. Angelo foi (muito bem) substituído na *Revista Illustrada*, como já se disse, pelo seu seguidor Pereira Netto, a ponto, segundo Herman Lima, de muitos dos desenhos e charges atribuídos a Agostini terem sido produzidos pelo discípulo.

O *Don Quixote* (1895-1903) marca o auge artístico de Agostini, após essa estadia (de que pouco se sabe) de seis anos na França. Esses serão, no entender do historiador Gilberto Maringoni, "os anos de sua decadência profissional e o período mais complexo de sua carreira". Com a palavra o melhor biógrafo do ilustrador:

À sua volta, mudou o regime, mudou a sociedade, mudou a imprensa e mudou o próprio ofício de ilustrador. O tipo de jornal que faz torna-se anacrônico em relação às publicações que surgem e valem-se de novas tecnologias, que melhoram a qualidade gráfica, aumentam tiragens e baixam o preço unitário para o leitor. Mas, acima de tudo, fazer jornal passa a exigir vultosos investimentos, próprios de uma grande empresa capitalista [...] Distante das mudanças políticas, econômicas e técnicas que ocorrem no Brasil, após seis anos de ausência, Angelo Agostini desembarca num lugar diferente da Corte imperial que deixara. No período compreendido entre 1870 e 1890, a população da cidade mais que dobrara, passando de 235.381 para 522.651 habitantes. A emergência do trabalho livre começa a delinear novas relações entre as classes sociais e a ampliar o incipiente mercado interno (MARINGONI, 2006, p. 215).

O Quixote, célebre personagem de Cervantes, já inspirara o título de diversas publicações em Cuba, Espanha e Argentina (todas chamadas de *El Quijote* ou *Don Quijote)*, fato de que se serviu Agostini pela figura de luta idealista ou de defensor de causas impossíveis que o personagem inspira. Embora Agostini explicitamente cite que a figura do "fidalgo de la Mancha" que desenha seja inspirado na composição de Gustave Doré, há no leitor uma identificação com a figura do próprio Agostini.

Angelo Agostini aproveita e cria um fato novo para o lançamento dessta publicação: na onda de consternação popular causada pela tragédia do incêndio, no dia 6 de janeiro de 1895, na Baía da Guanabara, de uma das barcas que transportavam passageiros entre a capital e Niterói, ele produz um suplemento com um desenho panorâmico do desastre. Essa espécie de revista-pôster, vendida de forma avulsa, era também o brinde para os novos assinantes que aderissem ao periódico que ele lançaria duas semanas depois.

Na primeira edição da nova revista, uma nota na página 2, avisa: "Ainda não se extinguiu a dolorosa impressão causada no público pela terrível desgraça do incêndio da barca *Terceira*. [...]. Já nos ocupamos deste triste assunto em uma estampa especial, que distribuímos aos nossos assinantes e teve uma procura extraordinária, obrigando-nos a fazer quatro edições de quatro mil exemplares cada uma". Um número notável para os padrões da época!

Esse número 1 traz na capa o Quixote e Sancho Pança montados em seus cavalos. Ao fundo, o esboço de dois moinhos. O Quixote carrega um estandarte onde se lê: "Don Quixote, jornal illustrado de Angelo Agostini". Na outra borda: "Rua do Ouvidor, 109, sobrado". Acima do requadro: Anno 1. Rio de Janeiro, nº 1. No rodapé, manuscrito: "Saude e Fraternidade".

Assim, seco, sem o preço de assinatura, sem preço de exemplar avulso, da assinatura semestral ou anual. Uma capa limpa, concisa. A capa do número 2 surpreende com o retrato de Felix Fauré, presidente da República francesa. No número 3, Grove Cleveland, presidente americano. No número 4, uma cena de multidão e uma estátua que se move no pedestal, traz a legenda: "No grande meeting do Largo de S. Francisco, em honra ao barão do Rio Branco, o enthusiasmo do publico foi tal que até o próprio bronze se commoveu. O patriarcha J. Bonifácio quasi chegou a deitar discurso".

Na capa do número 5, Quixote e Sancho se afundam nas águas de uma enchente, enredados em confetes e serpentinas. A legenda explica: "Felizmente este anno só há prisões de serpentinas e tiroteio de confetis".

Enquanto isso, lá em cima, no espaço do logotipo, desde o número 2 o Sancho Pança ia retocando a pintura da palavra "Don Quixote", caprichava, se afastava para conferir. Agora, no número 5, um burrico se aproxima, enquanto Sancho e Quixote parlamentam ao fundo.

Está iniciada uma das séries talvez únicas da história das artes gráficas em que uma revista brinca e cria uma narrativa com o próprio logotipo. O burro se esfrega e borra a tinta com que fora pintado o logotipo do periódico (o cabeçalho do número 6); o animal, fustigado por um irado Sancho Pança, sai em fuga (número 7); o Quixote dá uma bronca, Sancho se ajoelha (número 8); Sancho traz o burro pelas orelhas (9); um cavalo aparece atrás da placa do lotogipo (10); o burro e o cavalo dão coices e Sancho cai (11); a placa do logotipo se espatifa (12); Sancho põe a mão na cabeça ao constatar o estrago (13); um panô provisório é colocado no local da placa do logotipo (14); Sancho com esforço carrega nova placa (15); novamente Sancho retoma a pintura da placa, como no número 2 (16); num gesto descuidado cai o latão de tinta sobre a figura do Quixote, que agora ocupa o centro da imagem da capa (17); o Quixote sobe até o logotipo (18); Sancho e o Quixote ficam num jogo de gato e rato em torno da placa do logotipo (19 a 23); finalmente, são atacados por quatro índios que destroçam a placa do logotipo (24). Está terminada uma das mais belas séries de brincadeira com o próprio logotipo que a imaginação de um revisteiro poderia haver inventado.

Vamos nos deter na análise de dois números. O número 17, de 18 de maio de 1895 (o que tem na capa o latão de tinta despencando sobre a cabeça do Don Quixote), e o número 45, quando Agostini recomeça uma nova epopeia com o logotipo.

A edição 17, como já se descreveu, traz na capa apenas Sancho esbarrando na lata de tinta, que cai sobre a cabeça do Quixote, que sentado lia. Abaixo, quatro exclamações. A página 2 (Agostini nunca adotou a numeração sequencial) traz o "Expediente", com preços de assinaturas (20$000 anual; 12$000 semestral para a capital; 24 e 14 para os Estados). Não declara preço do exemplar avulso. A seguir, repete-se o título da revista e é anunciada a data: 18 de maio de 1895. Agostini segue o velho padrão das duas páginas de texto, duas de ilustração, outras duas de texto, capa e contracapa com imagens, de que já falamos repetidas vezes neste trabalho.

Do número 2 ao 24 de *Don Quixote*, Agostini inicia uma série talvez única da história das artes gráficas, criando uma narrativa com o próprio logotipo. O burro se esfrega e borra a tinta com que fora pintado o logotipo do periódico e daí se segue a galeria de peripécias, brigas e reconstrução do logotipo.

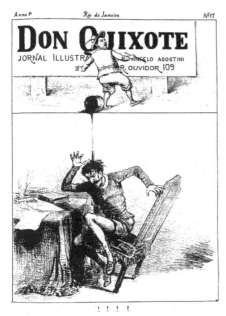

"Tópicos", "Uma decepção", "13 de maio", "Tagarellices", "Calculo" e "Bibliographia" são os seis títulos da dupla de texto das páginas 2 e 3. "Tópicos" trata em duas colunas da pacificação do Rio Grande do Sul, depois da revolução federalista ou revolta da degola. Menciona Julio de Castilhos e a demora de uma decisão por parte de Prudente de Morais, defendendo a primazia da Constituição da República sobre a carta estadual. "Uma decepção" (ocupa a terceira coluna da página 2) reproduz editorial da Gazeta de Mogi-Mirim criticando a mensagem do presidente Prudente de Morais sobre a questão da pacificação do Rio Grande do Sul. Diz que a mensagem presidencial define uma situação e retrata um indivíduo: "Alli está a horripilante photographia de um caracter frouxo, ou quem sabe se é a representação exacta do triste estado de desmoronamento das nossas instituições, das finanças e da administração". O texto do periódico interiorano é forte, a ponto de o redator do *Don Quixote* contemporizar: "Custa-nos crer que este retrato do Sr. Prudente de Moraes seja realmente fiel [...] Consideremol-o como um clichê photographico por demais em foco, apresentando rugas e uma certa dureza que desejamos attenuar".

A nota "13 de maio" abre a página 3: comenta o fato de, cabotinamente, o ex-prefeito Barata Ribeiro ter colocado no Paço Municipal uma lápide comemorando a data da abolição da escravatura encimada com os nomes de Floriano Peixoto e do próprio alcaide – e não, como corresponderia, com os nomes de Patrocínio, Nabuco, Luís Gama e da Princesa Isabel. Conclui "A data de 13 de maio não precisa de lápides despertadoras de memória porque está gravada no coração não só de todos os brasileiros como de toda a Humanidade".

Agostini cria o contraponto entre o Quixote de Cervantes, entre princesas e dragões, e o nosso, entre assaltos e guerras.

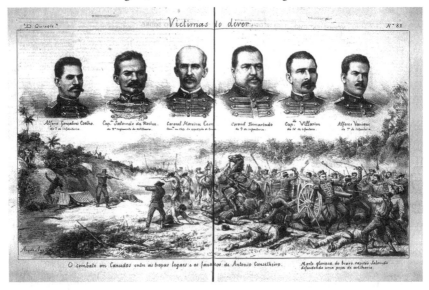

"Victimas do dever": o desenhista compra a versão oficial sobre o massacre de Canudos.

"Tagarellices" trata novamente do tema da pacificação do Rio Grande do Sul: "Parece caçoada, mas não é: e a prova de que a guerra continua lá no Sul, e ha de continuar porque assim o querem muitos dos mesmos que dizem querer sinceramente a pacificação". Novamente, a falta de espírito negociador de Júlio de Castilhos, a leniência de Prudente de Morais e do General Glicério são assunto.

"Calculo" é um soneto – e como todo soneto traz duas quadras e duas terças.

"Bibliographia" é a resenha do livro de contos *Mares e Campos,* de um autor jovem, Virgilio Várzea. O resenhista (J. R.) elogia o novato e prognostica futuros livros melhores do que este, onde nota que "Uns laivos da escola nephelibata a derramarem aqui e ali escusadas exhuberancias de phrases e de idéas adjectivadas, empallidecem ás vezes o brilho da idea principal do periodo, tirando-lhe, não raro, a expressão e a expontaneidade".

A dupla central é ocupada pelos desenhos. Não há um título que amarre as sete cenas mostradas, mas no fundo o Quixote e Sancho Pança assistem, como à espreita de uma janela. Prudente de Morais entra antes da mensagem e, depois, é um reduzido anão e vira uma formiga após encontrar o chefe de seu partido, o general Glicério. A Guerra e a Paz confabulam com Prudente de Morais, secundado por Glicério. A dupla central não tem a força e o impacto do velho e bom Agostini.

A segunda dupla de textos, das páginas 6 e 7, é ocupada pelas notas "Bellas-Artes", "Chinoiseries", "Ferroadas", "Lettras e Arte", "Theatro" e "A nossa mesa".

"Bellas-Artes" – a nota destaca uma exposição de Julião Machado, "um portuguez nascido na Africa e que completou em Pariz a sua educação artistica". O texto inicia-se destacando o marasmo e a falta de talentos que impera no Rio, para recomendar vivamente o trabalho desse artista que "veio revolucionar o jornal illustrado do antigo molde entre nós e nos está deliciando com seus desenhos correctos, finos e conceituosos, de uma feição artistica puramente parisiense". Agostini, ao que parece, estava seduzido pelo jovem ilustrador português, que, segundo Herman Lima, foi para a caricatura brasileira do começo do século XX o mesmo que tinha sido o italiano para a caricatura de seu tempo.

"Chinoiseries" – volta ao tema da pacificação do Rio Grande do Sul e ataca a fúria legislativa dos representantes do povo em fabricar leis que nada resolverão: afinal, o Parlamento abriu, escreve Lu-No, que assina a nota.

"Ferroadas" – O redator, que assina "Pernilongo", focaliza o aniversário não festejado do 13 de maio e a Abolição da Escravatura, recriminando o esquecimento de alguns nomes de homens que lutaram pela libertação de um povo. Menciona entre os esquecidos Angelo Agostini. A seguir, elogia o destempero verbal do deputado Erico Coelho, que entre outras sandices propôs uma guerra contra o Uruguai como forma de pacificar o Rio Grande do Sul.

"Lettras e Arte" – Nesse espaço destinado a comentar os periódicos recebidos pela redação, V. Vieira escreve um rasgado elogio ao segundo número da revista *A Cigarra*: "Mais um primor de desenho e fino espirito dessa robusta individualidade artistica que se chama Julião Machado – um grande observador e um profundo physiologista". Destaca a página "13 de Maio" como "uma concepção sublime" e o texto: "Ora, o texto é do Bilac e do Coelho Netto e não preciso dizer mais nada para significar-lhe a excellencia". A seção menciona ainda as revistas *Mecenas,* de Porto Alegre, e *O Cenaculo,* de Curitiba, enviadas para a redação e que recebem elogios moderados.

"Theatro" – o redator, que assina Sansão Carrasco, em duas colunas, mapeia a oferta teatral da cidade, destinando farpas às produções ligeiras, repetitivas, de pouca profundidade, quando as poucas tragédias em cartaz lotam as casas – sinal de que teatro sério também é do gosto do público. O Recreio leva *Tim-tim por tim-tim*, comparado a um realejo que todo dia, à mesma hora, tocasse a mesma polca – um suplício, mas tem quem goste. O Apollo traz *O Major*, revista de Artur de Azevedo, sucesso de público por sua boa crítica, boa pilhéria, o riso decente – nada a ver com a "laracha" grosseira ou o "tregeito pornographico". O Sant'Anna traz *Loteria do Diabo*, texto apelativo apresentado por Heller, ator que já teve momentos melhores. O Lucinda prepara uma revista que correu palcos de Pindamonhangaba e Guaratinguetá: a conferir. Ou "Vedremo e duopo parleremo", como escreve Sansão.

A excelente atriz Ismenia apresenta a tragédia *A Martyr,* no Variedades: é motivo para o cronista fazer seu discurso em favor de um teatro sério. O S. Pedro Alcântara traz *Il Trovatore* e *Aida*, pela companhia lírica de Carlo Mattia. A seção finaliza com a notícia de que o prefeito Julio do Carmo sancionou o decreto do Conselho da Intendência que cria o Theatro Municipal – e ao prefeito o cronista envia um entusiasmado aperto de mão.

"A nossa mesa" – D. Mesario é a assinatura do redator que registra as publicações enviadas para a redação. *A Estação, Revista Pharmaceutica Paulista, Revista da Commissão Technica Militar, Petit Sport,* estão entre as publicações resenhadas – com destaque para os moldes e o suplemento literário de *A Estação* ("Tanto e tão bom que isto só o Lombaerts é capaz de dar"). *Chinita-Curu* é uma partitura – habanera, motivo cubano de N. Figuera Hijo – enviado pela Casa Vieira Machado. D. Mesario agradece a todos.

A revista fecha com um desenho em que Deus mostra um livro: do lado direito, a imagem da Princesa Isabel; do lado esquerdo: "Lei 3353 de 13 de maio de 1888. É declarada extinta a escravidão no Brasil. Isabel, Princeza Imperial Regente". Uma afrodescendente acena e joga flores. Quixote faz reverência e aponta o espadim, levantando com a esquerda o chapéu. Sancho, no chão, com um pau, ataca uma serpente. A serpente parece querer atacar a República. Título da página: "O tempo passa, mas as datas gloriosas ficam". Embaixo, legenda: "Salve! Augusta e benemérita princesa! Libertaste uma raça; hoje trata-se de libertar a Patria ameaçada por um terrível monstro que pretende devoral-a".

Sobre o incidente diplomático que o Brasil teve com a Inglaterra pela posse da Ilha da Trindade, que deixou os dois países eriçados, Agostini publica um minucioso retrospecto dos fatos relativos à pretendida ocupação pelos ingleses na edição de 27 de julho de 1895. Noticiando a reação popular no Rio, onde os estudantes da Escola Politécnica, à frente, levantaram a multidão a exigir do governo pronta e enérgica solução para a disputa. A revista traz, na sua crônica de abertura, sob o título de "Palestra de dois cidadãos", o diálogo entre dois patriotas a propósito dos acontecimentos. A conclusão de Agostini, na boca dos personagens, é de que se o presidente, Prudente de Morais, tinha se mostrado fraco "em temas da política interna, temos ao menos a satisfação de ver que, acerca da externa, temos homem! Ainda bem".

Na capa do número, aparece o Quixote junto ao Rocinante, paramentado para a guerra, com Sancho de garruchas e fuzil, espada e punhais. Quixote comenta a notícia que lê no jornal que leva a mão e diz: "Meu Sancho, nos aprontamos para a guerra. As últimas notícias dizem estar a Inglaterra disposta a tratar a questão amigavelmente". Ao que Sancho responde: "Eu logo vi, é porque ela soube que o patrão e eu estávamos resolvidos a dar-lhe uma lição"...

Na última página, ao estilo do Agostini, quatro quadrinhos com cenas cômicas resumem a crise. Numa delas, no restaurante, ao ser atendido com um bife com fritas, o cliente grita com o garçom: "O que? Beef com batatas?! Sou por demais antibritânico para comer beef!"

Para concluir, um rápido comentário sobre a edição número 45, de 4 de janeiro de 1896 (por um erro tipográfico, a data saiu como 1895). A capa retoma outra série de brincadeiras com o logotipo do periódico: Sancho e Quixote, grua a postos, tentam levantar um caixão que conteria uma nova tentativa de logomarca. Na legenda: "Muito custa ganhar a vida honradamente".

A página 2 abre com um comentário sobre 1896 – novamente será ano bissexto, uma das alegrias para Agostini. O editorial "1896" fala sobre a pacificação do Rio Grande do Sul, da ação do general Galvão – a quem a revista beija a mão – e do equilíbrio e bom senso de Prudente de Morais, o primeiro presidente civil. Insinua que a morte de Floriano Peixoto ajudou na pacificação – o nome do primeiro tiranete militar excitava os revoltosos gaúchos. A nota a seguir, "Agradecimento" acusa o envio, por parte do presidente da República, de um cartão de boas festas para a redação de *Don Quixote.* "Desvanecidos, agradecemos ao nobre cidadão".

Há um viés de crítica amarga quanto à realidade da política brasileira (embora seja notável a mudança de postura com relação à figura do presidente). A dupla central, "O Ano de 1896" traz o Quixote ciceroneando o novo ano que chega, um garotinho em trajes de marinheiro janotinha: um montão de pernas para o ar, são os deputados que trocam os pés pelas mãos; o busto da República é uma cabeça muito bonita, mas, como diz La Fontaine, não tem cérebro dentro ("Belle tête, mis de cervelle point"). Apresentado ao presidente, o menino 1896 pede para ser apresentado aos ministros, mas o presidente responde: "ha de ser difficil, cada qual anda pelo seu lado"... (Para quem acompanhou os quadrinhos de Agostini, fica a sensação de falta de sal, de pique, de garra, realmente).

A dupla de texto final faz alguma piada com palha, palhares, paliativo. *Don Quixote* por três vezes se afirma como "a primeira folha ilustrada do mundo", "primeiro jornal caricato da América do Sul", "a fantasia de *Don Quixote* não tem limite"...

Na última linha da página 7 (última de texto, portanto), a seção "Nossa Estante" registra a chegada de "*A Cigarra* ns. 33, 34 e 35: interessante como sempre". Sinal dos tempos...

A última página da revista dá continuidade às cenas da chegada do ano novo, da página central: o menino 1896 cai na rua, devido aos problemas de calçamento da cidade, é levado a um pronto-socorro onde se paga uma fortuna pelo curativo, e o boticário mostra as tarifas da alfândega. Pegam um tílburi, o preço é 120 réis. A vida está cara, os novos tempos serão cabeludos.

Leiamos, por uma última vez, um comentário do biógrafo de Agostini:

> Dentro de seus cânones estéticos, Agostini evoluíra muito. Não é apenas o desenho da figura humana, de animais, de paisagens e cenários que está mais apurado em relação a suas ilustrações de sete anos antes. São os detalhes, as brincadeiras [...] que acabam por fazer desta a mais interessante experiência formal do artista. A publicação já não tem nem sombra da influência política de sua antecessora e agora concorrente, a *Revista Illustrada*, e seu editor freqüentemente dá a impressão de ser um personagem deslocado do mundo a sua volta. Por duas vezes, ao longo dos 163 números do jornal, Agostini queixa-se da falta de assunto para preencher suas páginas, algo impensável no tempo da campanha abolicionista, por exemplo. Um exemplo: número 54, de 7 de março de 1896. Ali, a página central exibe Sancho se abanando, enquanto reclama: "O calor é muito, os assuntos poucos". [...] Possivelmente assuntos não faltassem ao lápis do desenhista. É sua percepção do mundo que mudou e é seu não engajamento direto em alguma causa épica que talvez gerassem a sensação de tédio externada por Sancho (MARINGONI, 2006, p. 218-219).

RUA DO OUVIDOR E A *REVISTA DA SEMANA*: O SÉCULO CHEGA AO FIM

Os últimos anos do século XIX verão a chegada de algumas revistas novas. A mais prestigiadas delas foi a que tomou para título o nome da rua mais chique e elegante do Rio de Janeiro, a do Ouvidor, com seu comércio refinado, cafés e confeitarias, ponto de encontro de intelectuais, políticos, artistas e personalidades da sociedade carioca. Editada pelo tipógrafo F. J. Serpa Junior e impressa na Typographia Casa Mont'Alverne, *A Rua do Ouvidor* era semanal, durou uma década e meia, circulando de 14 de maio de 1898 até 30 de março de 1912, com um total de 712 números – tirados ao longo do tempo em diferentes casas impressoras.

A outra, a *Revista da Semana,* lançada por Álvaro Teffé, chegará até a segunda metade do século XX, circulando de 20 de maio de 1900 até 1959. Seu primeiro redator será Fernando Mendes de Almeida, tendo entre seus ilustradores Raul, Bambino, Amaro do Amaral e Luis Peixoto. Mas não será a ilustração o seu forte: é com ela que a fotografia ingressa definitivamente na imprensa. Conta-se que Álvaro Teffé fora a Paris buscar equipamentos e fotogravadores para sua revista. À última hora, os dois técnicos contratados, temerosos dos perigos das epidemias de febre amarela que assolavam o Rio, recusaram-se a embarcar. Não lhe restou alternativa senão fazer, ele mesmo, um rápido aprendizado numa oficina parisiense para ensinar os segredos da nova técnica aos zincógrafos que trabalhavam nas oficinas do *Jornal do Brasil.*

O primeiro número da *Revista da Semana* estampava na capa uma foto do monumento a Pedro Álvares Cabral, no Largo da Glória, no Rio, inaugurado como parte das comemorações do Quarto Centenário do Descobrimento do Brasil. Nas páginas internas, a revista mostrava flagrantes dos festejos e até mesmo uma "fotografia profética do que será o Rio de Janeiro no Quinto Centenário". O fotojornalismo ensaiava seus primeiros passos no Brasil. E o primeiro número da revista se esgotou em tempo recorde, sendo reimpresso sucessivas vezes devido à grande procura do público (Emporium Brasilis, I-113).

Pioneira entre os periódicos de grande tiragem desses primeiros anos do século XX, a *Revista da Semana* trazia a súmula dos acontecimentos, além de seções de crítica literária, crônicas, poesias e até contos para crianças. Dava destaque aos crimes reconstituídos em estúdio fotográfico. Na sua sexta edição, por exemplo, o escritor Medeiros e Albuquerque, um dos fundadores da Academia Brasileira de Letras, posou como vítima na encenação de um ataque sofrido por um coronel em plena rua. O papel do agressor foi interpretado pelo doutor Antônio Maria Teixeira, da Escola de Medicina, também colaborador da publicação. O uso de fotografias, ao lado das caricaturas e textos de autores consagrados em tom de crônica leve, fez da revista um enorme sucesso. Seu modelo logo se disseminaria por outros periódicos – e ela foi a principal revista do país até a década de 1940, quando *O Cruzeiro,* lançado em 1928, lhe tomaria o lugar. Mas isso são histórias para outra pesquisa.

Rio, 14 de Maio 1898.

MENSAGEM

APRESENTAMO-NOS modestamente. O titulo da nossa folha o indica. A vida fluminense, no que tem de superficial, se concentra na rua do Ouvidor.

Ahi, discussões politicas ha entre pessoas que formão grupos distinctos nos quaes se examina e se estuda *por alto* as mais elevadas questões que interessam a direcção dos publicos negocios; admira-se a nossa elegancia feminina em todo o seu esplendor; travão-se dialogos renhidos sobre a superioridade deste ou d'aquelle animal de corridas; joga-se, ás claras, nos bichos; falla-se da vida alheia continuadamente; namoricos e casamentos se fazem com a maior facilidade e promptidão; conversa-se sobre o merito e a belleza desta ou daquella artista do nosso theatro; entra-se nas confeitarias e cafés, toma-se qualquer cousa; olha-se para as senhoras e palestra-se com algum amigo, encontrado ao acaso, para matar o tempo; sabe-se das ultimas novidades litterarias; conversa-se sobre a politica exterior; é-se victima da gatunagem e da impertinencia dos vendedores de bilhetes de loterias; tem-se o que ha de bom, elegante, rico nos diversos estabelecimentos de modas; ás vezes surge uma *bernarda*,—destruição de jornaes e correrias, como diversão; quando chove, ha lama em quantidade; quando faz sol ha poeira extraordinaria; nos domingos, dias santos e feriados é quasi um cemiterio; nos outros dias é o ponto de maior concurrencia da nossa bella Sebastianopolis e... se forâmos descrever aqui o que é a rua do Ouvidor por certo occupariamos todo o nosso jornal com a descripção.

Basta o que fica dito para justificar-mos o titulo da nossa folha.

De accordo com elle teremos uma chronica politica, uma secção humoristica, uma outra, muito leve, de anecdotas e boatos, trataremos do *sport*, da moda, dos theatros e da nossa vida elegante ouvidoreana, e daremos retratos de senhoras da nossa melhor sociedade e de pessoas celebres.

Apparecemos sem pretenção de occupar logar saliente na nossa imprensa, representada dignamente por tantos talentos brilhantes que engrandecem e elevam o jornalismo brazileiro ao ponto de ser elle considerado o primeiro da America do Sul. Não nos move, nem nos guia esse desejo, que seria banal e irrisorio.

A nossa folha será um semanario ligeiro, revelando-se assim desde o primeiro numero.

Ninguem terá o direito de esperar de nós o que não podermos fazer.

Em todo o caso procuraremos corresponder á confiança publica da melhor maneira e pelos meios que estiverem ao nosso alcance. Enviando saudações sinceras aos nossos mestres e collegas de Imprensa, esperamos que delles parta o incentivo para que possamos realizar o nosso *desideratum*.

CONCLUSÕES

> Meus livros guardam entre suas capas todas as histórias que eu já soube e ainda recordo ou já esqueci ou algum dia lerei; eles preenchem o espaço a meu redor com vozes, velhas e novas.
>
> Alberto Manguel. *A biblioteca à noite.*
> São Paulo: Companhia das Letras, 2006, p. 21.

Quando o século XIX termina, a imprensa está consolidada entre nós. Vão longe os tempos em que funcionários graduados do governo, cônegos e clérigos tinham de dar sua contribuição para o jornalismo nascente – o que, como dizia Isabel Lustosa, fazia a redação de um jornal ser uma espécie de mistura de repartição pública e claustro (LUSTOSA, 2000, p. 71). A longa trajetória de nosso primeiro século como nação independente deixa marcas nas pautas e no visual das novas publicações que continuarão, em sua maioria, a ser publicadas no Rio de Janeiro. A corte, agora transformada em Capital Federal, concentrava o mais importante parque gráfico do país.

Nesse novo século que engatinha, haveria espaço para publicações de todo gênero – das mundanas às culturais, das humorísticas às informativas. O público leitor continuará rarefeito, mas bem atendido. Os amantes da modernidade serão atendidos por revistas como *Kósmos, Renascença, Careta* ou *O Malho.* Na *Kósmos* seriam publicados ensaios sobre Artes, Literatura e História, além de contos e crônicas. Já o leitor de menor renda acompanharia a cobertura dos fatos, a vida social, política e cultural de forma bem-humorada nas páginas de *O Malho, Fon-Fon!* e da *Revista da Semana*, e depois em *O Cruzeiro*. Serão centenas de títulos, alguns efêmeros, outros que viverão por muitas décadas, como *Fon-Fon!* ou a *Revista da Semana*, que circulará até 1959 (a *Fon-Fon!*, lançada em 1907, fechará em 1958).

O novo século se beneficiará do longo aprendizado ocorrido nesse período que acabamos de abordar no presente trabalho. Iniciativas como a criação da Academia Imperial de Belas-Artes, fundada em 1816 por D. João VI como Escola Real de Ciências, Artes e Ofícios; a vinda em 1825 do suíço Johann Jacob Steinmann, um pioneiro no uso da técnica da litografia; o Instituto Artístico, criado por Henrique Fleiuss em 1859 e reconhecido como Imperial por Pedro II em 1863; ou, anos antes, empreendimentos como o do livreiro e tipógrafo francês Pierre René François Plancher de la Noé e sua Imperial Typographia deixaram marcas duradouras na aptidão e formação de desenhistas, tipógrafos, litógrafos, redatores, fotógrafos, artistas gráficos. Eles agora, na chegada do novo século, sabem dar corte às fotos que começam a substituir as ilustrações, definir a disposição dos textos e imagens, buscar com o redator o título mais instigante. A reportagem de rua logo mais dará seus primeiros passos, com João do Rio, mas o texto jornalístico ainda seguirá algumas décadas em busca de sua melhor expressão.

A FORÇA DOS CARICATURISTAS

Poucas vezes na história de nossa imprensa surgiram tantos talentos, que se expressaram principalmente em revistas: os caricaturistas. Neste período de mudança de século continuam ainda em atividade caricaturistas e ilustradores como o português-angolano Julião Machado, além de Bambino, Belmiro, Crispim do Amaral. A eles vai se juntar o talento de uma nova geração, com nomes como Vasco Lima, Loureiro, Storni, Voltolino, Yantok, Belmonte. E, sobretudo, os grandes mestres Calixto Cordeiro (K. Lixto ou Kalixto), Raul Paranhos Pederneiras (Raul) e José Carlos de Brito e Cunha (J. Carlos), trio que por quase 50 anos deixará sua assinatura em nossas mais importantes revistas ilustradas do século XX.

Registrando com graça as contradições da sociedade e compondo o retrato estilizado dos políticos, os caricaturistas traçaram a melhor parte da história de nossas revistas, a ponto de se afirmar "que personalidades como Rui Barbosa, o barão do Rio Branco e o presidente Hermes da Fonseca estão retratados da forma mais contundente e fiel nas caricaturas do que nas biografias". A caricatura nesses anos que se seguiram ao final do século XIX expôs a sedimentação da República, o surgimento da massa operária, a tensão entre militaristas e civilistas, a modernização das cidades e os grandes acontecimentos da conjuntura nacional. Também registrou os hábitos e costumes da população, compondo um retrato vivo da cultura e da sociedade brasileira (Emporium Brasilis, 1999, p. III).

Mas como se mencionou no primeiro capítulo, "O leitor é ainda uma questão não resolvida entre nós, é público a ser criado. E o começo se deu de forma lenta. Para criar revistas era preciso criar revisteiros e público que consumisse as publicações".

A questão da formação dos quadros técnicos foi resolvida – e muito bem, como se disse. Uma das provas dessa internacionalização de nossos artistas gráficos foi a representação brasileira na Exposição Universal de Paris exibindo peças zincografadas, litografadas e cromolitografadas pelo suíço Georges Leuzinger, pelo francês Paulo Robin e pelo italiano Angelo Agostini – todos estrangeiros. Já os redatores ou jornalistas, como se expôs, após a fase "repartição pública e claustro", eram os membros da elite formados num primeiro momento em Coimbra e depois nas escolas de Direito de São Paulo e Recife. Mas também do "andar de baixo" vieram grandes talentos, a maioria autodidatas, como os mulatos Luis Gama, Francisco de Paulo Brito e Machado de Assis.

Mas o público leitor, esse é ainda um tema em aberto. Somos um país de leitores inconstantes, talvez desatentos. Como o autor já pontuou em outro trabalho: "É interessante notar a freqüência com que Roberto Arlt desenha, em suas *Aguafuertes Porteñas,* personagens a bordo de um bonde, mergulhados na leitura de algum livro 'ligeiro'. O hábito da leitura fazia parte do cenário argentino desde os anos 1920" (COSTA, 2003). Ainda hoje, comparados com nossos vizinhos, mantemos uma posição insustentável. Em 2010, o Iº Censo Nacional das Bibliotecas Públicas Municipais (baseado em levantamento realizado pela Fundação Getulio Vargas) apontou que 420 municípios do país não têm biblioteca. Naquele mesmo ano, final da década, havia no ar uma previsão de que a quadra atual seria a da "educação de qualidade", arrancando o país da mediocridade.

O raciocínio de pesquisadores como Maria Lúcia Pádua Lima (coordenadora de Relações Internacionais da Escola de Direito de São Paulo da FGV) ou Marcelo Côrtes Neri (economista-chefe do Centro de Políticas Sociais e professor da Escola

CARLOS COSTA

de Pós-Graduação em Economia da FGV), era o de que se a década de 1980 fora a da democratização, a de 1990 deu conta da estabilização econômica; e a seguinte a do crescimento econômico, seguida pela década da redistribuição da renda (2001 a 2010), agora entraríamos na década da qualidade da educação (NERI, 2010; LIMA, 2010). "Falta o meio de campo: desenvolver uma política econômica e social ao mesmo tempo, juntando educação de qualidade, microcrédito, programas de gestão que façam com que tratemos a área social da mesma forma com que as empresas tratam seus resultados", conceitua Neri. E a peça-chave desse time vencedor seria a qualidade da educação.

> Talvez devêssemos deixar de lado o calendário gregoriano, já que os pontos de inflexão substantivos das inovações centrais de cada uma das décadas não foram no início de cada uma delas, mas coincidentemente em anos terminados em 4: 1964 (início do governo militar); 1974 (início da distensão política depois do choque do petróleo); 1984, o ano das Diretas-Já; 1994, o marco inicial do Plano Real; e 2004, o início da retomada do crescimento com a aceleração no emprego, quando ocorreu a maior queda da desigualdade da década. Isso sem falar em 1954, ano de suicídio de Getulio Vargas. Seguindo nesta tradição, o que 2014 nos reservaria, além da Copa do Mundo e das eleições? Ele coroaria dois períodos de cinco anos de crescimento inclusivo, iniciados depois do fim da recessão de 2003 e da crise global de 2009. Se o período 2010 a 2014 constituir de fato uma nova pequena grande década, então os onze anos de 2003 a 2014 serão uma grande "grande década", a da qualidade da educação (NERI, 2010, p. 15).

Por enquanto, ao que parece, fica a aposta, com a dívida ainda não saldada. Mas permanece a discussão sobre quem foi o público leitor das revistas do século XIX. Quem lia essas publicações, numa nascente nação com apenas 14% de seus habitantes alfabetizados, como revelou o censo de 1872?

A LEITURA COLETIVA

O tema da leitura de textos realizada por um alfabetizado para um grupo atendo de ouvintes faz parte do estudo da formação do leitorado. Peter Burke (2004)

A REVISTA NO BRASIL DO SÉCULO XIX

se refere aos leitores contratados pelos trabalhadores cubanos da indústria de charutos, que pagavam e escolhiam os livros que queriam ouvir enquanto realizavam o trabalho mecânico de enrolar fumo. No capítulo "A leitura ouvida", de seu livro *Uma história da leitura*, Alberto Manguel (2009) se debruça longamente sobre essa forma de criação de um círculo de leitores/ouvintes.

> Os trabalhadores [cubanos] que imigraram para os Estados Unidos levaram com eles, entre outras coisas, a instituição do *lector*. Uma ilustração da revista americana *Practical Magazine* de 1873 mostra um desses leitores, sentado de pernas cruzadas, óculos e chapéu de abas largas, um livro nas mãos, enquanto uma fileira de trabalhadores (todos homens), de colete e camisa de manga comprida, enrolam charutos com o que parece ser uma atenção enlevada (MANGUEL, 2009, p. 135).

Manguel descreve diversas outras seções de leitura, em que grupos de senhoras idosas, reunidas para tecer, pediam a um leitor que as entretivesse com alguns romances. Dulcília Buitoni também se refere a esse hábito de encontros de senhoras para bordar, em que uma delas, alfabetizada, lê em voz alta para enriquecimento cultural das amigas. Já Roger Chartier escreve:

> A prática da leitura oralizada cria, pelo menos na cidade, um vasto público de "leitores" populares que inclui tanto os mal alfabetizados como os analfabetos e que, pela mediação da voz leitora, adquire familiaridade com as obras e com os gêneros da literatura culta. [...] O alto grau de analfabetismo não constituía em princípio um obstáculo para a existência de um público numeroso. Bastava que em uma família ou em uma comunidade houvesse *uma* pessoa que soubesse ler para que, virtualmente, qualquer texto chegasse a ser desfrutado por muitos (CHARTIER, 1999, p. 124-125).

E isso não acontecia apenas na Europa ou nas colônias ou jovens nações latino-americanas. Martyn Lyons conta que na Austrália ocorria o mesmo:

> Quando o editor do muito burguês *Sydney Gazette* atacava o seu concorrente, o mais plebeu *Australian*, em 1825, ele ridicularizava o modo como o jornal rival era lido em voz alta em pequenas choupanas de pioneiros, com

a família inteira e os empregados reunidos para tal ocasião ao final de um longo dia de trabalho [...] Esse gosto pela declamação de trechos familiares, pela oralidade e pela música da poesia era parte da relação tradicional ou "intensiva" entre o leitor/ouvinte e a palavra impressa. Sua extinção, no final do século XIX, foi lamentada pelos conservadores, que deploravam o modo como a leitura individual e silenciosa estava dissolvendo formas tradicionais de sociabilidade (LYONS, 1999, p. 197-198).

Mas mesmo nesse contexto da leitura rarefeita, a imprensa foi parte integrante da formação da ideia de Brasil, de nacionalidade, na qual entram outros fatores, como a música, os costumes, os hábitos alimentares, as festas e cerimônias religiosas, o imaginário compartilhado. O Brasil e a imprensa nasceram juntos.[1]

O período compreendido entre a chegada da Família Real, em 1808, e os anos iniciais da República foi marcado não apenas por transformações econômicas (como a substituição da monocultura do açúcar e do fumo pela do café) e estruturais na sociedade, como o rompimento dos laços coloniais. Foi também um longo período da manutenção da unidade territorial, mesmo com todos os movimentos separatistas do final do Primeiro Reinado e do período da Regência. Nas vésperas do final do Segundo Império, chegou-se ao fim da escravidão, com décadas de atraso – provocado por uma elite conservadora e ciosa de seus haveres. Houve nesse entretempo a formação de um mercado interno, que se consolidará na metade do século seguinte.

Mas esse foi, sobretudo, um período caracterizado pelas "mudanças na percepção que os habitantes dessas latitudes tinham de si, de seus semelhantes e do lugar onde viviam. Percebem-se brasileiros", como escreve Gilberto Maringoni. E é ele quem aponta "pelo menos quatro eventos que consolidam essa descoberta".

---

1 Não há como deixar de registrar esse paralelismo da parceria entre a formação da nacionalidade e a imprensa brasileira com o contexto da Alemanha de três séculos antes. Sem a imprensa Martinho Lutero, o pai da nacionalidade alemã, segundo Madame de Staël, teria sido queimado em uma fogueira como aconteceu com Jan Hus, o reformador tcheco, cem anos antes (Hus foi executado em Constança em 6 de julho de 1415). Lutero teve a seu favor, em 1520, a possibilidade de divulgar suas ideias por meio de panfletos impressos que circulavam por toda a Alemanha (FEBVRE, 2010). Ao traduzir a *Bíblia* para o alemão, Lutero conformou a nacionalidade, como diz Staël, embora a formação do país tenha esperado ainda três séculos.

O primeiro foi o tráfico interprovincial de escravos, a partir de 1850, quando foi oficialmente abolido o comércio negreiro sob pressão inglesa. Vendidos de uma região a outra do país, os trabalhadores cativos começaram a sentir que o isolamento das fazendas não era o limite de seus horizontes. O caso do poeta, escritor e rábula Luiz Gama, parceiro de Angelo Agostini em *Diabo Coxo,* é ilustrativo dessa mobilidade interna, como se viu no capítulo 4.

O segundo grande acontecimento foi a Guerra do Paraguai (1864-1870), prevista de início para durar uns poucos meses. Chamados – na maior parte das vezes à força – para defender o que era inicialmente uma abstração, os sobreviventes passaram a entender que lutavam por uma comunidade muito maior do que imaginavam. A Guerra do Paraguai deixou marcas, e entre elas o sentimento do Exército brasileiro de que poderia participar mais da causa nacional. E isso acabou desembocando no fim da monarquia, como pontuado por José Murilo de Carvalho (2007).

Outro elemento, o terceiro, foi o recenseamento de 1872, algo inédito nessas terras. Os dados coletados deram tinturas racionais àquelas sensações subjetivas. Soubemos o quanto o país era mestiço e o quanto era iletrado (taxa de alfabetização de 14% e média de 3,5 professores para cada dez mil habitantes), e isso teria perturbado ninguém menos do que Machado de Assis. Afinal, para quem ele escrevia? (GUIMARÃES, 2004).

O quarto elemento, ainda segundo Maringoni, foi o desenvolvimento dos meios impressos, e isso se reflete na pesquisa aqui apresentada. Além de reportar e difundir acontecimentos e ideias, os periódicos se tornaram fatores importantes na consolidação de uma opinião pública atuante que se mostra tímida nas discussões que aconteceram no período entre a volta da corte para Lisboa e nos anos a seguir ao "Grito do Ipiranga", mas que se manifestaria robusta na campanha abolicionista, a partir de 1880, quando já estão em cena periódicos como *A Província de São Paulo.*

A CONSOLIDAÇÃO DOS "CONTRATOS DE LEITURA"

O mais importante, entretanto, foi o fato de o editor aprender que o modo de chegar ao público é quase tão importante quanto a qualidade da mercadoria que ele tem para oferecer. Em outro contexto, discorrendo sobre a televisão francesa, o pesquisador argentino Eliseo Verón comenta:

> No período noturno, o conteúdo informativo dos telejornais é praticamente o mesmo em quase todos os canais franceses. A escolha entre TF1, A2 ou Canal 5 se faz não por causa dos conteúdos emitidos (ou seja, pela relação ao essencial das notícias tratadas), mas em função das *estratégias de contrato* com o telespectador. No campo das mídias, comunicar, hoje, implica manter um laço contratual no tempo (VERÓN, 1991, p. 168).

Aliada a essa expertise técnica, conhecimento de como estabelecer e manter no tempo esses laços contratuais – algo que Angelo Agostini soube fazer tão bem com sua *Revista Illustrada* –, há agora a necessidade do conhecimento do mercado e do que interessa ao público, para administrar do melhor modo a curiosidade de quem compra o periódico. O editor de revista desse novo tempo sabe que é preciso dominar a complexa "capilaridade do varejo e os interesses cada vez mais poderosos do governo e dos mandatários da economia" (Emporium Brasilis, 1999, p. 108). Em suma, para editar uma revista torna-se imprescindível unir capital e técnica, como acontecia de resto com outras atividades industriais nascentes, mas o segredo do sucesso estava em saber localizar, treinar e administrar talentos para consolidar os veículos de comunicação que surgiam com as novas tecnologias. Findara o tempo da imprensa boêmia e intuitiva.

O século XIX sob esse aspecto cumpriu a sua missão: deixou o legado de um quadro de revisteiros formado e maduro. São editores, escritores, redatores, ilustradores, caricaturistas e artistas gráficos que dominam o seu ofício, sabem como criar uma revista e como torná-la atraente para o leitor. A "lição de casa" foi bem feita.

Mas enquanto escrevo estas linhas vem outra pergunta: por que sabemos os nomes de quase todos os caricaturistas que deixaram seu traço nas revistas e temos dificuldade de reconhecer a autoria da maior parte dos textos? Às vezes, por tabela, somos informados sobre redatores ou colaboradores de algumas publicações. Por exemplo, nas edições 497 e 498 da *Revista Illustrada*, de 13 e 19 de maio de 1888, que noticiaram as calorosas sessões parlamentares que discutiram e aprovaram a Lei Áurea, e as repercussões dessa lei por todo o país, as reportagens são assinadas por Julio Verim (que logo a seguir assumirá a chefia de redação da publicação quando Angelo Agostini seguir para seu "retiro" de oito anos na França). Mas, como revela Gilberto Maringoni, mesmo Julio Verim era um pseudônimo.[2]

Normalmente os textos não são assinados pelos autores: iniciais ou pseudônimos costumam ser o padrão. A revista *O Mequetrefe* de 23 de setembro de 1875 discute seriamente a questão da anistia concedida pelo governo aos bispos ultramontanos de Olinda e Belém, processados e presos por insubordinação (pelas regras do Patronato, os bispos eram funcionários do governo imperial, e numa democracia, seja ela monárquica ou republicana, funcionário público obedece ordens, seja bispo ou controlador de voo, senão temos a anarquia). Pois esses artigos são assinados por Courrier – seja lá quem for. A seguir, no mesmo número, na seção "Repiquetes", o redator que passa em revista os fatos da semana assina Jeronymo Barrada, ex-Armando Senil. São "nomes de guerra" e certamente entre os redatores e tipógrafos se sabia quem se escondia atrás do pseudônimo Armando Senil ou Jeronymo Barrada ou Courrier.

Olavo Bilac assinava muitos de seus textos utilizando pseudônimos como Fantásio, Puck, Flamínio, Belial, Tartarin-Le Songeur ou Otávio Vilar. Nos exemplares de *A Cigarra*, que comentamos no capítulo 7, "Fantásio" é responsável por quase todos os textos. O abolicionista José do Patrocínio assinava muitas de suas colaborações como Notus Ferrão e Prudhome. Por que se escondiam? Como se sabe, o ofício de redator de periódicos ou de jornais como entendemos hoje, não

---

2   O pesquisador Gilberto Maringoni, citando como fontes a própria *Revista Illustrada* e a *Enciclopédia de literatura brasileira*, de Afrânio Coutinho e J. Galante de Sousa, oferece uma pista: Julio Verim era o jornalista pernambucano Luiz de Andrade (1849-1912), que se iniciara profissionalmente em Portugal, quando estudava Letras em Coimbra. Publicou alguns livros de crônicas, entre eles *Caricatura em prosa* (1876) e *Quadros de ontem e de hoje* (1885). Depois de participar de *O Popular*, *O Combate* e *O Besouro*, começou a colaborar com a *Revista Illustrada* em 10 de janeiro de 1885. Logo se tornou seu principal redator e, posteriormente, sócio de Agostini. Em 1890 foi eleito deputado constituinte por seu estado natal, afastando-se temporariamente da revista. Voltaria à publicação em novembro de 1894 como proprietário, já sem a presença do artista italiano (MARINGONI, 2006, p. 132).

estava ainda delineado no século XIX. E o "campo do jornalismo", para usar a categoria cara a Pierre Bourdieu, era algo a ser criado e delimitado.

No caso de políticos, parlamentares ou advogados de nomeada, talvez essa atividade secundária ou diletante de escrever para a imprensa pedisse o recurso do anonimato (como aconteceu com o caricaturista Flumen Junius, dos poucos a usar pseudônimo – e justamente por se tratar de um membro da elite, o grã-fino da corte Ernesto de Souza Silva Rio). Ao contrário do que ocorre hoje, quando um repórter se empenha por ter seu nome impresso com destaque na autoria do texto, o ocultamento da autoria foi moeda corrente no século XIX – tanto que encontramos esse comentário da pesquisadora argentina Diana Cavalaro, ao discorrer sobre a revista *La Cotorra* – segundo ela uma tribuna da independência jornalística, ao satirizar grandes figuras do mundo político argentino como Nicolau Avellaneda, Bartolomeu Mitre ou Júlio Roca (políticos e presidentes), e "da qual só conhecemos seu caricaturista, que assinava Faria" (CAVALARO, 1996, p. 101). A pesquisadora se refere a Candido Aragonez Faria, que deixou sua marca e "assinatura" em publicações portenhas. Escreve ela:

> *La Cotorra* não apenas contribuiu com a comicidade e a agudeza de suas observações, como se inscreveu na história do jornalismo argentino por seus próprios esforços: produto da qualidade cromolitográfica alcançada pela imprensa nacional, as caricaturas coloridas de suas capas foram um verdadeiro avanço em nosso país e em toda a América Latina (CAVALARO, 1996, p. 102).

Cavalaro não dá, entretanto, nenhuma pista do motivo do anonimato dos redatores dessa e de tantas outras publicações portenhas. É certo, porém, que havia já o apelo de "escrever para a imprensa". No primeiro número do *Correio das Modas*, de 5 de janeiro de 1839, o autor (ou autora?) do texto "Minhas aventuras: na véspera de Reis" inicia assim sua crônica:

> Escrever para um periodico de modas!... oh! que felicidade! ter um circulo de leitoras, que todas querem saber quem é o indivíduo que as diverte para recompensal-o com um sorriso [...] por que, saldadas as contas, o escriptor é conhecido, falla-se d'elle – e é uma ventura ser o

objecto do entertenimento das damas [...] Só anhelo ver o Correio das Modas sobre o toucador da timida donzella, que vendo minha assignatura, perguntará a seu irmão, si o tiver, ou a sua amiga, quem sou eu; pedirá a todos, que lhe mostrem minha pessoa! (PR SOR 00614 [1], p. 4 e 5).

Paradoxalmente, o autor não assina o texto. Do mesmo modo que o redator da nota precedente, "A Missa do Gallo!!", utilizou apenas as iniciais M. da C.

Alguns anos depois, em 1852, num texto assinado, Joanna Paula Manso de Noronha, a redatora chefe de *O Jornal das Senhoras,* reforçava esse *glamour* exercido pela imprensa e por quem escrevia nela:

> Redigir um jornal é para muitos litteratos o apogeo da suprema felicidade, já sou Redactor!, esta frazezinha dita com seus botões faz crescer dous palmos a qualquer indivíduo. No circulo illustrado o Redactor é sempre recebido com certo prestigio de homem que em letra de imprensa póde dizer muita coisa, propicia ou fatal a alguem [...] (PR SOR 02157 [1]).

Escrever dá prestígio, pode acrescentar dois palmos ao ego de qualquer um, pelo poder de dizer algo propício ou fatal para alguém, mas não se assina o texto. Como se disse, isso ocorre na contramão do que é o corriqueiro hoje: o repórter quer seu nome creditando o que escreve.

Ainda ao contrário do que acontece hoje, comentando o fracasso da publicação de Carlos de Vivaldi, a *Illustração do Brasil,* Nelson Werneck Sodré escreve:

> Faltava à iniciativa de Vivaldi, em que pese suas inovações técnicas, o sal que as revistas ilustradas ofereciam, aquilo que está ligado ao conteúdo e que foi o segredo do sucesso da revista de Agostini, por exemplo, para apontar o que houve de melhor. Não se tratava, evidentemente, de proporcionar gravuras bem-feitas, ou não se tratava apenas disso: era fundamental que elas estivessem ligadas à realidade nacional, que o público se revisse nelas, encontrasse aquilo que desejava e que o interessava. Numa fase de agitação crescente, surgindo as grandes questões que abalariam o regime, [...] a época pedia crítica, vibração, combate (SODRÉ, 1999, p. 222-3).

Quão distante estamos hoje dessa premência do leitor por discussões sérias – o público agora quer se espelhar não no debate, na discussão de grandes temas nacionais, mas na futilidade da vida dos "famosos", o que faz lembrar a ironia de Juan Caño, quando escreve que "houve um tempo em que as pessoas trabalhavam para se tornar famosas, hoje precisam se tornar famosas para conseguir algum trabalho no mundo do espetáculo" (CAÑO, 1999, p. 82). O dilema do editor de dar ao público o que este espera tem como resultado a banalização a que assistimos (embora não seja este o espaço para a discussão desse tema, pois haveria de levar em conta o alcance do leitorado no século estudado: o público hoje maior poderia apresentar distintas demandas de qualidade).

Mas no século XIX, como esse espelho em que a sociedade se reflete e se reconhece, ou se revê, para usar a expressão de Sodré, os periódicos – e marcadamente as revistas – deram espaço às discussões que mobilizaram a nação que se criava e se definia. Em cada década, as revistas abriram espaço e reproduziram os temas que ocupavam as rodas dos cidadãos empenhados em construir um país.

As publicações num primeiro momento repercutiram os debates sobre o modelo de governo que se pretendia. Em alguns casos concretos, como o do jornal *Correio do Rio de Janeiro*, de João Soares Lisboa, com sua "Representação do Povo do Rio de Janeiro", a imprensa provocou a convocação da Constituinte de 1823, ao criar o fato consumado de 6.000 assinaturas coletadas (embora haja dúvida da existência de tantos alfabetizados na cidade). O fato é que a imprensa participou ativamente das contramarchas dessa constituinte de 1823 e da Carta Constitucional imposta em 1824. Refletiu sobre as opções da restauração ou da revolução. Comemorou o banimento do jovem imperador, como se viu na página reproduzida de *O Espelho das Brasileiras,* periódico do Recife. Saudou o golpe que concretizou a maioridade do primeiro monarca brasileiro. Estimulou ou ironizou as manias nacionais pelo piano (criando revistas de música ou dando como brinde partituras de lundus) ou pela homeopatia, para ficar em dois exemplos apenas. Assistiu à chegada da mulher às redações, em iniciativas empreendedoras, quer produzindo periódicos manuscritos e artesanais, como *O Colibri*, de Presciliana Duarte de Almeida e Maria Clara da Cunha Santos, em Pouso Alegre, sul de Minas Gerais, quer editando títulos de cunho profissional, como foi o caso do *Jornal das Senhoras,* de Violante Bivar de Velasco e Joanna Manso, ou de *O Sexo Feminino,* da professora mineira Senhorinha da Motta Diniz. Galvanizou-se contra o "inimigo comum", diabolizando o "tirano López", no episódio da Guerra do Paraguai. Gerou palavras de ordem em ocasiões de crise, como a do "Caso Christie", que levou o país ao rompimento das relações diplomáticas com a Inglaterra, em 1862 (ver capítulo 5) ou na questão diplomática entre Brasil e Inglaterra pela posse da Ilha da Trindade (capítulo 7). A imprensa foi um dos elementos formadores da ideia de nação que se criava.

Diante do opróbrio da escravidão, que perdurou até quase o final do século como uma mancha já antecipada por José Bonifácio (MOTA, 2006, p. 96), as publicações ou se omitiram (a maioria), ou fizeram vista grossa (quase todas) ou lutaram (poucas e, sobretudo na etapa final, com destaque para a verdadeira missão que o tema representou na vida e na trajetória de Angelo Agostini).

Em resumo, a imprensa não foi nem motor nem foi apenas um reflexo: no movimento de espelhar, de nos ajudar a ver o que queríamos ser, ela reproduziu o que havia e reforçou o que o público buscava, gerando as palavras de ordem que se tornavam tema das conversas e formatavam a incipiente opinião pública. De diferente, o que houve foi a ampla liberdade que a imprensa viveu em seu primeiro século de vida entre nós, notadamente no Segundo Império. Como escreveu Elmano Cardin:

> O próprio Pedro II, tantas vezes vítima do desrespeito, da injustiça e da incompreensão dos jornalistas, era o primeiro a opor-se a qualquer medida restritiva a um direito assegurado pela Constituição. Nos conselhos que escreveu em 1871 à sua filha e herdeira, a Princesa Isabel, ele se refere à imprensa: "Entendo que se deve permitir toda a liberdade a estas manifestações, pois as doutrinas expendidas nelas ou se combatem por seu excesso, ou por meios semelhantes, menos no excesso" (CARDIN, 1964, p. 30).

Como captou Monteiro Lobato, no ofício de servir de espelho, em uma sociedade marcada pelo analfabetismo, a ilustração – característica do "meio" revista – representou a força maior e floresceu por encontrar ambiente propício. Ao final de um dia de trabalho, narra Lobato, o fazendeiro das grotas mais distantes do país chegava em casa, acostava-se à rede e se punha a ler a *Revista Illustrada*:

> E ali na rede via o império como nós hoje vemos a história no cinema. Via D. Pedro II de chambre, a espiar o céu pelo telescópio; um ministro entreabre o reposteiro e mete a cara para falar de negócios públicos; o imperador, sem desfitar as estrelas, resmunga, enfadado: "Já sei! Já sei!" [...] Mas há uma coisa que impede o crescimento e a plena floração da nossa caricatura hoje: a restrição cada vez maior da liberdade de crítica ao governo. E sem liberdade da mais ampla a caricatura fenece como a gramínea que tem sobre si um tijolo. Perde a clorofila. Descora (LOBATO, 1956, p. 17-21).

O feito maior da revista e da imprensa na trajetória histórica do século XIX foi haver servido de espelho e de reforço dos traços de brasilidade do país nascente – papel que hoje cumprem também o cinema, a televisão e outros meios eletrônicos. Foi pelas páginas das publicações que se debateram problemas nacionais, se fixaram os padrões de gosto e certo jeito de ser que traduz a brasilidade. Foi nas páginas das revistas que o país se discutiu e se criou, espelhando-se. Também nas páginas dos periódicos se consolidaram os padrões de escrita e de grafia das palavras. E, em decorrência disso, profissionais prepararam e habilitaram o corpo de técnicos que daria continuidade ao ofício de formar a consciência crítica e a construir o modo de ser do brasileiro.

BIBLIOGRAFIA

Malgrado a ficção da página em branco, sempre escrevemos sobre algo escrito.

Michel de Certeau. *A invenção do cotidiano.*
Petrópolis: Vozes, 2008.

ADLER, Mortimer J.; VAN DOREN, Charles. *How to Read a Book. The classic guide to intelligent reading.* Nova York: Simon & Schuster, 1972.

AGOSTINI, Angelo. *As aventuras de Nhô Quim e Zé Caipora, os primeiros quadrinhos brasileiros.* Athos Eichler Cardoso (org.). Brasília: Senado Federal, 2005.

ALENCASTRO, Luiz Felipe de. "Vida privada e ordem privada no Império". In NOVAIS, Fernando A. (org.). *História da vida privada no Brasil,* vol. 2: Império: a corte e a modernidade nacional. São Paulo: Companhia das Letras, 1999.

ALTHUSSER, Louis. *Freud e Lacan, Marx e Freud.* Rio de Janeiro: Edições Graal, 1985.

ALVES, Luiz Roberto. *Confissão, poesia e inquisição.* São Paulo: Editora Ática, 1983.

ANDRADE, Joaquim Marçal Ferreira. *História da fotorreportagem no Brasil. A fotografia na imprensa do Rio de Janeiro de 1839 a 1900.* Rio de Janeiro: Campus/Elsevier Editora, 2004.

ARNHEIM, Rudolf. *Arte e percepção visual.* São Paulo: Pioneira/Edusp, 1980.

ASSIS, Machado de. *Obra completa.* Rio de Janeiro: Nova Aguilar, 2004 (3 volumes).

AUMONT, Jacques. A *imagem.* Campinas: Papirus, 1997.

BARTHES, Roland. *La Torre Eiffel, textos sobre la imagen.* Barcelona: Paidós, 2001.

_____. *A câmara clara: nota sobre a fotografia.* Rio de Janeiro: Nova Fronteira, 1984.

_____. *Mitologias.* Rio de Janeiro: Bertrand Brasil, 1999.

_____. *S/Z Uma análise da novela Sarrasine de Honoré de Balzac.* Rio de Janeiro: Nova Fronteira, 1992.

_____. *Michelet.* São Paulo: Companhia das Letras, 1991.

BELLUZZO, Ana Maria de Moraes. *O Brasil dos Viajantes.* Vol. 1: Imaginário do Novo Mundo; Vol. 2: Um lugar no universo; vol. 3: A construção da paisagem. São Paulo: Metalivros; Salvador: Fundação Emílio Odebrecht, 1994.

BILAC, Olavo. *Vossa insolência.* São Paulo: Companhia das Letras, 1996.

BOURDIEU, *Pierre. Un Art Moyen, essai sur les usages sociaux de la photographie.* Paris: Les Editions de Minuit, 1965.

_____. *La distinción. Criterio y bases sociales del gusto.* Madrid: Ed. Taurus, 1999.

BUITONI, Dulcília H. S. *Mulher de papel: A representação de mulheres pela imprensa feminina brasileira.* São Paulo: Summus Editorial, 2009.

_____. *Imprensa feminina.* São Paulo: Ática, 1990.

BURKE, Peter. *A cultura popular na idade moderna, Europa 1500-1800.* São Paulo: Companhia das Letras, 1989.

_____. *Testemunha ocular. História e imagem.* Bauru: Edusc, 2004.

_____. *A arte da conversação.* São Paulo: Unesp, 1995.

BURKE, Peter; BRIGGS, Asa. *Uma história social da mídia. De Gutenberg à internet.* Rio de Janeiro: Zahar, 2004.

BURTON, Richard F. *Viagem do Rio de Janeiro a Morro Velho.* Belo Horizonte: Itatiaia Editora, 1976.

CALVINO, Ítalo. *Por que ler os clássicos.* São Paulo: Companhia das Letras, 1994.

CAMARGO, Mário de. *Gráfica: arte e indústria no Brasil.* Bauru: Edusc, 2003.

CAÑO, Juan. *Revistas, una historia de amor y un decálogo.* Madrid: Editorial Eresma & Celeste Ediciones, 1999.

CARDIM, Elmano. *Justiniano José da Rocha.* São Paulo: Companhia Editora Nacional, 1964.

CARDOSO, Ciro Flamarion Santana. "A Crise do Colonialismo Luso na América Portugesa". In: LINHARES, Maria Y. (org.). *História Geral do Brasil.* Rio de Janeiro: Campus, 2000.

CARVALHO, José Murilo. "Profecias catastróficas falham". In: revista *Diálogos & Debates.* São Paulo: EPM/TJSP, vol. 6, nº 23, mar. 2006.

_____. "O motivo edênico no imaginário social brasileiro". In *Revista Brasileira de Ciências Sociais,* vol. 13, nº 38, outubro de 1998.

_____. *D. Pedro II.* São Paulo: Companhia das Letras, 2007.

_____. *Pontos e bordados. Escritos de história e política.* Belo Horizonte: Editora UFMG, 2005.

_____. *A Formação das Almas.* São Paulo: Companhia das Letras, 1990.

_____. *Os Bestializados.* São Paulo: Companhia das Letras, 1987.

_____. *Teatro de Sombras. A Política Imperial.* Rio de Janeiro: IUPERJ, 1980.

CAVALARO, Diana. *Revistas argentinas del siglo XIX.* Buenos Aires: Asociación Argentina de Editores de Revistas (AAER), 1996.

CERTEAU, Michel de. *A invenção do cotidiano, Artes de fazer.* Petrópolis: Vozes, 2008.

CHARTIER, Roger. "Leituras e leitores 'populares' da renascença ao período clássico". In CAVALLO, Guglielmo e CHARTIER, Roger (coord). *História da Leitura no mundo ocidental.* São Paulo: Ática, 1999.

CHEKE, Marcus. *Carlota Joaquina, a rainha intrigante.* Rio de Janeiro: José Olpympio Editora, 1949.

COELHO, Nelly Novaes. "A emancipação da mulher e a imprensa feminina no entre-séculos (séc. XIX-XX)". *Linguagem Viva,* São Paulo, nº 140, p. 04-05, 2001.

COSTA, Carlos R. *A construção do discurso como fator de sucesso ou fracasso de um projeto editorial. A revista Playboy no Brasil e na Argentina* (dissertação de mestrado). São Paulo: ECA/USP, 2003.

COSTELLA, Antonio. *Comunicação – do grito ao satélite.* São Paulo: Editora Mantiqueira, 1978.

CRUZ, Heloísa de Faria (org.). *São Paulo em revista: catálogo de publicações da imprensa cultural e de variedade paulistana, 1870-1930.* São Paulo: Arquivo do Estado, 1997.

D'ALESSIO FERRARA, Lucrécia. *Olhar periférico.* São Paulo: Edusp/Fapesp, 1999.

DEBRET, Jean Baptiste. *Viagem pitoresca e histórica ao Brasil.* São Paulo: Círculo do Livro, s.d.

DUPAS, Gilberto. "Escolha de Sofia". In: Revista *Diálogos & Debates.* São Paulo: EPM/TJSP, nº 12, jun. 2003, p. 6 a 21.

ECO, Umberto. *Viagem na irrealidade cotidiana.* Rio de Janeiro: Nova Fronteira, 1984.

_____. *A estrutura ausente.* São Paulo: Perspectiva, 1991.

ELIAS, Norbert. *O processo civilizador.* Rio de Janeiro: Zahar, 1994.

_____.; SCOTSON, John L. *Os estabelecidos e os outsiders.* Rio de Janeiro: Zahar, 2000.

FARIA, João Roberto. "A Lanterna Mágica: imagens da malandragem, entre literatura e teatro". In: *A Comédia Urbana, de Daumier a Porto-Alegre,* p. 171-191. São Paulo: Fundação Armando Álvares Penteado, 2003 (catálogo de exposição).

FEBVRE, Lucien. *Martinho Lutero, um destino.* Alfragide: Texto Editores, 2010.

FERRAZ, Paulo R. "O centro acadêmico Onze de Agosto faz cem anos", in revista *Diálogos & Debates.* São Paulo: EPM/TJSP, nº 12, jun. 2003, p. 27 a 31.

FERREIRA, Orlando da Costa. *Imagem e letra. Introdução à bibliografia brasileira. A imagem gravada.* São Paulo: Edusp, 1994.

FOGES, Chris. *Design de revistas.* Lisboa: Destarte, 2000.

FOUCAULT, Michel. *A palavra e as coisas.* São Paulo: Martins Fontes, 1995.

_____. *A ordem do discurso.* São Paulo: Edições Loyola, 1996.

FREUD, Sigmund. *Psicología de las masas y analisis del yo.* Madrid: Biblioteca Nueva, 1981.

GÁRATE, Ignacio; MARINAS, José Miguel. *Lacan en castellano.* Madrid: Quipú Ediciones, 1996.

GINZBURG, Carlo. *O queijo e os vermes.* São Paulo: Companhia das Letras, 1998.

GIOVANNINI, Giovanni. *Evolução na comunicação: do sílex ao silício.* Rio de Janeiro: Nova Fronteira, 1987.

GOMES, Mayra Rodrigues. *Repetição e diferença nas reflexões sobre comunicação.* São Paulo: Annablume, 2001.

_____. *Um texto icônico-verbal por semana: Vendo/lendo capas de Veja* (dissertação de mestrado). São Paulo: ECA/USP, 1992.

GREIMAS, Algirdas J. "Estrutura e História". In: *Problemas do estruturalismo.* Rio de Janeiro: Zahar, 1968.

GUARDINI T. Vasconcelos Sandra. *Formação do Romance Brasileiro: 1808-1860 (Vertentes Inglesas).* http://www.unicamp.br/iel/memoria/Ensaios/

GUERREIRO, Mario. "Notas para uma Teoria do Discurso". In: *Estruturalismo e Teoria da Linguagem.* Petrópolis: Editora Vozes, 1971.

GUIMARÃES, Hélio de Seixas. *Os leitores de Machado de Assis: o romance machadiano e o público de literatura no século XIX.* São Paulo: Nankin Editorial/Edusp, 2004.

HALL, Stuart. *Da diáspora. Identidades e mediações culturais.* Belo Horizonte: Editora da UFMG; Brasília: Unesco, 2003.

HELLER, Barbara. *Jardim Fechado: a voz e a vez das leitoras da Revista Feminina.* XXV Intercom. Salvador: Atas do XXV Intercom, 2002.

HERNÁNDEZ ARREGUI, J. J. *¿Qué es el ser nacional? (La conciencia histórica iberoamericana).* Buenos Aires: Plus Ultra, 1973.

IANNI, Octavio. "O Declínio do Brasil-Nação". In: Estudos Avançados 14 (40), 2000.

_____. A Globalização e o Retorno da Questão Nacional. Campinas: IFCH/Unicamp, 2000.

JANCSÓ, István; PIMENTA, João Paulo G. "Peças de um mosaico ou apontamentos para o estudo da emergência da identidade nacional brasileira". In: MOTA, Carlos Guilherme (organizador). *Viagem incompleta. A experiência brasileira (1500-2000).* São Paulo: Editora Senac, 2000.

JELIN, Daniel Fernandes; TADDEI, Roberto Romano. *Angelo Agostini, caricato, satírico e ilustrado.* São Paulo: Faculdade Cásper Líbero, 1996.

KEHL, Maria Rita. "As máquinas falantes". In: NOVAES, Adauto (org) *O homem máquina.* São Paulo: Companhia das Letras, 2003.

KRISTEVA, Julia. *Language, the unknow. An initiation into linguistics.* Nova York: Columbia University Press, 1996.

LACAN, Jacques. "O estádio do espelho como formador da função do eu tal como nos é relevada na experiência psicanalítica". In: LACAN, J. *et alii. O sujeito, o corpo e a letra. Ensaios de escrita psicanalítica.* Lisboa: Arcádia, 1977.

LAFFORGUE, Edmundo. *La escuela popular.* Buenos Aires: Eudeba, 1980.

LAJOLO, Marisa; ZILBERMAN, Regina *A formação da leitura no Brasil.* São Paulo: Ática, 1996.

_____. *A leitura rarefeita. Leitura e livro no Brasil.* São Paulo: Ática, 2002.

LAMBOTTE, M. C. "Espelho, estádio do". In: KAUFMANN, Pierre. *Dicionário enciclopédico de psicanálise. O legado de Freud e Lacan.* Rio de Janeiro: Zahar, 1998.

LÉVI-STRAUSS, Claude. "Magia e religião: a estrutura dos mitos". In: *Antropologia Estrutural.* Rio de Janeiro: Tempo Brasileiro, 1989.

LIMA, Herman. *História da caricatura no Brasil.* Rio de Janeiro: José Olympio, 1963 (quatro volumes).

LIMA, Maria L. P. "Desenvolvimento é bom, com democracia é ainda melhor", in revista *Getulio* nº 21, p. 34-37. São Paulo: FGV, maio 2010.

LIMA, Oliveira. *Formação histórica da nacionalidade brasileira.* São Paulo: Publifolha, 2000.

LOBATO, Monteiro. "A caricatura no Brasil". In: *Idéias de Jéca Tatú.* São Paulo: Brasiliense, 1956.

LUSTOSA, Isabel. *Insultos impressos.* São Paulo: Companhia das Letras, 2000.

_____. *D. Pedro I: um herói sem nenhum caráter.* São Paulo: Companhia das Letras, 2006.

LYONS, Martyn. "Os novos leitores do século XIX: mulheres, crianças, operários". In: CAVALLO, Guglielmo; CHARTIER, Roger (coord). *História da Leitura no mundo ocidental.* São Paulo: Ática, 1999.

MANGUEL, Alberto. *Uma história da leitura.* São Paulo: Companhia das Letras, 2009.

MARINAS, José Miguel. "La Construción Discursiva de la Identidad". In: CRESPO Eduardo; SOLDEVILLA, Carlos (org.). *La constitución social de la subjetividad.* Madrid: Los Libros de la Catarata, 2001.

MARINGONI, Gilberto de Oliveira. *Angelo Agostini, A imprensa ilustrada da Corte à Capital Federal, 1864-1910.* São Paulo: Devir Livraria, 2011.

MARTINS, Ana Luiza. *Revistas em revista – Imprensa e práticas culturais em tempos de República, São Paulo (1890-1922).* São Paulo: Edusp/Imprensa Oficial do Estado, 2001.

MATTELART, Armand e Michele. *História das teorias da comunicação.* São Paulo: Edições Loyola, 1999.

MATTOSO, José. *A identidade nacional.* Lisboa: Gradiva, 1998.

MAUAD, Ana Maria. "Imagem e auto-imagem do segundo reinado". In: NOVAIS, Fernando A. (org.). *História da vida privada no Brasil, vol. 2: Império: a corte e a modernidade nacional.* São Paulo: Companhia das Letras, 1999.

MAURO, Frédéric. *O Brasil no tempo de dom Pedro II.* São Paulo: Companhia das Letras, 1991.

MAXWELL, Kenneth. "Por que o Brasil foi diferente? O contexto da independência". In: MOTA, Carlos Guilherme (org.). *Viagem incompleta. A experiência brasileira (1500-2000).* São Paulo: Editora Senac, 2000.

MEGGS, Philip B. *A history of graphic design.* Nova York: John Wiley & Sons, 1998.

MENDOZA MICHILOT, María. *Inicios del periodismo en el Peru. Relaciones y noticiarios.* Lima: Universidad de Lima, 1997.

MOOG, Viana. *Bandeirantes e pioneiros, paralelo entre duas culturas.* Rio de Janeiro: Civilização Brasileira, 1969.

MORAIS, Rubens Borba de. "A Impressão Régia do Rio de Janeiro". In: CAMARGO, Ana Maria de Almeida & Morais. *Bibliografia da Impressão Régia do Rio de Janeiro, vol. 1.* São Paulo: Edusp, 1993.

MOREL, Marco; BARROS, Mariana Monteiro de. *Palavra, imagem e poder.* Rio de Janeiro: DP & A Editora, 2003.

MOTA, Carlos Guilherme (organizador). *Viagem incompleta. A experiência brasileira (1500-2000). Formação: histórias.* São Paulo: Editora Senac, 2000.

_____. "Do império luso-brasileiro ao império brasileiro". In: MOTA, C. G. *Os juristas na formação do estado-nação brasileiro* (org.). São Paulo: Quartier Latin, 2006.

_____. *Ideologia da cultura brasileira (1933-1974)*. São Paulo: Ática, 1980.

MUJICA LAINEZ, Manuel. *Misteriosa Buenos Aires*. Buenos Aires: Editorial Sudamericana, 1999.

NERI, Marcelo C. "A Pequena Grande Década". In: revista *Getulio* nº 21, p. 12-15. São Paulo: FGV, maio 2010.

PEIRCE, Charles Sanders. *Semiótica e filosofia*. São Paulo: Editora Cultrix, 1975.

PROPP, Vladimir. *Morfologia do conto maravilhoso*. Rio de Janeiro: Forense, 1984.

RENAN, Ernest. *¿Qué es una nación? Cartas a Strauss*. Madrid: El Libro de Bolsillo, Alianza Editorial, 1990.

RIZZINI, Carlos. *O livro, o jornal e a tipografia no Brasil*. Rio de Janeiro: Kosmos, 1946.

ROTTERDAM, Erasmo. *Dos meninos* e *A civilidade pueril*. São Paulo: Editora Escala, s.d.

SAINT-HILAIRE, Auguste de. *Viagem à província de São Paulo*. Belo Horizonte: Itatiaia; São Paulo: Edusp, 1976.

SANTOS, Delio Freire dos. "Primórdios da imprensa caricata paulistana: *O Cabrião*". In: *Cabrião*, edição fac-similar. São Paulo: Unesp e Imprensa Oficial, 2000.

SARLO, Beatriz. *Escenas de la vida posmoderna. Intelectuales, arte y videocultura en la Argentina*. Buenos Aires: Planeta/Ariel, 1994.

_____. *El imperio de los sentimientos – Narraciones de circulación periódica en la Argentina*. Buenos Aires: Grupo Editorial Norma, 2000.

_____. *Tiempo presente. Notas sobre el cambio de una cultura*. Buenos Aires: Siglo XXI Editores, 2001.

_____. *Paisagens Imaginárias*. São Paulo: Edusp, 1997.

SCHWARCZ, Lilia M. *As barbas do Imperador: D. Pedro II, um monarca nos trópicos*. São Paulo: Companhia das Letras, 1999.

_____. "Diabo Coxo". In: *Observatório da Imprensa*, edição 323 de 05/04/2005. Disponível em: http://www.observatoriodaimprensa.com.br/news/view/lilia_moritz_schwarcz. Acesso em 20/02/2012.

SODRÉ, Nelson Werneck *História da imprensa no Brasil.* Rio de Janeiro: Mauad, 1999.

SOUSA SANTOS, Boaventura. "Sífilis, descobrimentos e comemorações", in Tendências/Debates, *Folha de S. Paulo,* 28 de setembro de 1999, p. 1-3.

VAINFAS, Ronaldo (organizador). *Dicionário do Brasil Imperial (1822-1889).* Rio de Janeiro: Objetiva, 2002

VERÓN, Eliseo. *Construir el acontecimiento.* Barcelona: Editorial Gedisa, 1995.

_____. *La semiosis social.* Barcelona: Editorial Gedisa, 1998.

_____. *El cuerpo de las imágenes.* Buenos Aires: Grupo Editorial Norma, 2001.

_____. "La palabra adversativa: observaciones sobre la enunciación política", in *El discurso político. Lenguajes y acontecimientos.* Buenos Aires: Hachette, 1987.

_____. "Les médias en réception: les enjeux de la complexité". In: Mediaspouvoirs, n° 21, jan. mar. Paris: Bayard Presse, 1991.

_____. "Quand lire c'est faire: l'énonciation dans le discours de la presse écrite". In: *Semiotique II.* Paris: Institut de Recherches et d'Études Publicitaires, 1984.

_____. "Que voit-on du monde? Images dans le discours de l'information". In: *La Recherche Photografique* n° 7, 1989.

VETTRAINO-SOULARD, Marie-Claude. *Lire une image – Analyse de contenu iconique.* Paris: Armand Colin Éditeur, 1993.

VIANA, Helio. *Contribuição à história da imprensa brasileira (1812-1869).* Rio de Janeiro: Imprensa Nacional, 1945.

VILCHES, Lorenzo. *Teoría de la imagen periodística.* Barcelona: Ediciones Paidós Ibérica, 1997.

_____. *La Lectura de la Imagen.* Barcelona: Ediciones Paidós Ibérica, 1983.

VILLANUEVA, Concepción Fernández. "La perspectiva lacaniana como teoría psicosocial: tres aportaciones básicas al análisis de los procesos psicosociales". In: CRESPO, Eduardo; SOLDEVILLA, Carlos. *La constitución social de la subjetividad.* Madrid: Libros de la Catarata, 2001.

WALSH, Robert. *Notícias do Brasil.* Belo Horizonte: Itatiaia; São Paulo: Edusp, 1985.

WHITE, Jan. *Edição e Design.* São Paulo: JSN Editora, 2006.

450 CARLOS COSTA

WILCKEN, Patrick. *Império à deriva: a corte portuguesa no Rio de Janeiro, 1808-1821.* Rio de Janeiro: Objetiva, 2005.

PESQUISA

EMPORIUM BRASILIS. Pesquisa realizada pela Casa da Memória, sob coordenação de Vladimir Sacchetta, para a elaboração do livro *A Revista no Brasil,* edição comemorativa dos 50 anos da Editora Abril. São Paulo, 1999.

REVISTAS CONSULTADAS

Pelo sistema de microfilme, da Biblioteca Nacional do Rio de Janeiro
Microfilme:

Annaes Fluminense de Sciencias, Artes e Literatura (1822-1 único número). Código de microfilme PR SOR 00272 [1].

A Bruxa (1896-1904). PR SOR 03127 [1].

A Cigarra (1895-1896). PR SOR 00070 [1].

A Estação: jornal illustrado para a família (1879-1904). PR SOR 04641 [1-13].

A Lanterna Mágica: periodico plastico-philosophico (1844-45). PR SOR 00748 [1].

A Marmota (1857-1864) PR SOR 00284 [4-6].

A Marmota Fluminense: jornal de modas e variedades (1852-1857). PR SOR 00284 [2-4].

A Marmota na Corte (1849-1852). PR SOR 00284 [1-2].

A Semana Illustrada (1860-1876). PR SOR 02334 [1-8].

A Vida Fluminense: folha joco-seria-illustrada (1868-1875). PR SOR 02154 [1-4].

Ba-ta-clan: chinoiserie franco-bresilienne (1867-1871). PR SOR 02186 [1].

Bazar Volante (1863-1867). PR SOR 02148 [1].

Binóculo (1881-1882). PR SOR 02177 [1].

Correio das Modas: jornal crítico e litterario das modas, bailes, theatros... (1839-1840). PR SOR 02189 [1].

Don Quixote (1895-1903). PR SOR 02127 [1].

Espelho das brasileiras (1831). PR SOR 4848[1].

Gryphus: revista litteraria, humorística e ilustrada (1886). PR SOR 02178 [1].

Guanabara: revista mensal artística, scientifica e litteraria (1850-1855). PR SOR 00019 [1-3].

Illustração Brasileira (1854-1855). PR SOR 02338 [1].

Illustração Brasileira: jornal de artes, sciencias e lettras (1876-1878). PR SOR 03993 [1].

Illustração do Brazil (1876-1880). PR SOR 02190 [1].

Illustração Popular (1876-1877). PR SOR 03945 [1].

Mephistopheles (1874-1875). PR SOR 02146 [1].

Museo Universal: jornal das famílias brazileiras (1837-1840) PR SOR 613[1-3].

O Album (1893). PR SOR 00068 [1].

O Apostolo: periodico religioso, moral e doutrinario, consagrado aos interesses da religião e da sociedade (1866-1893). PR SOR 00830 [1-19].

O Arlequim (1867). PR SOR 02145 [1].

O Auxiliador da Indústria Nacional (1833-1892). PR SOR 00100 [1-19].

O Beija-Flor: annaes brasileiros de sciencia, política, litteratura, etc. (1830-1831). PR SOR 00083 [1].

O Besouro: folha illustrada, humorística e satyrica (1878-1879). PR SOR 02167 [1].

O Espelho Diamantino: periódico de política, litteratura, bellas artes, theatro e modas (1827-1828). PR SOR 00299 [1].

O Espelho: revista semanal de litteratura, modas, indústria e artes (1859-1860). PR SOR 03126 [1].

O Figaro: folha illustrada (1876-1878). PR SOR 00007 [1].

O Jornal das Senhoras: modas, litteratura, bellas-artes, theatro e critica (1852-1855). PR SOR 02157 [1-2].

O Mequetrefe (1875-1893). PR SOR 02155 [1-4].

O Mosquito: jornal caricato e critico (1869-1877). PR SOR 02147 [1-4]

O Patriota: jornal litterario, politico, mercantil, do Rio de Janeiro (1813-1814). PR SOR 00024 [1-3].

O Quinze de Novembro do sexo feminino: periodico quinzenal, litterário, recreativo e noticioso (1889-1890). PR SOR 00085 [1].

O Sexo Feminino: semanário dedicado aos interesses da mulher (1873-1874). PR SOR 00075 [1].

Revista Illustrada (1876-1898). PR SOR 00167 [1-7].

Coleções de exemplares antigos em coleções particulares

Revista Illustrada
(1876-1898).

Revista da Semana
(1900-1910)

COLEÇÕES EM EDIÇÕES FAC-SÍMILE

O Carapuceiro (1832-1842). Recife: Fundação de Cultura da Ciudade do Recife/Prefeitura da Cidade do Recife, 1983 (3 volumes).

Diabo Coxo (1864-1865). São Paulo: Edusp, 2005.

Cabrião (1866-1867). São Paulo: Unesp/Imprensa Oficial, 2000.

A Mensageira. Revista Literária dedicada à mulher brazileira. São Paulo: Imesp, 1987 (2 volumes).

AGRADECIMENTOS

Há muito a agradecer – a alunos, professores, colegas e instituições – ao concluir a revisão desse trabalho, tese de doutorado agora transformada em livro.

Embora tenha sido um mergulho individual, muitas vezes solitário, de quatro anos, a elaboração dessa pesquisa contou com a contribuição de muitas pessoas, e antecipadamente agradeço as que, por omissão ou descuido, ficaram de fora.

O primeiro agradecimento é para a Faculdade Cásper Líbero, instituição em que me formei jornalista e onde atualmente leciono no Curso de Jornalismo. Nessa escola vivenciei o que é a autonomia acadêmica, pela total liberdade concedida na criação do curso de Design Gráfico e Jornalismo em Revista, que ministrei durante oito anos para o 4º ano da graduação, e sobretudo na disciplina História da Comunicação, do 1º ano da grade, sob minha responsabilidade desde 2004. Tive oportunidade de realizar, com os alunos ingressantes, muitas descobertas e algumas delas estão registradas nesse trabalho. Também ao Centro Interdisciplinar de Pesquisa da Cásper Líbero registro agradecimento: esse trabalho de recuperação histórica das revistas do século XIX nasceu de bolsa parcial que obtive para o projeto ali apresentado em março de 2003.

Segue nesse agradecimento a Universidade de São Paulo, instituição pública de ensino onde, em sua Escola de Comunicações e Artes, realizei o mestrado e concluí o doutorado em 2007, com essa pesquisa agora transformada em livro. Aprendi a amar essa escola, com suas instalações precárias, suas deficiências críticas, resultado do descaso de políticas governamentais e da omissão dos que teriam o múnus de dirigi-la para melhores patamares, mas foi ali que encontrei pessoas dedicadas e luminares com quem muito aprendi e logo mais nomearei.

Agradeço a Fundação Biblioteca Nacional do Rio de Janeiro, instituição pública com problemas semelhantes aos da Universidade de São Paulo, mas onde encontrei profissionais competentes que me atenderam com atenção: passei ali muitas horas, papel e lápis na mão, "folheando" revistas antigas em microfilme, tomando notas, preparando relatórios de páginas que depois pagaria para a duplicação em imagens digitalizadas. A esses dedicados funcionários da Biblioteca Nacional meu obrigado. Outra biblioteca que entra no rol de agradecimentos é a Professor José Geraldo Vieira, da Faculdade Cásper Líbero – é um dos tesouros da instituição. Meu reconhecimento pela atenção e carinho com que sempre fui tratado por seus bibliotecários.

Agradeço a Fundação de Amparo à Pesquisa do Estado de São Paulo (Fapesp) pelo apoio concedido para a publicação desta pesquisa. A rapidez e profissionalismo na concessão dessa verba fazem justiça à seriedade desta instituição que é co-editora desse livro.

Agradeço a profª Dra. Mayra Rodrigues Gomes, orientadora desse trabalho, pelo clima de cordial respeito que estabelecemos desde o mestrado, quando frequentei seu curso "Ciências da Linguagem: A ordem simbólica, fundamentos das reflexões sobre linguagem", em 2002. A liberdade e a confiança com que Mayra me orientou, apoiou as mudanças de rumo, e sua leitura atenta, foram fundamentais. À professora meu reconhecimento e admiração.

Agradeço a profª Dra. Dulcília Helena Schroeder Buitoni, orientadora do meu mestrado: ela me recebeu como aluno especial em 1999, ajudou na elaboração do projeto de pesquisa sobre a revista *Playboy* – tema do meu mestrado. Dulcília me apresentou aos quadrinhos de Agostini e a leitura de sua tese sobre revistas femininas *(Mulher de Papel)* foi um dos modelos de que me servi na criação do meu próprio caminho. Dulcília é uma das figuras presentes e inspiradoras na minha vida acadêmica, em que fui por ela introduzido.

Muitos professores da Universidade de São Paulo acrescentaram a meu amadurecimento acadêmico: agradeço especialmente ao prof. Dr. Jair Borin, *in memoriam,* pelas longas conversas e sugestões quando assisti a seu curso de "Media Criticism". Jair me recomendou três outros cursos que me deram a oportunidade de conviver com figuras da grandeza de Fernando Augusto Albuquerque Mourão, Octavio Ianni, in memoriam, e Luiz Roberto Alves. Octavio Ianni teve a generosidade de participar da qualificação e da banca do mestrado, que defendi em agosto de 2003.

Agradeço ainda a possibilidade de haver realizado os cursos ministrados pelos professores Drs. Jeanne Marie de Freitas, *in memoriam*, Ismail Xavier, José Coelho Sobrinho e Rosana de Lima Soares. A Rosana agradeço ainda a participação, com o prof. Dr. José Luiz Aidar Prado, da PUC-SP, do exame de qualificação no doutorado e na banca de apresentação da tese – composta ainda pelo colega Gilberto Maringoni, além de Mayra e Dulcília.

Agradecimentos especiais vão também para Vladimir Sacchetta, ex-colega do curso de jornalismo da Cásper Líbero, pesquisador de alto gabarito, que forneceu algumas imagens para este trabalho, e para Suzana Camargo, que dirigia o Departamento de Documentação (Dedoc) da Editora Abril, quando iniciei este trabalho. Ela me possibilitou acesso à pesquisa sobre revistas realizada pela Emporium Brasilis. A José Batista Carvalho, a quem admiro desde os tempos em que foi meu chefe na revisão do Departamento de Texto da Editora Abril, em 1973, pela leitura e revisão final das provas. E a Joana Monteleone, Danuza Vallim e Gabriela Cavallari, da Editora Alameda. Joana acolheu sem hesitar a proposta da publicação, Danuza teve paciência com minha impaciência, e Gabriela fez o projeto gráfico desta versão.

Aos ex-alunos monitores da Cásper Líbero João de Freitas e Diogo Sponchiattto, pelo apoio em fotocopiar arquivos originais enviados pela BN, e Gabriella de Lucca, por transcrever e digitalizar alguns trechos de revistas, alguns longos, respeitando a grafia original. A Luísa Pécora e Sílvio Crespo, pela digitalização da novela *A Periquita,* que não foi incluída nessa versão. E, *at last but not the least,* a José Geraldo de Oliveira, que ajudou na correção final de provas e imagens, dando o maior estímulo.

Esta obra foi impressa em São Paulo no verão de 2012 pela gráfica Vida & Consciência. No texto foi utilizada a fonte Adobe Garamond Pro, em corpo 11 e entrelinha de 15 pontos.